''अस्मितामूलक विमर्श के दौर में स्त्री और दलित साहित्य के बाद 'बहुजन साहित्य' एक नया विमर्श है। फुले-अम्बेडकरी चेतना से सम्पन्न साहित्य को 'बहुजन साहित्य' कहते हैं। यह जोतिबा फुले के प्राचीन शूद्र-अतिशूद्र और आज के दलित, पिछड़े, आदिवासी और अल्पसंख्यक जैसे हाशिये के लोगों, जिनमें स्त्रियाँ भी शामिल हैं, के जाति, लिंग, संस्कृति और सम्प्रदाय-भेद जनित दुख-दर्द-पीड़ा, शोषण और उससे उत्पन्न आर्थिक और सामाजिक विषमता को व्यक्त करता है। यह स्थिति के प्रति असन्तोष, आक्रोश, प्रतिरोध, प्रतिकार और मान-स्वाभिमान को रचनात्मक ढंग से व्यक्त करता है। इसका केन्द्रीय विषय 'सामाजिक न्याय' है। इसे कोई भी रचनाकार लिख सकता है। किन्तु दलित और स्त्री साहित्य की तरह यह भी स्वानुभूतिपरक साहित्य है। इसीलिए बहुजन समाज के दलित-पिछड़े-आदिवासी-अल्पसंख्यक और स्त्रियों द्वारा रचित साहित्य को ही प्रामाणिक माना जा सकता है। असल में जब दलित और आदिवासी साहित्य आन्दोलन ने ज़ोर पकड़ा, तो 'ओबीसी' और 'बहुजन साहित्य' की अवधारणा भी विकसित होने लगी। समाजवादी साहित्य ख़ासकर फणीश्वरनाथ रेणु जैसे कथाकारों की रचनाओं में व्यक्त बहुजन संवेदना की पड़ताल होने लगी। रेणु की कहानी और उपन्यासों में चित्रित नाई, कहार, कुम्हार, कुर्मी-धानुक, महतो, रविदास, आदिवासी आदि पात्रों के माध्यम से तत्कालीन समय और समाज की समीक्षा होने लगी। इस दृष्टि से रेणु के साथ-साथ चन्द्रकिशोर जायसवाल, मधुकर सिंह, रामधारी सिंह दिवाकर, संजीव आदि की रचनाओं को देखा जा सकता है। दलित साहित्य की तरह ज़ाहिर है प्रेमचन्द, जैनेन्द्र कुमार, नागार्जुन, दुष्यन्त कुमार, अदम गोंडवी आदि कवि-साहित्यकारों के किसान-मज़दूर सम्बन्धी सहानुभूतिपरक कथासाहित्य और कविताओं को भी इसके विमर्श के दायरे में रखा जा सकता है।

दलित साहित्य के केन्द्र में अम्बेडकरवादी दर्शन और चिन्तन है और अम्बेडकर ने बौद्ध धर्म अपनाकर एक वैकल्पिक राह बनायी थी। 'बहुजन साहित्य' में अम्बेडकर के अलावा फुले, पेरियार और लोहिया, कर्पूरी आदि के चिन्तन और दर्शन को भी स्वीकार किया जाता है। कुछ हद तक यह गांधी दर्शन से भी प्रेरित और प्रभावित है। यह द्रविड़, सिक्ख, अल्पसंख्यक, आदिवासी और पूर्वोत्तर के जनजाति आन्दोलन से भी प्रभावित है। 'बहुजन साहित्य' का दायरा बड़ा है। यह शत-प्रतिशत सेक्युलर और मानवतावादी है। इसीलिए मनुष्य और मनुष्यता के पक्ष में खड़ा है। यह किसी भी वर्चस्ववादी विचारधारा का विरोधी है।

*—भूमिका से*

चर्चित लेखक हरिनारायण ठाकुर की यह पुस्तक उनकी अन्य पुस्तकों की तरह ही आम पाठकों, छात्र-शिक्षक और शोधार्थियों के लिए विचारोत्तेजक, ज्ञानवर्धक और उपयोगी सिद्ध होनेवाली है।

# बहुजन साहित्य के नये आयाम

हरिनारायण ठाकुर

वाणी प्रकाशन

प्रकाशन के उत्कृष्टतम 63 वर्ष

vaniprakashan.com

पेपरबैक प्रथम संस्करण : 2026

**वाणी प्रकाशन**

*4695, 21-ए, दरियागंज, नयी दिल्ली-110 002*

*फ़ोन : + 91 11 23273167, 23275710*

**शाखाएँ**

*अशोक राजपथ, पटना-800 004, बिहार*

*कॉफ़ी हाउस कैम्पस, महात्मा गांधी मार्ग, प्रयागराज-211 001, उत्तर प्रदेश*

*महात्मा गांधी अन्तरराष्ट्रीय हिन्दी विश्वविद्यालय, वर्धा-442 001, महाराष्ट्र*

sales@vaniprakashan.in
vaniprakashan@gmail.com

Bahujan Sahitya Ke Naye Ayam
*by* Harinarayan Thakur

ISBN : 978-93-6944-895-1
Critical Study



मूल्य : ₹ 450



*आर. टेक ऑफ़सेट, दिल्ली-110 032 में मुद्रित*
*वाणी प्रकाशन का लोगो मक़बूल फ़िदा हुसैन की कूची से*

# अनुक्रम

# बहुजन साहित्य की अवधारणा

अस्मितामूलक विमर्श के दौर में स्त्री और दलित साहित्य के बाद 'बहुजन साहित्य' एक नया विमर्श है। फुले-अम्बेडकरी चेतना से सम्पन्न साहित्य को 'बहुजन साहित्य' कहते हैं। यह जोतिबा फुले के प्राचीन शूद्र-अतिशूद्र और आज के दलित, पिछड़े, आदिवासी और अल्पसंख्यक जैसे हाशिये के लोगों, जिनमें स्त्रियाँ भी शामिल हैं, के जाति, लिंग, संस्कृति और सम्प्रदाय-भेद जनित दुख-दर्द-पीड़ा, शोषण और उससे उत्पन्न आर्थिक और सामाजिक विषमता को व्यक्त करता है। यह स्थिति के प्रति असंतोष, आक्रोश, प्रतिरोध, प्रतिकार और मान-स्वाभिमान को रचनात्मक ढंग से व्यक्त करता है। इसका केन्द्रीय विषय 'सामाजिक न्याय' है। इसे कोई भी रचनाकार लिख सकता है। किन्तु दलित और स्त्री साहित्य की तरह यह भी स्वानुभूतिपरक साहित्य है। इसीलिए बहुजन समाज के दलित-पिछड़े-आदिवासी-अल्पसंख्यक और स्त्रियों द्वारा रचित साहित्य को ही प्रामाणिक माना जा सकता है।

असल में जब दलित और आदिवासी साहित्य आन्दोलन ने जोर पकड़ा, तो 'ओबीसी' और 'बहुजन साहित्य' की अवधारणा भी विकसित होने लगी। समाजवादी साहित्य खासकर फणीश्वर नाथ रेणु जैसे कथाकारों की रचनाओं में व्यक्त बहुजन संवेदना की पड़ताल होने लगी। रेणु की कहानी और उपन्यासों में चित्रित नाई, कहार, कुम्हार, कुर्मी-धानुक, महतो, रविदास, आदिवासी आदि पात्रों के माध्यम से तत्कालीन समय और समाज की समीक्षा होने लगी। इस दृष्टि से रेणु के साथ-साथ चन्द्रकिशोर जायसवाल, मधुकर सिंह, रामधारी सिंह दिवाकर, संजीव आदि की रचनाओं को देखा जा सकता है। दलित साहित्य की तरह जाहिर है प्रेमचन्द, जैनेन्द्र कुमार, नागार्जुन, दुष्यन्त कुमार, अदम गोंडवी आदि कवि-साहित्यकारों के किसान-मजदूर सम्बन्धी सहानुभूतिपरक कथासाहित्य और कविताओं को भी इसके विमर्श के दायरे में रखा जा सकता है।

दलित साहित्य के केन्द्र में अम्बेडकरवादी दर्शन और चिन्तन है और अम्बेडकर ने बौद्ध धर्म अपनाकर एक वैकल्पिक राह बनायी थी। 'बहुजन साहित्य' में अम्बेडकर के अलावा फुले, पेरियार और लोहिया, कर्पूरी आदि के चिन्तन और दर्शन को भी स्वीकार किया जाता है। बहुत हद तक यह गांधी दर्शन से भी प्रेरित और प्रभावित है। यह द्रविड़, सिक्ख, अल्पसंख्यक, आदिवासी और पूर्वोत्तर के जनजाति आन्दोलन से भी प्रभावित है। 'बहुजन साहित्य' का दायरा बड़ा है। यह शत-प्रतिशत सेक्यूलर और मानवतावादी है। इसीलिए मनुष्य और मनुष्यता के पक्ष में खड़ा है। यह किसी भी वर्चस्ववादी विचारधारा का विरोधी है और खुद का भी वर्चस्व नहीं चाहता। इसीलिए यह आज के 'तनाव-प्रबन्धन' जैसे समानतावादी विमर्श के करीब है। इस दृष्टि से रेणु की कहानी 'रसप्रिया, ठेस, लालपान की बेगम, पंचलाइट, संवदिया, आदिम रात्रि की महक' आदि और उपन्यास 'मैला आंचल' और 'परती परिकथा' महत्त्वपूर्ण हैं।

भारत में प्राचीन अछूत जातियों का अमानवीय शोषण हुआ है। उन्हें दारुण पीड़ा और प्रताड़ना से गुजरना पड़ा है। यदा-कदा अब भी होते हैं। उन्हें पशुओं से भी हीन समझा गया। इसीलिए उन्हें दलित और अछूत कहा गया। दलित साहित्य का रचनात्मक साहित्य और चिन्तन इन्हीं अछूत कही जानेवाली जातियों तक सीमित हैं। किन्तु इनके अतिरिक्त शूद्र और पिछड़ी कही जानेवाली सैकड़ों जातियाँ हैं, जिनकी सामाजिक हैसियत और संस्कृति अलग हैं। इनके विपुल लोक साहित्य और लोक देवी-देवता हैं, जिनकी पहचान भारतीय साहित्य और संस्कृति में नहीं की गयी। भारतीय संविधान ने जिसे 'अन्य पिछड़ा वर्ग' कहकर पुकारा, उसका न कोई अलग इतिहास है, न साहित्य और संस्कृति। 'बहुजन साहित्य' इन्हीं खोये हुए साहित्य, संस्कृति और इतिहास की खोज और पहचान के साथ नया सृजन है। पूरा का पूरा बौद्ध भारत बहुजनों का भारत है। वहाँ जाति नहीं, कुल, वंश और वर्ण हैं। छूत-अछूत नहीं है। किसी भी कुल, वंश और वर्ण का राजा क्षत्रिय कहलाता है। प्राचीन इतिहास में नन्दवंश, मौर्यवंश, सम्राट् अशोक से लेकर छत्रपति शिवाजी और शाहूजी महाराज तक बहुजनों की एक विशाल परम्परा और इतिहास है। वैदिक इतिहास-पुराणों के भी शिव और हनुमान आदि देवता, और राजा बलि से लेकर महिषासुर तक पूरी असुर परम्परा बहुजनों की परम्परा है। भक्ति साहित्य में कबीर, रैदास, नामदेव, पीपा से लेकर पूरा का पूरा संत साहित्य और निर्गुणधारा इसकी प्रेरक शक्तियाँ हैं। बुद्ध, महावीर, मक्खली

गोशाल और चार्वाक सहित पूरी लोकायत परम्परा और नास्तिक विचारधारा इसके प्रेरणास्रोत हैं। बहुजन साहित्य इनकी खोज-खबर और पड़ताल करता है। बहुजनों के कई उपवर्ग और सीमाएँ हैं। इसलिए अन्तर्विरोध भी है। पर विचारधारा लगभग एक ही है। अभी इसका निर्माण और विकास काल है। इसलिए इसकी कोई सुनिश्चित परिभाषा नहीं की जा सकती। पर अवधारणा पर तो बात की ही जा सकती है।

विगत कुछ वर्षों से बहुजन और ओबीसी साहित्य की खूब चर्चा हो रही है। आज की राजनीति भी ओबीसी विमर्श पर केन्द्रित हो गयी है, क्योंकि यह देश का सबसे बड़ा वर्ग और वोट-बैंक है। 'दक्षिण बिहार केन्द्रीय विश्वविद्यालय, बोधगया (झारखण्ड)' में तो 'ओबीसी साहित्य' को विधिवत् पाठ्यक्रम में शामिल कर लिया गया है।

हाल के वर्षों में देश के विभिन्न हिस्सों में 'बहुजन साहित्य' पर अनेक कार्यक्रम हुए हैं, अब भी हो रहे हैं, जिनमें इसकी अवधारणा और स्वरूप पर विचार किया जा रहा है। पक्ष-विपक्ष में संवाद जारी है। वर्ष 2017 में जयपुर में 'बहुजन साहित्य महोत्सव' मनाया गया, जिसमें 'समकालीन साहित्य में बहुजन चेतना' विषय पर चर्चा हुई थी। 2018 में 'जवाहर लाल नेहरू विश्वविद्यालय (जे.एन.यू.)' में 'बहुजन साहित्य संघ' की स्थापना की गयी और 'बहुजन साहित्य की अवधारणा और सौन्दर्यबोध' पर चर्चा हुई। नवस्थापित 'जन लेखक संघ' के तत्त्वावधान में 5 जून, 2022 को 'बनारस हिन्दू विश्वविद्यालय (बी.एच.यू.)' में 'बहुजन साहित्यः दशा और दिशा' विषय पर गोष्ठी हुई, जिसमें कई राज्यों के लेखकों ने भाग लिया। ऐसे अनेक कार्यक्रम हो रहे हैं, जिनमें बड़ी संख्या में कवि, साहित्यकार, छात्र-शिक्षक और विद्वानों की भागीदारी हो रही है। हिन्दी के अतिरिक्त मराठी, गुजराती, तमिल और मलयालम में भी 'बहुजन साहित्य' पर आयोजनों की सूचनाएँ हैं। तेलंगाना में 'बहुजन साहित्य अकादमी' सक्रिय है, जिसका एक बड़ा आयोजन पिछले दिनों दिल्ली में हुआ था। केरल में भी 'बहुजन साहित्य अकादमी' स्थापित होने की सूचना है। इस प्रकार 'बहुजन और ओबीसी' साहित्य की अवधारणा अब धीरेधीरे स्थापित हो रही है। इस कार्य में भाषा वैज्ञानिक राजेन्द्र प्रसाद सिंह, पत्रकार प्रमोद रंजन, स्त्री-काल के सम्पादक संजीव चंदन, प्रेमकुमार मणि आदि लेखकों और 'फॉरवर्ड प्रेस' पत्रिका ने महत्त्वपूर्ण भूमिका निभायी है।

इस पुस्तक में संकलित अधिकांश रचनाएँ शोधपरक आलेख हैं। इनमें से अनेक राष्ट्रीय-अन्तरराष्ट्रीय संगोष्ठियों में पठित हैं और कुछ वर्ष 2022

से लेकर हाल के वर्षों में 'हंस', 'समकालीन भारतीय साहित्य' आदि स्तरीय पत्र-पत्रिकाओं में प्रकाशित भी हैं। इनमें कतिपय संशोधन-परिवर्द्धन भी किया गया है। सभी रचनाएँ बहुजन सन्दर्भों के समसामयिक विमर्श पर ही केन्द्रित हैं। इसीलिए इनके बारे में अधिक कुछ कहने की जरूरत नहीं है। रचनाएँ जैसी हैं, हैं। इन्हें सुधी पाठकों के विवेक पर छोड़ देता हूँ। पाण्डुलिपि लेखन और प्रकाशन के पूर्व कम्पोजिंग में अनेक तकनीकी कठिनाइयाँ आती हैं। कम्प्यूटर पर रचनाओं का टंकण मैं खुद ही करता हूँ। किन्तु इसकी फॉर्मेटिंग, फॉन्ट बदलना, प्रिन्टिंग और प्रूफ रीडिंग का काम अकेले सम्भव नहीं है। इस कार्य के लिए 'समीक्षा प्रकाशन', मुज़फ़्फ़रपुर के सतीश जी और रामायण जी मेरे सहायक और मार्गदर्शक रहे हैं। मेरे पुत्र राजीव, दीपक, नीरज और पुत्रवधू पिंकी और मेनका ने इसके टंकण और प्रूफ-रीडिंग में सहायता की है। मित्रों के बार-बार अनुरोध पर मैं इस विषय पर पुस्तक लेखन और संयोजन का साहस जुटा पाया हूँ। मैं उन तमाम लोगों के प्रति अपना आभार व्यक्त करता हूँ।

इन सबके बावजूद यदि 'वाणी प्रकाशन', नयी दिल्ली ने प्रकाशन की स्वीकृति नहीं दी होती, तो रचना धरी की धरी रह जाती। प्रकाशन समूह के प्रबन्ध निदेशक आदरणीय अरुण माहेश्वरी और कार्यकारी निदेशक अदिति माहेश्वरी जी की मुझ पर विशेष कृपा रही। मुख्य सम्पादक विनोद भारद्वाज के साथ-साथ वाणी प्रकाशन समूह की पूरी टीम के प्रति धन्यवाद और आभार व्यक्त करता हूँ, जिन्होंने लगातार मेहनत कर पुस्तक प्रकाशन को सम्भव बनाया। मैं अपने सभी शुभचिन्तकों, मित्रों और पाठकों को भी धन्यवाद और साधुवाद देता हूँ, जिन्हें मेरी रचनाओं की उत्सुकता रहती है। सुधी पाठक और मित्रों से अनुरोध है कि वे पुस्तक की त्रुटियों और सीमाओं से मुझे अवगत कराते रहेंगे।

इति!

**हरिनारायण ठाकुर**

दिनांक: 23 फरवरी 2025

'विमर्श वाटिका',

नागेन्द्र नगर, लेन न.-01, बेला रोड, मिठनपुरा,

पो.- रमना, मुज़फ़्फ़रपुर, पीन कोड-842002, बिहार

मोब- 9472436229/8340547371

mail id: harinarayan_thakur@yahoo.com

# हिन्दी भाषा और साहित्य के विकास में दलित-पिछड़ों का योगदान

जब हम हिन्दी भाषा की बात करते हैं, तो इसके अन्तर्गत खड़ीबोली के साथ-साथ वे तमाम बोलियाँ, उप-भाषाएँ और लोकभाषा आ जाती हैं, जिन्हें हिन्दी क्षेत्र में बोला और समझा जाता है। इस अध्ययन में संस्कृत को भी रखा जा सकता है, क्योंकि इससे लिपि के साथ-साथ शब्द और शास्त्र का भी सम्बन्ध है। भाषा और लिपि के सम्बन्ध में यह धारणा है कि यह विद्वदजनों की चीज है। लेकिन यह धारणा भ्रामक है। भाषा का अर्थ ही है-भाष् अर्थात् बोलना। यह आमजनों के बोलचाल की भाषा से बनी है। इसके साहित्य जनता की जुबान पर सदियों से बिखरे और संचित रहे हैं। किन्तु लिपि का सम्बन्ध चित्रकारों से है। उन्हीं लोगों ने लिपि का आविष्कार किया। जब हम हिन्दी भाषा और साहित्य के विकास में दलित-पिछड़ों के योगदान की बात करते हैं, तो लोकभाषा में इन्हीं संचित और बिखरे पड़े भाषा और साहित्य की बात करते हैं, जिनसे मानक भाषा और साहित्य बने हैं। हिन्दी की विकास यात्रा में उर्दू, संस्कृत, अरबी-फारसी, प्राकृत, पालि, अपभ्रंश और हिन्दी की लोकभाषाओं का योगदान है। इसकी देवनागरी लिपि के विकास में चित्रलिपि, ब्राह्मी और खरोष्ठी लिपियों का योगदान है। विषय पर विचार करने के लिए प्राचीन काल से अब तक इन सभी बातों पर विचार करना होगा। तो आइए, शुरू करते हैं।

## 1. प्राचीन भारत

### (क) प्राचीन भारत के राजवंश, वर्ण और धर्म

भारत की सबसे प्राचीन सभ्यता हड़प्पा या सिन्धुघाटी की सभ्यता है। "इसका काल लगभग ई.पू. 3000 से ई.पू. 1300 या 1500 माना जाता है। इस सभ्यता

के लोग पढ़ना-लिखना जानते थे। इनकी लिपियाँ चित्रलिपि या कीलाक्षर हैं, जो आज तक नहीं पढ़ी जा सकी है। इसके बाद वैदिक या ब्राह्मण सभ्यता शुरू होती है। इसका काल लगभग 1500 ई.पू. से 500 ई.पू. तक है।"[1] असल में इन सालों या अवधियों की गणना नन्द राजा घननन्द (घनानन्द) के समय भारत पर सिकन्दर के आक्रमण 326 ई.पू. से शुरू होती है। उसी वर्ष को आधार वर्ष मानकर भारत की प्राचीन सभ्यता और राजवंशों की कालावधि का अनुमान लगाया गया। भारतीय ग्रन्थों में किस राजा ने कितना वर्ष शासन किया, यह तो लिखा था, किन्तु कब से कब तक शासन किया, इसका उल्लेख नहीं है। क्योंकि ईस्वी सन् या संवत् का प्रचलन नहीं शुरू हुआ था। आर्य या ब्राह्मण सभ्यता आरम्भ में सप्तसिन्धु (पंजाब, कश्मीर, पाकिस्तान आदि), उत्तरापथ (उत्तर-पश्चिम) या आर्यावर्त्त (आर्यों से घिरा हुआ स्थान) में फैली। लगभग 600 ई.पू. से भारत में राजवंश और गणतन्त्रों का इतिहास मिलने लगता है। इसी काल में महावीर जैन और गौतम बुद्ध का जन्म और उनके धर्मों का प्रचार होता है। कालान्तर में बौद्ध धर्म विश्वव्यापी बन जाता है। मगध साम्राज्य में 544 ई.पू. से लेकर 647 ई. तक क्रमशः शिशुनाग वंश, नन्द वंश, मौर्य वंश, शुंग वंश, कण्व वंश, गुप्त वंश, शक, कुषाण और वर्द्धन राजवंशों का शासन रहता है। इसमें गुप्त राजवंश को छोड़कर लगभग सभी राजवंशों के राजा जैन या बौद्ध धर्मावलम्बी थे।

हर्षवर्द्धन (647-590 ई.) अन्तिम बौद्ध राजा थे। इसी काल में प्राचीन ग्रन्थों की रचना होती है। प्राचीन भारत में बौद्ध राजा अक्सर ब्राह्मण और क्षत्रिय नहीं होते थे। उपर्युक्त सूची में पुष्यमित्र शुंग और हर्षवर्द्धन को छोड़कर प्रायः सभी राजा ब्रह्मणेतर या क्षत्रियेतर वर्ण के हैं। रोमिला थापर लिखती हैं-"इसके (नन्दों के) बाद उत्तर भारत के अधिकांश प्रमुख राजवंश क्षत्रियेतर वर्णों के हुए और यह क्रम एक हजार वर्ष पश्चात् राजपूतों के आगमन तक चलता रहा।"[2] रोमिला थापर नन्दवंश के बारे में लिखती हैं- "यह बड़ी विचित्र बात है कि क्षत्रियेतर वंशों की शृंखला में नन्दों का राजवंश पहला था। नन्द लोग, जिन्होंने शिशुनाग वंश से सिंहासन छीना था, नीच कुल के थे। कुछ स्रोतों का कथन है कि नन्दवंश का संस्थापक महापद्मनन्द एक शूद्र माता का पुत्र था। कुछ दूसरे स्रोतों का कथन है कि वह एक नाई और वेश्या के संयोग से पैदा हुआ था।"[3] पुराणों में महापद्मनन्द को चक्रवर्ती सम्राट, एकराट् और सर्व क्षत्रान्तक (सभी क्षत्रियों को नाश करनेवाला) कहा गया है। "संस्कृत

व्याकरण के प्रसिद्ध आचार्य 'पाणिनी' महापद्मनन्द के मित्र और उनके दरबारी विद्वान थे। नन्द के दरबार में ही उन्होंने अपने प्रसिद्ध ग्रन्थ 'अष्टाध्यायी' की रचना की। उसी प्रकार वर्ष, उपवर्ष, वररुचि कात्यायन जैसे विद्वान भी नन्द दरबार में ही थे। शाक्टाय और स्थूलभद्र घनानन्द के जैन आमात्य और विद्वान थे। उपर्युक्त सभी आचार्य बौद्ध या जैन मत से प्रभावित और प्रायः नास्तिक थे।"[4] यही कारण है कि घनानन्द ने तक्षशिला के वैदिक आचार्य ब्राह्मण चाणक्य को अपने दरबार में सम्मान नहीं दिया। उसे बाहर निकाल दिया। उसी प्रकार मौर्यों का वंश भी शूद्र राजवंश था। "इसका संस्थापक चन्द्रगुप्त मौर्य था। चन्द्रगुप्त का सम्बन्ध मोरिया जन से था, परन्तु वह निम्न वर्ग का था।"[5] पं. रेवती प्रसाद शर्मा ने विशाखदत्त के संस्कृत नाटक 'मुद्राराक्षस' आदि ग्रन्थों का हवाला देते हुए बताया है कि "मौर्यवंश के प्रथम राजा चन्द्रगुप्त की माता 'मुरा' नाम की एक नाईन (दासी) थी, उसी के नाम पर इस वंश का नाम मौर्यवंश पड़ा...दासी पुत्र होने के कारण मगध नरेश महानन्द (घनानन्द) अपने ज्येष्ठ पुत्र चन्द्रगुप्त को राजा नहीं बनाकर अपने छोटे पुत्र को राजा बनाना चाहते थे। इसीलिए वे रुष्ट होकर राजदरबार से बाहर चले गये और चाणक्य की मदद से मगध की गद्दी पर विराजमान हुए। एक दूसरी कथा के अनुसार रानी एक नाई से आसक्त होकर चन्द्रगुप्त को जन्म दिया। फिर वृद्ध राजा को मारकर उसके पुत्र घनानन्द से राज्य छीना और चन्द्रगुप्त को राजा बनाया।"[6]

अन्य प्रमाण चन्द्रगुप्त को कुर्मी या कुशवाहा सिद्ध करते हैं। सच्चाई चाहे जो भी हो, इतना तो तय है कि मौर्यवंश शूद्रों का राजवंश था और अशोक सहित इसके सभी राजे बौद्ध या जैन मतावलम्बी थे।

## (ख) प्राचीन भारत में भाषा और लिपि के विकास में दलित-पिछड़ों का योगदान

यह शास्त्र और परम्परा दोनों से प्रचलित है कि संस्कृत भाषा भारत की सबसे पुरानी भाषा है। कोई-कोई पण्डित तो इसे दुनिया की सबसे पुरानी भाषा बता देते हैं। यह भी कहा जाता है कि भारत की सभी भाषाएँ इसी संस्कृत से निकली है। संस्कृत सभी भाषाओं की जननी है। ये भाषाविज्ञान के सबसे बड़े दो झूठ हैं, जिन्हें भाषाविज्ञान ने कब का खारिज कर दिया, लेकिन हम इन्हें आज तक ढोते जा रहे हैं। संस्कृत जब सबसे पुरानी भाषा है, तो इसकी लिपि भी सबसे पुरानी होनी चाहिए। मगर ऐसा नहीं है। इसकी लिपि नगरी

या देवनागरी है, जो हिन्दी, मराठी, गुजराती, नेपाली सहित हिन्दी प्रदेश की लगभग तमाम लोकभाषाओं की है। यह अपेक्षाकृत नयी लिपि है। तो भारत की सबसे पुरानी लिपि क्या है?

अब तक के ऐतिहासिक पुरातात्त्विक प्रमाणों से सिद्ध है कि भारत की सबसे प्राचीन लिपि ब्राह्मी और खरोष्ठी है। ये लिपियाँ अशोक (ई.पू. 269-232) के शिलालेखों की लिपि हैं। और नगरी या देवनागरी लिपि इसी ब्राह्मी लिपि से निकली है। इसीलिए सबसे पुरानी नहीं है। इन लिपियों में लिखी गयी भाषाएँ पालि, प्राकृत, अपभ्रंश, तमिल आदि हैं। शिलालेखों के अतिरिक्त अन्य अभिलेख और जैन-बौद्ध साहित्य भी इसके प्रमाण हैं। इन लिपियों में संस्कृत का एक भी ग्रन्थ उपलब्ध नहीं है। क्योंकि उस जमाने में संस्कृत भाषा थी ही नहीं। इसीलिए संस्कृत सबसे पुरानी भाषा नहीं है। जब हम लिपि पर विचार करते हैं, तो अब तक उपलब्ध प्रमाणों के अनुसार लिपि की जानकारी देनेवाला सबसे प्राचीन ग्रन्थ 'ललित विस्तर' है, जिसकी रचना तीसरी शताब्दी में बतायी जाती है। यह बुद्ध के जीवन चरित को विस्तार से चित्रित करनेवाला संस्कृत का पहला ग्रन्थ भी है। इसमें भारत और एशिया में प्रचलित 64 लिपियों का वर्णन है, जिनमें पहले और दूसरे स्थान पर क्रमश: ब्राह्मी और खरोष्ठी लिपि है। इस लिपि को ब्रह्मा ने बनाया ऐसा मानकर केवल संस्कृत ग्रन्थों में ही इसे ब्राह्मी कहा गया है, अन्यथा जैन-बौद्धों के पालि-अपभ्रंश ग्रन्थों में इसे बम्भी' और अशोक के शिलालेखों में इसे 'धम्म लिपि' कहा गया है। इस प्रकार इसका प्राचीन नाम 'बम्भी' या 'धम्म लिपि' है। 'ललित विस्तर' में चीनी लिपि का भी वर्णन है। किन्तु देवनागरी या नागरी का नाम कहीं नहीं है। 26वें नम्बर पर 'देव लिपि' का नाम है। किन्तु इसके आगे-पीछे हूण-लिपि, नाग-लिपि, यक्ष-लिपि, गन्धर्व-लिपि, किन्नर-लिपि, असुर-लिपि आदि लिपियों के नाम भी हैं। इसीलिए यह लिपि देवनागरी या नागरी नहीं है। इसका मतलब है बुद्ध के समय तक न लोग इस लिपि का नाम जानते थे, न इसका प्रयोग ही होता था। इसीलिए देवनागरी लिपि उसके बाद ही निकली होगी अथवा उसका नाम कुछ और रहा होगा। ब्राह्मणों ने ब्राह्मी की तरह देवनागरी लिपि को भी देवताओं की लिपि बना दिया है। क्योंकि उनके सबसे प्राचीन ग्रन्थ वेद इसी लिपि में है और वेद को वे अपौरुषेय (देवताकृत) मानते हैं। वेदों का रचनाकाल ई.पू. 5200-5500 माना जाता है। माना वेद स्मृति ग्रन्थ हैं, इन्हें पीढ़ी-दर-पीढ़ी याद करके सुरक्षित रखा गया

होगा और लिपि का आविष्कार होने पर लिखा गया होगा। पुराण स्पष्ट तौर पर बाद की रचना है। किन्तु दर्जनों वेदांग, उपनिषद् और अरण्यक? इन्हें बुद्ध के समकालीन ईसा पूर्व की रचना बताया जाता है। किन्तु लिपि इनके पुराना होने से इनकार करती है। इसीलिए निश्चय ही इनका रचनाकाल तीसरी सदी के बाद का ठहरता है।

दूसरा बड़ा झूठ है कि हिन्दी और बंगला सहित भारत की सभी भाषाएँ संस्कृत से निकली है। आइए इसकी भी पड़ताल कर लें। किसी भी भाषा की पहचान उसके वाक्य और पदविन्यास से होती है। संस्कृत के वाक्य में पदक्रम का कोई महत्त्व नहीं है। कोई भी शब्द कहीं भी रखा जा सकता है। जैसे-'अस्ति गोदावरी तीरे एको तरु:। एको तरु: गोदावरी तीरे अस्ति। तरु: अस्ति एको तीरे गोदावरी।' किन्तु दूसरी भाषाओं में पदक्रम का कड़ा नियम है। कर्त्ता, कर्म, क्रिया या कर्त्ता, क्रिया, कर्म। उर्दू, फारसी में तो नुक्ता के फेर से खुदा जुदा हो जाते हैं। फिर व्याकरण से देखें। अन्य भाषाओं में दो वचन हैं-एक वचन और बहुवचन, संस्कृत में तीन वचन हैं-एक वचन, द्विवचन और बहुवचन। अन्य भाषाओं में दो या तीन लिंग हैं-स्त्रीलिंग, पुल्लिग, उभयलिंग, पर संस्कृत में चार लिंग हैं। अन्य भाषाओं में तीन काल हैं-भूतकाल, वर्तमान काल और भविष्यत काल, पर संस्कृत में पाँच से दस काल हैं-लट लकार, लंग लकार,...आदि। केवल शब्दों की बहुलता से कोई भाषा किसी की जननी नहीं हो सकती। सन्धि के नियम भी केवल संस्कृत शब्दों पर ही लागू होते हैं। इस प्रकार संस्कृत सभी भाषाओं की जननी नहीं है। इसलिए बच्चन सिंह लिखते हैं कि "संस्कृत से प्राकृत, प्राकृत से अपभ्रंश और अपभ्रंश से उत्तर भारत की आधुनिक आर्यभाषाओं का विकास हुआ। ऐसा विश्वास किया जाता रहा है और इसके लिए सिद्धान्त भी गढ़े गये थे। किन्तु अब यह धारणा कि हिन्दी या बंगला आदि अपभ्रंश से निकली, खण्डित हो चुकी है।"[7] नन्द और मौर्य काल से पहले भी लिच्छवी गणतन्त्र काल में 16 महाजनपद हैं और अधिकांश जनपदों के राजा या मुख्य सभासद शूद्र हैं।

अब प्रश्न उठता है कि जब प्राचीन भारत मुख्यत: बौद्धों और शूद्रों का भारत है, तो उनकी कोई भाषा, कोई लिपि और कोई साहित्य भी रहे होंगे। निश्चित रूप से उनकी भाषा प्राकृत, पालि और अपभ्रंश हैं और लिपि ब्राह्मी और खरोष्ठी। यह भी उल्लेखनीय है कि लिपियों का आविष्कार विद्वानों ने नहीं, चित्रकार और मूर्तिकारों ने किया। भारत ही नहीं, दुनिया की किसी भी

सभ्यता में लिपि के निर्माण के पहले चित्र और मूर्तियों का निर्माण हुआ। ये मूर्तिकार और चित्रकार कौन थे? भारतीय संस्कृति और शास्त्रों ने इन्हें शूद्र कहा है। जितने ही कामगार हैं, भारत में उन्हें शूद्र श्रेणी में रखा गया। लोक प्रचलित नृत्य, गीत, भाव और भंगिमाओं के आधार पर उन्होंने चित्र और मूर्तियों को उकेरा। सभी जानते हैं कि लोकभाषा और लोकगीत इन्हीं कामगार वर्गों के घर-परिवार और समाज से निकले हैं। लिपि से पहले भाषा बनी और भाषा का निर्माण किसी एक व्यक्ति अथवा समूह ने नहीं किया। यह मनुष्य के स्वत:स्फूर्त ध्वनि प्रवाह से विचार-विनिमय का माध्यम बनी। जिस तरह कथा-कहानी, संगीत-नृत्य का उन्होंने भाव मूर्तन किया, उसी तरह भाव और ध्वनियों को उन्होंने पहले चित्र लिपि में, फिर ध्वनि लिपि में मूर्तिमान किया। एक-एक ध्वनि के लिए अलग-अलग संकेत या चिह्न बनाये गये, जिसे वर्णमाला कहा गया। विद्वानों ने बाद में लिपियाँ सीखीं। पहले विद्वान बोलते थे और ये चित्रकार लिखते थे। और मूर्तिकार, चित्रकार सहित सभी कामगार, कलाकार शास्त्र से शूद्र हैं।

*"अशक्नुवंस्तु शुश्रूषां शूद्रः कर्तुं द्विजन्मनाम*
*पुत्रदारात्ययं प्राप्तो जीवेत्कारुककर्मभिः।"* (10/99-मनुस्मृति)

यदि द्विजातियों की सेवा करने में शूद्र असमर्थ हो और उसके बीबी-बच्चे अन्नादि का कष्ट पा रहे हों, तो वह कारीगरी का काम करके जीविका चला कर सबका भरण-पोषण करे।

*"यैः कर्मभिः प्रचरितैः शुश्रूष्यन्ते द्विजातयः।*
*तानि कारुककर्माणि शिल्पानि विविधानि च।।"* (10/100-मनुस्मृति)

जिन प्रचलित कार्यों द्वारा द्विजातियों की सेवा की जा सकती है, वे अनेक प्रकार के शिल्प और कारीगरी के काम हैं। शास्त्रीय प्रमाण भी सिद्ध करते हैं कि अभिजन विद्वान पढ़ना-लिखना नहीं जानते थे। उनके पास ज्ञान था, भाषा थी, पर उसे लिपिबद्ध करने का तरीका उन्हें मालूम नहीं था। विद्वान बोलते थे और दूसरा कोई लिखता था। व्यास के ग्रन्थों को लिपिबद्ध करनेवाले गणेश हैं और गणेश कौन थे? शास्त्रों से ही सिद्ध है कि पूरा का पूरा शिव परिवार शूद्र परिवार है। इतिहास इन्हें अनार्य बताते हैं। इसीलिए लिपियों का आविष्कार शूद्रों ने किया। "मनुस्मृति में गणपति को स्पष्ट रूप में शूद्रों का देवता कहा गया है और गणयोग को निषिद्ध माना गया है।"[8] उन्हें देवता

के रूप में आर्यों ने बाद में स्वीकार किया। इसीलिए उनकी पूजा से पहले उन्हें जल और बेलपत्र से शुद्ध किया जाता है। शिव के सिवा बाकी किसी देवता पर जल और बेलपत्र नहीं चढ़ते। आज भी लिखने-पढ़ने में सबसे तेज कायस्थ समाज है और कायस्थ शास्त्र से शूद्र हैं। इसके अनेक प्रमाण दिये जा सकते हैं। आज भी कायस्थों की शादी शूद्रों की तरह समगोत्रीय होती है, अन्य सवर्णों की तरह विगोत्रीय नहीं। इसीलिए शूद्रों की तरह कायस्थों का भी नस्ल सुधार नहीं हुआ।

भाषाविज्ञान में भाषा उत्पत्ति के अनेक सिद्धान्तों में प्रमुख सिद्धान्त है 'अनुकरण', 'श्रम-परिहार' और 'या-हो-हे' सिद्धान्त। हवा, पानी की हलचल और पशुओं की बोली के अतिरिक्त श्रमिकों द्वारा थकावट दूर करने के लिए हियो-हियो, हैचो, मछुआरों के हैया-हो, आँटा-चावल पिसती-कूटती ग्रामीण स्त्रियों के गीत, ठठेरों के ठकठक, आदिवासियों के स्वर-व्यंजनमय गीत, वर्षा और झरनों के रिमझिम, ग्रामीण ललनाओं के ठुमक और गीत और स्वरों के अनुकरण पर भाषा और शब्दों का निर्माण हुआ। ये कामगार वर्ग शूद्र-अतिशूद्र वर्ग ही थे। इसीलिए भाषा, ध्वनि, शब्द और अक्षरों के निर्माण में दलित-पिछड़ों का सीधा योगदान है। इन्हीं शब्द और भाषाओं से परिनिष्ठित शब्द और भाषा बने। विकास-क्रम के नियम भी बताते हैं कि चीजें कम विकसित से अधिक विकसित और अशिष्ट से शिष्ट की ओर जाती हैं। इसीलिए संस्कृत जैसी शिष्ट और समृद्ध भाषा से अपेक्षाकृत कम विकसित प्राकृत, अपभ्रंश और लोकभाषाओं का निर्माण होना अवैज्ञानिक और नियम विरुद्ध है। बल्कि तथ्य इसके उलट हैं। विकास-क्रम में लोकभाषा, अपभ्रंश, प्राकृत और संस्कृत बनी होगीं। अयोध्या प्रसाद खत्री ने खड़ीबोली हिन्दी की कोटियों में 'मौलवी स्टाइल' की बोली को सर्वाधिक सशक्त और सुन्दर माना है। "उन्होंने खड़ीबोली को पाँच भागों में विभक्त किया था-ठेठ हिन्दी, पण्डितजी की हिन्दी, मुंशीजी की हिन्दी, मौलवी साहिब की हिन्दी और यूरेशियन हिन्दी।"[9] यह ठेठ हिन्दी क्या है? यही हिन्दी सर्वसाधारण और शूद्रों की बोलचाल की भाषा है।

## (ग) प्राचीन साहित्य के विकास में दलित-पिछड़ों का योगदान

प्राकृत, पालि और अपभ्रंश भाषा और साहित्य लोकसाहित्य के विषद् और विपुल भण्डार हैं, जो जैन और बौद्ध धर्मों से प्रेरित और प्रभावित हैं। लोककथाओं का प्राचीनतम और विशालतम संग्रह गुणाढ्य की 'बृहत्कथा'

(बड्डकहा) है, जो पैशाची प्राकृत में लिखी गयी थी। "इसका रचना काल पाश्चात्य विद्वानों के अनुसार प्रथम या द्वितीय शताब्दी ई. है। इस कथा की लोकप्रियता को देखकर बाद में इसके अंशो के कई संस्कृत अनुवाद हुए, जिसमें 'कथा सरित्सागर', 'वृहत्कथामंजरी', 'वेतालपंचविंशति', 'सिंहासनद्वात्रिंशिका', 'शुकसप्तति' आदि प्रसिद्ध हैं। इसी परम्परा और प्रभाव में 'पंचतन्त्र', 'हितोपदेश', 'जातकमाला' आदि नीतिकथाओं का अनुवाद और प्रणयन भी हुआ। प्राकृत, अपभ्रंश और तद्जनित लोकभाषाएँ और लोकसाहित्य शूद्रों की देन और धरोहर हैं।"[10] विश्वप्रसिद्ध बौद्ध विश्वविद्यालय नालन्दा, विक्रमशिला और ओदन्तपुरी बिहार में ही थे, जिन्हें ब्राह्मण-श्रमण विवाद में जलाकर नष्ट कर दिया गया। इन विश्वविद्यालयों का विस्तृत विवरण चीनी बौद्ध यात्री और नालन्दा विश्विद्यालय के छात्र और शिक्षक ह्वेनसांग और इत्सिंग के यात्रा-वृत्तांतों में मिलता है। राजा जैन-बौद्ध धर्म के माननेवाले हों या ब्राह्मण धर्म के, शुरू के शुंग आदि राजवंशों को छोड़कर किसी भी राजवंश में जैन-बौद्ध और ब्राह्मण धर्म के विवाद को बढ़ावा नहीं दिया गया था। यहाँ तक कि गुप्त राजाओं ने भी बौद्धों के लिए विहार और शिक्षा केन्द्र बनवाये। केवल ब्राह्मण गुरु, पुरोहित और पण्डितों को ही जैन-बौद्ध श्रमणों से चीढ़ थी, क्योंकि वे ईश्वर, वेद, जन्मना जाति-वर्ण और यज्ञादि कर्मकाण्डों को नहीं मानते थे और सबको समानता की शिक्षा देते थे, जिससे पुरोहितों के यज्ञादि कर्म प्रभावित होते थे। इसीलिए ब्राह्मण-पुरोहित हमेशा से बौद्ध केन्द्रों को नष्ट करना चाहते थे, किन्तु राजाओं के संरक्षण के कारण वे ऐसा नहीं कर पाते थे। इन स्थापित और समृद्ध विश्वविद्यालयों को ब्राह्मण धर्म माननेवाले राजाओं ने भी समृद्ध और संरक्षित किया। हाँ, उन्होंने इतना जरूर किया कि इनमें जहाँ केवल बौद्ध-जैन धर्म और ग्रन्थों की शिक्षा दी जाती थी, वहाँ उन्होंने वेदों की शिक्षा की भी व्यवस्था कर दी। पालि, प्राकृत और अपभ्रंश भाषाओं के अलावा वहाँ संस्कृत में भी पढ़ाई होने लगी। गुप्त राजाओं ने ऐसा ही किया। फिर भी प्रधानता बौद्ध शिक्षा की ही थी। इसीलिए भारतीय राजवंशों के शासनकाल में तो ये बौद्ध विश्वविद्यालय सुरक्षित और संरक्षित रहे। किन्तु ज्योंहि तुर्क-अफगान शासन आया और गुलाम वंश के सेनापति और सूबेदार बख्तियार खिलजी का बिहार पर शासन शुरू हुआ, ब्राह्मणों ने उनसे मिलकर इन विश्वविद्यालयों को नष्ट करवा दिया। स्मरण रहे बख्तियार खिलजी ने मन्दिरों को नष्ट नहीं किया, केवल बौद्ध विश्वविद्यालयों को ही नष्ट किया।

उसने ऐसा क्यों किया? इस सम्बन्ध में कहा जाता है कि "तराईन के युद्ध के बाद थके बख्तियार बीमार पड़ गये। उसकी बीमारी वैद्यराज ब्राह्मण राहुल श्रीभद्र ने ठीक की। राजा को कुरान पढ़ने के लिए दिया गया। वैद्यराज ने कुरान के कुछ पृष्ठों के कोने पर एक दवा का अदृश्य लेप लगा दिया था। वह थूक के साथ पन्ना उलटने में दस-बीस पेज चाट गया और ठीक हो गया। उसने इस एहसान का बदला नालन्दा को जलाकर दिया।"[11]

कुछ लोग इस वैद्य को नालन्दा का आचार्य बताते हैं, तो कुछ लोग पूर्ववर्ती हिन्दू राजा का राजवैद्य। किन्तु राजा का राजवैद्य होना ही अधिक अनुमान्य है। चूँकि वैद्य ब्राह्मण थे, इसीलिए ईनाम में नालन्दा, विक्रमशिला जैसे बौद्ध विश्वविद्यालयों को जलाना माँगा होगा। भारतेन्दु ने भी अपने भारत दुर्दशा' नाटक में लिखा है- "लरि वैदिक जैन डुबाई पुस्तक सारी/ करि कलह बुलाई जवन सैन पुनि भारी/ तिन नासी बुधि, बल, विद्या बहु वारी।" ज्ञातव्य हो कि बख्तियार खिलजी के समय मौलवियों के साथ-साथ दरबार में संस्कृत पण्डितों को भी संरक्षण मिलता रहा। यह परम्परा पूरे मुगलकाल तक जारी रही। यहाँ तक कि औरंगजेब जैसे इस्लाम के कट्टर शासक के शासनकाल में भी मुगल दरबार में संस्कृत पण्डितों को संरक्षण मिलता रहा। "रस सिद्धान्त' के प्रतिपादक पण्डित राज जगन्नाथ शाहजहाँ के दरबारी कवि और विद्वान थे। बाबर, हुमायूँ, जहाँगीर, अकबर सबके दरबार में संस्कृत कवि और विद्वानों की भरमार थी। संस्कृत साहित्य के अधिकांश 'काव्यशास्त्र' और 'काव्य सिद्धान्त' मुगल दरबार में ही लिखे गये।"[12] मुगलकाल में प्राकृत, पालि, अपभ्रंश आदि भाषाओं के कवि और विद्वानों को राजकीय संरक्षण नहीं मिला, इसीलिए ये भाषा और साहित्य उपेक्षित रहे। यही कारण है कि जब अँग्रेजों ने 1800 ई. में कलकत्ते के 'फोर्ड विलियम कॉलेज' में प्राचीन भारतीय भाषाओं और साहित्य की खोज, अनुवाद और छपाई के लिए भाषा मुंशियों को रखकर काम शुरू किया, तो इन भाषाओं के जाननेवाले मिले ही नहीं। इसीलिए संस्कृत ग्रन्थों पर ही काम हुआ।

ऐसे में नालन्दा जैसे विश्वविद्यालयों में सुरक्षित और संरक्षित प्राकृत और अपभ्रंश की लाखों पुस्तकों पर विचार करने की जरूरत है, जो जैन-बौद्ध की ही नहीं, शूद्रों की भी सम्पदा थी। इन्हें बेरहमी से जला दिया गया। अपभ्रंश भाषा में लिखे सिद्ध और नाथ साहित्य भी नालन्दा विश्वविद्यालय की धरोहर थे। "चौरासी सिद्धों में अधिकांश इसी विश्विद्यालय के छात्र और शिक्षक थे,

जिनमें अधिकांश शूद्र थे। डोम्भीप्पा तो जाति के डोम ही थे। प्रमुख सिद्ध-संतो में सरहप्पा, लुइप्पा, शबरप्पा, कण्हप्पा, भुसुकप्पा, कंवणप्पा, कम्बलप्पा, गुण्डरिप्पा, जालन्धरिप्पा, दारीकप्पा, धामप्पा थे, जिनके लिखे मोटे-मोटे ग्रन्थ थे, उनके अंश आज भी उपलब्ध हैं।"[13]

इस प्रकार हम देखते हैं कि प्राचीन भारत में भाषा, लिपि के अतिरिक्त साहित्य के विकास में भी शूद्रों (दलित-पिछड़ों) का महत्त्वपूर्ण योगदान है।

## (घ) संस्कृत साहित्य के विकास में दलित-पिछड़ों का योगदान

चूँकि शब्द और रचना को लेकर हिन्दी का संस्कृत से गहरा सम्बन्ध है, इसलिए संस्कृत साहित्य पर भी विचार करना आवश्यक है। संस्कृत के आदिकवि वाल्मीकि हैं और महाभारत और वेद-वेदांगों की रचना करनेवाले 'वेदव्यास'। और दोनों शूद्र हैं, एक दलित और दूसरा पिछड़ा। इसीलिए इन पर विचार करना आवश्यक है।

**वाल्मीकि और व्यास :** शास्त्र-पुराण और परम्परा से प्रचलित है कि 'रामायण' के रचयिता वाल्मीकि दलित (भंगी या चाण्डाल) और 'महाभारत' के रचयिता व्यास पिछड़े (निषाद) थे। वाल्मीकि ने 'रामायण' और 'योग बशिष्ठ' सहित कई ग्रन्थ लिखे और व्यास ने 'महाभारत' सहित गीता, वेद, तमाम वेदांग (ब्राह्मण, अरण्यक, उपनिषद), शास्त्र और पुराण लिखे। फिर वैदिक साहित्य में बच क्या जाता है? जब तमाम वैदिक ग्रन्थों के रचयिता ये ही दोनों दलित-पिछड़े कवि हैं, जो वैदिक, ब्राह्मण या सनातन धर्म के आधार हैं। फिर झगड़ा किस बात का? हम क्यों बेचारे ब्राह्मण और ब्राह्मणवाद को दोष देते हैं, उन्हें बदनाम करते हैं? हम मान क्यों नहीं लेते कि वैदिक, ब्राह्मण या सनातन धर्म और दर्शन के प्रवर्त्तक हमारे ही पूर्वज थे, इसीलिए यह धर्म, दर्शन और विचारधारा हमारी है। चलिए हम मान लेते हैं, तो फिर बुद्ध, कबीर से लेकर फुले, अम्बेडकर, पेरियार और आज तक जो आन्दोलन चले और चल रहे हैं, उनका क्या होगा? क्या सभी बेकार थे और हैं? ऐसा कतई नहीं है। यह दर्शन और समाजशास्त्र का बहुत बड़ा प्रश्न है। इस पर विचार होना चाहिए। डाकू रत्नाकर वाली कथा खुद वाल्मीकि ही 'अध्यात्म रामायण', 'आनन्द रामायण' और 'कृतिवास रामायण' में कहते हैं। ऐसी ही कथा 'स्कन्द पुराण' में भी है। 'रामचरित मानस' में भी तुलसी कहते

हैं–'उल्टा नाम जपत हरि नामा। वाल्मीकि भये ब्रह्म सामना।।' वाल्मीकि की माता चार्षिणी और पिता प्रचेता दोनों ब्राह्मण थे। वाल्मीकि को बचपन में भीलनी उठाकर ले गई थी और उनका पालन-पोषण उसी ने किया। फिर वे लुटेरे भीलों की तरह डाकू बन गये। इसीलिए वे इस नयी माता की ओर से और कर्म से भी अतिशूद्र (भंगी, चाण्डाल) ठहरते हैं।

किन्तु वाल्मीकि 'रामायण' में वाल्मीकि आश्रम में वनवास के बाद राम दरबार में जब सीता की दोबारा अग्नि-परीक्षा होती है, तो वाल्मीकि कहते हैं कि "मैं प्रचेता (ब्राह्मण) पुत्र सत्यवादी वाल्मीकि शपथ लेकर कहता हूँ कि सीता अग्नि की तरह पवित्र है।" उसी प्रकार व्यास ब्राह्मण ऋषि पराशर के पुत्र हैं। उनकी माता निषाद कन्या सत्यवती है। व्यास भी केवल माता की ओर से शूद्र (पिछड़ा) है। उस समय अनुलोम-विलोम विवाह प्रचलित था और अनुलोम-विलोम विवाह के सम्बन्ध में शास्त्र कहता है कि उच्च वर्ण के पिता और निम्न वर्ण की माता से उत्पन्न सन्तान पिता के वर्ण की होगी। इसके विपरीत उच्च वर्ण की माता और निम्न वर्ण के पिता से उत्पन्न संतान शूद्र होगी। उपर्युक्त कथा को मान भी लें, तो वाल्मीकि और व्यास दोनों ब्राह्मण वर्ग के ठहरते हैं। उनकी विचारधारा भी वही ब्राह्मणवादी है। इसीलिए उनका दलित और पिछड़ा होना संदिग्ध है। उनके ग्रन्थ और मान्यताओं पर अनेक सवाल उठाये जा सकते हैं? वाल्मीकि को आदिकवि माना गया गया है और व्यास को वेद के रचयिता। तो कायदे से वेद रामायण से बाद की रचना होनी चाहिए, किन्तु वेद पहले की रचना है। इसीलिए दोनों की स्थिति विवादास्पद है। इसीलिए हम वाल्मीकि और व्यास को दलित-पिछड़ा नहीं मान सकते।

फिर भी 'मनुस्मृति' सहित अनेक स्मृति और पुराणों में कहीं-कहीं ब्राह्मण पिता और शूद्र माता से उत्पन्न संतान को शूद्र ही माना गया है। इस दृष्टि से व्यास शूद्र ठहरते हैं। कुछ विद्वानों ने वाल्मीकि के पिता प्रचेता का सम्बन्ध वरुण से जोड़ने को कोशिश की है, तो कुछ ने ऋषि च्यवन से। किशोर कुणाल ने विभिन्न प्रमाणों से यह सिद्ध करने की कोशिश की है कि "वाल्मीकि भृगुपुत्र च्यवन के पुत्र थे। और वैदिक परम्परा से हम जानते हैं कि भृगुओं का सम्बन्ध रथ या गाड़ी बनानेवाले वर्ण से था, अतः वे शूद्र थे। फिर उनकी दोनों ही पत्नियाँ क्रमशः हिरण्यकशिपु की पुत्री दिव्या और पुलोमा की पुत्री पौलोमी राक्षस वंश की थीं, इसलिए भी वे अनार्य (राक्षस) श्रेणी के हुए। दिव्या से च्यवन ऋषि और पौलोमी से शुक्राचार्य की उत्पत्ति हुई।

च्यवन जन्मकाल से ही प्रकृष्ट चेतनायुक्त थे, इसलिए उनका दूसरा नाम प्रचेता हुआ। इस बात की पुष्टि अश्वघोष का 'बुद्ध चरितम्' ग्रन्थ से भी होती है।"[14]

इस प्रकार जन्म और वंश परम्परा से भी वाल्मीकि दलित या शूद्र ही ठहरते हैं। दलित लेखक और विचारक कंवल भारती का कहना है-"जहाँ तक वाल्मीकि की पौराणिक रामकथा 'रामायण' का प्रश्न है, उसे पूरी तरह सामन्ती मूल्यों का साहित्य नहीं कहा जा सकता। क्रौंच के जोड़े में एक पक्षी को मारे जाने में बहेलिया को शाप दिया गया है, तो यह समझा जा सकता है कि उसमें सामन्ती व्यवस्था पर आक्रोश किस कदर व्यक्त हुआ है। राम के द्वारा शम्बूक के वध की घटना भी दलित अस्मिता की दृष्टि से काफी महत्त्व रखती है। वाल्मीकि सामन्ती युग के कवि थे। वे राज्याश्रित रहे होंगे। ऐसे में व्यवस्था का पूर्ण विरोध वाल्मीकि के लिए राजद्रोह हो सकता था, जिसका दण्ड निश्चित रूप से मृत्यु था। इसलिए वाल्मीकि ने सामन्तों की भाषा में ही सामाजिक परिवर्तन की आवश्यकता का बोध कराया है। हम रामायण को दलित साहित्य नहीं कह सकते, परन्तु हम वाल्मीकि को सर्वथा सामन्ती मूल्यों का पक्षधर भी नहीं कह सकते।"[15] इसी प्रकार यदि व्यास को शूद्र कन्या की शूद्र (पिछड़ा वर्ग) सन्तान मान लेते हैं, तो उनकी महाभारत कथा तो पूरी तरह वर्ण-संकरों की कथा है। महाभारत के प्रायः सभी पुरुष पात्रों का जन्म या तो नियोग से होता है या कुंवारी अवस्था में अवैध सम्बन्ध (देव आह्वान) से। महाभारत में जाति और वर्ण-व्यवस्था अत्यन्त ही उदार है। इसमें ऐसे स्थलों के वर्णन में अन्य ब्राह्मणवादी ग्रन्थों की अपेक्षा अधिक उदारता बरती गयी है। व्यास ने कई बार युधिष्ठिर के मुख से जाति और वर्ण-व्यवस्था के जन्मना-सिद्धान्त का खण्डन करवाया है।

वाल्मीकि और व्यास के उद्भव और विकास की चाहे जो भी कथा हों, किन्तु इतना तो तय ही है कि रामायण और महाभारत की मूल कथा में जाति-भेद और वर्ण-व्यवस्था वैसी दृढ़ और संकीर्ण नहीं दिखायी पड़ती, जैसी कालान्तर में देखने को मिली। वाल्मीकि और व्यास की परम्परा भले ही दलित या बहुजन परम्परा न हो, किन्तु बहुत हद तक उन्होंने जाति और वर्ण-व्यवस्था को उदार बनाने की कोशिश की है। इस दृष्टि से संस्कृत साहित्य के विकास में भी दलित-पिछड़ों के योगदान को रेखांकित किया जा सकता है।

संस्कृत के प्रसिद्ध नाटक 'मृच्छकटिकम्' के लेखक शूद्रक को भी शूद्र कहा जाता है। 'मृच्छकटिकम्' की गैर-सामन्ती लोकतान्त्रिक कथा भी उन्हें

शूद्र सिद्ध करती है। कहा जाता है कि कालिदास भी गड़ेरिया जाति के थे। किन्तु उनकी रचनाओं में सामन्तवादी प्रवृत्तियाँ भरी पड़ी हैं। वेदों के अनेक मन्त्र और ऋचाएँ शूद्र ऋषियों के नाम पर हैं। वेदों में शूद्र ऋषि रैक्व और महिदास चर्चित नाम हैं। महिदास राजा भी थे। एक और शूद्र राजा जानश्रुति का नाम आता है, जिसे ऋषि रैक्व ने वेद पढ़ाया था। महिदास एतेरेय ब्राह्मण और उपनिषदों के रचयिता भी बताये जाते हैं। ऐसे अनेक छोटे-छोटे राजा और ऋषि हैं। किन्तु उनकी परम्परा दलित या बहुजन परम्परा नहीं है।

## 2. मध्यकालीन साहित्य के विकास में दलित-पिछड़ों का योगदान

मध्यकाल का साहित्य दो भागों में विभाजित है-भक्तिकाल और रीतिकाल। रीतिकाल तो सामन्तो का काल है और उसका साहित्य भी सामन्ती साहित्य है। किन्तु भक्तिकाल शुद्ध रूप से शूद्रों का काल है। भक्तिकाल का आरम्भ कबीर आदि निर्गुण संतों की वाणी से होता है। उसके बाद दक्षिण भारत से आ रही पूजा-कीर्तन की सगुण भक्तिधारा की परम्परा में तुलसी, सूर आदि कवियों का जन्म होता है। निर्गुण साहित्य भी दो वर्गों में विभाजित है-ज्ञानाश्रयी शाखा और प्रेमाश्रयी शाखा। ज्ञानाश्रयी में कबीर, नानक, रैदास, पीपा, दादूदयाल, सुन्दरदास, मलूकदास, अमीर खुसरो आदि आते हैं। प्रेमाश्रयी शाखा के कवि थे-जायसी, कुतुबन, मंझन, मुल्ला दाऊद, उस्मान, शेख नबी, कासिमशाह, नूर मुहम्मद आदि। सगुण भक्तिधारा की रामभक्ति शाखा में तुलसी के अलावा अग्रदास, नाभादास, प्राणचन्द, हृदयराम, केशवदास आदि हैं और कृष्ण भक्तिधारा के कवियों में सूरदास के अलावा कुम्भनदास, परमाननद दास, कृष्णदास, नन्ददास, छीतस्वामी, गोविन्द दास, रसखान, मीराबाई आदि। निर्गुण भक्तिधारा की दोनों शाखाओं के कवि या तो शूद्र हैं या मुसलमान। सगुण भक्तिधारा में भी नाभादास, कुम्भनदास दास आदि शूद्र बताये जाते हैं। हम जानते है कि निर्गुण की चेतना गैर-वैदिक परम्परा सिद्ध-नाथ और सूफियों से प्रभावित है, जबकि सगुण भक्तिधारा वैदिक-पौराणिक परम्परा से प्रभावित है। कबीर, रैदास, नानक आदि की रचनाओं में सामाजिक सरोकार से सीधा संवाद है। वे ऊँच-नीच, भेदभाव, धार्मिक आडम्बर नहीं मानते और समानता की बात करते हैं, जबकि सगुण भक्तिधारा के कवि ईश्वर के अवतार, वर्ण व्यवस्था और ऊँच-नीच की बातें करते हैं। जाहिर है निर्गुण भक्तिधारा में दलित-पिछड़ी चेतना को महत्त्व दिया गया है, जबकि सगुण

भक्तिधारा में ब्राह्मण और ब्राह्मणवाद की। यह भी स्मरणीय है कि निर्गुण भक्तिधारा में कवियों की संख्या सगुण से अधिक है। एक बात और स्मरणीय है कि भक्तिकाल के इन कवियों की सारी रचनाएँ लोकभाषा में रची गयी हैं। निर्गुण साहित्य अवधि, भोजपुरी, उर्दू अथवा मिश्रित लोकभाषा में, तो सगुण अवधि या ब्रजभाषा में। इसका कारण यह है कि ये भक्त और कवि अपनी बातों को जनता के बीच दूर-दूर तक पहुँचाना चाहते हैं।

इस प्रकार भाषा और साहित्य दोनों ही दृष्टियों से भक्ति साहित्य दलित-पिछड़ों के करीब है और उनके रचनाकार अधिकतर दलित-पिछड़े ही हैं। मुसलमान कवि भी पसमान्दा हैं, जो आजकल पिछड़े वर्ग की श्रेणी में आते हैं। इसीलिए मध्यकाल के साहित्य के विकास में दलित-पिछड़ों का सीधा योगदान है।

## 3. आधुनिक साहित्य के विकास में दलित-पिछड़ों का योगदान

मध्यकाल जहाँ भारतीय इतिहास में तुर्क-अफगान और मुगलों का काल है, वहीं आधुनिक काल अँग्रेजों का। अँग्रेजी भाषा के अध्ययन से भारत में नवजागरण आता है और अनेक समाज सुधारक और चिन्तक पैदा होते हैं। ब्रह्मसमाज, प्रार्थना समाज, सत्यशोधक समाज, आर्यसमाज आदि के बैनर तले राजाराम मोहनराय, केशवचन्द, ईश्वरचन्द विद्यासागर, जोतिराव फुले, क्षत्रपति शाहूजी महाराज, दयानन्द सरस्वती, विवेकानन्द आदि के शिक्षा और सुधार आन्दोलन शुरू होते हैं। आगे चलकर बाल गंगाधर तिलक, आगरकर, रानाडे, गांधी, पेरियार और आम्बेडकर आदि आते हैं। अब तक जो शिक्षा गुरुकुल और मदरसों में थी, अब स्कूल-कॉलेजों में आ जाती है। विधिवत शिक्षा देने का काम शुरू होता है। शिक्षा के सार्वजनिक हो जाने पर भी आरम्भ में आम दलित-पिछड़े और स्त्रियाँ शिक्षा से वंचित ही रहती हैं। विभिन्न आन्दोलन और प्रयासों से सबको शिक्षा का अधिकार मिलता है। इस बीच शिक्षा में वही ब्राह्मणवादी विचार और सोच भर दिये जाते हैं। धीरेधीरे दलित-पिछड़े और स्त्रियों के शिक्षित होने और फुले, अम्बेडकर आदि के आन्दोलन के कारण कालान्तर में शिक्षा और साहित्य में परिवर्तन होता है। प्रगतिवादी-जनवादी साहित्य का सृजन होता है। स्त्री, दलित और पिछड़े भी सम्मान के साथ साहित्य और इतिहास में शामिल होते हैं। आज का दलित और बहुजन साहित्य शिक्षा और साहित्य की विचारधारा के केन्द्र में स्थापित है। इस बीच

खड़ीबोली की कविता और आरम्भ की कथा-कहानी जैसे लोकप्रिय साहित्य को साहित्य में जगह नहीं दी गयी। इसके लिए अयोध्या प्रसाद खत्री जैसे हिन्दी के विद्वानों को आन्दोलन करने पड़े। देवकीनन्दन खत्री, गोपाल राम गहमरी (साहू), इब्ने सफी, कुशवाहा कान्त, गुलशन नन्दा आदि के लोकप्रिय साहित्य को साहित्य का दर्जा नहीं दिया गया। अब उन्हें भी साहित्य माना जाने लगा है। आधुनिक काल के आरम्भिक साहित्य के पिछड़ने का एक कारण यह भी रहा कि प्राचीन काल के गुरुकुलों की तरह शिक्षालयों में प्रवेश या तो विप्र कुमार या राजकुमारों (सामन्त वर्ग) को ही मिलता रहा। कायस्थ और खत्री समाज यद्यपि हर तरह से शिक्षित और कुलीन हैं। उनके राजवंश भी रहे हैं। लेखन उनकी परम्परा और विरासत है। फिर भी अकादमिक जगत में उन्हें महत्त्व तभी मिला, जब प्रेमचन्द जैसे दिग्गज साहित्यकार उर्दू से हिन्दी में आये। अन्यथा शूद्रों की तरह उन्हें अश्रेष्ठ माना जाता रहा। खत्रीजी के चन्द्रकान्ता और चन्द्रकान्ता संतति पर कई टीवी सीरियल और फिल्में बनीं, कुशवाहा कान्त और गुलशन नन्दा के उपन्यासों पर 'काजल, कटी-पतंग, नीलकमल, खिलौना, परदेशी, नागिन' जैसी दर्जनों हीट फिल्में बनीं। पर उन्हें अकादमिक जगत में स्वीकृति नहीं मिली।

फिर भी भारतेन्दु हरिश्चन्द, जयशंकर प्रसाद, महादेवी वर्मा, प्रेमचन्द, फणीश्वरनाथ रेणु, राजेन्द्र यादव, मन्नू भंडारी, गिरिराज किशोर, चन्द्रकिशोर जायसवाल, मधुकर सिंह आदि के अलावा कांचा अलैया, चौथीराम यादव, रामधारी सिंह दिवाकर, राजेन्द्र प्रसाद सिंह, प्रेमकुमार मणि, हरिनारायण ठाकुर (इन पंक्तियों के लेखक) आदि ऐसे अनेक उल्लेखनीय नाम हैं, जो हिन्दी साहित्य में मानक बन चुके हैं। दलित साहित्य के चर्चित रचनाकारों में हीराडोम, अछूतानन्द, ओमप्रकाश वाल्मीकि, मोहनदास नैमिशराय, श्यौराज सिंह बेचैन, कंवल भारती, मलखान सिंह, बुद्धशरण हंस, जयप्रकाश कर्दम, तुलसीराम, प्रह्लादचन्द्र दास, रत्नकुमार साम्भरिया, सूरजपाल चौहान, दयानन्द बटोही, मुसाफिर बैठा, विपिन बिहारी, मुकेश मानस, अनीता भारती, कावेरी, जयपाल सिंह मुण्डा, रामदयाल मुण्डा, ग्रेस कुजूर, निर्मला पुतुल, वन्दना टेटे, अनुज लुगून, गंगा सहाय मीणा, हरिराम मीणा, कौशल पंवार, कर्मानन्द आर्य आदि अनेक कवि-कथाकार हैं।

इस प्रकार हम देखते हैं कि हिन्दी भाषा और साहित्य के विकास में दलित-पिछड़ों की महत्त्वपूर्ण भूमिका हैं।

**सन्दर्भ :**

1. रोमिला थापर, भारत का इतिहास, राजकमल प्रकाशन, नयी दिल्ली और विकिपीडिया के आधार पर
2. रोमिला थापर, भारत का इतिहास, राजकमल प्रकाशन, नयी दिल्ली, पृ.-50
3. वही
4. विकीपीडिया और गुणाकर मुले की पुस्तक इतिहास, संस्कृति और साम्प्रदायिकता, यात्री प्रकाशन, दिल्ली, पृष्ठ-133 पर आधारित
5. रोमिला थापर, भारत का इतिहास, राजकमल प्रकाशन, नयी दिल्ली, पृ.-61
6. नायि वर्ण-निर्णय, लेखक- पं. रेवती प्रसाद शर्मा, उपेक्षित समुदायों का आत्म इतिहास, सं.-बद्री नारायण, विष्णु महापात्र, अनन्त राम मिश्रा, वाणी प्रकाशन, पृष्ठ-80-81
7. हिन्दी साहित्य का दूसरा इतिहास : डॉ. बच्चन सिंह, राधाकृष्ण प्रकाशन, नयी दिल्ली, पृष्ठ-15
8. इतिहास, संस्कृति और साम्प्रदायिकता, ले.-गुणाकर मुले, यात्री प्रकाशन, दिल्ली, पृष्ठ-95
9. अयोध्या प्रसाद खत्री : 'अयोध्या प्रसाद खत्री स्मारक ग्रन्थ', बिहार राष्ट्रभाषा परिषद्, पटना, पृष्ठ-203
10. संस्कृत साहित्य का इतिहास : डॉ. राजकिशोर सिंह एवं देवीशंकर मिश्र, प्रकाशन केन्द्र, लखनऊ
11. विकिपीडिया व अन्य ब्लॉग
12. संस्कृत साहित्य का इतिहास : डॉ. राजकिशोर सिंह एवं देवीशंकर मिश्र एवं विकिपीडिया व कुछ ब्लोगों पर आधारित
13. चर्यापद एवं विकिपीडिया
14. दलित देवो भवः भाग-1, ले.-किशोर कुणाल, प्रकाशन विभाग, भारत सरकार, नयी दिल्ली
15. दलित साहित्य कुछ आलोचनाएँ : कंवल भारती, संकल्पिका, पटना, सितम्बर 1997, पृष्ठ-29

# रामचरितमानस का शूद्र-पाठ

राम हिन्दुओं के आराध्य देव हैं। देश में राम-जानकी मन्दिर हैं। बावजूद इसके रामकथा का व्यापक प्रचार तुलसी की रामकथा 'रामचरित मानस' प्रकाशित होने के बाद ही होता है। कृष्ण, शिव और हनुमान के मन्दिर यहाँ पहले से मिलते हैं। रामकथा का आधार वाल्मीकि रामायण है, जिसे आदिकाव्य माना जाता है। 'रामायण' में राम विष्णु के अवतार नहीं हैं, एक आदर्श पुरुष हैं, जिन्होंने युगानुकुल अपने कर्त्तव्य का पालन किया और शत्रुओं पर विजय पायी। अवतारवाद 'गीता' और 'महाभारत' के बाद शुरू होता है और उसके बाद के पुराण साहित्य में इस अवतारवाद को ठोस स्वरूप दे दिया जाता है।

तुलसी का 'रामचरित मानस' इसी अवतारवाद पर आधारित है, जिसमें राम को विष्णु का अवतार माना गया है। इसीलिए हिन्दी पट्टी, जिसे हिन्दू पट्टी भी कहा जा सकता है, में हिन्दू जनमानस, खासकर ब्राह्मण समुदाय उसे पवित्र धर्मग्रन्थ की तरह मानते हैं। अन्यथा देश के चारो कोनों में शंकराचार्य के चार मठ स्थापित हो जाने के बाद और जैन-बौद्ध धर्मों के बीच भी बंगाल में काली-पूजा, पूर्वोत्तर में प्रकृति और लोकदेवी-देवताओं की पूजा, दक्षिण, मध्य और पश्चिम भारत में शिव-पूजा की ही प्रधानता रही। गीताप्रेस के प्रचार के बाद उत्तर भारत के हिन्दू घरों में यह पुस्तक धर्मग्रन्थ की तरह रखी और पूजी जाने लगी। लेकिन आश्चर्य की बात है कि दलित-पिछड़ों में कुछ ज़मींदार घरानों को छोड़कर किसी के पास इस ग्रन्थ को रखने और पूजने की परम्परा नहीं रही है। पर प्रवचन और राम की कथा-कहानियों के सुनने से उनमें भी विष्णु के अवतार के रूप में राम में आस्था और भक्ति के बीज उत्पन्न हो गये हैं। अन्यथा मानस के स्त्री और शूद्र (आज के एस/एसटी व ओबीसी) सम्बन्धी विचार आज के सन्दर्भ में बड़े ही आपत्तिजनक हैं।

रामचरित मानस लोकभाषा (अवधी) का एक महाकाव्य है और उसके इसी साहित्यिक रूप पर विचार होता आया है।

## रामचरित मानस पर राजनीतिक विवाद

तुलसी की रामकथा पर विवाद नया नहीं है। नया केवल यही है कि आज यह राजनेताओं द्वारा उठाया गया है। अन्यथा रामचरितमानस पर तुलसी के स्त्री और दलित (शूद्र) चरित्रों को लेकर टीका-टिप्पणी और चर्चा बहुत पुरानी है। तुलसी के प्रशंसक रामचन्द्र शुक्ल और रामविलास शर्मा ने भी उनके इस पक्ष की अधिक प्रशंसा नहीं की है। इसके अलावा हजारी प्रसाद द्विवेदी, शिवदान सिंह चौहान, डॉक्टर बच्चन सिंह, राहुल सांकृत्यायन, डॉ. नगेन्द्र, रांगेय राघव, नामवर सिंह, नागार्जुन, प्रेमचन्द, मैनेजर पाण्डेय आदि सभी ने इसकी कटु आलोचना की है। आर्यसमाज से प्रेरित 'सरिता, मुक्ता' पत्रिका समूह के दिल्ली प्रेस से तो उस जमाने में एक बहुचर्चित पुस्तक ही निकली थी-'हिन्दू समाज के पथभ्रष्टक तुलसीदास', जिस पर बहुत विवाद हुए थे। इसके सम्पादक विश्वनाथ पर कई मुकद्दमें दर्ज हुए, दिल्ली प्रेस पर भी हमले हुए। किन्तु कोर्ट से सारे मुकद्दमें खारिज हो गये। ललई सिंह यादव द्वारा पेरियार की 'सच्ची रामायण' के पुनर्प्रकाशन पर भी केस हुए थे, विरोध में आन्दोलन भी हुए, पर कोर्ट में सभी परास्त हो गये।

मौजूदा सवाल बिहार के शिक्षा मन्त्री चन्द्रशेखर और उत्तरप्रदेश के कद्दावर समाजवादी नेता स्वामीप्रसाद मौर्य ने उठाये हैं। चन्द्रशेखर ने एक कार्यक्रम को सम्बोधित करते हुए कहा था कि 'मनुस्मृति', 'रामचरित मानस' और गोलवलकर की 'बंच ऑफ थॉट्स' नफरत फैलानेवाले ग्रन्थ हैं। ये स्त्री और शूद्रों के विरोधी हैं। स्वामीप्रसाद मौर्य ने भी 'मानस के ढोल, गंवार, शूद्र, पशु नारी। सकल ताड़ना के अधिकारी।।', 'नारी सुभाव सत्य कवि कहहिं। अवगुन आठ सदा उर रहहिं।।' 'जे बरनाधम तेली कुम्हारा। स्वपच, किरात, कोल, कलवारा।।' 'पूजीय विप्र शील गुण हीना। सूद्र न गुण गन ज्ञान प्रवीना।।' आदि दोहे-चौपाइयों को लेकर कड़ा प्रतिरोध किया और कहा कि रामचरित मानस में स्त्री, शूद्र (दलित और ओबीसी) सहित 85% जनता को अपमानित किया गया है। इसीलिए या तो इस ग्रन्थ को प्रतिबन्धित किया जाये या इसके ऐसे अंशों को हटाया जाये। इसके लिए उन्होंने राष्ट्रपति, प्रधानमन्त्री को भी पत्र लिखा। बिहार और उत्तरप्रदेश में कई जगह प्रदर्शन हुए और 'रामचरित मानस' की प्रतियाँ जलायी गयीं।

विरोध में यूपी में सपा कार्यालय से लेकर अनेक सार्वजनिक स्थानों पर पोस्टर लगाये गये कि 'गर्व से कहो हम शूद्र हैं।' सपा प्रमुख अखिलेश यादव ने बयान दिया कि 'मैं तो सदन में मुख्यमन्त्री से पूछूँगा कि मैं शूद्र हूँ कि नहीं?' मीडिया ने इसको खबर बनायी। इसी अफरा-तफरी में संघ प्रमुख मोहन भगवत ने बयान दे दिया कि "जातियाँ पण्डितों (ब्राह्मणों) ने बनायीं हैं। उन्हें प्रायश्चित करनी चाहिए।"

इस बीच सबसे बड़ी घटना यह हुई कि गीताप्रेस ने 'रामचरित मानस' की नयी प्रति छापकर 'शूद्र, गंवार' वाली चौपाई का पुराना अर्थ ही बदल दिया। पुरानी प्रति में 'ताड़न' का अर्थ दण्ड देना और पीटना था, उसे बदलकर 'शिक्षा' देना कर दिया। अर्थात ढोल, गंवार, शूद्र, पशु और नारी शिक्षा के अधिकारी हैं। इस पर एक रोचक दृश्य तब उपस्थित हुआ, "जब बिहार के एक पूर्व विधायक ने भेड़, बकरी, गाय, गधा, भैंस आदि कुछ पशुओं, स्त्रियों, शूद्रों, ग्रामीणों और ढोल-नगाड़ों के साथ एक जुलूस निकाला, जिसमें सभी के गले में एक तख्ती लटकायी कि-हम शिक्षा के अधिकारी हैं। हमें शिक्षा दो।" बाद में नेता प्रतिपक्ष अखिलेश यादव ने सचमुच यूपी विधानसभा में मुख्यमन्त्री योगी आदित्यनाथ से पूछ डाला कि "शूद्र कौन हैं? उन्होंने न केवल प्रश्न पूछा, बल्कि अपने पूरे भाषण को भारत की जाति और वर्ण-व्यवस्था जनित भेदभाव और छुआछूत पर ही केन्द्रित कर डाला। उन्होंने यह भी पूछा कि यदि मैं शूद्र (अछूत) नहीं हूँ, तो मेरे बाद मुख्यमन्त्री की कुर्सी पर बैठे माननीय ने मेरी कुर्सी और कमरे को गंगाजल से क्यों धुलवाया?"

ज्ञातव्य हो कि अखिलेश के बाद जब योगी मुख्यमन्त्री बने, तो कुर्सी और कमरे को गंगाजल से धुलवाया, तभी उस कुर्सी पर बैठे। अखिलेश यादव ने कहा कि "मुख्यमन्त्री शुद्धता और पवित्रता का ढोंग तो करते हैं, पर राज्य में लाखों जनता भूख, गरीबी, छुआछूत और भेदभाव के शिकार हैं। आप 'रामचरित मानस' के जिस 'रामराज्य' का डंका पीटते हैं, उसी 'रामचरित मानस' में लिखा हुआ है-'जासु राज प्रिय प्रजा दुखारी, सो नृप अवसि नरक अधिकारी।'" इसके पहले मुख्यमन्त्री योगी ने दिनकर की 'रश्मिरथी' की पंक्ति 'याचना नहीं अब रण होगा, जीवन जय या कि मरण होगा' दुहराते हुए राज्य में हो रही हत्या और आतंक से लड़ने की घोषणा की थी। अखिलेश यादव ने कहा कि "राष्ट्रकवि दिनकर की जिन पंक्तियों को आपने पढ़ा है,

उसके पहले की पंक्तियों को भी जरा दुहरा लेते?" और उन्होंने 'रश्मिरथी' की पीछे की पंक्तियों को पढ़ डाला-

> *"जाति! हाय री जाति! कर्ण का हृदय क्षोभ से डोला,*
> *कुपित सूर्य की ओर देख वह वीर क्रोध से बोला*
> *जाति-जाति रटते, जिनकी पूँजी केवल पाखण्ड,*
> *मैं क्या जानूँ जाति? जाति हैं ये मेरे भुजदण्ड।*
> *ऊपर सिर पर कनक-छत्र, भीतर काले-के-काले,*
> *शरमाते हैं नहीं जगत् में जाति पूछनेवाले।*
> *सूत्रपुत्र हूँ मैं, लेकिन थे पिता पार्थ के कौन?*
> *साहस हो तो कहो, ग्लानि से रह जाओ मत मौन।*
> *मस्तक ऊँचा किये, जाति का नाम लिये चलते हो,*
> *पर, अधर्ममय शोषण के बल से सुख में पलते हो।*
> *अधम जातियों से थर-थर काँपते तुम्हारे प्राण,*
> *छल से माँग लिया करते हो अँगूठे का दान।"*

इस प्रकार उस दिन का पूरा सेशन 'शूद्र-विमर्श' पर केन्द्रित हो गया। इतनी सारी घटनाएँ केवल जनवरी 2022 से मार्च 22 के बीच ही घटित हो गयीं। धर्मशास्त्रों और साहित्य के जाति विमर्श पहली बार राजनीति में मुखर होकर आये।

## तुलसी का कवित्व

सवाल तुलसी के काव्य और कवित्व का नहीं है, उनके कथ्य और सन्देश का है। उनका कवित्व प्रशंसनीय है और वे निर्विवाद रूप से एक बड़े कवि और महाकवि हैं। बल्कि जायसी को छोड़कर आज तक किसी कवि ने वैसा महाकाव्य नहीं लिखा। वर्ण-व्यवस्था और लिंग-भेद को बरकरार रखते हुए उन्होंने शास्त्रीय-पौराणिक मान्यता के अनुसार जाति-वर्ण और स्त्री-पुरुष में समन्वय की चेष्टा की। महाकाव्य के रूप में मुझे उनके 'वनवासी राम' का चरित्र और 'भरत-मिलाप प्रसंग' अच्छा लगता है। क्योंकि राम ने रावण जैसे शक्तिशाली राजा से लड़ने के लिए वन में ही संसाधन जुटाये, अपनी अयोध्या या किसी दूसरे राज्य से सेना की मदद नहीं ली। भरत-मिलाप संयुक्त परिवार का आदर्श है। वाल्मीकि की रामकथा का परिष्कार कर उन्होंने एक

आदर्श रामकथा की रचना करने की कोशिश की है, वन में राम, सीता और लक्ष्मण के मांसाहार, सीता निर्वासन और शम्बूक-वध जैसे विवादास्पद प्रसंगों को हटा दिया है। लेकिन उन्होंने खुद ही अनेक विवादास्पद अंश और प्रसंग पैदा कर दिया है, जो स्त्री और शूद्र विरोधी हैं। चूँकि उन्होंने खुद ही कहा है 'नाना पुराण निगमागम सम्मतम्', इसीलिए यह विवाद स्वतः समाप्त हो जाता है; क्योंकि 'मानस' में वर्णित मान्यताएँ उनकी अपनी नहीं है, आगम-निगम और पुराणों की है। और सभी जानते हैं कि वेद, पुराण आदि ग्रन्थ स्त्री और शूद्रों के विरोधी हैं। इन्होंने मानव-मानव में भेदभाव पैदा किये हैं। तुलसी खुद ही जातिजनित भेदभाव के शिकार हैं। कट्टर ब्राह्मणों से तंग आकर वे कहते हैं-"धूत कहौ, अवधूत कहौ, रजपूत कहौ, जोलहा कह कोऊ। काहू की बेटी सों बेटा न ब्याहब, काहू की जाति बिगार न सोऊ।।" (कवितावली)। इसीलिए वे यदि चाहते तो बुद्ध, कबीर, रैदास आदि महापुरुष और संतों की विशाल परम्परा से मनुष्य मात्र की समानता का पाठ सीख सकते थे। जाति और वर्ण-व्यवस्था के विरुद्ध मानवीय समानता का सन्देश दे सकते थे। किन्तु उन्होंने ऐसा नहीं किया। असल में चाहे तुलसी हो, सूरदास या केशवदास हों, सारे ब्राह्मण कवियों ने यही किया। उन्होंने वैदिक-पौराणिक ब्राह्मण धर्म की स्थापना की, क्योंकि इससे उनके पौरोहिती कर्म, रोजी-रोटी और वर्चस्व की रक्षा होती थी। इसीलिए इन्होंने कबीर आदि की निर्गुण धारा का विरोध किया। अन्यथा नवजागरण काल में दयानन्द सरस्वती के 'आर्यसमाज' और फुले के 'सत्यशोधक समाज' ने तो पुराण आदि ग्रन्थों को पूरा-का-पूरा ही खारिज कर दिया, राजा राममोहन राय के 'ब्रह्म समाज', केशवचन्द्र और रानाडे के 'प्रार्थना समाज', विवेकानन्द, गांधी, अम्बेडकर और पेरियार आदि किसी ने भी इसके ऐसे प्रसंगों को नहीं माना। आधुनिक काल में पुराण ों के एकमात्र समर्थक 'हिन्दू महासभा' थी, जिसके विचारों को बाद में राष्ट्रीय स्वयंसेवक संघ ने भी अपना लिया। आज यह विचारधारा राजनीति के माध्यम से समाज में फैलायी जा रही है। सत्ताधारी दल द्वारा 'रामचरित मानस' के उस तथाकथित 'रामराज्य' को आदर्श बताया जा रहा है, जिसमें वर्णाश्रम धर्म का पालन न करने के कारण राजा राम द्वारा एक शूद्र तपस्वी 'शम्बूक' की हत्या कर डाली गयी थी। क्योंकि शूद्रों को वेद-पुराण का पाठ और जप-तप का अधिकार नहीं था।

## रामचरित मानस, ब्राह्मणवाद और निर्गुण धारा

वस्तुतः 'रामचरित मानस' वैदिक-पौराणिक ग्रन्थों और ब्राह्मण धर्म का नया संस्करण है। बुद्ध, कबीर, रैदास आदि के प्रहार के कारण ब्राह्मण धर्म में जो शिथिलता आयी थी, उसे 'रामचरित मानस' ने फिर से जीवित कर दिया। सगुणभक्ति से पहले यहाँ निर्गुण भक्तिधारा की विशाल परम्परा थी। कबीर, रैदास, नामदेव, पीपा, मलूक दास आदि शास्त्रज्ञान से परे लोकभाषा में समानता पर आधारित ज्ञान और भक्ति के काव्य लिख रहे थे, जो जनता में खूब प्रचारित थी। वैदिक धर्म और शास्त्र हाशिये पर जा रहे थे। ऐसे ही समय में तुलसी पैदा हुए और उन्होंने निर्गुणिया संतों की तरह लोकभाषा में अपने ग्रन्थों की रचना की। इसके पूर्व लोकभाषा में शास्त्रज्ञान की कोई किताब नहीं थी। फिर भी तुलसी को निर्गुण विचारधारा की स्थापना को मानना पड़ा और उन्होंने लिखा-'अगुनहि सगुनहि, नहीं कछु भेदा। गावहिं मुनि पुरान बुध बेदा।।' किन्तु तुलसी के बाद निर्गुण विचारधारा पर आधारित नानक के सिक्ख धर्म की स्थापना के समय सगुण विचारधारा को खारिज कर दिया गया। 'गुरुग्रन्थ साहेब' में कबीर, रैदास आदि निर्गुणिया संतों के पदों को तो लिया गया, किन्तु तुलसी के एक भी पद को शामिल नहीं किया गया। आज जब राजनेताओं द्वारा 'रामचरित मानस' पर सवाल उठाये जा रहे हैं, तो कुछ सवर्ण मीडिया संस्थानों ने इसका पक्ष लिया है। किन्तु जो सवाल उठ रहे हैं, उनके विरोध में उनके पास कुछ तर्क और तथ्य नहीं हैं।

ऐसा ही एक आलेख 'हिन्दुस्तान' अखबार ने छापा-'तुलसी की ताड़ना...'। इसमें लेखिका ने लिखा है कि "मॉरीशस, फिजी, सूरीनाम आदि देशों के लिए जब भारतीय श्रमिक वहाँ ले जाये जा रहे थे, तब वे अपने साथ 'रामचरितमानस' का गुटका लेकर गये थे।" लेखिका को कौन समझाये कि 'रामचरितमानस' का पहला प्रकाशन 1810 ईस्वी में फोर्ट विलियम कॉलेज ने किया। उसके 75 वर्षों के बाद 1883 में उत्तरप्रदेश से इसका दूसरा संस्करण छपा। इस बीच मानस का कहीं अता पता नहीं है। गीताप्रेस की स्थापना 1923 में हुई। उसने सर्वप्रथम 'गीता' को छापा और वर्षों तक उसे बेचता रहा। गीताप्रेस से 'रामचरितमानस' का पहला संस्करण 1939 में छपा और उसी समय उसका गुटका संस्करण भी प्रकाशित कर पहले लोगों में मुफ्त बाँटा

गया, फिर सशुल्क। इसके पहले 'रामचरितमानस' का कोई गुटका संस्करण उपलब्ध नहीं है। मॉरीशस, फिजी, सूरीनाम आदि देशों में भारतीय गिरमिटिया मजदूर 105 साल पहले 1834 में गये थे। फिर नीरजा माधव नाम की यह भक्त लेखिका लिखती है कि "मॉरीशस, फिजी, सूरीनाम आदि देशों के लिए जब भारतीय श्रमिक वहाँ ले जाये जा रहे थे, तब वे अपने साथ गंगाजल और 'रामचरितमानस' का गुटका लेकर गये थे।" यह कौन-सा गुटका था? यह इतिहास का कितना बड़ा झूठ है? ऐसे लेख को छापने से पहले क्या सम्पादक को इसकी खोज नहीं करनी चाहिए? (हिन्दुस्तान, 1 फरवरी, 2022 का आलेख) जब तक देश की स्त्रियाँ और शूद्र (दलित-पिछड़े) पढ़े-लिखे नहीं थे, हिन्दू धर्मग्रन्थ और वर्णवादी साहित्य को आँख मूँदकर मानते रहे। किन्तु आज पढ़-लिखकर वे चेतना सम्पन्न हो रहे हैं। इसीलिए वे अपने मान-स्वाभिमान से समझौता नहीं करते। भारत की युवा पीढ़ी धार्मिक साहित्य में रुचि नहीं लेती। फिर भी टीवी सीरियल और प्रवचन आदि द्वारा उनके मन में ऐसी कथा-कहानियाँ भर दी जाती हैं। किन्तु वे तब भी तर्क करती हैं। आँख मूँदकर उन बातों को नहीं मानती हैं। पर गाँव-समाज की गरीब और अनपढ़ जनता इनका शिकार हो जाती हैं। ऐसे मुद्दों पर जागरूकता फैलाने की जरूरत है। अच्छा है, इस प्रश्न को बहुजन राजनीति ने उठाया है।

## रामकथा का प्रचार-कितना पुराना?

असल में तुलसी की रामकथा का प्रचार बहुत पुराना नहीं है। इसका प्रचार 'नवजागरण काल' में भी नहीं, आधुनिक काल में हुआ। 'रामचरितमानस' पर पहला शोध इटली के एल.पी. तेस्सी नामक विद्वान ने 1911 में किया था। तेस्सी प्राचीन भारतीय लोकभाषा पालि, प्राकृत, अवधी, भोजपुरी, ब्रजभाषा आदि का अध्ययन कर रहे थे, उसी में तुलसी की यह पुस्तक मिली। फ्लोरेंस विश्वविद्यालय से इसके लिए पी.एच-डी. की उपाधि दी गयी। तुलसी पर दूसरा शोध कार्य लन्दन में 1918 में जे.एन. कॉपैनर ने किया। भारत में तुलसीदास पर पहली पी.एच-डी. 1938 में नागपुर विश्वविद्यालय से श्री बलदेव प्रसाद मिश्र ने की थी। तुलसीदास पर 1949 में हरिश्चन्द्र राय ने लन्दन से पी. एच-डी. और फादर कामिल बुल्के ने प्रयाग विश्वविद्यालय से डी.फिल. की डिग्री प्राप्त की। फिर भारतीय विश्वविद्यालय में तुलसी और 'रामचरितमानस' पर अन्धाधुन्ध शोध कार्य होने लगे। भारत में 'रामचरितमानस' और तुलसी

का प्रचार 1949-50 के बाद ही, मुख्य रूप से फादर कामिल बुल्के के शोध और प्रशंसा के आधार पर होने लगा। वैसे मदनमोहन मालवीय और हिन्दू महासभा के प्रयास से काशी में तुलसीदास की चर्चा और जयन्ती शुरू हो चुकी थी। मुगलकाल में 'रामचरितमानस' और तुलसी की चर्चा नहीं मिलती है। अकबर और दारा शिकोह ने वाल्मीकि रामायण का फारसी में अनुवाद करवाया था, न कि 'रामचरितमानस' का। किन्तु वाल्मीकि रामायण से राम और सीता के प्रतीक प्रभु वर्ग और सामन्तों में स्थापित हो चुके थे। इसीलिए अकबर ने जब सभी धर्मों को आपस में मिलाने के लिए 'दिन-ए-इलाही' धर्म चलाया, तो हिन्दुओं के आराध्य राम और सीता के चित्र के साथ सोने का सिक्का भी चलाया, जो भारत में अब तक का राम-सीता का पहला और अन्तिम सिक्का है। यह राजनीति में पहला तुष्टिकरण था।

## रामचरित मानस में अनुवादों की भरमार

तुलसी ने किस प्रकार वैदिक ब्राह्मण धर्म को पुनर्जीवित किया, इसके अनेक प्रमाण उनके 'रामचरितमानस' में मिल जाते हैं। पहले तो उन्होंने खुद ही कहा है-

*"नाना पुराण निगमागम सम्मतं यद्, रामायणे निगदितं क्वचिदन्यतोपि।*
*स्वान्तः सुखाय तुलसी रघुनाथ गाथा, भाषानिबंध मति मंजुलमातनोति।।"*

तुलसी बाबा ने वेदों से तो कुछ नहीं लिया, किन्तु तत्कालीन रामकथा, नीति-ग्रन्थ और पुराणों से सब कुछ ले लिया। नीचे का अनुवाद देखिये-

*"नारि सुभाव सत्य कवि कहहि।*
*अवगुन आठ सदा उर रहहि।।*
*साहस, अनृत, चपलता, माया।*
*भय, अविवेक, अशौच, अदाया।।"*

-(लंका काण्ड, रामचरित मानस)

मूल श्लोक : *"असत्यं साहस माया मात्सर्यं चातिलुब्धता,*
*निर्गुणमशौचत्वं स्त्रीणा दोषा स्वभावजा।"*

-(चाणक्य नीति, 2-1)

*"अनुज वधू भगिनी सुतनारी।*
*सुनु सठ ये कन्या सम चारी।।*

*इनहि कुदृष्टि विलोकै जोई।*
*ताहि वधे कछु पाप न होई।।"*

–(रामचरित मानस, किष्किन्धाकाण्ड)

मूल श्लोक : *"दुहिता भगिनी भ्रातुर्भार्या चौव तथा स्नुता,*
*समा यो रमते तासमेकामपि विमूढ़धी,*
*पातकी स तु विज्ञेय स वध्यो राजभि सदा।"*

–(आनन्द रामायण, श्लोक : 60–61,
सर्ग–3, किष्किन्धाकाण्ड)

इस प्रकार के अनेक अनुवाद 'मानस' में भरे पड़े हैं।

## कलियुग वर्णन और रामराज्य की कल्पना ब्राह्मण धर्म की स्थापना है

सीधी-सी बात है। 'रामचरितमानस' या पुराणों का उद्देश्य ब्राह्मण धर्म की स्थापना है। इसीलिए रामचरितमानस के आरम्भ में ही घोषणा कर दी जाती है–'विप्र, धेनु, सुर, सन्त हित, लिन्ह मनुज अवतार।' इतना ही नहीं, किसी भी अनुष्ठान में सबसे पहले विप्र की वन्दना और पूजा का विधान है। यहाँ तक कि भगवान राम भी इससे नहीं बचे हैं। वहाँ गणेश पूजा का विधान नहीं है। श्रीगणेश विप्र-पूजा से होता है। सारे पुराणों में यही स्थापना है। 'रामचरितमानस' में आरम्भ से अन्त तक विप्र पूजा और उसकी महिमा भरी पड़ी है, विप्र चाहे जैसा भी हो–कामी, क्रोधी, लोभी, लालची, लम्पट और अज्ञानी वह पूज्य है। इसके विपरीत शूद्र चाहे कितना भी ज्ञानी हो, किसी लायक नहीं–"पूजिय विप्र शील गुण हीना। सूद्र न गुण गन ज्ञान प्रवीना।।" मानस का उद्देश्य 'रामराज्य' अर्थात ब्राह्मणवादी राज्य की स्थापना है और इसके विपरीत आचरण वाले कलियुग की निन्दा। इसीलिए तुलसीदास ने अपने ग्रन्थ के अन्त में उपसंहार स्वरूप 'विष्णु पुराण' के आदर्श राज्य और कलियुग वर्णन को हू-ब-हू उठाकर रख दिया–

*"बरनाश्रम निज निज धरम, निरत बेद पथ लोग।*
*चलहिं सदा पावहिं सुखहि, नहिं भय सोक न रोग।।*
*सब उदार सब पर उपकारी। बिप्र चरन सेवक नर नारी।।"*

(उत्तरकाण्ड में रामराज्य वर्णन)

कलियुग वर्णन देखिए-

*"नारि बिबस नर सकल गोसाईं। नाचहिं नट मर्कट की नाईं।।*
*गुन मन्दिर सुन्दर पति त्यागी। भजहिं नारि पर पुरुष अभागी।।*
*सूद्र द्विजन्ह उपदेसहिं ग्याना। मेल जनेऊ लेहिं कुदाना।।*
*जे बरनाधम तेलि कुम्हारा। स्वपच किरात कोल कलवारा।।*
*बादहिं सूद्र द्विजन्ह सन, हम तुम्ह ते कछु घाटि।*
*जानइ ब्रह्म सो बिप्रबर आँखि देखावहिं डाटि।।*
*ते बिप्रन्ह सन आपु पुजावहिं। उभय लोक निज हाथ नसावहिं।।*
*सूद्र करहिं जप तप ब्रत नाना। बैठि बरासन कहहिं पुराना।।"*

-(उत्तरकाण्ड)

ऐसे दोहे-चौपाई संस्कृत ग्रन्थों के सीधे अनुवाद से आये हैं। जैसे-

*"पूजिय विप्र शील गुण हीना। सूद्र न गुण गन ज्ञान प्रवीना।।*
*दुष्टा धेनु दुही सुनु भाई। साधु रासभी दुही न जाई।।"*

-(रामचरित मानस, उत्तरकाण्ड)

मूल श्लोक : *"पतितोपि द्विजः श्रेष्ठो न च शुद्रो जितेन्द्रिय*
*निर्दुग्धा चापि गौ पूज्या न च दुग्धवती खरी।"*

-(चाणक्य नीति-6-5)

*"जे बरनाधम तेलि कुम्हारा। स्वपच किरात कोल कलवारा।।"*

मूल श्लोक : "वर्द्धकी नापितो गोपः आशाप कुम्भकारकः,
*वाणिक्कित कायस्थ मालाकार कुटुम्बिंनः।*
*वरटो मेद चाण्डाल दासो श्वपच कोलका,*
*एषा संभाषणात्स्नान दर्शानादर्कवीक्षणम।"*

-(व्यास स्मृति)

## क्या राम ने शबरी के जूठे बेर खाये थे?

उत्तर है नहीं। रामकथा में शबरी और केवट (निषादराज) प्रसंग को बार-बार दुहराकर कहा जाता है कि राम ने शबरी (भीलनी) और निषाद जैसी नीच जाति को गले लगाकर उसके घर भोजन ग्रहण किया। यहाँ तक कहा जाता है कि राम ने शबरी के जूठे बेर खाये। जबकि सच्चाई यह है कि राम ने खाना तो दूर, निषादराज द्वारा भेजे गये सारे भोज्य सामग्री को लौटा दिया, केवल

कुछ फलों को रखा। इसी प्रकार शबरी के भी फल ग्रहण किये, अन्न नहीं। राम और शबरी की भेंट के सम्बन्ध में लोक प्रचलित यह धारणा का कि राम ने शबरी के झूठे बेर खाये, ग्रन्थों से प्रमाणित नहीं होती। वाल्मीकि 'रामायण' यहाँ तक कि तुलसीकृत 'रामचरितमानस' से भी इस मिथ्या धारणा का समर्थन नहीं होता। देश और दुनिया की किसी भी रामायण में यह कथा नहीं है। वाल्मीकि रामायण अरण्यकाण्ड में यह वर्णन इस प्रकार है-

*"तौ पुष्ककरिण्याः पम्पायास्तीरमासादघ पश्चिमम्।*
*अपश्यता ततस्तत्र शबयर्या रम्यमाश्रम।।2।।*
*तौ च दृष्ट्वा त सिद्धा समुत्थाय कृतातंजलिः*
*रामस्य पादौ जग्राह लक्ष्मणस्य च धीमतः।।*
*माय तु विविधं वन्यं संचित पुरुषर्षभ।*
*तवार्थे पुरुषव्याघ्र पम्पायास्तीरसम्भवम।।"*

अर्थः कमलों से भरे हुए पम्पा सरोवर के पश्चिम तट पर पहुँचकर राम लक्ष्मण ने तपस्विनी शबरी के रमणीय आश्रम को देखा। वह दोनों भाई नाना प्रकार के वृक्षों से आवृत उस आश्रम में पहुँच वहाँ की रमणीयता को देखते हुए शबरी के निकट पहुँचे। वह सिद्ध शबरी उन दोनों भाइयों को देखते ही हाथ जोड़कर खड़ी हो गयी। उनसे कहा-"पुरुष श्रेष्ठ, मैंने पम्पा सरोवर के निकटवर्ती वन में उत्पन्न होने वाले अनेक प्रकार के कन्द-मूल फलों को आपके लिए इकट्ठा कर रखा है।" ऐसा कहकर उस शबरी ने उन्हें अर्घ्य पाघ आचमन यथाविधि प्रदान कर उनका आतिथ्य सत्कार किया। वाल्मीकि रामायण में केवल इतना ही उल्लेख है। इसके बाद दोनों के वार्तालाप हैं। तुलसीकृत 'रामचरितमानस' में भी बस इतना ही लिखा हुआ है।

*'कन्द मूल फल सुरस अति, दिये राम कहुँ आनि।*
*प्रेम सहित खाये प्रभु, बारम्बार बखानि'*

-(अरण्य काण्ड)

अर्थात् उन्होंने अत्यन्त रसीले और स्वादिष्ट कन्द, मूल और फल लाकर श्री रामजी को दिये। प्रभु ने बार-बार प्रशंसा करके उन्हें प्रेम सहित खाया। फिर यह कथा कहाँ से निकली कि राम ने शबरी के जूठे बेर खाये? जाहिर है जातिगत भेदभाव को ढँकने और भोली-भाली जनता को भ्रमित करने के लिए ऐसी कथाओं को गढ़ा गया।

## राजा दशरथ बनाम सम्राट अशोक

दोनों ही कथाओं में राजपुत्र-पुत्रियों के वन और 'परदेश गमन' का वर्णन हैं। किन्तु रामकथा में वर्णित 'वनवास प्रसंग' से ज्यादा मार्मिक, ग्राह्य, व्यावहारिक, यथार्थवादी और ऐतिहासिक प्रसंग सम्राट अशोक के पुत्र-पुत्रियों के परदेश गमन का है। दशरथ और अशोक दोनों ही चक्रवर्ती सम्राट थे। दोनों ही ने अपने पुत्रों को सेवाकार्य हेतु बाहर भेजा। भरत की राजगद्दी के पुत्रमोह में कैकेयी ने कौशल्या के पुत्र राम को वन भेजा, तो पुत्रमोह में राजा दशरथ ने भी प्राण त्याग दिये। राम वनवास 'रामचरित मानस' का सबसे मार्मिक प्रसंग है, तो अशोक और संघमित्रा का गृहत्याग भी इतिहास का सर्वाधिक मार्मिक प्रसंग। राम वनवास में तो फिर भी पत्नी सीता साथ थी और रक्षा के लिए एक भाई लक्ष्मण भी, पर अशोक ने कलेजे पर पत्थर रखकर अपने जिगर के टुकड़ों को परदेश भेज दिया, दुबारा कभी मुँह भी देखने का मौका नहीं मिला। महेन्द्र और संघमित्रा की सेवा के बदले में सिंगलद्वीप (सिंहलद्वीप) के राजा ने अशोक की सेवा में अपनी पुत्री तिष्यरक्षिता को भेजा, जिसने प्रेमजाल की असफलता में अशोक के छोटे पुत्र कुणाल की आँखें ले ली। इस प्रकार धर्म और समाज की सेवा में अशोक ने अपना सम्पूर्ण व्यक्तिगत और पारिवारिक जीवन होम कर दिया। इसके विपरीत दशरथ ने अपने पुत्रों को अपनी इच्छा के विरुद्ध बेमन से वन भेजा, पहली बार विश्वामित्र के साथ, तो दूसरी बार छोटी पत्नी कैकेयी की जिद्द के कारण। भले ही उनके इस कार्य से जनकल्याण ही हुए हों। किन्तु अशोक ने जानबूझ कर जनहित में त्याग किया। देश और दुनिया में शान्ति का सन्देश देने के लिए अपने पुत्र और पुत्री को भेजा। दशरथ के पुत्रों ने दुश्मनों का संहार किया और अशोक के पुत्र-पुत्री ने दोस्त और दुश्मन सभी को धर्म और शान्ति का पाठ पढ़ाया। एक ने वर्चस्व स्थापित कर शान्ति की स्थापना की, दूसरे ने सौमनस्य स्थापित कर। पहला मार्ग स्थायी नहीं हुआ, क्योंकि 'रामायण' के बाद 'महाभारत' हुआ और दूसरा मार्ग 'बुद्ध मार्ग' ज्यादा स्थायी और विश्वव्यापी बना।

इस प्रकार रामचरित मानस का सन्देश सामन्तवादी, भेदवादी और असमानतापूर्ण है। यह ग्रन्थ शूद्र (दलित-पिछड़े) और स्त्रियों का विरोधी है। इसमें लोकतान्त्रिक मूल्यों का घोर अभाव है। यह एक ब्राह्मणवादी ग्रन्थ है।

# इक्कीसवीं सदी का दलित साहित्य

दलित साहित्य सरोकारों का साहित्य है। इसका स्वरूप रूपवादी-कलावादी नहीं है। यह जातिजनित शोषण, असमानता और भेदभाव से उपजा है। यह सदियों से शोषित अछूत वर्ग की पीड़ा, आक्रोश, प्रतिरोध, विद्रोह और परिवर्तनकामी चेतना की अभिव्यक्ति का साहित्य है। दलित साहित्य वर्चस्ववाद का विरोधी और सामाजिक न्याय का पक्षधर है। वर्ग-विहीन समाज की संकल्पना, आर्थिक-सामाजिक समानता और सत्ता संघर्ष के कारण यह मार्क्सवाद के करीब दिखायी पड़ता है। किन्तु दलित चेतना और मार्क्सवादी चिन्तन में पर्याप्त अन्तर है। एक के केन्द्र में अर्थ और वर्ग है, तो दूसरे में वर्ण और संस्कृति। दलित साहित्य की मूल चिन्ता मनुवाद का विरोध करते हुए असमानता और अस्पृश्यता का अन्त करना है। किन्तु आज का दलित साहित्य वही नहीं है, जो वर्षों पूर्व अपने उद्‌भव काल में था। भाषा, भाव और संरचना सभी दृष्टियों से इसमें निखार आया है। आइए कुछ उदहारण और परिस्थितियों के सहारे इस पर विचार करें।

## दलित साहित्य की पृष्ठभूमि

हिन्दी में दलित साहित्य शुद्ध रूप से 80 के दशक में शुरू हुआ था। यद्यपि हिन्दी पट्टी में कबीर, रैदास, हीराडोम, अछूतानन्द आदि की रचनाओं में इसके उत्स पर्याप्त मात्रा में उपलब्ध थे, फिर भी प्रेरणा और प्रभाव की दृष्टि से यह मराठी साहित्य से आया, उसी तरह, जिस तरह मराठी साहित्य अमेरिका के 'अश्वेत साहित्य' से प्रभावित हुआ। "मराठी साहित्य की विरासत बाबा साहेब अम्बेडकर और जोतिबा फुले के आन्दोलन और विचार थे। फुले की शिक्षा और अम्बेडकर के 'शिक्षा, संगठन और संघर्ष' के नारे से दलित चेतना

का उद्भव और विकास हुआ। किन्तु साहित्यिक भावधारा के अनुरूप इस चेतना का विकास आज़ादी के बाद हुआ। महाराष्ट्र में दलित साहित्य शब्द का प्रयोग सन् 1954 से होने लगा था।"[1] मराठी में "दलित साहित्य का आन्दोलन 1960 से शुरू हुआ।"[2] 1967 से इस पर विधिवत् बहस शुरू हुई और 1976 के 'नागपुर दलित साहित्य सम्मेलन' से यह जोर पकड़ने लगा। "60 और 70 के दशक में अमेरिका में 'मेलकम एक्स' के जुझारू नेतृत्व में कालों का आन्दोलन विकसित हो रहा था। इस आन्दोलन ने भी दलितों को प्रभावित किया। यह 'अश्वेत कविता', 'अश्वेत रंगमंच', 'अश्वेत संगीत' और 'अश्वेत संवाद' का जमाना था।"[3] कला के विभिन्न रूपों में नये प्रतीक, नये मुहावरे और नये मूल्य व्यक्त हो रहे थे। और यह मूल्य श्वेतों के बरक्स अश्वेत शक्ति की अस्मिता और पहचान का मूल्य था। "इसी दशक में 'अश्वेत शक्ति' की अवधारणा ने जोर पकड़ा और अश्वेत लोगों ने गोरों के उत्पीड़न से सम्पूर्ण मुक्ति का एलान कर दिया। 'फ्रीडम नाउ' जैसा नारा लोकप्रिय हो गया। जाहिर था कि गुलाम लोग अपने अधिकार के लिए मौत का सामना करने के लिए भी तैयार थे।"[4] भारत में आज़ादी के बाद भी दलितों को लगातार शोषण और अत्याचारों का सामना करना पड़ रहा था। महाराष्ट्र में 'शिवसेना' जैसे उग्र हिन्दू संगठन ने ऊँची जातियों में अपनी पैठ बना ली थी। दलित जातियों के लिए काँग्रेस के 'अस्पृश्यता निवारण', 'गरीबी हटाओ' आदि नारे थोथे साबित हो रहे थे। दलितों पर बढ़ते अत्याचारों को देखकर ऐसे ही वातावरण में महाराष्ट्र में नवबौद्धों का उग्र आन्दोलन और दलित साहित्य के आन्दोलन का सूत्रपात हुआ। इन आन्दोलनों ने दलित अत्याचारों के विरुद्ध मोर्चा खोल दिया।

सतर के दशक की शुरुआत में महाराष्ट्र के कुछ साहित्यकारों ने एक पर्चा निकालकर सरकार को चेतावनी दी कि अगर दलितों के खिलाफ जुल्म रोकने के लिए कड़े कदम नहीं उठाये गये, तो वे कानून अपने हाथों में ले लेंगे और हथियारबन्द क्रान्ति करने की योजना बनाने की हद तक जा सकते हैं। "1972 में दो दलित कार्यकर्ताओं नामदेव ढसाल और जे.वी. पवार ने बम्बई में 'दलित पैन्थर' का गठन कर डाला। यह नाम अमेरिका के 'ब्लैक पैन्थर' से उधार लिया गया था। अगस्त 1972 में राजा ढाले ने एक लेख 'काला स्वातन्त्र्य दिवस' लिखा, जो काफी विवादास्पद हुआ। इस लेख से दलितों में सनसनी फैल गयी और इसी के साथ 'दलित' शब्द प्रचलित हो

गया। पैन्थरों और दलित लेखकों की रचनाओं ने युवा दलित बौद्धों और गैर-बौद्धों को आकर्षित किया। स्थानीय स्तर पर 'दलित पैन्थर' की शाखाएँ गठित होने लगीं। सत्तर के दशक में दलित पैन्थरों और द्विज जातियों के बीच कई बार खुले टकराव हुए। 1974 में वर्ली के दंगे और 1978 में औरंगाबाद के दंगे इस परिघटना के जाने-माने उदाहरण हैं। दलित शब्द की पुनर्व्याख्या करके उसके दायरे को और बढ़ाया गया ताकि वह समाज के सभी उत्पीड़ित तबकों का प्रतिनिधित्व कर सके।"[5]

इन्हीं परिस्थितियों के बीच 'सारिका' के तत्कालीन सम्पादक कमलेश्वर ने 1975 में सारिका के दो 'दलित विशेषांक' निकाले, जिससे हिन्दी क्षेत्र में भी दलित चेतना की ध्वनि सुनायी पड़ने लगी। किन्तु हिन्दी क्षेत्र में उस समय दलित साहित्य और दलित चेतना जैसी कोई बात दलितों की जेहन में नहीं थी। कमलेश्वर के शब्दों में, "उस समय तक हिन्दी का दलित साहित्य स्वानुभूत नहीं था। गैर-दलित का ही दलित विषयक लेखन था। हिन्दी के दलित लेखकों का उदय तब नहीं हुआ था। मैं खुद हिन्दी क्षेत्र का हूँ। उस समय तक कुछ ऐसा उभार और उत्थान दिखायी नहीं पड़ता था। बाबूराव बागुल, दया पवार, अर्जुन डांगले, सतीश कालसेकर आदि लेखकों से मेरी समान्तर लेखक सम्मेलन के बारे में बातचीत हुई थी। हमने इन्दौर चुना था। परन्तु वह सम्भव नहीं हो सका।"[6]

इसके बाद मराठी में तो जोर-शोर से दलित साहित्य की रचना होती रहीं, किन्तु हिन्दी आदि भाषाओं में इसकी चर्चा कम ही सुनायी पड़ी। कुछ छिटपुट रूप से रचनाएँ होती रहीं, किन्तु 90 का दशक आते-आते हिन्दी में भी दलित साहित्य ने दस्तक देना शुरू कर दिया। हिन्दी भाषा में दलित साहित्य का दौर चल पड़ा। 1974-75 के जयप्रकाश आन्दोलन और 1977 में देश की राजनीति में हुए परिवर्तनों ने इसे गति दी। 1981 मा. कांशीराम द्वारा 'डी.एस.-4' और फिर 1984 में 'बसपा' की स्थापना और उनकी दलित गतिविधियों से भी हिन्दी क्षेत्र में 'दलित साहित्य' प्रेरित और प्रभावित हुआ। 1990-91 के 'मण्डल कमीशन' ने इस चेतना को और आगे बढ़ाया। इस दौरान दलित कविताएँ, कहानियाँ, आत्मकथाओं के अंश आदि पत्र-पत्रिकाओं में छपकर आने लगे थे।

इस प्रकार 1992 तक दलित साहित्य आन्दोलन का एक दौर खत्म कर चुका था। "1992 से पूर्व हिन्दी दलित साहित्य कतिपय छिटपुट रचनाओं,

दलित पत्र-पत्रिकाओं, दलित सभा-सम्मेलनों, दलित मंचों पर अपनी मौजूदगी जाहिर कर चुका था। लेकिन 'हंस' पत्रिका की पहल ने इसे साहित्य के केन्द्र में लाकर खड़ा कर दिया। इसके लिए 'हंस' की आलोचनाएँ भी हुईं। लेकिन इस संघर्ष में जब 'युद्धरत आम आदमी' (सं.-रमणिका गुप्ता) जैसी जनवादी पत्रिकाएँ जुड़ गयीं, तब यह आन्दोलन और अधिक स्फूर्ति के साथ अपने लक्ष्य की ओर बढ़ने लगा।"[7] इसी बीच वर्ष 1990 में वी.पी. सिंह की सरकार ने डॉ. अम्बेडकर को देश के सर्वोच्च सम्मान 'भारत रत्न' से सम्मानित किया। जिस अम्बेडकर के मिशन और विचार दर्शन से दलित साहित्य चालित था, उसकी ऐतिहासिक अस्मिता के इस गौरवपूर्ण सम्मान से दलित साहित्य भी सम्मानित महसूस करने लगा। इसका साहित्य पर जबर्दस्त प्रभाव पड़ा। इसके बाद धुआँधार लेखनों, दलित सम्मेलनों के साथ दलित साहित्य का दूसरा दौर शुरू हुआ, जिस पर साहित्य के उच्च शिक्षापीठों की भी नजर पड़ी। अब दलित लेखन के साथ-साथ विश्वविद्यालयों में संगोष्ठी और सेमिनार भी होने लगे। साहित्य के दलित और गैर-दलित लेखन पर विचार शुरू हो गये। वैसे तो कुछ कविताएँ, कहानियाँ, उपन्यास और नाटक पहले ही आ चुके थे, किन्तु ओमप्रकाश वाल्मीकि की आत्मकथा 'जूठन' और आई.ए.एस. दलित लेखक डॉ. धर्मवीर की आलोचना पुस्तक 'कबीर के आलोचक' ने दलित साहित्य में क्रान्ति पैदा कर दी। साहित्य जगत को चीजों को देखने का एक नया नजरिया मिला। ऐसे धारदार लेखन और आक्रामक भाषा को साहित्य ने पहली बार देखा। कबीर पर भी नये विमर्श शुरू हुए और प्रेमचन्द पर भी। साहित्य जगत ने दलित साहित्य को स्वीकृति दी, तो विश्वविद्यालयों के पाठ्यक्रम में भी दलित रचनाएँ शामिल होने लगी। देश-विदेश के विश्वविद्यालयों में इस पर शोध-अनुसन्धान शुरू हुए।

तब से लेकर आज तक दलित साहित्य ने कई दौर पार कर लिये हैं। लेखकों की एक नयी पीढ़ी पैदा हो चुकी है। अब दलित लेखकों के कई-कई लेखक संघ, संगठन और मीडिया तन्त्र हैं। कई-कई इलेक्ट्रॉनिक चैनल, ब्लॉग और पोर्टल हैं। कहीं-कहीं विश्वविद्यालयों में डॉ. अम्बेडकर, फुले, और पेरियार पर व्याख्यानमाला और पीठों की भी स्थापना की गयी है। राजनीतिक विमर्श में भी कबीर, रैदास, फुले, अम्बेडकर, पेरियार, लोहिया, कर्पूरी आदि दलित-पिछड़े प्रतीकों को महत्त्व दिया जाने लगा है। 21वीं सदी में एक और महत्त्वपूर्ण घटना घटी। संविधान सभा के प्रारूप समिति के अध्यक्ष के रूप

में बाबा साहेब डॉ. अम्बेडकर ने 26 नवम्बर 1949 को भारत का नवनिर्मित संविधान राष्ट्रपति डॉ. राजेन्द्र प्रसाद के हाथों में सौंपते हुए देश को समर्पित किया था। "बाबा साहेब डॉ. अम्बेडकर के 125वें जयन्ती वर्ष पर 26 नवम्बर 2015 को पहली बार भारत सरकार ने देश में इस तिथि को 'संविधान दिवस' घोषित किया। इसके पहले यह दिवस 'कानून दिवस' के रूप में मनाया जाता था।"[8] पहली बार देश की संसद में डॉ. अम्बेडकर पर चर्चा शुरू हुई। लगातार दो-दो दिनों तक गर्मागर्म बहस हुई। बहस का विषय भारतीय संविधान नहीं, बल्कि संविधान निर्माता के रूप में डॉ. अम्बेडकर थे। सत्ताधारी दल भाजपा ने बाबा साहेब को लेकर काँग्रेस की आलोचना की और अपनी पीठ थपथपायी। काँग्रेस ने भी सत्ताधारी दल पर तीखे वार किये।

असल में 'संविधान दिवस' की आड़ में डॉ. अम्बेडकर का महिमामण्डन कर दलित वोट बैंक को आकर्षित करना था। मोदी सरकार जानबूझकर ऐसे अवसरों को चुनती है, जिसमें काँग्रेस की गलतियों को निकालकर जनता की नजर में उसे कमतर साबित किया जा सके। यह सच है कि डॉ. अम्बेडकर जीवन-भर काँग्रेस की नीतियों से लड़ते रहे। सरकार में रहकर भी सरकार का विरोध किया और 'हिन्दू कोड बिल' पर कानून मन्त्री पद से इस्तीफा भी दे दिया। काँग्रेस ने भी अपने जीते-जी बाबा साहेब को वैसा महत्त्व और सम्मान नहीं दिया, जिसके वे हकदार थे। उन्हें 'भारत रत्न' भी गैर-काँग्रेसी सरकार ने दिया। बाबा साहेब के जीते-जी ओबीसी आरक्षण भी लागू नहीं हो सका, जबकि इसके लिए उन्होंने जोखिम उठाकर संविधान में प्रावधान किया था और काका कालेलकर कमीशन बिठवाया था। ओबीसी आरक्षण भी गैर-काँग्रेसी सरकार की ही देन है। संविधान सभा के बाद भारत के संविधान और बाबा साहेब अम्बेडकर पर संसद में चर्चा और बहस कभी नहीं हुई थी। इसीलिए पीएम मोदी के 'काँग्रेस मुक्त भारत मिशन' के लिए 'संविधान दिवस' एक अच्छा मौका था, जिसमें काँग्रेस की आलोचना की जा सके। यह बात अलग है कि तत्कालीन काँग्रेस के अधिकांश मनुवादी लोग हिन्दू महासभा या संघ के ही थे, जिन्हें अम्बेडकर की नीतियाँ और सिद्धान्त रास नहीं आते थे और जो 'जनसंघ' या बाद में 'भाजपा' बनाकर अलग हो गये।

फिर भी, 'संविधान दिवस' मनाने की आड़ में चाहे जो भी राजनीति हो, इससे अम्बेडकर और संविधान को महत्त्व मिल गया और वर्ष 2015 से प्रति वर्ष 'संविधान दिवस' मनाने और बाबा साहेब पर चर्चा करने का अवसर

मिला। दलित चेतना के लिए 21वीं सदी की यह सबसे महत्त्वपूर्ण घटना थी, जिसका प्रभाव साहित्य पर भी पड़ा। आये दिन दलित, अल्पसंख्यक या स्त्री मानवाधिकारों के हनन होते हैं। संविधान को खतरे में बताया जाता है। इससे संविधान रक्षा का एक सूत्र मिल गया। इन घटना और परिस्थियों के प्रभाव में 21वीं सदी के दलित साहित्यकार दक्षिणपन्थी-वामपन्थी खेमों की परवाह किये बिना साहित्य और वर्गहित में जो कुछ अच्छा है, लिख रहे हैं।

## दलित साहित्य की भाषा

दलित साहित्य जिस समय शुरू हुआ था, उसकी भाषा को लेकर अश्लीलता और गाली-गलौज के आरोप लग रहे थे। लेकिन अब उस पर विराम-सा लग गया है। "पग पग पर ग्रह योग विचारो, हगने का भी मन्त्र उचारो, सबसे अच्छा वैदिक ज्ञान। क्या होगा पढकर विज्ञानं?"[9] "गैर जात के पराये मर्द साहित्यकार बनकर 'चमारियों' को इसी नजर से देखते हैं।"[10] "कबीर के गुरु मक्खी और मच्छर हो सकते थे, कबीर के गुरु कुत्ते और बिल्ली हो सकते थे, लेकिन रामानन्द ब्राह्मण उनके गुरु कभी नहीं हो सकते थे।"[11] दलित साहित्य की ऐसी भाषाओं को लेकर परस्पर आरोप-प्रत्यारोप का एक दौर चला था। दलित साहित्य प्रतिरोध और बहुत हद तक प्रतिक्रिया का भी साहित्य है। अतः उसमें क्षोभ, पीड़ा और आक्रोश स्वाभाविक है। "अपनी भाषा पर लगे अश्लीलता सम्बन्धी आरोपों का उत्तर देते हुए डॉ. धर्मवीर 'हंस' के सम्पादक राजेन्द्र यादव और 'हंस' में पिछले कुछ वर्षों में छपी कुछ लेखक-लेखिकाओं की कहानियों की भाषा का उदाहरण देते हैं तथा धारदार तर्क और प्रमाणों के साथ अपनी बातों को रखते हैं। मैत्रेयी पुष्पा की कहानी 'छुटकारा', राजेन्द्र यादव के विरुद्ध मन्नू भण्डारी की आक्रामक भाषा और 'एष धम्म सनंतनो' जैसी कहानियों के हवाले से धर्मवीर ने उन कहानियों में आये अश्लील शब्द और सन्दर्भों की एक लम्बी सूची पेश कर दी है।"[12] सच तो यह है कि दलित जीवन का यथार्थ कुछ दूसरा ही होता है। "वे जिस परिवेश में जीवन जीते हैं, वहाँ गन्दी गलियों में नंग-धड़ंग घूमते बच्चे हैं, दूषित वातावरण है, जिसे पारम्परिक आलोचक नहीं जानते, उस परिवेश की भाषा को अश्लील कहना पूर्वाग्रह ही कहा जाएगा।"[13] कंवल भारती कहते हैं कि "यह बताओ/ बलात्कार की शिकार/ तुम्हारी माँ की भाषा कैसी होगी?/ कैसे होंगे/ गुलामी

की जिन्दगी जीने वाले/ तुम्हारे बाप के विचार?/ ठाकुर की हवेली में दम तोड़ती/ तुम्हारी बहिन के शब्द?/ क्या वे सुन्दर होंगे?"[14]

इस सम्बन्ध में नाम और भाषा को लेकर दलितों के साथ अनेक अत्याचार हुए हैं। आज भी गाँवों में दलित बच्चों का कोई अच्छा नाम किसी सवर्ण बच्चे से मेल खा जाये, तो उसे नाम बदलने पर मजबूर कर दिया जाता है। इसलिए कंवल भारती आगे कहते हैं कि "दलित साहित्य गाली साहित्य नहीं है। जिस परिवेश में दलित साँस ले रहा है, वे गालियाँ उसी परिवेश में हैं। दलित लेखक उन गालियों को उस परिवेश से कैसे निकाल सकता है? यथार्थ का चित्रण उसकी समग्रता में ही हो सकता है। दलित साहित्य का ध्येय सवर्णों को गालियाँ देना नहीं है। दलित साहित्य न सवर्ण विरोधी है और न उनको गालियाँ देने का पक्षधर है। वह तो व्यवस्था का विरोधी है, जो दलितों के दुखों और अन्याय का कारण है और जिसे सवर्ण अपने कन्धों पर ढोते हैं। इस व्यवस्था के अनुयायी सवर्ण समाज के सभ्य लोग जिन असभ्य शब्दों का प्रयोग दलित अस्मिता के अपमान के लिए करते हैं, यदि दलित लेखक उन शब्दों को ज्यों-का-त्यों सभ्य समाज को वापिस देना चाहते हैं, तो वे शब्द गाली कैसे हो गये?"[15] लेकिन अश्लीलता और गाली साहित्य के लिए कोई नयी बात नहीं है। "प्रेमचन्द ने अगस्त 1933 में 'साहित्यिक गुण्डापन' शीर्षक से 'सरस्वती' के सम्पादक ठाकुर श्रीनाथ सिंह के खिलाफ एक लेख लिखा था। ...उन्होंने 'साहित्यिक गुण्डापन' से आगे इसे 'लफंगापन' भी कहा है। वे लिखते हैं-अगर श्रीनाथ सिंह जरा और जोर लगाते, तो चतुर्वेदी जी अपने अन्तरंग का गुप्त भाग भी खोल देते।"[16] स्त्री लेखन में भी बहुत से असहज शब्द और भाव पाये जाते हैं। इस प्रकार दलित साहित्य की भाषा पर अश्लीलता का आरोप लगाना बेमानी है। दलित साहित्य न 'शब्द' को ब्रह्म मानता है और न काव्य में 'सहृदय' और 'साहित्य कला विहिन नरः साक्षात् पशु पुच्छ पिशान विहिनः' की शास्त्रीय अवधारणा को। यह साहित्य को कुछ कुलीन और सहृदय लोगों की सम्पत्ति नहीं मानता। दलित साहित्य सर्वहारा, दलित और आमजनों का साहित्य है। यह 'क्लास लिटरेचर' नहीं, 'मास लिटलेचर' है। इसीलिए इसकी भाषा आमलोगों की बोलचाल की भाषा है। यह व्यक्तिगत पीड़ा और अनुभवों की नहीं, समूह की पीड़ा और अनुभवों को वाणी देता है। इसी प्रकार दलित साहित्य की शब्द योजना, बिम्ब, प्रतीक और मिथक अलग और परिवर्तित है। वह पारम्परिक व्याकरण के सर्वनाम

और विभक्तियों की संयुक योजना को भी नहीं मानता। वह इन्हें अलग-अलग करके लिखता है। जैसे 'उसमें, मैंने, उसकी' के बदले 'उस में, मैं ने, उस की' आदि। दलित साहित्य भाषा में फारसी की बिन्दियों, संस्कृत के हलन्त् और अँग्रेजी के अर्धचन्द्र विन्दुओं से भी परहेज करता है। पारम्परिक प्रतीक और मिथकों को लेकर भी वह सजग है।

यहाँ पौराणिक मिथकों की पुनर्व्याख्या हुई है। जन्म-मरण के मिथक, प्रलय और सृजन के मिथक, देव और दानव के मिथक, शम्बूक, कर्ण, एकलव्य, सीता, द्रौपदी, रामकथा, कृष्णकथा आदि सभी के मिथक दलित साहित्य में नये अर्थ-सन्दर्भ पाते हैं। यहाँ कर्ण, एकलव्य और शम्बूक जैसे वंचित-प्रवंचित पौराणिक पात्र नायक और महानायक के रूप में चित्रित हुए हैं। दयानन्द बटोही की कविता 'द्रोणाचार्य सुनें' में व्यक्त विरोध और विद्रोह के स्वर को द्रोणाचार्य और एकलव्य के मिथक द्वारा बड़ी ही मार्मिकता के साथ व्यक्त किया गया है। यहाँ कवि एकलव्य की पीड़ा को अतीत से लेकर वर्तमान तक एक अविच्छिन्न परम्परा के रूप में देखता है-"अँधेरे की गहन गुफा को/ घाव सहने दो/ जाओ द्रोण जाओ/ दर्द को हरियाने दो/ एकलव्य मैं पहले था/ आज भी हूँ/ अब जान गया हूँ/ अँगूठा दान क्यों माँगते हो?"[17] शब्द-ब्रह्म के मिथक के ढोंग का पर्दाफाश करता हुआ दलित कवि कहता है कि "तुम्हारे रचे शब्द/ तुम्हें ही डसेंगे साँप बनकर/ गंगा किनारे कोई वटवृक्ष ढूँढ लो/ कर लो भागवत का पाठ/ आत्मतुष्टि के लिए/ कहीं अकाल मृत्यु के बाद/ भयभीत आत्मा/ भटकते-भटकते/ किसी कुत्ते या सूअर की मृत देह में/ प्रवेश न कर जाये/ या फिर पुनर्जन्म की लालसा में/ किसी डोम या चूहड़े के घर/ ब्रह्म का अंश क्यों नहीं है/ मैं नहीं जानता/ शायद आप जानते हों!"[18]

21वीं सदी के दलित साहित्य में शब्द योजना, बिम्ब, प्रतीक और मिथक पूर्ववत हैं, किन्तु उसके भाव और विचार बदल गये हैं। कथ्य और शिल्प में भी अन्तर आये हैं। अब दलित लेखक पहले की तरह ब्राह्मण और ब्राह्मणवाद पर प्रहार नहीं करते। दलितों के अन्दर के अन्तर्विरोध और दलित समस्याएँ ही दलित साहित्य का विषय बन गया है। सवर्ण शोषण के पारम्परिक विषय अब पीछे छूट गये हैं। उसकी जगह पिछड़ों में अगड़े वर्ग यादव, जाट, गुर्जर, कुर्मी, कोयरी आदि की दलितों के विरुद्ध दबंगता और शोषण भी साहित्य के विषय बने हैं। शादी में दुल्हे के घोड़े पर चढ़ने की प्रचलित प्रथा 'घुड़चढ़ी' के सन्दर्भ में दलित दुल्हे का विरोध, दलित मॉब-लिंचिंग आदि दलित साहित्य

के विषय बने हैं। आरक्षण, अन्तरजातीय विवाह, संस्कृतिकरण के बदलते स्वरूप, दलित प्रतिभा और मेधा के विविध आयाम, उच्च शिक्षापीठों में शोध-अनुसन्धान भी अब दलित साहित्य की रचनात्मक चेतना में उभरी है। परम्परागत पेशे को छोड़कर बिना आरक्षण के दलितों का एक वर्ग अपनी पूँजी जोड़कर आज कॉर्पोरेट जगत में शामिल है। वैश्वीकरण ने आज दलित ढाबा, दलित होटल, दलित उत्पाद और उत्पादन के नये नाम और स्वरूप भी पैदा किये हैं। दलित साहित्य की नजर सब पर है। आरक्षण और विविधता भी दलित साहित्य के दायरे में हैं। दलित साहित्य के वैचारिक क्षेत्र में जीवन और जीविका के हर क्षेत्र में दलित-पिछड़ों की भागीदारी है। इसके लिए दलित डाईवर्सिटी एक मिशन की तरह काम कर रही है।

## दलित साहित्य के भाव, विचार और संवेदनाएँ

21वीं सदी के पहले दशक की रचनाओं से ही डॉ. धर्मवीर ने कहना शुरू किया कि दलित साहित्यकारों को ब्राह्मणों का नाम लेना छोड़ देना चाहिए। उन्हें जाति तोड़ने जैसे घिसे-पिटे सवालों पर भी अपनी ऊर्जा खत्म नहीं करनी चाहिए। उन्हें अपनी ऊर्जा दलित इतिहास, दलित परम्परा और संस्कृति, दलित बिम्ब-प्रतीक और दलित मिथकों पर खर्च करनी चाहिए। नया दलित साहित्य अब भी बुद्ध, कबीर, बाबा साहेब अम्बेडकर के मिशन और जोतिबा फुले के सिद्धान्त और लक्ष्यों के अनुरूप शिक्षा, स्वावलम्बन, मानवीय संवेदना, संवैधानिक अधिकार और लोकतान्त्रिक मूल्यों के अनुरूप साहित्य सृजन कर रहा है। लेकिन वाल्मीकि और व्यास की परम्परा में 'संघ' (आर.एस.एस.) का भी एक दलित साहित्य है, जो दलितों को महान बताकर दलित इतिहास और संस्कृति को अपने खेमे में कर रहा है। दलित साहित्यकार इसे दलित साहित्य नहीं मानते।

आज का दलित साहित्य जाति और वर्ग के अन्तर्द्वन्द्व और अन्तरविरोधों को उकेरकर उसमें संवैधानिक मूल्यों के अनुरूप एक समन्वय स्थापित करना चाहता है। रोहित बेमुला और डॉ. पायल की संस्थानिक हत्या (आत्महत्या), दामोलकर की हत्या अथवा आई.ए.एस. टॉपर दलित कन्या टीना डाबी के अन्तरजातीय विवाह, दलित स्वाभिमान के प्रतीक 'भीमा कोरेगाँव' और उसके जलसे में घटी हिंसा जैसी घटनाओं पर भी दलित रचनाएँ आयी हैं। मण्डल-कमण्डल के द्वन्द्व से उपजी राजनीति और सामाजिक परिवर्तन भी दलित साहित्य में बखूबी चित्रित हुए हैं। हाल के वर्षों में प्रकाशित दलित

कविताएँ, कहानियाँ और उपन्यास इसके उदहारण हैं। 'हंस' के दलित अंक दिसम्बर 2019 में प्रकाशित 'रजत रानी मीनू' की कहानी 'मैं खबरदार', अंजली काजल की 'पगडंडियाँ', कैलाश वानखेड़े की कहानी 'चाबी', अनिल तेजराना की कहानी 'गेम ऑन' (अन्तरजातीय विवाह) आदि कहानियाँ और प्रिया सोनकर की 'मनुस्मृति', अरविन्द भारती की कविता 'सवाल-जवाब', राकेश प्रियदर्शी की 'इतिहास' स्नेही जी की गजलें आदि कुछ ऐसी ही रचनाएँ हैं। उदहारण के लिए कालीचरण स्नेही की कुछ पंक्तियाँ देखी जा सकती हैं-"अमेरिका में जा बसे जिनके सगे दामाद/ भारत में उनके ससुर फैला रये उन्माद/ इन्हें न मतलब देश से, नित विदेश की राह/ गाली दै अँग्रेज को, करत हमें गुमराह।" इसी प्रकार भारती जी की कविता 'सवाल-जवाब' की पंक्तियाँ-"मैंने पूछा उससे/ कान काटना किसे कहते हैं/ उसने कहा/ चालाकी या धूर्तता में आगे होना/ मैंने फिर पूछा/ नाक काटना' किसे कहते हैं/ वो बोला/ बेइज्जत करना/ मैंने पूछा/ अगर नाक किसी स्त्री की कटे तो?/ वो बोला/ इज्जत जाना। ...इज्जत जाना तो समझते हो/ हाथ से उसने अश्लील इशारा किया और मुस्कुरा दिया/ मैंने उससे आखिरी सवाल किया/ अच्छा अब बताओ/ सूर्पणखा के नाक-कान काटे गये/ तो इसका क्या मतलब निकलता है?/ वो एकदम से भड़क गया"-अरविन्द भारती। राकेश की कविता 'इतिहास' दलित दमन का मर्मान्तक दस्तावेज है-"सदियों से उस बंजर जमीन पर/ पानी, खाद डालने के बदले/ राख, बालू और पत्थर डाला गया,/ बन गया वह विशाल, शान्त पहाड़/ सैकड़ों वर्षों से वह सूरज की/ साजिश का शिकार रहा,/ सैकड़ों वर्षों से उस शान्त पहाड़ में/ अरबों टन आग का गोला जमा है"-राकेश प्रियदर्शी।

दलित उपन्यासों के कथ्य, शिल्प और संवेदना में निखार आये हैं और ये साहित्य के उच्चतम मानदण्ड पर स्थापित होने लगे हैं। अभी हाल ही में प्रकाशित शरण कुमार लिम्बाले का 'सनातन' उपन्यास महार जाति के संघर्षशील इतिहास और वर्तमान के बहाने भारतीय संस्कृति, राजसत्ता और धर्मसत्ता की सनातन संघर्ष गाथा है। उपन्यास के प्रमुख ब्राह्मण पात्र मोरोपन्त का यह कथन कि वैदिक-अवैदिक संघर्ष प्राचीन काल से चला आया है। आगे भी रहेगा। ...हमारा संघर्ष अवैदिकों को हिन्दू धर्म में विलय करवाना है। यही भूमिका हम धारण करेंगे"[19] आज के संघवादी हिन्दुत्व के सिद्धान्तों का प्रतिनिधित्व करता है। 'सनातन' 'भीमा कोरेगाँव' की ऐतिहासिक घटना पर आधारित उपन्यास है। इसमें दलित जातियों खासकर महारों के शोषण और

अमानवीय उत्पीड़न का विशद वर्णन है। धर्मान्तरण इसका मुख्य विचार-विन्दु है। प्राचीन काल में बहुतायत में दलित जातियों का बौद्ध धर्म में धर्मान्तरण हुआ था। किन्तु बौद्ध धर्म के बाद भारतीय समाज में सनातन धर्म और उसकी जाति व्यवस्था एक रूढ़ परम्परा बनकर छा गयी। दलित वर्ग ने भी इसे अपनी नियति समझ कर स्वीकार कर लिया। प्रह्लादचन्द्र दास का उपन्यास 'मौसी का गाँव' अस्सी-नब्बे के काल-खण्डों के द्वन्द्व और संघर्षों के बीच एक नये समाज का सपना देख रहा है और वह समाज है फुले-अम्बेडकर के सपनों का समाज, जहाँ जाति, वर्ण और वर्ग की दीवारें टूट जाती हैं, सबको सम्मान मिलता है और समानता भी। पूरे उपन्यास में सामाजिक सरोकारों के संघर्ष, द्वन्द्व, विकल्प, जातीय और साम्प्रदायिक ध्रुवीकरण, सद्भावना और एकता, बहिष्करण और समावेशन का व्यापक विमर्श है। मण्डल-कमण्डल की आड़ में साम्प्रदायिक और धर्मनिरपेक्ष विचारधारा की उठा-पटक इन्हीं दशकों में घटित महत्त्वपूर्ण घटनाएँ और बदलाव हैं, जिसने देश और दुनिया की राजनीति, समाज, संस्कृति, साहित्य और दर्शन को दूर तक प्रभावित किया। आज भी इसकी धमक दूर-दूर तक सुनायी दे रही है। शरण कुमार लिम्बाले के उपन्यास 'सनातन' से उलट इसमें 'लिबरल हिन्दुत्व' के बदले फुले-अम्बेडकरी चेतना को स्थापित करने की कोशिश की गयी है, जिसमें लेखक को अपार सफलता मिली है। हाल ही में प्रकाशित रत्नकुमार साम्भरिया का उपन्यास 'साँप' सँपेरे और बंजारे के जीवन संघर्ष पर केन्द्रित है।

इस प्रकार हम देखते हैं कि 21वीं सदी के दलित साहित्य में भाषा, भाव, संरचना और शिल्प सभी दृष्टियों से बदलाव और निखार आया है। अब यह प्रौढ़ और परिपक्व साहित्य है। यह पर्यावरण के प्रति सजग और परिस्थितियों के प्रति गम्भीर है। इसका उत्तरोत्तर विकास हो रहा है।

## सन्दर्भ :


1. दलित कविता : जयन्त परमार, 'युद्धरत आम आदमी' अंक-47, जुलाई-सितम्बर, 1999-पृष्ठ-28
2. वही, पृष्ठ-27
3. अस्मिताओं का सहअस्तित्त्व : घनश्याम शाह, आधुनिकता के आईने में दलित : सं.-अभय कुमार दूबे, वाणी प्रकाशन, नयी दिल्ली, पृष्ठ-208
4. वही
5. वही, पृष्ठ-209

6. हिन्दी दलित साहित्य अपनी जगह मौलिक है : कमलेश्वर, अजय नावरिया के साथ कमलेश्वर के साक्षात्कार, 'हंस', अगस्त 2004
7. दलित हस्तक्षेप : रमणिका गुप्ता, सम्पादकीय आलेख, ओमप्रकाश वाल्मीकि, शिल्पायन, नयी दिल्ली
8. विकिपीडिया, मुक्त ज्ञानकोश से
9. कवि-नरेन्द्र, युद्धरत आम आदमी : स.-रमणिका गुप्ता, अंक-41 आवरण पृष्ठ-2
10. प्रेमचन्द : सामन्त का मुंशी, ले.-डॉ. धर्मवीर, वाणी प्रकाशन, नयी दिल्ली, पृष्ठ-16
11. कबीर के आलोचक,, ले.-डॉ. धर्मवीर, वाणी प्रकाशन, नयी दिल्ली, पृ.-96
12. भाषिक शिष्टता के नमूने : डॉ. धर्मवीर, दलित साहित्य (वार्षिकी), 2005, पृष्ठ-129
13. दलित साहित्य का सौन्दर्यशास्त्र : ओमप्रकाश वाल्मीकि, राधाकृष्ण प्रकाशन, नयी दिल्ली, पृष्ठ-82
14. तब तुम्हारी निष्ठा क्या होती : कंवल भारती, पृष्ठ-53
15. संकल्पिका, स्मारिका, पटना, पृष्ठ-28
16. प्रेमचन्द : विविध प्रसंग-3 ले.-अमृतराय के हवाले से डॉ. धर्मवीर, प्रेमचन्द की नीली आँखें, अध्याय-35, वाणी प्रकाशन, नयी दिल्ली, पृष्ठ-690
17. लेखक की पुस्तक 'दलित साहित्य का समाजशास्त्र', भारतीय ज्ञानपीठ, नयी दिल्ली, चौथा संस्करण, पृष्ठ-122
18. शायद आप जानते हों, बस! बहुत हो चुका' कविता-संग्रह से : ओमप्रकाश वाल्मीकि, वाणी प्रकाशन, नयी दिल्ली
19. 'सनातन' उपन्यास, ले.-शरण कुमार लिम्बाले, हिन्दी अनुवाद, वाणी प्रकाशन, नयी दिल्ली, पृ.-184

# फुले-अम्बेडकर के सपनों का समाज

अस्सी-नब्बे का दशक देश और दुनिया के इतिहास में सर्वाधिक क्रान्तिकारी दशक है। यह वही समय है, जब अन्तर्राष्ट्रीय स्तर पर सोवियत विखण डन और वैश्वीकरण हुआ, तो राष्ट्रीय स्तर पर जेपी आन्दोलन, देश में पहली बार गैर-काँग्रेसी सरकार का गठन, ओबीसी वर्ग के लिए राष्ट्रीय आरक्षण और पिछड़े प्रधानमन्त्री का चुना जाना, मण्डल कमीशन, राम मन्दिर आन्दोलन, राष्ट्रीय सरकारों का उठना-गिरना, कई-कई प्रान्तों में दलित-पिछड़े नेतृत्व का आना, कर्पूरी ठाकुर, करुणानिधि, लालू यादव, कांशीराम, नीतीश कुमार, रामविलास पासवान, मुलायम सिंह यादव, मायावती, देवगौड़ा आदि दलित-पिछड़े नेताओं का उभार और मण्डल-कमण्डल की आड़ में साम्प्रदायिक और धर्मनिरपेक्ष विचारधारा की उठा-पटक इन्हीं दशकों में घटित महत्त्वपूर्ण घटनाएँ और बदलाव हैं, जिसने देश और दुनिया की राजनीति, समाज, संस्कृति, साहित्य और दर्शन को दूर तक प्रभावित किया। आज भी इसकी धमक दूर-दूर तक सुनायी दे रही है। उपन्यास 'मौसी का गाँव' इन्हीं काल-खण्डों के द्वन्द्व और संघर्षों के बीच एक नये समाज का सपना देख रहा है और वह समाज है फुले-अम्बेडकर के सपनों का समाज, जहाँ जाति, वर्ण और वर्ग की दीवारें टूट जाती हैं, सबको सम्मान मिलता है और समानता भी। यहाँ वेद, पुराण, रामायण, महाभारत हैं, तो जैन, बौद्ध, आजीवक और चार्वाक भी, दयानन्द का 'आर्यसमाज' है, तो फुले का 'सत्यशोधक समाज' भी, 'राष्ट्रीय स्वयंसेवक संघ' है, तो अम्बेडकर, पेरियार की वैचारिकी भी। पूरे उपन्यास में सामाजिक सरोकारों के संघर्ष, द्व न्द्व, विकल्प, जातीय और साम्प्रदायिक ध्रुवीकरण, सद्भावना और एकता, बहिष्करण और समावेशन का व्यापक विमर्श है।

'मौसी का गाँव' चर्चित दलित लेखक प्रह्लादचन्द्र दास का नवीनतम वृहद्काय उपन्यास है। हिन्दी कथा साहित्य में 'ढोल-ढकेल', 'लटकी हुई शर्त', 'नचनी काकी' आदि कहानियों और अपने कथा-संग्रहों के लिए प्रसिद्ध श्री दास का यह पहला ही उपन्यास है। किन्तु इसमें जीवन का पूरा महाभारत समा गया है। यह जाति चेतना के एकांगी विमर्श को तोड़कर जाति के सम्पूर्ण समाजशास्त्र और उसके अन्तर्विरोधों को उजागर करता है।

उपन्यास का नायक अमित एक दलित युवक है और नायिका अरुंधति एक ब्राह्मण कन्या। दोनों बाल सखा हैं। अमित बचपन से अपने मौसा श्रीकान्त के पास बोकारो शहर में रहकर पढ़ता है, जहाँ अरुंधति के पिता जीवेश मिश्र भी श्रीकान्त के साथ नौकरी करते हैं। दोनों गहरे मित्र हैं। विनय श्रीकान्त का बेटा और अमित का मौसेरा भाई है। इस प्रकार अमित, विनय और अरुंधति समकक्षी साथी और मित्र हैं। उपन्यास की कथा का बीज विन्दू यही है। श्रीकान्त प्रगतिशील विचार का कर्मचारी है, साथ ही 'ट्रेड यूनियन' का सदस्य भी। वह जाति और धर्म की सीमा को नहीं मानता। वह 'अम्बेडकर क्लब' का सदस्य और 'अनुसूचित जाति-जनजाति कर्मचारी संघ' का अध्यक्ष भी है। इसके विपरीत उसकी पत्नी और भाई घोर धार्मिक हैं। पत्नी आशा देवी दिन-रात पूजा-पाठ में व्यस्त रहती है और उधर गाँव में भाई सन्तराम कथा-पाठ करता है। जीवेश मिश्र शुद्ध रूप से कामरेड है और जात-पात को नहीं मानता। अमित भी मौसा की तरह प्रगतिशील विचार का है। वह मौसा से फुले-अम्बेडकर साहित्य लेकर पढ़ता है। अरुंधति भी अपने पिता की तरह प्रगतिशील और उदारवादी है।

लेकिन श्रीकान्त का पुत्र और अमित का मौसेरा भाई विनय अपनी माँ की तरह आस्तिक और धर्मनिष्ठ है। वह छुटपन में ही 'संघ' का सदस्य बन जाता है और एक दिन शाखा प्रधान भी। कथा संयोजन में लोककथा, लोकोक्ति, मिथक और प्रतीकों का भरपूर प्रयोग हुआ है। उपन्यास में कथा-विन्यास के दो केन्द्र हैं-एक गाँव और दूसरा शहर। अमित के लिए बोकारो मौसी का 'शहर' है, जहाँ रहकर वह पढ़ता है और विनय के लिए 'महुल बनी' मौसी का गाँव, जो उसका कर्म-क्षेत्र है। स्कूली शिक्षा पूरी करने के बाद अमित, विनय और अरुंधति धनबाद के कॉलेज में नामांकन कराते हैं। अमित अब अपने पास के गाँव में ही रहने लगता है और वहीं से कॉलेज जाता है। विनय और अरुंधति रोज बोकारो से आते हैं। गाँव में भी कथा के दो केन्द्र हैं-एक

मण्डल बस्ती और दूसरा दलित बस्ती। 'मेहुल बनी' गाँव में तीन चौथाई से अधिक आबादी मण्डलों की है और लगभग एक चौथाई दलितों की। गाँव में जातियाँ हैं, पर पेशे नहीं हैं। मण्डल जाति सीमावर्ती बंगाल में दलितों में गिनी जाती हैं, पर बिहार-झारखण्ड में सछूत शूद्र है। यहाँ उनका मुख्य धन्धा खेती-किसानी और मजदूरी है। इस गाँव के पढ़े-लिखे मण्डल शिक्षा, स्वास्थ्य, परिवहन आदि क्षेत्रों में सेवा कार्य करते हैं, किन्तु अधिकांश लोग खेती पर ही निर्भर हैं। दलितों में भी कुछ ही लोग अपना पुश्तैनी पेशा करते हैं, बाकी कोयला खदानों में मजदूरी। इन्हीं लोगों में कथानायक अमित के पिता सन्तराम हैं, जो कोयिलरी में मजदूरी का काम करते हैं। सन्तराम फुर्सत के समय अपने दरवाजे पर बंगला के कृतिवास रामायण और काशीदास के महाभारत का पाठ करते हैं। हरखू मण्डल उसका अर्थ बताते हैं। अगल-बगल के लोग रोज कथा सुनने आते हैं। गाँव के मुख्य ज़मींदार, मुखिया, पंच आदि मण्डल जाति के लोग ही हैं। गाँव के दोनों तालाब और मन्दिर उन्हीं के हैं। पर उनका उपयोग सभी करते हैं। तालाब में अलग-अलग घाट बने हुए हैं-मण्डल घाट, धोबी घाट, मोची घाट आदि। पर धोबी घाट पर धोबियों के कपड़े नहीं धोये जाते। उसके लिए अलग से एक धोबी तालाब है।

मन्दिर में दलित भी पूजा करते हैं, पर उन्हें मन्दिर प्रवेश की मनाही है। उनके प्रसाद दूर से ही ले लिए जाते हैं। मण्डल के अलावा गाँव में मलिक, मोदक, धोबी, नाई, लोहार, गोप, मोची आदि के अलग-अलग मोहल्ले है। पर शूद्र और दलित होते हुए भी इनके बीच रोटी के रिश्ते नहीं हैं। यहाँ ब्राह्मण और सवर्णों की भूमिका में मण्डल व अन्य ओबीसी (शूद्र) जातियाँ हैं, जिनमें ब्राह्मणवाद कूट-कूट कर भरा हुआ है। वे अपने आपको ब्राह्मण की तरह शुद्ध और पवित्र मानते हैं। दलितों से छुआ जाने पर उन्हें स्नान करना पड़ता है और इसके लिए वे दोषी नहीं होने पर भी अछूतों को ही डाँट पिलाते हैं। कभी-कभी उन्हें आर्थिक दण्ड भी देना पड़ता है। शहर में पला-बढ़ा अमित जब गाँव में रहने आता है, तो उन्हें भी इन विसंगतियों का सामना करना पड़ता है। इसके विपरीत दलित जातियों में भी आपस में छुआछूत है। एक दिन कार्य-व्यस्तता के कारण सुबह-सबेरे जब बाबूलाल दूर के 'धोबी तालाब' न जाकर अपनी छोटी बहन शशि के साथ मुख्य तालाब में ही कपड़े धोने आ जाता है, तो सुखलाल उसका कड़ा विरोध करता है-"यह कु-नेम हम होने नहीं देंगे।" इस पर शशि कहती है-"खुद तो जात का चमार है, चला

है बाभन बनने।" सुखलाल अमित के चाचा हैं। अमित की मदद से बाबूलाल किसी तरह दूसरे घाट पर कपड़े धो पाता है। मोची लोग न धोबी के घर का खाना खाते हैं, न धोबी लोग चमार के। अमित को यह सब बुरा लगता है। शशि बाल विधवा है। उसे कुलक्षणी कहकर ससुरालवालों ने निकाल दिया है। इसीलिए वह अपने भाई के घर रहती है। वह अमित की हमउम्र है और गाँव के प्राथमिक स्कूल में उसके साथ पढ़ी है। वह पढ़ने में तेज थी, पर बचपन में ही शादी हो जाने के कारण आगे नहीं पढ़ पायी। शशि अमित के अम्बेडकरवादी विचारों से प्रभावित होती है और अमित के घर चाय-पानी करने लगती है। उधर बाबूलाल भी कोयिलरी के 'अम्बेडकर क्लब' में पढ़कर बाबा साहेब के विचारों से प्रभावित होता है। बाबुओं के कपड़े धोते-धोते उसे भी खदान में मजदूर की नौकरी मिल जाती है। उसके विचार बदलते हैं। अमित की प्रेरणा से शशि भी घर पर ही पढ़ने लगती है। अमित बाबा साहेब के 'शिक्षित बनो, संगठित हो और संघर्ष करो' की शिक्षा का अक्षरशः पालन करता है और उसे कार्यरूप देता है। वह अपने गाँव में भी 'अम्बेडकर क्लब' खोलता है और उसका उद्घाटन शहर के अम्बेडकर क्लब के अध्यक्ष और अरुंधति से करवाता है। अरुंधति अमित की संगति से बाबा साहेब, जोतिबा फुले आदि के विचारों से गहराई से प्रभावित है। वह संयोगवश एक दिन अमित के घर पर रह भी चुकी है और शशि से परिचित है।

इधर एक दिन गाँव के पीपल के पेड़ पर कहीं से एक बन्दर आता है। कथा-पाठ के भक्त लोग उसे साक्षात् हनुमान मानकर उसके दर्शन करने जाते हैं। सन्तराम उसे मिठाई का भोग लगाता है। लोगों का विश्वास है कि रामकथा-पाठ के प्रभाव और सन्तराम की भक्ति से प्रसन्न होकर साक्षात् बजरंग बली अवतरित हुए हैं। उनका मन्दिर बनवाना होगा। पर मण्डल टोली के लोगों की आनाकानी और बन्दर के बढ़ते उत्पात के कारण मन्दिर निर्माण स्थगित हो जाता है और बन्दर को गाँव से खदेड़ दिया जाता है। किन्तु दलितों के चन्दे से 'अम्बेडकर क्लब' बनकर कार्य करने लगता है। एक दिन अमित के नेतृत्व में दलित बस्ती में प्रस्ताव पारित होता है कि दलित लोग गन्दे काम नहीं करेंगे, न किसी की सेवा-टहल। प्रतिक्रिया में मण्डल टोले के लोग दलितों को उनकी जमीन होकर चलने, मन्दिर, तालाब आदि सबके उपयोग पर प्रतिबन्ध लगा देते हैं और गाँव आ रहे उनके एक रिश्तेदार की कसकर पिटाई कर देते हैं! गिरफ्तारियाँ होती हैं और गाँव में पुलिस कैम्प लग जाता है। दलितों की जीत होती है। अम्बेडकर मिशन जोरशोर से चल

पड़ता है। क्लब में एक स्कूल भी चलने लगता है, जिसमें शशि शिक्षिका बन जाती है।

उधर शहर में पहले मण्डल, फिर कमण्डल और अब अयोध्या में राममन्दिर के शिलान्यास हेतु जागरण और आन्दोलन जारी है। 'गर्व से कहो हम हिन्दू हैं, बच्चा-बच्चा राम का' आदि उत्तेजक नारों से दीवारें पटी हैं। घर पीछे एक ईंट या उसके दाम का संग्रह, कारसेवकों की भर्ती आदि अभियान जोरों पर हैं। सवर्ण स्वयंसेवक और दलपति दलित-पिछड़े लडकों को प्रेम, प्रलोभन या भय से स्वयंसेवक बनाने में जोरशोर से लगे हैं, ताकि इस वर्ग के अधिक से अधिक लोग कारसेवा में अयोध्या जा सके। सवर्ण समाज अधिक जागरूक और शिक्षित है। इसीलिए इस वर्ग से कारसेवक न के बराबर मिलते हैं। आरएसएस का यह जादू विनय पर चल चुका है। वह अपने पिता श्रीकान्त और अमित के मना करने पर भी नहीं मानता, चुपके से अपने मिशन पर निकल जाता है, जिसके कारण कॉलेज में वह एक सेशन पीछे चला गया है। 'संघ' के लोग उसे अपना महत्त्वपूर्ण 'एसेट' समझते हैं, इसीलिए उसे सम्मान देते हैं।

किन्तु कहानी में मोड़ तब आता है, जब विनय अपनी मौसी के घर जाता है। गाँव में मन्दिर-प्रवेश के समय वह अपनी नीच जाति के कारण न केवल अपमानित होता है, बल्कि पीटा भी जाता है। वह उदासीन हो जाता है और शहर लौटकर संघ के बड़े अधिकारी से इस भेदभाव के बारे में पूछना चाहता है, क्योंकि वहाँ बताया जाता है कि कोई जाति-पांति नहीं है, सभी हिन्दू हैं, पर पूछ नहीं पाता। अगली बार वह कारसेवक जुटाने के लिए मौसी के गाँव जाता है, तो फिर उसका घोर अपमान होता है। ब्राह्मण टोली की रामलीला में जब वह दस रुपये का पुरस्कार देता है, तो अछूत होकर मंच पर चढ़ने और पैसे देने के अपराध में उसके साथ मारपीट की नौबत आ जाती है। उसको बुरी तरह अपमानित किया जाता है। इस बार शहर जाकर वह विद्रोह कर देता है, फलस्वरूप संघ के गुण्डे उस पर जानलेवा हमला करते हैं। वह बुरी तरह घायल होकर अस्पताल में भर्ती होता है और जब स्वस्थ होकर घर लौटता है, तो उसका संघ से पूरी तरह मोहभंग हो चुका होता है। उसे अमित के पत्र और अरुंधति की चेतावनी याद आते हैं और वह अमित के मिशन में शामिल हो जाता है। वह 'जाति मुक्ति मोर्चा' बनाता है और मौसी के गाँव जाकर 'अम्बेडकर क्लब' के माध्यम से अपने मिशन को आगे बढ़ाता है। उसकी

माँ आशा देवी भी 'संघ' में बेटे की दुर्दशा देखकर धर्म-कर्म को तिलांजलि दे देती है और अपनी 'दुर्गा वाहिनी' इकाई बन्द कर देती है।

कथा का अन्त मौसी के गाँव के 'अम्बेडकर क्लब' में अमित और अरुंधति तथा विनय और शशि की सामूहिक शादी से होता है, जो निश्चय ही क्रान्तिकारी कदम है। स्वाभाविक रूप से इसके लिए जीवेश मिश्र और बाबूलाल को ग्रामीण समाज के विरोध और बहिष्कार का सामना करना पड़ता है, किन्तु कामरेड साथियों और अम्बेडकरवादी युवकों के समर्थन से यह विरोध सफल नहीं हो पाता। यहाँ एक ही साथ सवर्ण-दलित और धोबी-मोची के बीच अन्तर्जातीय और विधवा विवाह दिखाकर फुले-अम्बेडकर मिशन को पूरा करने की कोशिश की गयी है। उपन्यास में जाति, धर्म, वर्ग और वर्ण के गहन विमर्श हैं। बीच-बीच में गाँव का मुस्लिम चरित्र दिल मोहम्मद राष्ट्रीय एकता और साम्प्रदायिक सद्भाव का प्रतीक बनकर आता है। इस प्रकार उपन्यास अपने फुले-अम्बेडकरी मिशन की स्थापना में सफल सिद्ध होता है।

वैकल्पिक सांस्कृतिक प्रतीकों और आधुनिक वैज्ञानिक दर्शन को अपनाने का मैसेज बहुत लाउड है। "सत्यनारायण कथा के बदले 'सत्यदेव कथा', 'युगल मिलन यात्रा' के स्थान पर एकलव्य, शम्बूक और फुले-अम्बेडकर के जीवन और दर्शन पर आधारित नाटक आदि के माध्यम से जीवन और उसकी जटिलताओं और बदलाव" को समझने-समझाने की कोशिश की गयी है। शरण कुमार लिम्बाले के हाल ही में प्रकाशित उपन्यास 'सनातन' से उलट इसमें 'लिबरल हिन्दुत्व' के बदले फुले-अम्बेडकरी चेतना को स्थापित करने की कोशिश की गयी है, जिसमें लेखक को अपार सफलता मिली है।

उपन्यास की भाषा सरल और सुगम है। कथा का क्षेत्र बिहार-बंगाल की सीमा पर होने के कारण उपन्यास में यथास्थान पात्र और पाठकों के अनुकूल बंगला और स्थानीय खोरखा भाषा का बड़ा सटीक प्रयोग हुआ है। किन्तु कहीं-कहीं कठिन संस्कृतनिष्ठ शब्दों का प्रयोग और संयोग पर आधारित घटनाएँ खटकती है। कुल मिलाकर उपन्यास सामयिक, रोचक और पठनीय है। हिन्दी में ऐसी कृति पहली बार आयी है, जो जाति विमर्श को दलित-सवर्ण से अधिक दलित-पिछड़ों के अन्तर्द्वन्द्व के नजरिये से देखती है।

# 'सनातन' क्या है?

"वैदिक-अवैदिक संघर्ष प्राचीन काल से चला आया है। आगे भी रहेगा। यह दो भिन्न परम्पराएँ हैं। हमारा संघर्ष अवैदिकों को समाविष्ट कर लेने की मानसिकता पर टिका रहेगा। अवैदिकों को हिन्दू धर्म का अनुनय हमेशा करना चाहिए। उनका हिन्दू धर्म में विलय करवाना है। यही भूमिका हम धारण करेंगे।" ('सनातन' उपन्यास, शरण कुमार लिम्बाले, पृष्ठ-184)

आज हिन्दू, हिन्दुत्व और सनातन का बोलवाला है। हिन्दू शब्द अधिक प्राचीन नहीं है। यह लगभग तुर्क-अफगान और मध्यकाल में प्रचलन में आया। आधुनिक काल तक आते-आते वह भारत में धर्म बन गया। इसके पहले वह धर्म से अधिक कौम था। यह फारसी भाषा का शब्द है, जिसका अर्थ नकारात्मक होता है। इसीलिए नवजागरण काल में 'आर्यसममाज' ने इसका विरोध किया और सारे हिन्दुओं को आर्य कहा। लेकिन तब तक यह बहुसंख्यक समाज की इतनी बड़ी पहचान बन चुका था कि इसको नकारा नहीं जा सका। आधुनिक भारत में इसके नाम पर हिन्दू महासभा, विश्व हिन्दू परिषद् आदि कई संगठन बने। दयानन्द सरस्वती से प्रभावित सावरकर ने भी हिन्दू के बदले 'हिन्दुत्व' की अवधारणा विकसित की। हिन्दू धर्मग्रन्थ और शास्त्रों में हिन्दू शब्द नहीं थे, इसलिए हिन्दू धर्माचार्यों और पण्डितों ने भी इस शब्द के बदले 'सनातन' शब्द का प्रयोग किया। इसका आधार उन्होंने 'गीता' के सनातन शब्द को लिया। किन्तु धर्म के अर्थ में 'सनातन' की अवधारणा पहली बार बौद्ध धर्म में आयी। फिर उसी का भावानुवाद 'गीता' में किया गया।

*'न हि वैरेन वैरानि साम्यन्तीह कदाचन।*
*अवैरेन च साम्यन्ति एस धम्मो सनन्तनो।।'* (धम्मपद-सूत्र 5)

अर्थ–वैर से वैर नहीं जाता है। अवैर से ही वैर जाता है। यही सनातन धर्म है।

*'सत्यं ब्रूयात् प्रियं ब्रूयात् मा ब्रूयात् सत्यमप्रियम्।*
*प्रियं च नानृतम् ब्रूयात्, एष धर्मः सनातनः।।'* –(गीता)

अर्थ–सत्य बोलो, प्रिय बोलो, अप्रिय सत्य मत बोलो। असत्य को प्रिय बनाकर मत बोलो। यही सनातन धर्म है।

चूँकि रामायण, महाभारत आदि ग्रन्थों में बुद्ध और बौद्ध धर्म की नकारात्मक चर्चा है, और 'गीता' महाभारत का अंश है, इसीलिए गीतादि ग्रन्थ बौद्ध ग्रन्थों से अधिक पुराने नहीं हो सकते। पुराण भी इस बात की पुष्टि करते हैं, क्योंकि उनमें बुद्ध को विष्णु का अवतार बना लिया गया है। सनातन का कोशीय अर्थ है-"अत्यन्त प्राचीन, परम्परानिष्ठ, सदा बना रहनेवाला, नित्य, शाश्वत आदि अथवा जो बहुत प्राचीन काल से बराबर चला आ रहा हो, जिसके आदि का समय ज्ञात न हो, जो परम्परानुसार आचार–विचार आदि पर निष्ठा रखता हो।" इस अर्थ में कोई ईश्वर या नित्य पदार्थ ही सनातन हो सकता है, क्योंकि दुनिया की हर सत्ता और विचार क्षणभंगुर है। इसीलिए अथर्ववेद में ईश्वर को सनातन कहा गया है। जिस प्रकार रात के बाद दिन नया हो जाता है और दिन के बाद रात, उसी प्रकार ईश्वर भी नित्य प्रति नूतन होते रहते हैं।

*'सनातनमेनमाहुरुताद्य स्यात्पुनर्णवः।*
*अहोरात्रे प्र जायेते अन्यो अन्यस्य रूपयोः।'*

(अथर्ववेद–काण्डः 10, सूक्त–8, मन्त्र–23)

हिन्दू धर्मावलम्बी ईश्वर की तरह ही अपने धर्म को अनादि और सनातन मानते हैं और इसकी नयी–नयी परिभाषा गढ़ते हैं। दुनिया के सभी धर्म अपने को अनादि ही कहते हैं। इस व्यापक अर्थ में तो सभी धर्म सनातन हो गये। धम्मपद या गीता में वैर–अवैर और सत्य–असत्य आदि आचार–व्यवहार को धर्म कहा गया है। वस्तुतः धर्म के अर्थ में सनातन की कोई परिभाषा प्राचीन ग्रन्थों में नहीं है। एक परम्परा है। इसी पारम्परिक अर्थ में हम हिन्दू धर्म को 'सनातन' कहते हैं या सनातन को हिन्दू धर्म। इस सनातन या हिन्दू धर्म में वैदिक और अवैदिक (बुद्ध आदि के नास्तिक दर्शन) का व्यापक द्वन्द्व है। मराठी दलित उपन्यासकार शरण कुमार लिम्बाले ने अपने 'सनातन' उपन्यास में कथा के माध्यम से ऐसे ही द्वन्द्वों पर प्रकाश डाला है।

'सरस्वती पुरस्कार' से सम्मानित लिम्बाले का 'सनातन' उपन्यास महार (चमार) जाति के संघर्षशील इतिहास और वर्तमान के बहाने भारतीय संस्कृति, राजसत्ता और धर्मसत्ता की सनातन संघर्ष गाथा है। उपन्यास के प्रमुख ब्राह्मण पात्र मोरोपन्त का उपर्युक्त कथन आज के संघवादी हिन्दुत्व के सिद्धान्तों का प्रतिनिधित्व करता है। प्राचीन काल से अब तक भारत में न जाने कितनी संस्कृतियाँ आयी-गयी। किन्तु भारतीय संस्कृति का यह सनातन प्रश्न आज तक बना हुआ है कि भारत की मुख्यधारा क्या हो-वैदिक कि अवैदिक? उपन्यास के अन्त में हिन्दूवाहिनी के गुरुजी कहते हैं-"हम सब हिन्दू भाई-भाई (बन्धु-बन्धु) हैं (चाहे सवर्ण हों अथवा अस्पृश्य)।" मोरोपन्त की अगली पीढ़ी भतीजे वेदान्त के इस कथन से इस बात की पुष्टि हो जाती है कि लेखक ने हिन्दू धर्म को उदात्त बनाते हुए आज की राजसत्ता और धर्मसत्ता का समर्थन किया है। और सम्भवतः इसीलिए इस कृति को साहित्य का सबसे बड़ा सम्मान मिला है।

किन्तु ऐसा कहना लेखक, उनकी कृति और सम्मान देनेवाली संस्था बिड़ला फाउण्डेशन के साथ न्याय नहीं होगा। उपन्यास में उच्च जातियों द्वारा दलित जातियों, खासकर महारों के शोषण और अमानवीय उत्पीड़न का विशद् वर्णन है। धर्मान्तरण उपन्यास का एक मुख्य विचार विन्दु है। बौद्धकाल में थोक के भाव से दलित जातियों का बौद्ध धर्म में धर्मान्तरण हुआ था। किन्तु बौद्ध धर्म के पतन के बाद भारतीय समाज में सनातन धर्म और उसकी जाति और वर्ण व्यवस्था एक रूढ़ परम्परा बनकर छा गयी। यह व्यवस्था लोगों के खून में समा गयी। दलित वर्ग भी इससे अछूता नहीं रहा। उसने भी इसे अपनी नियति समझ कर स्वीकार कर लिया। जातिजनित भेदभाव, हिंसा, बलात्कार और अछूतपन की पीड़ा सहते हुए भी वह धर्म और ईश्वर के नाम पर इसे स्वीकारता रहा।

उपन्यास का प्रारम्भ महार बस्ती के वर्णन से होता है। सोनाई गाँव के बाहर बसी महारों की बस्ती, जहाँ की गन्दगी और घर के छप्पर में मरे मवेशियों की लगी हड्डियाँ और धूप में सूख रहे खाल, उनकी पहचान हैं। बस्ती में 'मरी माँ' का मन्दिर उनकी आस्था का प्रतीक है। मलिन और फटे वस्त्र पहनना, ऊँची जातवालों के सामने से नहीं गुजरना, झुनझुनेवाली लाठी लेकर चलना, ऊँची जातवालों के लिए लकड़ियाँ चीरना, मरे हुए मवेशियों को खालना, उसका माँस खाना, गाँव की पहरेदारी करना, घर-घर जाकर मल-मूत्र

साफ करना और बदले में बासी रोटी प्राप्त करना, छोटी-छोटी गलती पर भी मार खाना आदि उनके दिनचर्या हैं। यह सनातन परम्परा सदियों से चली आ रही है। उपन्यास में पेशवा राज में थूकने के लिए गले में हाँड़ी और पीछे कमर में झाड़ू बाँधना, मालाबार क्षेत्र में दलित स्त्रियों के स्तन न ढँकने देना, आकार के अनुपात में स्तन-कर लेना और इसके विरोध में दलित औरत 'नांगेली' का अपना स्तन काटकर दे-देने की ऐतिहासिक और मार्मिक कथा का भी वर्णन है। दलित और आदिवासियों में प्रचलित भूत-प्रेत, डाईन-जोगिन, ओझाई आदि एवं सवर्ण समाज में फैले धार्मिक अन्धविश्वास का भी सफल चित्रण हुआ है। लेकिन उपन्यास में दक्षिण की 'देवदासी प्रथा' की चर्चा का नितान्त अभाव है।

महारों की उत्पत्ति के मिथक भी सनातन धर्म के प्रतीकों से ही गढ़े गये हैं। नदी में नहाती हुई पार्वती पानी पर तैरते हुए एक खून लगे बेलपत्र को देखती है। उसे छूती है। वह बच्चा बन जाता है। उसे लेकर वह शंकर के पास जाती है। शंकर खुश होते हैं। एक दिन बच्चा खेलते-खेलते दरवाजे के बाहर आ जाता है। वह मरी हुई गाय को देखता है। उसका माँस खाने लगता है। शंकर जी क्रुद्ध होकर शाप देते हैं-"जा तू गाँव के बाहर रहकर यही काम कर। तुम अछूत होकर 'महार' कहलायेगा।" सबसे रोचक मिथक 'तुलसी-शालिग्राम' के विवाह का है। देवता-राक्षस द्वन्द्व से निर्मित इस पौराणिक कथा में जब शक्तिशाली राक्षस राज जलन्धर से देवता जीत नहीं पा रहे थे, तो छल से विष्णु ने उसकी पत्नी वृन्दा का बलात्कार किया। पत्नी का सतीत्व भ्रष्ट होने से जलन्धर युद्ध में मारा गया। इधर वृन्दा को जब विष्णु के छल का पता चला, तो उसने उसे शाप दे दिया-"जा पत्थर बनकर पृथ्वी पर गिर पड़।" विष्णु ने भी वृन्दा को शाप दिया-"तुम भी तुलसी बन जा।" वृन्दा पति की चिता पर सती हो गयी, पर पृथ्वी पर तुलसी और शालिग्राम पत्थर का विवाह होने लगा और पूजा भी।

उपन्यास में महारों की नियति का वर्णन करते हुए लेखक ने कहा है-"उनके शरीर तो थे मनुष्य के, लेकिन मन बन चुके थे पशुओं के-बेजान! अपमान भूलकर जीना उन्हें जन्मना ज्ञात होता था। उनका यकीन ठोस था कि किस्मत ने ही उन्हें महार का जन्म दिया था। यदि किसी ने उनसे कहा भी होता कि तुम्हें हजारों सालों से चली आयी इस खामोशी को खत्म करना है, तो भी वे इसे नहीं मानते।" (सनातन, पृष्ठ-13) लेकिन देश में मुसलमान और अँग्रेजों के आने के बाद दलितों का यह धर्मान्तरण फिर से शुरू हुआ।

लेखक ने बड़ी बारीकी से दलित वर्गों में हो रहे धर्मान्तरण, ऊँची जातियों द्वारा इसका विरोध और समाज व संस्कार के मनोवैज्ञानिक दबाव को चित्रित किया है। धर्मान्तरण से उनकी आर्थिक स्थिति में थोड़ा परिवर्तन तो होता था, लेकिन सामाजिक स्थिति में कोई खास अन्तर नहीं आता। धर्मान्तरण केवल दलित वर्गों के ही नहीं होते थे, ऊँची जातियों के भी होते थे। इसलिए वहाँ भी भेदभाव थे। हाँ, मुस्लिम और ईसाई समाज की सहानुभूति उनके साथ थी। लेकिन उन्होंने भी इस भेदभाव को दूर करने की कोशिश नहीं की। फिर भी महार और अन्य दलितों का मुसलमान और ईसाई बनना जारी रहा। देसी ईसाइयों की एक अलग क्रिश्चियन बस्ती बन गयी थी।

लेखक यह मानकर चलता है कि "भारतीय संस्कृति भारत के सभी धर्मियों-विधर्मियों के सहजीवन का एकात्मक सम्वेदनशील रसायन है। किसी एक धर्म की बात करना समूचे भारत के बारे में बात करना नहीं होता।... सभी धर्मों ने, प्रदेशों ने, भाषाओं और संस्कृतियों ने दलितों को सहजीवन से खास दूरी पर ही रखा। उसको अपवित्र माना।" (सनातन, मन्तव्य) 'सनातन' उपन्यास में दलित, आदिवासी और अछूत जातियों के साथ हुए इस अमानवीय भेदभाव और तद्जनित पीड़ा, प्रताड़ना, अपमान और दीनता का मर्मान्तक चित्रण हुआ है। मध्यकाल में उनमें उभर रहे असन्तोष, विरोध और विद्रोह के दबे हुए स्वर आधुनिक काल में आकर मुखर होते हैं। अँग्रेजों की सेना में नौकरी मिलने से उनका मनोबल बढ़ता है। उनमें सम्मान भाव जगता है और प्रतिकार की क्षमता का भी विकास होता है। 'ईस्ट इण्डिया कम्पनी' में महारों को बिना किसी भेदभाव के सेना में रखा जाता है और भारत के इतिहास में पहली बार 'महार पलटन' का गठन होता है। उपन्यासकार ने दलित जीवन में आये इस ऐतिहासिक मोड़ को शिद्दत से रेखांकित किया है। महार बस्ती से भीमनाक और सिदनाक दो युवक सेना में भर्ती हो जाते हैं। वियोग में उनकी बूढ़ी माँ मर जाती है। महार का सेना में भर्ती होना ऊँची जातिवालों को अच्छा नहीं लगता। वे जल-भून जाते हैं। उनकी माँ की लाश को अपनी जमीन में गाड़ने नहीं देते। अर्थी लिए महारों को मारपीट कर भगा देते हैं। अन्त में अकबर अली मुसलमान अपनी जमीन में लाश को दफनाने की जगह देता है। माँ की मौत की खबर सुनकर भीमनाक-सिदनाक घर आते हैं। गाँव का पटवारी उन्हें कोतवाली में बुलाता है। जला-भुना पटवारी कहता है कि "कम्पनी सरकार ने तुम्हें भर्ती कर लिया है। यह हिन्दू धर्मशास्त्र के

विपरीत है। गाँव में टण्टा-बखेड़ा हो सकता है। इसलिए जल्द वापस लौट जाओ।" भीमनाक-सिदनाक पटवारी को डटकर जवाब देता है। उनकी बदली हुई भाषा, सैनिक वर्दी और बन्दूक से पटवारी डर जाता है। महारों का यह पहला प्रतिरोध है।

पानीपत की तीसरी लड़ाई में मराठा मुगलों से हार गये। किन्तु कम्पनी सरकार ने मुगल और मराठे दोनों को हरा दिया। देसी राजाओं को पेंशन देकर उनके अधिकार छीन लिये गये। अँग्रेज और पेशवा में सन्धि हुई। लेकिन दलितों पर पेशवाओं का अत्याचार कम नहीं हुआ। बाजीराव द्वितीय जब अपनी रानी के साथ पुणे की पहाड़ी पर जा रहा था, तो रास्ते में दिखायी पड़नेवाले सारे मातंग, महार और अछूतों का कत्लेआम कर दिया गया। महारों पर उनके अत्याचार में कोई कमी नहीं आयी थी। हिन्दू से ईसाई बना महार सैनिक फिलिप (सिदनाक) यह सब देखकर दहल गया। 'पेशवाओं ने अछूतों के गले में मटकी लटकायी और अँग्रेजों ने उनके हाथों में बन्दूकें थमायीं। अब पेशवाओं पर अँग्रेज नहीं, महार गोलियाँ दागेंगे।' फिलिप महार को ब्राह्मणों द्वारा किया गया यह व्यंग्य याद आया। कम्पनी राज के अधीन पेशवाओं का दम घुटने लगा। उसने जल्द ही अपनी बड़ी सेना तैयार कर ली। पहली जनवरी 1818 को अँग्रेजी सेना और पेशवाओं के बीच 'भीमा कोरेगाँव' के पास भयंकर युद्ध हुआ, जिसमें महार, मराठा और मुस्लिम सैनिक बहुल अँग्रेजी सेना जीत गयी। पेशवा बुरी तरह हार गये। अनेक महार और मराठा सैनिक भी मारे गये। महारों की खुशी का ठिकाना न रहा। उसने युग-युग का बदला ले लिया था। बाद में अँग्रेजों ने भीमा कोरेगाँव के युद्धस्थल पर एक 'विजय स्तम्भ' बनाया, जिस पर शहीद हुए अपने सैनिकों के नाम खुदवाये। इनमें महार सैनिकों के नाम भी थे। तब से प्रतिवर्ष एक जनवरी को वहाँ महारों का मेला लगता है, जिसमें विजय उत्सव मनाया जाता है। बाबासाहेब अम्बेडकर भी वहाँ जाया करते थे। उपन्यास में इस प्रसंग का ऐतिहासिक विवरण दिया गया है।

उपन्यास में संस्कृति विमर्श के तीन केन्द्र हैं। एक पर महार, मातंग जैसी अछूत जातियाँ और आदवासी हैं, तो दूसरे पर देवगढ़ रियासत के पेशवा राजा महिपति राव देशमुख और विट्ठल मन्दिर में पोथी-पाठ करनेवाले पण्डित गोविन्द भट्ट। राजा सनातन धर्म का पालन करता है और गोविन्द भट्ट विट्ठल मन्दिर में रामकथा द्वारा इसे पुष्ट करता है। राम-रावण युद्ध, शम्बूक-वध, देवता-राक्षस आदि मिथकों के द्वारा वर्णाश्रम धर्म के पालन को प्रोत्साहित

किया जाता है। तीसरे केन्द्र पर ईसाई मिशनरियाँ, मुगल रियासत और कम्पनी राज है। इस्लाम और ईसाईयों के समानतावादी सिद्धान्त और व्यवहार से अछूत वर्ग प्रभावित होता है। किन्तु उनके सनातन संस्कार उन्हें धर्मान्तरण से रोकते हैं। फिर भी नयी पीढ़ी के कुछ साहसी युवक ईसाई बन जाते हैं। मुसलमान बनने की परम्परा पहले से आ रही होती है। मुगल शासन स्थापित हो जाने और उनके साथ-साथ सवर्णों के भी इस्लाम धर्म स्वीकार कर लेने के कारण इस धर्मान्तरण का अधिक विरोध नहीं हुआ। किन्तु ईसाई बनने-बनाने का व्यापक विरोध होता है। चर्च के फादर दलित और आदिवासी बस्तियों में जाकर उन्हें शिक्षा देते हैं। उनकी आर्थिक मदद भी करते हैं, जिसका सनातनी ब्राह्मण समुदाय विरोध करता है। एक दिन गोविन्द भट्ट का बेटा नरसोपन्त चर्च के खुले में सोये फादर एडमण्ड की हत्या कर देता है। ब्राह्मण अवध्य होता है-धर्म की इस ताकत की बदौलत वह अपना अपराध भी स्वीकार कर लेता है, किन्तु अँग्रेजी कानून उसे फाँसी पर चढ़ा देता है। तनाव फैलता है, लेकिन अँग्रेज अपनी ताकत से उसे दबा देते हैं। नरसोपन्त का परिवार गाँव छोडकर दूसरी जगह वस जाता है और उसका बेटा वेदान्त जवान होकर हिन्दूवाहिनी का नेता बन जाता है।

उपन्यास में नवजागरण कालीन अनेक सुधारों का वर्णन है, जिसका सनातनी ब्राह्मण विरोध करते हैं। जोतिबा फुले के स्त्री और दलित स्कूल और शिक्षा आन्दोलन की विशेष चर्चा की गयी है। अछूतों में भी जागरण का दौर चल पड़ा। दलित समाज पर आर्यसमाज, फुले, रानाडे आदि के प्रभाव और प्रेरणा स्पष्ट दिखायी पड़ने लगे। शिवराम जानबा काँवले ने 'अनार्य दोष परिहारक मण्डली' की स्थापना की। उन्होंने 1903 में सासवड में 51 गाँवों के महारों की सभा की। इस सभा ने रानाडे की मदद से 1588 महारों के हस्ताक्षर से महारों के लिए शिक्षा, नौकरी आदि माँगों की अर्जी ब्रिटिश सरकार को दी थी। इन्हीं दिनों छत्रपति शाहूजी महाराज ने अपने राज्य कोल्हापुर में दलित-पिछड़ों के लिए आरक्षण लागू किया था। 1906 में महर्षि विट्ठल रामजी शिंदे ने 'डिप्रेस्ड क्लासेस मिशन' की स्थापना की। संत गाडगे महाराज ने दलितों में शिक्षा और सफाई तथा भाऊराव पाटील ने दलित हित में काम किया। 1909 के 'मार्ले मिन्टो सुधार', 1918 के 'साउथ ब्यूरो कमीशन', उसमें बाबा साहेब डॉ. अम्बेडकर की भागीदारी और कमीशन के सामने दलितों के लिए मतदान का अधिकार और पृथक निर्वाचन व्यवस्था की

माँग-उपन्यास में इन सभी घटनाओं का ऐतिहासिक विवरण है। मोरोपन्त जब अपने भतीजे वेदान्त को हिन्दू धर्म में ब्राह्मण श्रेष्ठता और शूद्रों की नीचता की शिक्षा देता है, तो नरसोपन्त की विधवा पत्नी सरस्वती अपने जेठ मोरोपन्त को करारा जबाब देती है-"जब तक पीड़ित अपना इतिहास नहीं लिखेंगे, तब तक उन्हें विजेता लोगों की (झूठी) गौरव गाथाएँ सुननी पड़ेगी। पीड़ित लिखेंगे, आज नहीं तो कल।" अपने विधवा जीवन के दुखों का हवाला देकर वह अपने बेटे वेदान्त को कहती है कि "तुम मनुष्य बनो। मानवता से बड़ा कोई धर्म नहीं है। मेरे विधवा जीवन ने मुझे सिखाया है। स्त्रियों के बारे में सोचो, अस्पृश्यों के बारे में सोचो। आज नहीं, तो सौ साल बाद ही सही, वे हिसाब पूछेंगे।" बेटे वेदान्त के अन्तर्मन में माँ की यह चेतावनी बैठ जाती है।

उपन्यास में 1857 के सिपाही विद्रोह का विषद् वर्णन है। "विद्रोह की पृष्ठभूमि में एक भंगी सिपाही मातादीन था, जिससे मंगल पाण्डेय का लोटा छुआने पर उसने उसे फटकार लगायी थी कि तूने मेरा धर्म भ्रष्ट कर दिया।" इस पर मातादीन ने उसे ताना मारा था कि "मेरे छूने से तुम्हारा धर्म नष्ट हो गया, पर नये कारतूस में लगी गाय और सूअर की चर्बी को दाँत से काटने पर तुम्हारा धर्म भ्रष्ट्र नहीं होता?" इस पर मंगल पाण्डेय के नेतृत्व में बैरकपुर छावनी में सिपाहियों ने कारतूस छूने से इनकार कर दिया और विद्रोह शुरू हो गया। विद्रोह को बलपूर्वक दबा दिया गया। मंगल पाण्डेय उसके अन्य विद्रोही साथी और भंगी मातादीन को भी फाँसी दे दी गयी। दिल्ली के बादशाह बहादुर शाह को भी लाल किले से कैद कर रंगून की जेल में डाल दिया गया। किन्तु इस विद्रोह से अँग्रेजों के जान-माल की भी काफी हानि हुई थी। ब्रिटिश सरकार ने विद्रोह की समीक्षा की और पाया कि भारत के लोग कम्पनी राज को अपने धर्म पर हुआ हमला मानते हैं। वे समाज सुधार नहीं चाहते। वे निचली जातियों को सेना में और ऊँचे पदों पर नहीं देखना चाहते। इसीलिए इंग्लैण्ड की ब्रिटिश सरकार ने कम्पनी राज को समाप्त कर भारत में इंग्लैण्ड से ही सीधे शासन शुरू कर दिया। देशी राजाओं को उनके अधिकार दे दिये गये। महार आदि अछूत जातियों को सेना में लेना कम कर दिया गया। जो थे, उनकी छँटनी कर दी गयी। इससे निचली जातियों में अंग्रजों के विरुद्ध विद्रोह भाव पैदा हुए। उधर आदिवासियों के जल, जंगल और जमीन अँग्रेज और ज़मींदार दोनों मिलकर छीन रहे थे। आदिवासियों ने रात में तीर-कमान से हमला कर दिया, जिसमें कई अँग्रेज सैनिक मारे गये। डॉ. अम्बेडकर के

समाजसुधार के काम भी शुरू हो गये। उन्होंने दलितों को पढ़ने-लिखने की शिक्षा दी। महारों को मरे हुए जानवरों का मांस खाने से मना किया।

उपन्यास में कोई एक नायक-नायिका और खलनायक नहीं है। पात्रों के वर्ग चरित्र ही इसके नायक-नायिका और खलनायक हैं। दलितों में पारबती, दुर्गा और मर्गी आदि विद्रोही औरतें हैं, पर परिस्थिति के सामने सभी मजबूर हैं। महिपतिराव की छोटी रानी प्रमिला, हिन्दूराव देशमुख की बहू ललिता और ब्राह्मण विधवा सरस्वती में भी सनातन और सामन्ती व्यवस्था के प्रति असन्तोष भाव है, पर वे चुप हैं। आरम्भ में भीमनाक-सिदनाक नायक और ब्राह्मण गोविन्द भट्ट आदि सनातनी खलनायक-से लगते हैं। किन्तु उपन्यास के अन्त में भीमनाक-सिदनाक और गोविन्द भट्ट की तीसरी पीढ़ी क्रमशः कार्टर और वेदान्त एक-दूसरे के दुश्मन होकर भी सहनायक-से हो जाते हैं। महार फौजी सिदनाक (फिलिप) और उसका बेटा वारन बुश ईसाई बनकर यहीं रहता है, पादरी बनता है। किन्तु भीमनाक का तबादला इंग्लैण्ड में कर दिया जाता है। वह वहाँ एक कैरिबियन लड़की से शादी करता है। उसे एक बेटा हुआ-पीटर। फिर पीटर के भी कई बेटे-बेटियाँ। किन्तु जीवित रहा केवल कार्टर। भीमनाक मर जाता है। किन्तु जवान होते उसके पोते कार्टर को अपने दादा की कहानियाँ, उनकी मेहनत, उनके सपने सभी याद रहते हैं। सोनई गाँव जाकर 'मरी माई' की पूजा करने की दादा की अन्तिम इच्छा पूरी करने के लिए वह किसी प्रकार भागकर भारत आता है। वह चर्च में शरण लेता है और बड़ी मशक्कत से अपने गाँव और सूने पड़े दादा का घर ढूँढ पाता है। वहाँ श्रद्धापूर्वक माथा टेकता है, 'मरी माँ' के टूटे मन्दिर के भी दर्शन करता है। इस बीच वह अम्बेडकर के दलित-सुधार कार्यक्रमों से भी परिचित होता है और अपने समाज में रहकर दलित उद्धार करना चाहता है। किन्तु उसकी अँग्रेजी नस्ल देखकर महार बस्ती के लोगों को उसके महार होने का विश्वास नहीं होता। विश्वास दिलाने के लिए वह मरी हुई गाय को कन्धा देकर ढोने का भी प्रयास करता है। वह महारों के साथ उसे खालने में भी मदद करता है। किन्तु जब महार औरत टोकड़े लेकर माँस लेने के आती है, तो वह अम्बेडकर की शिक्षा के अनुसार मरे हुए मवेशियों के माँस खाने से उन्हें मना करता है। नहीं मानने पर वह गाय की लाश पर मानव मल (बिस्टा) डाल देता है। महार औरतें तो लौटकर चली जाती हैं, पर गाँव में खबर फैलती है कि कार्टर ने गाय की लाश पर बिस्टा डालकर उसे अपवित्र कर दिया है।

फिर 'हिन्दूवाहिनी' के नेतृत्व में पूरा गाँव वहाँ जमा होता है और कार्टर को पीट-पीट कर मार डालता है। कुछ लोग उसे बचाने का प्रयास करते हुए उसके पक्ष को सही बताते हैं, किन्तु उनकी कोई नहीं सुनता। हिन्दूवाहिनी का नेता वेदान्त अन्त में आता है और घड़ियाली आँसू बहाते हुए कहता है-"ऐसा अत्याचार मत करो उन पर। पहले ही उन्होंने बहुत कुछ सहा है। सताना बन्द नहीं करोगे, तो वे धर्मान्तरण करेंगे।" उसे मौत से अधिक उनके धर्मान्तरण करने की चिन्ता है।

प्रतिरोध की सबसे बड़ी प्रतीक है वहाँ इमली के पेड़ तले बैठी बुढ़िया महारिन यल्लमा। जब हिन्दूवाहिनी के लोग कार्टर के भूत से गाँव की शान्ति की बात करते हैं, तो बुढ़िया यल्लमा तैश में आकर बोलती है-"भूत के बारे में तो बोलते हो। जिन्दा आदमी को मार डाला। उसके खून के बारे में बोलो।" वेदान्त कहता है-"जो हिन्दू धर्म के विरोध में जायेगा, उसकी हत्या होगी ही।" यल्लमा कहती है-"हिन्दू धर्म अस्पृश्यों के खिलाफ में बोलता है, उसका क्या?" वेदान्त का तर्क है-"कनिष्ठ जातियों को दण्ड देने का अधिकार वरिष्ठ जातियों को है। शास्त्र यही कहता है।" यल्लमा ने ब्रह्मास्त्र छोड़ा-"तुम सदा दण्डित करोगे, तो हम दूसरे द्वार जायेंगे ही।" धर्मान्तरण के भय से वेदान्त काँप गया। उसके अन्तिर्मन में बैठी अपनी माँ की बातें और बुढ़िया की चुनौती से उसका हृदय परिवर्तन हुआ। उसने घोषणा की-"हम सब हिन्दू बन्धु-बन्धु हैं। ...बन्धुता यानी मनुष्य के सहजीवन का उदात्त रिश्ता। बन्धुता संस्कृति के प्राण, राष्ट्र का रसायन और लोकतन्त्र का सुन्दर स्वप्न।" कार्टर की लाश के पास बैठी बुढ़िया यल्लमा के इस मार्मिक कथन से उपन्यास का अन्त होता है-"गाँववालों ने इसे मारा, पर इसने हाथ नहीं उठाया। गाय का जन्म धारण करेगा।" 'गाय' जहाँ हिन्दू धर्म की प्रतीक है, वहीं कार्टर का व्यवहार ईसाई धर्म की अहिंसा, प्रेम, करुणा और सहिष्णुता का।

ऊपर से देखने से लगता है कि लेखक ने हिन्दू 'सनातन धर्म' की स्थापना का प्रयास किया है। किन्तु यदि गहराई से देखें, तो उपन्यास में बाबा साहेब अम्बेडकर के आरम्भिक सपने हिन्दू धर्म में सुधार और दलितों के उद्धार द्वारा समानता, स्वतन्त्रता और बन्धुत्व की स्थापना करते हुए अन्य धर्मों के प्रति आदर और सम्मान द्वारा मनुष्य के सहजीवन को स्वीकार करना है। इसमें ऊँच-नीच, छोटा-बड़ा कोई नहीं है। सभी भाई-भाई हैं। यही उपन्यास का सन्देश है। इस मूल्य की स्थापना के लिए भले ही दलित

नायक कार्टर को कुर्बानी देनी पड़ती है, पर उसके उद्देश्य यहाँ पूरे होते दिखायी पड़ते हैं।

उपन्यास के हिन्दी अनुवाद की भाषा अत्यन्त सरल और सहज है। वस्तु विन्यास, चरित्र, वातावरण और कथ्य कलात्मक हैं और समाजशास्त्रीय धरातल पर मजबूत भी। चूँकि उपन्यास में दलितों को नायकत्व नहीं मिलता, इसलिए इसे शुद्ध रूप से 'दलित उपन्यास' नहीं कहा जा सकता। इसकी तुलना कमलेश्वर के 'कितने पाकिस्तान' से की जा सकती है, जिसमें वैश्विक धरातल पर साम्प्रदायिक सद्भाव स्थापित करने की चेष्टा की गयी है। यहाँ दलित नेतृत्व, विचारधारा और सत्ता की स्थापना के बिना ही सनातन परम्परा से समन्वय की चेष्टा की गयी है, जो अम्बेडकर के आरम्भिक आन्दोलन के करीब तो है, पर बाकी तमाम अवैदिक विचारधारा और परम्पराएँ गौण-सी हो गयी हैं। फिर भी कुल मिलाकर उपन्यास आज के समय और समाज से संवाद करता हुआ दिखायी देता है।

# दलित साहित्य का स्वरूप

(सन्दर्भः फुले, अम्बेडकर, पेरियार, गांधी और लोहिया)

किसी भी सरोकारवादी साहित्य के केन्द्र में उसके विचार-दर्शन होते हैं। जिस प्रकार मार्क्सवादी साहित्य की चेतना मार्क्स के विचार-दर्शन से प्रेरित और प्रभावित रही, उसी प्रकार दलित साहित्य फुले-अम्बेडकरी चेतना और दर्शन से प्रभावित है। इसलिए ओमप्रकाश वाल्मीकि कहते हैं कि "वर्ण व्यवस्था से उपजी घोर अमानवीयता, स्वतन्त्रता-समता-विरोधी सामाजिक अलगाव की पक्षधर सोच को परिवर्तित कर बदलाव की प्रक्रिया को तेज करना दलित साहित्य की मूलभूत संवेदना है। ...अम्बेडकर और जोतिबा फुले की जीवन-दृष्टि दलित साहित्य की ऊर्जा है।"[1] किन्तु दलित विमर्श केवल दलितों का विमर्श नहीं है, यह दलितों के बहाने सम्पूर्ण भारतीय समाज और संस्कृति का विमर्श है। जाति और वर्ण-व्यवस्था यद्यपि केवल हिन्दुओं में थी, किन्तु भारी संख्या में धर्म परिवर्तन के कारण लगभग सभी धार्मिक और सांस्कृतिक समूहों में यह भेदभाव व्याप्त हो गया।

आधुनिक भारत में दलित आन्दोलन और दलित चेतना को सच्चे अर्थों में आगे बढ़ाने और उसकी सही जमीन तैयार करने का श्रेय तीन महापुरुषों को जाता है-जोतिराव फुले, ई.वी. रामास्वामी पेरियार और बाबा साहेब भीमराव अम्बेडकर। इन तीनों महापुरुषों ने भारतीय समाज और संस्कृति के एकांगी विमर्श को आगे बढ़ाते हुए उसके अन्दर छुपे यथार्थ और सच्चाई का न केवल पर्दाफाश किया, बल्कि उसे जड़ से दूर करने का प्रयास भी किया। दलित साहित्य इसी चेतना का रचनात्मक विमर्श है।

## दलित और शूद्र

शास्त्रों ने जिसे शूद्र माना है, जोतिबा फुले ने उसे शूद्रातिशूद्र कहा। अर्थात शूद्र और अतिशूद्र। शूद्र आज की पिछड़ी जातियाँ हैं और अतिशूद्र दलित और

अछूत। वर्ण-व्यवस्था का आधार यदि कर्म और श्रम-विभाजन माना जाये, तो भारतीय समाज में सभी श्रमसाध्य कर्म शूद्रों के ही थे। शूद्र और दलित दोनों के काम प्रायः अत्यन्त कठिन थे। जैसे, कृषि, पशुपालन, धातु-कर्म, बुनाई, बढ़ईगिरी, लोहार, कुम्हार और चर्मकार आदि के श्रमसाध्य काम और विभिन्न प्रकार की सफाई आदि के काम। धीरेधीरे इनके कार्यों को हीन माना जाने लगा और कुछ जातियाँ अछूत बन गयीं।

यदि 'पुरुष सूक्त' को क्षेपक मान लिया जाये, तो ऋग्वेद में तीन ही वर्ण हैं। "शतपथ ब्राह्मण और तैतिरीय ब्राह्मण भी तीन ही वर्णों की स्थिति बतलाते हैं।" फिर शूद्र नामक चौथा वर्ण कहाँ से आ गया? जाहिर है छुआछूत और वर्ण-व्यवस्था का जन्मना सिद्धान्त पूर्व वैदिक काल के बाद शुरू हुआ। क्योंकि कई प्राचीन उदाहरण ऐसे हैं, जिनसे यह माना जा सकता है कि ऋग्वेद काल में शूद्र तिरस्कृत नहीं थे। 'छान्दोग्य उपनिषद्' में कथा आयी है कि रैक्व ने जानश्रुति को वेद पढ़ाया था। ऋषि रैक्व गाड़ीवान थे, अतः शूद्र थे। डॉ. अम्बेडकर ने कवष ऐलुष को शूद्र बताया है, "यद्यपि ऐलुष ऋग्वेद के दशम मण्डल के कई मन्त्रों के रचयिता थे। महाऐतरेय उपनिषद् के अनुसार कावषेय लोग दासीपुत्रों को वंशज थे, किन्तु वे यज्ञों के आध्यात्मिक रहस्य का उद्घाटन करते थे। भारद्वाज और कात्यायन श्रौत-सूत्रों में संकेत है कि कई धर्मशास्त्र यज्ञ का अधिकार शूद्रों को भी देते थे। अश्विनी कुमारों को इन्द्र सोमपान का अधिकारी नहीं समझते थे, क्योंकि वे शूद्र थे। किन्तु, महर्षि च्यवन ने इन्द्र से वैर ठानकर अश्विनी कुमारों को सोम अर्पित किया था।"[2] वेदकालीन राजा सुदास भी शूद्र थे। वैदिक परम्परा के अनुसार वे राजर्षि विश्वामित्र के संरक्षक थे। सुदास का राज्याभिषेक वशिष्ठ ने किया था और राजा सुदास ने अश्वमेध यज्ञ किया था, इसका भी उल्लेख है।

जाति-भेद और वर्ण-व्यवस्था पर अब तक का सबसे बड़ा शोध डॉ. अम्बेडकर का ही है। इस विषय पर उनके तीन शोध-ग्रन्थ उपलब्ध हैं- 'कास्ट्स इन इंडिया', 'हू वेयर द शूद्राज' और 'द अनटचेबल'। पहले ग्रन्थ में भारतीय समाज के वर्ग से जाति में अन्तरण की प्रक्रिया, दूसरे में शूद्र वर्ण के निर्माण और तीसरे में अछूत वर्ग की उत्पत्ति की परिस्थितियों का अध्ययन है। डॉ. अम्बेडकर की मान्यता है कि 'शूद्र पहले उपनयन और यज्ञ दोनों के अधिकारी थे। किन्तु वेद तथा यज्ञ के बारे में शूद्र का अधिकार तैत्तिरीय

संहिता के समय में ही अस्वीकृत कर दिया गया था। शूद्र का धर्म द्विजों की सेवा करना है, यह मान्यता उसी समय प्रचलित हुई।'[3]

डॉ. अम्बेडकर कहते हैं, "जाति का जन्म धर्म से हुआ है। धर्म ने उसको प्रतिष्ठित किया और उसे पवित्रता प्रदान की। इस कारण यह कहना उचित है कि धर्म ही वह पक्की नींव है, जिस पर हिन्दुओं ने अपना सामाजिक ढाँचा खड़ा किया।"[4] इस प्रकार वर्ण-व्यवस्था के कारण भारत में जाति-व्यवस्था का जन्म हुआ। "वर्णाश्रम के भीतर से अनगिनत जातियाँ निकल पड़ीं, ऊँच-नीच का भेद बेतहासा बढ़ गया और मनुष्य केवल शूद्र ही नहीं, अन्त्यज और अस्पृश्य माना जाने लगा। ...हिन्दू धर्म अपने अनुयायियों को चिन्तन की पूरी छूट तो देता है ...किन्तु आचरण की छूट देना उसके स्वभाव में नहीं है।"[5] दलित साहित्य इन्हीं शूद्रों में अतिशूद्र अर्थात कभी अन्त्यज (अछूत) कही जानेवाली जातियों द्वारा सृजित साहित्य हैं, जिसकी एक अलग दलित दृष्टि और दर्शन है, जो फुले-अम्बेडकरी चेतना से प्रेरित और प्रभावित है।

## दलित चेतना का विकास

दलित चेतना का उत्स बौद्ध दर्शन और महाभारत, लोकायत आदि दर्शन की वर्णवादी उदारता में मिलते हैं। मध्यकाल में कबीर, रैदास आदि सन्त कवियों की वाणियों में इसका विकास देखा जा सकता है। यद्यपि हिन्दी नवजागरण में दलित और अछूतों की समस्या प्रमुखता से नहीं आयी है 'स्वामी अछूतानन्द' को छोड़कर कोई दलित नेता आगे आते दिखायी नहीं पड़ते। फिर भी भारतेन्दु मण्डल के कुछ साहित्यकारों में जाति और वर्ण-व्यवस्था की संकीर्णता के विरुद्ध मुखर चेतना दिखायी पड़ती है-"बहुत हमने फैलाये अधर्म, बढ़ाया छुआछूत का कर्म।" (भारत दुर्दशाः भारतेन्दु) भारतेन्दु मण्डल के ही प्रमुख साहित्यकार प्रताप नारायण मिश्र कहते हैं कि "बाह्मण यदि ब्रह्मा के मुख से निकला है, तो यह अपने थुकैलेपन से कब बाज आयेगा।" (ब्राह्मण पत्रः प्रताप नारायण मिश्र)। आनेवाला 'द्विवेदी युग' भी प्रायः आर्यसमाज की प्रवृत्ति और प्रभावों से ही अधिक प्रेरित दिखायी पड़ता है।

किन्तु नवजागरण काल में भारत के विभिन्न हिस्सों में जाति-व्यवस्था के विरोध में जो आन्दोलन उठ खड़े हुए, उनमें प्रमुख थे-महाराष्ट्र में 'महाड़ आन्दोलन', 'सत्यशोधक समाज', बंगाल में 'नामशूद्रों' का आन्दोलन (ब्रह्मसमाज से प्रभावित), उत्तर प्रदेश में 'आदि हिन्दू आन्दोलन' (आर्यसमाज

से प्रभावित), पंजाब में 'आदि धर्म' आन्दोलन, केरल में 'पुलाया महासभा' आदि। इन सभी आन्दोलनों ने मिलकर भारत में दलित आन्दोलन की पृष्ठभूमि तैयार की। अछूतानन्द की पत्रिका और उनके गीत गजल और 'सरस्वती' में प्रकाशित हीरा डोम के चर्चित लोकगीत 'अछूत की शिकायत' इस काल की कुछ रचनाएँ हैं।

भारत में अँग्रेजी राज की जड़ें मजबूत होने के साथ-साथ दलित चेतना की जड़ें भी मजबूत होती चली गयीं। यद्यपि गांधी और अम्बेडकर की दलित चेतना में जमीन आसमान का अन्तर है। फिर भी स्वतन्त्रता संग्राम के दौरान दलित प्रश्नों को व्यापक और मुखर बनाने में गांधीजी का प्रमुख हाथ है। इसके लिए उन्होंने न केवल अपने पत्र 'यंग इंडिया' और 'हरिजन' को अपना मंच बनाया, बल्कि इसे एक जनान्दोलन का रूप भी दिया। गांधीजी सवर्ण दृष्टि से दलित समस्या को देख रहे थे और छुआछूत तक ही सीमित थे। किन्तु अम्बेडकर, पेरियार और नारायण गुरु की दलित दृष्टि ने इसे सम्पूर्णता में देखा। लेकिन साहित्य में दलित चेतना को गांधी और अम्बेडकर दोनों की दलित सोच ने प्रभावित किया। एक तरफ यह चेतना गांधी के छुआछूत विरोध सम्बन्धी दलितोद्धार से प्रभावित है, तो दूसरी ओर अम्बेडकर के क्रान्तिकारी अभियानों से। हिन्दी क्षेत्र की दलित चेतना पर सीधा गांधी का प्रभाव है और दक्षिण के मराठी आदि साहित्य पर सीधा अम्बेडकर, फुले, पेरियार आदि का। जिस प्रेमचन्द को गांधीवाद का साहित्यिक संस्करण समझा जाता है, वे भी अम्बेडकर से कम प्रेरित और प्रभावित नहीं हैं। लेकिन आधुनिक दलित चेतना को सबसे अधिक डॉ. अम्बेडकर के जाति-तोड़क, पानी भरो, मन्दिर-प्रवेश, धर्मान्तरण आदि आन्दोलनों ने ही प्रेरित और प्रभावित किया। प्रेमचन्द, प्रसाद, निराला की कुछ कहानियों पर इन आन्दोलनों का भी प्रभाव है।

किन्तु आज़ादी मिलते-मिलते दलित आन्दोलन की जमीन खिसकने लगी और वह निरन्तर कमजोर होती चली गयी। अपने जीते-जी दक्षिण में अम्बेडकर और उत्तर में 'अछूतानन्द' आदि ने इसे मजबूत किया। किन्तु जोतिबा फुले, बाबा साहेब और पेरियार की मृत्यु के बाद यह आन्दोलन कमजोर पड़ गया। फिर भी दलित चेतना भारत में एक प्रबल चेतना बन चुकी थी, जिसकी उपेक्षा नहीं की जा सकती थी। सामाजिक व्यवस्था के विरुद्ध आज़ाद भारत के संविधान ने समानता के अधिकार का एक बहुत बड़ा अस्त्र दे दिया था, जो दलित और स्त्रियों के हक में जाता था। इसलिए न चाहते

हुए भी काँग्रेस को, और चाहते हुए भी समाजवादी और वामपन्थी विचारधारा को इसका उपयोग करना पड़ा। किन्तु इन सभी संगठनों का प्रयास बिना किसी सामाजिक परिवर्तन के दलितों को मुख्यधारा में शामिल करना था, जो किसी न किसी रूप में आज तक जारी है।

बहुत से दलित नेता जो आज़ादी की लड़ाई के दौरान इस आन्दोलन में सक्रिय थे, आज़ादी के बाद सत्ता और सियासत में पद और प्रतिष्ठा मिल जाने के बाद या तो चुप हो गये या उनकी आवाज उतनी बुलन्द नहीं हो सकी। बाबू जगजीवन राम, सीताराम केसरी आदि ऐसे ही लोग थे। बाद में इसकी जबाबदेही वामपन्थी और समाजवादी आन्दोलनों के कन्धों पर आ गयी। आज़ाद भारत में डॉ. राममनोहर लोहिया जैसे नेताओं ने ब्राह्मणवादी विचारधारा के विरोध में शंखनाद किया, जिसका काफी जोरदार असर हुआ। 'विशेष अवसर के सिद्धान्त' और दलित-पिछड़ों के लिए आरक्षण एवं सत्ता में भागीदारी के लिए लोहिया ने बड़े-बड़े आन्दोलन चलाये। सम्पूर्ण क्रान्ति के जनक जयप्रकाश नारायण, नरेन्द्रदेव, कर्पूरी ठाकुर आदि बड़े नेता और समाजसुधारक भी लोहिया के विचारों के समर्थक थे। लोहिया के बाद दक्षिण में करुणानिधि और उत्तर भारत में कर्पूरी ठाकुर जैसे समाजवादी नेताओं और मुख्यमन्त्रियों ने इस चेतना को काफी ठोस जमीन दी। दोनों ही नेताओं ने अपने-अपने राज्य में दलितों के साथ-साथ पिछड़ों को भी सरकारी सेवाओं में आरक्षण देकर उन्हें मुख्यधारा से जोड़ने का प्रयास किया। यह आज़ाद भारत में पहला महत्त्वपूर्ण और साहसभरा कदम था। हिन्दी क्षेत्र में कांशीराम, मायावती, मुलायम सिंह यादव, लालू प्रसाद यादव, रामविलास पासवान और दक्षिण में देवगौड़ा आदि नेताओं के उदय ने इस आन्दोलन को और गति प्रदान की। किन्तु इस दिशा में सबसे बड़ी क्रान्ति मण्डल कमीशन की रिपोर्टों के आधार पर सरकारी सेवाओं में पिछड़ों के लिए आरक्षण का लागू होना था। यह साहसभरा काम किया देश के प्रथम गैर-काँग्रेसी और समाजवादी प्रधानमन्त्री वी.पी. सिंह ने। इससे देश में एक जबर्दस्त सामाजिक क्रान्ति आयी और दलित-पिछड़ी चेतना ने फिर से करवट ली।

देश में दलितों के उत्थान के लिए आज अनेक संगठन कार्यरत हैं, जिनमें 'वामसेफ', दलित पैन्थर, पसमन्दा मुस्लिम महाज, सामाजिक न्याय विचार मंच, भारतीय दलित साहित्य अकादमी आदि प्रमुख हैं।

## हिन्दी साहित्य में दलित चेतना

आज़ादी के बाद हिन्दी साहित्य में भी दलित चेतना की धमक सुनायी पड़ी। प्रेमचन्द (गोदान आदि उपन्यास और ठाकुर का कुआँ, सद्गति आदि कहानियाँ), निराला (चतुरी चमार, दलित जन पर करो करुणा), अमृतलाल नागर (नाच्यो बहुत गोपाल), रांगेय राघव (मुर्दों का टीला, कब तक पुकारूँ), गिरीराज किशोर (परिशिष्ट), धूमिल (मोचीराम), बाबा नागार्जुन (बलचनमा, हरिजन-गाथा), जगदीश चन्द्र (धरती धन न अपना, नरककुण्ड में वास और अपनी अपनी जमीन), मनमोहन पाठक (गगन घटा घहरानी), अब्दुल विस्मिल्लाह (झीनी झीनी बीनी चदरिया), रामदरश मिश्र (पानी के प्राचीर), शिवप्रसाद सिंह (अलग-अलग वैतरणी), कृष्णा अग्निहोत्री (टप्पर वाले), हिमांशु जोशी (कगार की आग और जल टूटता हुआ), मधुकर सिंह (सहदेवराम का इस्तीफा), मैत्रेयी पुष्पा (चाक और अलमा कबूतरी) मदन दीक्षित (मोरी की ईंट), मन्नू भण्डारी (महाभोज), पुन्नी सिंह (पाथर घाटी के शोर), संजीव (जंगल जहाँ से शुरू होता है, सूत्रधार), कमलेश्वर, राजेन्द्र यादव, दूधनाथ सिंह, काशीनाथ सिंह, जयनन्दन, मुद्राराक्षस आदि कवि, साहित्यकारों ने अपनी रचनाओं में युगानुरूप दलितों को स्थान दिया और उनकी समस्याओं को गहराई से उभारने की कोशिश की। लेखक और आलोचकों में दलित चेतना पर सर्वाधिक विचार करनेवालों में गैर-दलित लेखक और विचारक राजेन्द्र यादव, रमणिका गुप्ता, मैनेजर पाण्डेय, चौथीराम यादव, हरिनारायण ठाकुर तथा दलित आलोचकों में कंवल भारती, डॉ. धर्मवीर, तेज सिंह, ए.एन. सिंह आदि के नाम प्रसिद्ध हैं। किन्तु दलित साहित्यकार और चिन्तक अमृतलाल नागर, धूमिल, जगदीश चन्द्र, गिरिराज किशोर, मनमोहन पाठक, पुन्नी सिंह, मन्नू भण्डारी आदि की उक्त रचनाओं को दलित साहित्य की रचना नहीं मानते।

समकालीन हिन्दी साहित्य में दलित चेतना के उभार का श्रेय कवि, कथाकार ओमप्रकाश वाल्मीकि, मोहनदास नैमिशराय, दया पवार, डॉ. धर्मवीर, बुद्धशरण हंस, जयप्रकाश कर्दम, श्यौराज सिंह बेचैन, कुसुम वियोगी, सुशीला टाकभौरे, विमल थोराट, सूरजपाल चौहान, रत्नकुमार साम्भरिया आदि दलित साहित्यकारों को जाता है। आज दलित साहित्य में सैकड़ों साहित्यकार अपनी पूरी रचनात्मक ऊर्जा के साथ सक्रिय और गतिशील हैं।

## स्वानुभूति बनाम सहानुभूति

लेखकीय अनुभूति और अभिव्यक्ति की दृष्टि से दलित विषयक साहित्य के दो वर्ग हैं-एक भोक्ता की पीड़ा और संवेदना से लैस साहित्य, दूसरा द्रष्टा की संवेदना का साहित्य। इस दृष्टि से दलित साहित्य के दो विचार केन्द्र बन जाते हैं। भोक्ता की संवेदना के विचार दर्शन बुद्ध, कबीर, फुले और अम्बेडकर से जुड़ते हैं, तो द्रष्टा की संवेदना के केन्द्र में गांधी और लोहिया के विचार दर्शन हैं। जाहिर है पहली कोटि में जन्मना दलित लेखकों द्वारा रचित साहित्य ही आते हैं, जबकि दूसरी कोटि में गैर-दलित साहित्यकारों द्वारा रचित साहित्य भी।

लेकिन अधिकांश दलित साहित्यकार दूसरी कोटि के साहित्य को दलित साहित्य नहीं मानते। एक तरफ भोक्ता की पीड़ा और अनुभूति की प्रामाणिकता है, तो दूसरी ओर स्थिति के प्रति करुणा और सहानुभूतिपरक दृष्टि। इस सम्बन्ध में शिव कुमार मिश्र कहते हैं, "दलित साहित्य की संज्ञा उसी साहित्य को दी जायेगी, जो जन्मना दलित रचनाकार द्वारा रचा गया हो, उस लेखन को नहीं, जो भले ही दलित जीवन-सन्दर्भों से जुड़ा लेखन हो, परन्तु जिसके लेखक गैर-दलित हों।"[6] राजकुमार सैनी का कहना है, "मेरा अभिमत है कि दलित चेतना का साहित्य लिखने के लिए दलित होना जरूरी नहीं है। साहित्य का सम्बन्ध संवेदना से है। दलित जाति का व्यक्ति भी व्यवस्था में बिकाऊ माल की तरह संवेदनशून्य हो सकता है। दूसरी ओर निराला जैसे महाकवि भी हुए हैं, जिन्होंने हिन्दी कविता में पहली बार 'दलित' शब्द का प्रयोग किया।"[7]

इस प्रकार लेखक और विचारकों में दलित साहित्य की रचनात्मक अवधारणा को लेकर दोनों ही तरह के विचार प्रचलित हैं। अजय नावरिया सवाल उठाते हैं कि "यदि एक जन्मना दलित ब्राह्मणवादी सोच और विचारधारा के अनुरूप लेखन करता है और कोई गैर-दलित ब्राह्मणवादी संस्कार और वर्ण-व्यवस्था के विरुद्ध लिखता है, तो दलित साहित्यकार किसे माना जाना चाहिए? किसके साहित्य को 'दलित साहित्य' की परिधि में शुमार होना चाहिए?"[8]

किन्तु अधिकांश दलित लेखक और चिन्तक सवर्ण साहित्यकारों की ईमानदार दलित रचना में भी सवर्णता दोष और दलित विरोधी स्वर को पहचानकर उसका पर्दाफाश कर देते हैं। गैर-दलितों के दलित लेखन में द्रष्टा की सहानुभूति और करुणा हो सकती है, भोक्ता की पीड़ा और अनुभूति की सच्चाई नहीं। इसके लिए एक मुकम्मल दलित-दृष्टि की आवश्यकता

है, जो जन्मना दलितों में ही सम्भव है। इस मान्यता के समर्थकों में राजेन्द्र यादव, मैनेजर पाण्डेय, देवेन्द्र चौबे, विश्वनाथ त्रिपाठी, रमणिका गुप्ता आदि गैर-दलित लेखक और विचारक तथा मोहनदास नैमिशराय, ओमप्रकाश वाल्मीकि, कंवल भारती, डॉ. धर्मवीर, जयप्रकाश कर्दम, श्यौराज सिंह बेचैन आदि दलित लेखक हैं। इसके विपरीत रजनी तिलक, राजकुमार सैनी और तुलसी राम जैसे अनेक दलित लेखक गैर-दलितों के दलित विषयक लेखन को भी 'दलित साहित्य' मानते हैं।

"दलित लेखक बार-बार व्यापक भारतीय समाज के सामने यह चिन्ता जाहिर करते हैं कि अब तक का इतिहास दलित समाज की उपेक्षा, शोषण, दमन और तिरस्कार का इतिहास रहा है। फिर कैसे और कितना एक दलित गैर-दलित समाज और उसकी चिन्ता पर भरोसा करे?"[9] नागार्जुन की कविता 'हरिजन गाथा' में आये 'मनुपुत्र', 'वेद' और 'ऋचाएँ' शब्द दलित चेतना के अनुकूल नहीं हैं। "कवि हरिजन और उसे जलानेवाले सवर्ण दोनों को 'मनुपुत्र' कहता है। दलितों को 'मनुपुत्र' कहाना पसन्द नहीं और उन्हें 'हरिजन', 'वेद' और 'ऋचा' जैसे शब्दों से शख्त नफरत है।"[10] नामवर सिंह ने दूधनाथ सिंह की कहानी 'धर्मक्षेत्रे कुरूक्षेत्रे' को दलित कहानी घोषित की थी। किन्तु ओमप्रकाश वाल्मीकि इसे दलित चेतना की नहीं, जनवादी वर्ग-चेतना की रचना मानते हैं। इतना ही नहीं, दलित साहित्यकार प्रेमचन्द की 'दलित दृष्टि' पर भी सवाल उठाते हैं। जबकि हम जानते हैं कि प्रेमचन्द डॉ. अम्बेडकर के 'महाड़ आन्दोलन' (1927) और 'मन्दिर प्रवेश आन्दोलन' (1930) से प्रभावित थे और उनकी कहानियों 'सद्‌गति', 'ठाकुर का कुआँ, 'दूध का दाम', 'आहुति' और 'मन्त्र' आदि पर इन आन्दोलनों का जबर्दस्त प्रभाव है। इसलिए दलित चिन्तक कंवल भारती कहते हैं-"हिन्दी दलित साहित्य वह है, जो दलित मुक्ति के सवालों पर पूरी तरह अम्बेडकरवादी है। सामाजिक, आर्थिक और राजनीतिक क्षेत्रों में उसके सरोकार वे ही हैं, जो अम्बेडकर के थे। दलित साहित्य से अभिप्राय उस साहित्य से है, जिसमें दलितों ने स्वयं अपनी पीड़ा को रूपायित किया है। अपने जीवन-संघर्ष में दलितों ने जिस यथार्थ को भोगा है, दलित साहित्य उनकी उसी अभिव्यक्ति का साहित्य है। यह कला के लिए कला का नहीं, बल्कि जीवन का और जीवन की जिजीविषा का साहित्य है। इसलिए कहना न होगा कि वास्तव में दलितों के द्वारा लिखा गया साहित्य ही दलित साहित्य की कोटि में आता है।"[11]

## दलित साहित्य में संस्कृति के सवाल

प्रेमचन्द ने कहा है, "संस्कृति अमीरों, बेफिक्रों और पेटभरों का व्यसन है। दरिद्रों के लिए प्राण-रक्षा ही सबसे बड़ी समस्या है। उस संस्कृति में क्या था, जिसकी वे रक्षा करते, जनता मूर्छित थी और उस पर धर्म और संस्कृति का मोह छाया हुआ था। ज्यों-ज्यों उसकी चेतना जागृत होती गयी, वह देखने लगी कि यह संस्कृति लुटेरों की संस्कृति थी, जो राजा बनकर, विद्वान बनकर, जगत् सेठ बनकर जनता को लूटती है।"[12] सदियों से शोषित दलित समाज भारत की सांस्कृतिक विरासत और समाज-व्यवस्था को आज इसी दृष्टि से देखता है। धन, धर्म, शिक्षा, संस्कार और सम्मान से वंचित यह वर्ग आज शिक्षित होकर अपनी हीन अवस्था और अधिकारों के प्रति जागरूक दिखायी पड़ता है। अपनी स्थिति के प्रति उसके मन में त्रासद पीड़ा और व्यथा है। वह इस स्थिति से मुक्ति चाहता है। दलितों की यही मुक्ति-चेतना साहित्य में 'दलित साहित्य' के रूप में अभिव्यक्त हो रही है। दलित साहित्य की समस्या सामाजिक और सांस्कृतिक दोनों हैं।

केवल वैदिक ग्रन्थों को ही यदि विमर्श का आधार बना लें, तो वेदों के पाठ और संस्कृति विमर्श में पाणिनि, पतंजलि, कात्यायन, सायण और महीधर की व्याख्याओं में इतने परस्पर विरोध हैं कि किसी एक को मान लेना दूसरे को खारिज कर देना है। आधुनिक विद्वानों और विचारधाराओं में भी पर्याप्त अन्तर्विरोध दिखायी पड़ते हैं। मैक्समूलर, मोनियर, कीथ, मैक्डानेल आदि पश्चिमी विद्वान और दयानन्द सरस्वती, जोतिबा फुले, डॉ. अम्बेडकर, काणे, राहुल सांकृत्यायन, रामविलास शर्मा, रामशरण शर्मा, रोमिला थापर जैसे भारतीय विद्वानों में प्राचीन भारतीय संस्कृति को लेकर पर्याप्त मतभेद है। जहाँ अधिकांश विद्वान आर्यों को विदेशी मानकर मानवीय इतिहास में प्राय: पूरे विश्व संस्कृति को ही आर्य-अनार्य संस्कृतियों के द्वन्द्व और संघर्ष का परिणाम बताते हैं, वहीं भारत के सनातनी, आर्यसमाजी और कुछ वामपन्थी विचारक भी आर्यों को यहीं का मूल निवासी मानते हैं। यद्यपि ब्राह्मण, आर्य और हिन्दू शब्दों को लेकर पहले भी अनेक वाद-विवाद और संवाद हो चुके हैं। किन्तु ले-देकर बात वहीं तक पहुँचती है कि आर्य बाहर से आये, जिसके नेता ब्राह्मण थे और उन्होंने यहाँ के मूलनिवासियों को दास बनाया। विदेशी आर्यों के विपरीत यहाँ के बाकी लोग (मूलनिवासी) अनार्य कहलाये।

फिर उनका समन्वय हुआ और वर्ण-व्यवस्था और जाति-व्यवस्था द्वारा उनका वर्गीकरण हुआ। कालान्तर में विदेशियों के आने पर उन्हीं लोगों को हिन्दू कहा गया। मुसलमान और अँग्रेज शासकों ने उनमें भेद पैदा किये, अन्यथा यहाँ की प्राचीन संस्कृति बड़ी ही गरिमापूर्ण और महिमामयी थी। यह विषय का अति सरलीकरण है।

हिन्दू धर्मग्रन्थों के पाठ से ही ये बातें गलत और सन्देहास्पद सिद्ध हो जाती हैं। "भारतीय संस्कृति की सही व्याख्या आर्यों को विदेशी मानकर नहीं की जा सकती। अँग्रेजी भाषाविदों ने योरोपीय भाषाओं के एक बड़े समूह को 'इण्डो-आर्यन' कहा। ईरान का सम्बन्ध आर्य से जोड़ा गया और आधुनिक जर्मनी के नाजी समुदाय ने अपने को आर्य घोषित किया। उन्होंने आर्य को शुद्ध जर्मन रक्त से जोड़ा, पर विकृत स्वास्तिक के अलावा न वेद स्वीकार किये न ब्राह्मणत्व। हिटलर ईसाई ही बना रहा।"[13] इस सम्बन्ध में ओमप्रकाश वाल्मीकि कहते हैं कि "दरअसल दलित साहित्य पूर्व साहित्य के पुनर्मूल्यांकन की बात करता है। पूर्व साहित्यकारों की रचनाओं को अपने दृष्टिकोण से देखना चाहता है। उन गलत प्रस्थापनाओं की व्याख्या करता है, जो मानव-मानव विरोधी हैं। अन्धश्रद्धा, आस्था की जगह गहन विश्लेषण और उसके विकास की सही दिशाओं, ऐतिहासिक और सामाजिक परिप्रेक्ष्य में साहित्य के नियमों का अन्वेषण करने की दिशा में कार्य करता है। साहित्यिक कृतियों को धार्मिक पुस्तक बना देने का विरोध करता है।"[14]

दलितों की इस दयनीय स्थिति और मुख्यधारा की विसंगतियों की ओर ईशारा करते हुए डॉ. अम्बेडकर ने कहा था-"हमारे जीवन, कर्त्तव्य और संस्कृति की ओर हमारा ध्यान नहीं है। अन्तर्मुख होकर विचार करने से हमारे सामने वह भयावह स्थिति स्पष्ट हो जायेगी कि हमारे जीवन-मूल्य और सांस्कृतिक मूल्यों को बचाने के लिए दलित साहित्यकारों को जागरूक और प्रयत्नशील हो जाना चाहिए। तुम्हारे उपन्यास, कथाओं की सीता लक्ष्मण-रेखा पार करके आगे जा चुकी है। ...ऐसी स्थिति में मैं साहित्यकारों का आह्वान करता हूँ कि वे विभिन्न साहित्यिक मूल्यों को रेखांकित करें। अपने लक्ष्य को मर्यादा में मत बाँधों, उसको और अधिक विशाल बनने दो। वाणी का विस्तार करो। अपनी लेखनी को केवल अपने प्रश्नों तक सीमित मत रखो। उसे तेजस्वी बनाओ, जिससे गाँव में फैला अन्धकार दूर हो सके। यह मत भूलो कि इस भारत देश में उपेक्षित दलितों का बहुत बड़ा विश्व है। अपनी

रचनाओं के द्वारा उनकी वेदना को समझकर उनके जीवन को उज्ज्वल बनाने की कोशिश करो। यही मानवता की सच्चाई है।"[15]

अम्बेडकर के इस वक्तव्य द्वारा दलित साहित्य के संस्कृति विमर्श की चिन्ताओं को समझा जा सकता है। जैसा कि पहले भी कहा गया है कि हिन्दी साहित्य और संस्कृति में दलितों की एक विशाल परम्परा है, किन्तु उन परम्परा और विचारधाराओं को कुन्द करने की कोशिशें बराबर होती रहीं। रैदास और कबीर ने जहाँ एक ओर वर्ण-व्यवस्था के विरुद्ध विद्रोही तेवर दिखाते हुए व्यवस्था परिवर्तन के लिए संघर्ष किया, वहीं उनकी विचारधाराओं को विकृत कर उन्हें मुख्यधारा में मिलाने के षड्यन्त्र भी किये गये। उनकी क्रान्तिकारिता जहाँ दलितों में प्रेरणा उत्पन्न करती है, वहीं उनके रहस्यवाद, भक्तिवाद आदि उन्हें उसी पुरानी परम्परा से जोड़ भी देती है। दलित साहित्य इन स्थिति-परिस्थितियों की पड़ताल कर स्थिति का सही आकलन और संस्कार-परिष्कार करना चाहता है। दलित साहित्य की संस्कृति को एक और बड़ी असहमति महाकवि तुलसीदास की दृष्टि को लेकर है। डॉ. रामविलास शर्मा, विष्णुचन्द्र शर्मा, निराला आदि रचनाकारों को तुलसीदास की सामन्तवादी दृष्टि में कोई खोट दिखायी नहीं पड़ती। तुलसी ही नहीं, अन्य सामन्तवादी कवि-महाकवियों के मामले में भी वे उनकी सामन्तवादी दृष्टि को या तो नजरअंदाज कर जाते हैं या उनमें वे युगानुकूल व्याख्या ढूँढ़ लेते हैं। यह उनके प्रबल ब्राह्मणवादी संस्कारों का ही परिणाम है। दलित साहित्य तटस्थ भाव से संस्कृति की समीक्षा कर उसके गुण-दोषों का विवेचन करता है।

इस प्रकार दलित साहित्यकार न केवल तुलसी जैसे कवियों की सामन्तवादी सोच और पुनरुत्थानवादी दृष्टि की आलोचना करते हैं, बल्कि वे वर्ण-व्यवस्था की तह तक रचे-बसे भारतीय मार्क्सवादियों की खबर लेते हुए उनके ढोंग का भी पर्दाफाश करते हैं। भारत संस्कृतियों का देश है। इसलिए विभिन्न समाजों की संस्कृतियाँ अलग-अलग हैं। यहाँ तक तो ठीक है। किन्तु आप जब भी समेकित संस्कृति या एक अखिल भारतीय सनातन संस्कृति की बात करते हैं, तो न तो केवल मनुवादी संस्कृति ही संस्कृति की मुख्यधारा हो सकती है और न केवल बौद्ध संस्कृति ही।

सच तो यह है कि अम्बेडकर जाति व्यवस्था के अन्त के साथ-साथ पूरे भारतीय समाज की मुक्ति के चिन्तक हैं, ठीक वैसे ही जैसे कार्ल मार्क्स

केवल सर्वहारा ही नहीं, बल्कि पूरे मानवीय समाज की मुक्ति की बात करते हैं। बाबा साहेब ने बौद्ध धर्म ग्रहण करने के बाद जो 22 प्रतिज्ञाएँ की थीं, दलित साहित्य के धार्मिक, सांस्कृतिक और सामाजिक विमर्श के आधार वही हैं। दलित साहित्य सामाजिक-सांस्कृतिक दृष्टि से पूर्णत: अम्बेडकरवादी और आर्थिक दृष्टि से मार्क्सवादी है, इसलिए उसका भी उद्देश्य जाति, वर्ण और वर्गहीन समाज की स्थापना की कोशिश है।

## दलित साहित्य में चित्रित बहुजन समाज

प्राचीनकाल से लेकर नवजागरण और आधुनिक काल तक दलित-पिछड़ों की सहानुभूति में जो भी रचनाएँ आयीं, उनमें दलितों (अछूतों) के साथ-साथ पिछड़ों की दुर्दशा का भी चित्रण हुआ।

## दलित काव्य

यद्यपि दलित साहित्य की अवधारणा विशुद्ध रूप से आधुनिक और अति आधुनिक है, फिर भी खोजने पर कुछ गिनी-चुनी दलित रचनाएँ आदिकाल, भक्तिकाल और नवजागरण तथा स्वतन्त्रता आन्दोलन के दौरान भी मिल जाती हैं।

प्राचीन काव्य में दलित चेतना के आरम्भिक स्वरों की पहचान वाल्मीकि की 'रामायण' व्यास के 'महाभारत' और नाभादास के 'भक्तमाल' आदि में भी की जा सकती है, किन्तु दलित विद्वान इन प्राचीन कवियों को दलित चेतना के स्रोत नहीं मानते। पौराणिक कथाओं के अनुसार व्यास केवट कन्या से, पाराशर चाण्डाल रमणी से, प्रसिद्ध दार्शनिक कणाद उलूकी से और वशिष्ठ गणिका से उत्पन्न हुए थे। किन्तु दलित विद्वान न तो नाभादास को डोम मानते हैं और न उनकी विचारधाराओं को ही अपने करीब मानते हैं। फिर भी नाभादास ने 'भक्तमाल' के 'मंगलाचरण' में ही ईश्वर के ऐसे रूप और अवतारों की वंदना की है, जो दलित समाज के सर्वाधिक करीब हैं। और तो और उन्होंने दानवों के राजा बलि की भी वंदना की है।

*"जय जय मीन, वराह, कमठ, नरहरि, बलि, वामन।*
*परशुराम, रघुवीर, कृष्ण कीरति जग पावन।।"*

–(भक्तमाल, मंगलाचरण)

इस पर अच्छा दलित विमर्श बन सकता है। भक्तिकाल में हम सन्त कवियों की वाणी में दलित चेतना का ओक्रोशपूर्ण हुंकार और तद्जनित दुख, अवसाद और पीड़ा देखते हैं। इन निर्गुणियाँ सन्तों ने न केवल निराकार ईश्वर के गीत गाये, बल्कि जाति और सम्प्रदायों के भेदभाव से परे मानव मात्र को समानता का भी पाठ पढ़ाया। भक्तिकालीन भारत में भेदभाव और संकीर्णताओं के विरुद्ध जो विराट् सांस्कृतिक, सामाजिक और दार्शनिक चेतना पैदा हुई, उसका शत-प्रतिशत श्रेय इन्हीं सन्त कवियों को जाता है। छीपा, जुलाहा, नाई, कसाई, चमार, दर्जी आदि तथाकथित निम्न जातियों में जन्म लेकर नामदेव, कबीर, रैदास, दादू दयाल, आदि सन्तों ने अपने उज्ज्वल चरित्र और सच्चे कर्म से सिद्ध कर दिया कि जाति विशेष में जन्म लेने से आदमी बड़ा और छोटा नहीं हो जाता। इनकी रचनाएँ न केवल दलित, बल्कि सम्पूर्ण बहुजन समाज का चित्रण करती हैं। लोकसाहित्य तो दलित साहित्य के भण्डार ही हैं।

नवजागरण कालीन दलित कवियों में अभी तक केवल हीराडोम, अछूतानन्द, स्वामी शूद्रानन्द, स्वामी शंकरानन्द, अयोध्यानाथ ब्रह्मचारी, स्वामी प्रेमनाथ, स्वामी केदारनाथ, शिवानन्द पुजारी, मुंशीलाल, स्वामी ओमानन्द, स्वामी ओंकारनाथ स्वामी जीवननाथ, स्वामी योगानन्द, स्वामी धर्मनाथ आदि गिने-चुने नाम ही दिखायी पड़ते हैं। इस दिशा में शोध चल रहे हैं। कंवल भारती ने ऐसे अनेक दलित कवियों के नामों की चर्चा की है, जो आर्यसमाज, आदिहिन्दू, आद्धर्म या तत्कालीन अन्य सुधारवादी आन्दोलनों से जुड़े हुए थे। किन्तु उनकी रचनाएँ अभी तक उपलब्ध नहीं हैं। इस काल में एक दूसरे दलित कवि श्री शोभाराम 'धेनुसेवक' दिखायी पड़ते हैं, जिनकी कविता 1927 में 'चाँद' के 'अछूत अंक' में छपी थी। वे आर्यसमाजी थे। हीराडोम की तरह उनकी कविता भी ईश्वर से अछूत की शिकायत ही है। उनमें दीनता और याचना का भाव है। वे ईश्वर से दीनों की दशा सुधारकर दलित-उत्थान करने की याचना करते हैं। साथ ही वे शुद्धतावादियों को चुनौती भी देते हैं। इतना ही नहीं उन्होंने अपनी कविता में 'दलित' शब्द का भी प्रयोग किया है। सम्भवतः हिन्दी में किसी शूद्र कवि द्वारा किया गया 'दलित' शब्द का यह पहला प्रयोग है।

*"अशुचि होते नहीं मन्दिर, बड़े लाटों के जाने से!*
*सूरा गो-मांस-सेवी रण्डियों, के नाच-गानों से!*
*न जाता धर्म गुलछर्रे, पुजारी के उड़ाने से!*

*पतितपावन पतित होते, हमारे शिर झुकाने से!*
*कहाँ भक्ति? यहाँ तो धर्म का, व्यवसाय है भगवन!*
*दलित पर दम्भियों का, यह प्रकट अन्याय है भगवन!"*[16]

अछूतानन्द ने अपनी कविताओं में वर्ण-व्यवस्था की तीखी आलोचना की है। उन्होंने अपने गीत और गजलों द्वारा मनु और मनुवादी व्यवस्था की खिल्लियाँ उड़ायी हैं और दलितों के गौरवपूर्ण अतीत का गुणगान किया है।

आधुनिक दलित कवियों की सूची लम्बी है। हिन्दी, संथाली, हल्बी, कुडुख, खड़िया, नगपुरिया, मुण्डारी, कोंकणी आदि जनजातीय भाषाओं में ग्रेस कुजूर, हाड़िबन्धु मिर्धा, सोनसिंह पुजारी, निर्मला पुतुल, सुनील मिंज, बिज्जु टोप्पो, कोर्दुला कुजूर, जेवियर कुजूर, अजय टिर्की आदि दर्जनों दलित कवि-कवयित्री कविता रचना में सृजनशील हैं।

हिन्दी के प्रमुख समकालीन दलित कवियों में ओमप्रकश वाल्मीकि (सदियों का सन्ताप, बस्स! बहुत हो चुका), मोहनदास नैमिशराय (सफदर एक बयान, आग और आन्दोलन), जयप्रकाश कर्दम (गूँगा नहीं था मैं, तिनका तिनका आग), कुसुम वियोगी (टुकड़े टुकड़े दंश), डॉ.एन. सिंह (सतह से उठते हुए चेतना के स्तर), मलखान सिंह (सुनो ब्राह्मण), दयानन्द बटोही (यातना की आँखें, माथा दर्द), कावेरी (हँसी के छोर पर, नदी बहती रही, डॉ. बाबा साहेब अम्बेडकर, राजा सहलेस), श्यौराज सिंह बेचैन' (क्रौंच हूँ मैं, नई फसल), ईश कुमार गंगानिया (हार नहीं मानूँगा), डॉ. धर्मवीर (हीरामन, किनारे भी मंझधार भी, कम्पिला), पुरुषोत्तम सत्यप्रेमी (सवालों का सूरज, दखल देती कविता), रजनी तिलक (पदचाप), कंवल भारती (तब तुम्हारी निष्ठा क्या होती?), रमाशंकर आर्य (काँटों के बीच से), चिरंगी लाल कटारिया (शब्द थके जरूर थे), जियालाल आर्य (बिरसा), तेजपाल सिंह तेज (पुश्तैनी पीड़ा), कालीचरण स्नेही (सुनो कामरेड व अन्य कविताएँ), "देवनारायण पासवान देव (संघर्ष आज भी जारी है), रामचरित्र दास अचल (विनय पुष्प सहित कई काव्य-संग्रह), विपिन बिहारी (अनुभूति से अभिव्यक्ति तक), सुदेश तनवर (नियति नहीं यह मेरी), बाबूलाल मधुकर (मसीहा मुस्कुराता है), रामलषण राम रमण (कई काव्य संग्रह), बुचरू पासवान (मैथिली दलित कवि, दलित वर्गीय लोक व्यवहार गीत), सोहनपाल सुमनाक्षर (अम्बेडकर शतक), एस.आर. विद्रोही (दलित पचासा), सूरजपाल चौहान (प्रयास), मुसाफिर बैठा (बीमार मानस का गेह, विभीषण का दुःख),

बी.आर. विप्लवी (सुबह की उम्मीद, प्यास ही प्यास), विनोद कु. चौधरी (रेत के मन्दिर, पंखुड़ियों पर धूप, अपना-सा कोई नाम, देशी-स्वदेशी), रंजु राही (क्षितिज के उस पार), परमानन्द राम (खण्ड काव्य-एकलव्य, जागृत कान्ता, गजल संग्रह-अगला मुकाम मुहब्बत हो), ऋचा (मगही-सुजाता के खीर), सत्यदेव (गूँज, हँसते हुए फूल चुभते हुए काँटे), बिन्देश्वर प्रसाद (रजक दर्पण), रामउचित पासवान (बिन बादल जल बरसे), रामेश्वर राकेश (युगचेतना, संकल्प-पुरुष), जगदीश प्र. राय (झुरमुट के फूल), आर.पी. घायल (लपटों के दरम्यां), कृष्ण चन्द्र चौधरी (मासूम चेहरे की हँसी), कर्मानन्द आर्य (अयोध्या और मगहर के बीच, डरी हुई चिड़िया का मुकदमा) इत्यादि।"[17] डॉ. सी.बी. भारती, जयन्त परमार, सतनाम सिंह, देवेश कुमार चौधरी 'देव', पवन करण, मोहन सगोरिया, असंगघोष, बाबू लाल दहिया, संगीता नौटियाल, पारसनाथ, राकेश प्रियदर्शी, अजय यतीश, अनीता भारती, वीरचन्द्र दास बहलोलपुरी (लालू यादव पर दो काव्य, धृतराष्ट्र की आँखें), सूर्यनारायण सूरज (स्वर्ग में सभा), अजय नावरिया, अरविन्द पासवान आदि दलित साहित्य में बीसियों कवि चर्चित और सक्रिय हैं।

## दलित नाटक

नाटक साहित्य की वह लोकप्रिय विधा है, जो जितनी प्राचीन है, उतनी ही महत्त्वपूर्ण भी। इसी विधा से मीडिया, विज्ञापन और आज के इलेक्ट्रॉनिक मनोरंजन और सिनेमा आदि निकले हैं। किन्तु भारतीय साहित्य और संस्कृति में नाटक और नाट्यकर्म को उतनी प्रतिष्ठा प्राप्त नहीं है, जितनी कविता आदि विधाओं को। इसका गवाह खुद भरत मुनि का 'नाट्यशास्त्र' है। नाटक विधा और नाट्य, अभिनय आदि करके उनका प्रचार करनेवाले भरत पुत्रों को शूद्र होने का श्राप दे दिया गया और बाद में नाटक विधा के प्रायः सभी आचार्य और नाट्कर्मी शूद्र ही माने गये। यहाँ तक कि आधुनिक काल में भी लोकनाट्य द्वारा लोगों का मनोरंजन करनेवाले कलाकारों को सम्मान की दृष्टि से नहीं देखा गया। उनका जीवन और उनके साहित्य कर्म उपेक्षित ही रहे। इस विधा के पुरोधा कवि-साहित्यकार भी समाज के श्रेष्ठ वर्गों से नहीं आये। लव-कुशी लोक रूपक की रामकथा लिखनेवाले आदिकवि वाल्मीकि (भंगी, चाण्डाल तथा बहेलिया), महाभारत, भागवत आदि के माध्यम से कृष्ण की लीलाओं (रास) का वर्णन करनेवाले व्यास (मल्लाह), रघुवंशम्,

कुमारसम्भवम् आदि के रचयिता कालिदास (गड़ेरिया), मृच्छकट्टिकम् के रचयिता शूद्रक आदि भी शूद्र श्रेणी में ही गिने गये। दलित श्रेणी की घुमन्तू जाति 'नट' इसी श्रेणी के लोग थे, जिसकी सामाजिक हैसियत आज किसी से छिपी नहीं है।

हिन्दी दलित साहित्य में यद्यपि नाटकों की रचना अधिक नहीं हुई हैं, फिर भी मोहनदास नैमिशराय के नाटक 'अदालतनामा', 'हैलो कॉमरेड', रत्न कुमार साम्भरिया के एकांकी संग्रह 'समाज की नाक' और नाटक 'बीमा' व 'उजास', दयानन्द बटोही के 'नयी पीढ़ी नये कर्णधार', सुनील कुमार 'सुमन' के 'एक बार फिर', वीरचन्द्र दास बहलोलपुरी के एकांकी-'प्रत्यावर्तन, टोपीवाला', देवनारायण पासवान देव के नाटक 'विजेता कौन, मस्जिद में हुई अजान', कावेरी के नाटक 'डिप्टी कलक्टर का साला', 'चौहरमल-रेशमा', दिलीप कुमार राम के एकांकी संग्रह-'दस तस्वीरें' आदि चर्चित नाटक हैं। इधर राखी आनन्द, सूर्यनारायण सूरज के नाटक भी आये हैं। इसके अलावा हिन्दी की लोकभाषाओं में नाटक लिखे गये हैं। महात्मा फुले और अम्बेडकर आदि समाजसुधारकों ने भी अपने मिशन के प्रचार में ऐसे नाटक और रूपकों का ही सहारा लिया था। गिरीश कर्नाड के नाटक और आज का मराठी 'दलित रंगभूमि' उसी लोकनाट्य परम्परा का विकास है। भोजपुरी लोक नाट्य-परम्परा के सूत्रधार, गायक और अभिनेता भिखारी ठाकुर हैं, जिन्होंने अपने प्रसिद्ध लोकनाटक 'बिदेसिया', 'गबरघिचोर', 'बेटी-बेचवा' आदि के लेखन और मंचन से राष्ट्रीय स्तर पर हाशिये के लोगों को वाणी दी। भिखारी ठाकुर ने अपने नाटक और गीतों के माध्यम से दलित-पिछड़ी जातियों के साथ-साथ स्त्रियों की समस्या को भी उकेरा है। इनकी रचनाओं में सम्पूर्ण बहुजन समाज बोलता है।

## दलित कहानियाँ

हिन्दी में दलित कविताओं की तरह दलित कहानियाँ भी बहुतायत से लिखी गयी हैं। सच पूछा जाये, तो दलित साहित्य में सर्वाधिक सृजनशील विधाओं में कविता और कहानियाँ ही हैं। इनकी रचना लगातार हो रही हैं। हिन्दी में दलितों को विषय बनाकर कहानी कहने-सुनने और लिखने की परम्परा पुरानी है। प्रेमचन्द के जमाने से ही ऐसी कहानियाँ लिखी जाती रही हैं। "बेशक गैर-दलितों के लेखन में दलितों की यातना और दुर्दशा का चित्रण

है, किन्तु संघर्ष और चेतना के स्वर का नितान्त अभाव है। इन लेखकों ने वर्ण–व्यवस्था का विरोध करने की कहीं कोशिश नहीं की है, उल्टे इनके लेखन से वर्ण–व्यवस्था की जड़ें और मजबूत हुई हैं। दलित रचनाकार ऐसी रचनाओं पर दलितों के अपमान और हीनताबोध का आरोप लगाते आये हैं। किन्तु प्रेमचन्द, फणीश्वरनाथ रेणु, मैत्रेयी पुष्पा, संजीव, प्रेम कुमार मणि आदि की कहानियों में दलित चेतना देखी जा सकती है। इनकी रचनाओं में दलितों के साथ–साथ आदिवासी और पिछड़े समाज की भी दशा–दुर्दशा का चित्रण है।"[18] इनके कथा साहित्य पर अम्बेडकर से अधिक गांधी, लोहिया आदि की समाजवादी चेतना का प्रभाव है। अतः इन्हें दलित संवेदना का सहानुभूतिपरक साहित्य माना जा सकता है, दलित साहित्य नहीं।

यहाँ हिन्दी के तमाम दलित कथाकारों और उनकी कहानियों के नाम गिनाना सम्भव नहीं है। बुद्ध शरण हंस से लेकर मुकेश मानस तक नयी और पुरानी पीढ़ी के दर्जनों दलित कथाकार कथा लेखन में सक्रिय हैं। बुद्ध शरण 'हंस' (देव साक्षी है, को रक्षति वेदः, तीन महाप्राणी), मोहनदास नैमिशराय (आवाजें,) ओमप्रकाश वाल्मीकि (सलाम, घुसपैठिये), विपिन बिहारी (पुनर्वास, अपना मकान, आधे पर अन्त), श्यौराज सिंह बेचैन (रावण, शोध–प्रबन्ध), जयप्रकाश कर्दम (सांग) दलित कथा जगत में चर्चित हैं। डॉ. कुसुम वियोगी (समकालीन दलित कहानियाँ, चार इंच की कलम), सूरजपाल चौहान (हैरी कब आयेगा), प्रह्लादचन्द दास (पुटुस के फूल, पराये लोग, आग ही आग), रमणिका गुप्ता (बहु जुठाई, दलित कहानी संचयन), दयानन्द बटोही (सुरंग), रत्नकुमार साम्भरिया (हुक्म की दुग्गी, एयर गन का घोड़ा, लघुकथा–संग्रह), सुशीला टाकभौरे (अनुभूति के घेरे, टूटता बहम, सिलिया), डॉ. एन. सिंह (काले हाशिये पर, यातना की परछाइयाँ), डॉ. शत्रुघ्न कुमार (हिस्से की रोटी), स्वरूप चन्द बौद्ध (दलित अन्तर्द्वन्द्व), देवनारायण पासवान 'देव' (सत्यनारायण कथा, आखिरी नमाज, यही बाकी निशां होगा), गिरिराज शरण (दलित जीवन की कहानियाँ), ठाकुर प्रसाद 'राही' (साग और कहानियाँ), सत्यप्रकाश (चन्द्रमौलि का रक्तबीज), कावेरी (द्रोणाचार्य एक नहीं, अभावों में पलता स्वाभिमान), रजतरानी मीनू (हाशिये से बाहर), कर्मशील भारती (अहसान–फरामोस), अजय नावरिया (पटकथा और अन्य कहानियाँ) आदि प्रसिद्ध हैं। दलित तेवर के युवा कथाकारों में अरविन्द शेष (कठपुतली), मुकेश मानस (सूअरबाड़ा), अजय यतीश (भूत), राज वाल्मीकि, मुसाफिर

बैठा आदि प्रमुख हैं। इनके अलावा भी दर्जनों दलित रचनाकार कथालेखन में सक्रिय हैं।

## दलित उपन्यास

दलित साहित्य में किस विधा में कौन-सी रचना पहले आयी, इस प्रश्न पर विचार तो किया जा सकता है, पर निर्णय कठिन है। दलित उपन्यास के सन्दर्भ में भी यही बात कही जा सकती है। "पचास के दशक में देवीदयाल सेन नाम के किसी दलित लेखक का एक उपन्यास आया था। आज उसकी कोई प्रति उपलब्ध नहीं है। हो सकता है निकट भविष्य में उसकी कोई प्रति उपलब्ध हो जाये और उसका दलित चेतना के सन्दर्भ में वस्तुपरक मूल्यांकन हो।"[19] ऐसी अनेक रचनाएँ या तो अनछपी रह गयी होंगी या छपने पर भी उनकी कोई विशेष चर्चा नहीं हुई होगी, क्योंकि मुख्यधारा में उस मिजाज के कोई आलोचक ही नहीं थे। चन्द्रिका प्रसाद जिज्ञासु अम्बेडकर काल के प्रमुख दलित लेखक हैं, जिन्होंने अम्बेडकर, फुले, पेरियार आदि पर पुस्तकें लिखीं। उनके उपन्यास और कहानियों की भी चर्चा होती है, किन्तु वे अभी तक उपलब्ध नहीं हैं।

इसलिए दलित उपन्यास साहित्य पर चर्चा करने के लिए हमें नब्बे के दशक से प्रकाशित केवल दलित रचनाकारों की रचनाओं पर ही सन्तोष करना होगा। फिर भी यह एक आश्चर्यजनक सच्चाई है कि जिस अनुपात में दलित कविता, कहानी या आत्मकथाएँ आ रही हैं, उपन्यासों की संख्या नगण्य ही है। इसका कारण सम्भवतः यह हो सकता है कि उपन्यास लेखन समयसाध्य है और दलित लेखन समय के साथ कदम से कदम मिलाता हुआ तेजी से भाग रहा है। इसलिए अपेक्षाकृत कम समय और श्रमवाली सुगम रचनाओं द्वारा ही दलित लेखक अपनी भावनाओं को व्यक्त कर पा रहे हैं। दूसरी बात यह है कि उपन्यास जैसी विश्वसनीय और प्रामाणिक विधा की कसर तो वे आत्मकथा के माध्यम से निकाल ही लेते हैं, जिसमें उनकी आपबीती के साथ-साथ जगबीती भी आ जाती है, तो फिर अलग से उपन्यास क्यों लिखें?

फिर भी अनेक दलित लेखकों ने इस दिशा में प्रयास किया है। डॉ. तेज सिंह के अनुसार-"सबसे पहले वर्ष 1994 में जय प्रकाश कर्दम का उपन्यास 'छप्पर' आया। इसके बाद 1995 में प्रेम कपाड़िया का 'मिट्टी की सौगन्ध' प्रकाशित हुआ, जिसे दलित साहित्य का प्रतिनिधि उपन्यास कहा जा सकता है। 1998 में सत्यप्रकाश का उपन्यास 'जस तस भई सवेर' आया। 1998

में ही रूपसिंह चन्देल का 'पत्थर टीला' उपन्यास छपा। ठीक एक वर्ष बाद 1999 में मोहनदास नैमिशराय का महत्त्वपूर्ण उपन्यास 'मुक्ति-पर्व' आया। 1999 में ही भगवानदास मोरवाल का 'काला पहाड़' छपा।"[20] उसके बाद दलित स्त्री जीवन पर कावेरी के दो महत्त्वपूर्ण उपन्यास 'मिस रमिया' और 'शिखा' आये।

"किन्तु इन उपन्यासों से पूर्व मोहनदास नैमिशराय का उपन्यास 'क्या मुझे खरीदोगे?' 1990 में लिखा जा चुका था।" नैमिशराय के अन्य उपन्यासों में 'वीरांगना झलकारी बाई' (2003) और वेश्या समस्या पर आधारित उनका प्रसिद्ध उपन्यास 'आज बाज़ार बन्द है' (2004), 'जख्म हमारे' (2012) हैं। इसी दौर में चन्द्रमोहन प्रधान का उपन्यास 'एकलव्य' भी आया, जो संवेदना, कथ्य और सरोकार सभी दृष्टियों से दलित उपन्यासों के करीब है। लेखक ने एकलव्य के महाभारतकालीन मिथक को आज के सामाजिक सन्दर्भ में देखा है। भगवानदास मोरवाल यद्यपि अपने को दलित लेखक नहीं मानते, फिर भी चेतना के स्तर पर उनका उपन्यास दलित उपन्यास ही है। इनके अलावा शंकर लाल मीणा के 'सपनों वाली वह दुबली लड़की', पीटर पॉल एक्का के 'जंगल के गीत' आदि भी दलित उपन्यास हैं। अन्य दलित उपन्यासों में डॉ. धर्मवीर का 'पहला खत', डी.पी. वरुण का 'अमर ज्योति, रामजी लाल सहाय का 'बन्धनमुक्त', परदेशी रामवर्मा का 'प्रस्थान', गुरुचरण सिंह का 'डूब जाती है नदी', राणा प्रताप का 'भूमिपुत्र', बाबूलाल मधुकर का मगही दलित उपन्यास 'रमरतिया', अजय नावरिया का 'उधर के लोग' आदि भी चर्चित हैं। दलित साहित्य की अन्य विधाओं की तरह दलित उपन्यासों में भी नकार और विरोध का समाजशास्त्र सक्रिय है। इसके केन्द्र में परिवर्तन की चेतना है।

इधर संजीव के उपन्यासों में दलित चेतना की अधिकता देखते हुए उन्हें भी दलित उपन्यासों की श्रेणी में रखा जा सकता है। इन्हें दलित संवेदना का सहानुभूतिपरक उपन्यास कहा जा सकता है। सन्थाल परगाने के कोयला खादान मजदूरों (आदिवासियों) के जीवन पर आधारित उपन्यास 'सावधान! नीचे आग है', पश्चिम चम्पारण की थारू समस्या पर आधारित 'जंगल जहाँ से शुरू होता है' और लोकनाट्य परम्परा के सूत्रधार लोकगायक भिखारी ठाकुर के जीवन पर आधारित उपन्यास 'सूत्रधार' में दलित समस्या और चेतना की गहराई देखी जा सकती है। किन्तु दलित आलोचक इन्हें भी दलित उपन्यास नहीं मानते। मन्नू भंडारी के 'महाभोज', मैत्रेयी पुष्पा के 'चाक' और

'अलमा कबूतरी' आदि को भी दलित संवेदना का सहनुभुतिपरक उपन्यास माना जाना चाहिए। इन रचनाओं में व्यक्त गहरी मानवीय संवेदना और उत्कट दलित चेतना से उपजे असन्तोष, विरोध और संघर्ष के कारण भी इनकी रचनाओं पर विचार किया जाना चाहिए। इसी प्रकार अब्दुल विस्मिल्लाह के उपन्यास 'झीनी-झीनी बिनी चदरिया' में बनारस के जुलाहों (बुनकर समाज) का चित्रण है। यह भी दलित संवेदनाओं का सशक्त उपन्यास है।

## दलित आत्मकथाएँ

भारतीय साहित्य में 'आत्मकथा' लेखन का इतिहास अधिक पुराना नहीं है। यह विशुद्ध रूप से आधुनिक युग की देन है। दलित साहित्य में तो यह और भी नया है। दलित साहित्य के प्रेरणा स्रोत अम्बेडकर हैं। यद्यपि बाबा साहेब ने अपने से कोई आत्मकथा नहीं लिखी। बताया जाता है कि 'मी कसा झालो' (मैं ऐसे बना) डॉ. अम्बेडकर की मराठी आत्मकथा है। किन्तु इसे उनके संस्मरण के आधार पर शंकरराव खरात ने लिखी थी। डॉ. अम्बेडकर ने अँग्रेजी में अपना एक लघु संस्मरण लिखा था-'वेटिंग फॉर ए वीजा', जिसे लोग बाबा साहेब की आत्मकथा मानते हैं। इसलिए सम्भव है कि इन्हीं आत्मकथाओं से प्रेरणा लेकर दलित साहित्यकारों ने आत्मकथा की विधा विकसित की हो। यह सम्भावना कुछ आलोचकों ने व्यक्त की है। किन्तु अभी तक किसी दलित आत्मकथा में इस बात की चर्चा नहीं की गयी है। बहरहाल दलित आत्मकथाओं की विशेषता यह है कि इसमें दलित जीवन का यथार्थ गहराई से उभर कर आ रहा है, जो भारतीय साहित्य के लिए नया है। जहाँ सामान्य आत्मकथाओं में व्यक्ति का चित्र होता है, वहीं दलित आत्मकथाओं में पूरे समाज का चित्रण होता है।

दलित साहित्य की अन्य विधाओं की तरह दलित आत्मकथाएँ भी पहले मराठी में आयीं। डॉ. किशोरी लाल रैगर के अनुसार, "दलित साहित्य में आत्मकथा लेखन का आरम्भ 'अस्मितादर्श' (1976) के 'दीपावली विशेषांक' से हुआ। इस विशेषांक में 'मैं और मेरा लेखन' शीर्षक से रा.यो., केशव मेश्राम, बन्धुमाधव, राजा ढाले, नामदेव ढसाल, योगिराज बाघमारे, बाबूराव बागुल आदि मराठी दलित लेखकों के संक्षिप्त आत्मकथ्य प्रकाशित हुए। इन आत्मकथ्यों की प्रेरणा से ही कालान्तर में स्वतन्त्र रूप से दलित आत्मकथाएँ अस्तित्व में आयीं।"[21]

हिन्दी में दलित आत्मकथा लेखन की शुरुआत मोहनदास नैमिशराय की आत्मकथा 'अपने-अपने पिंजरे (दो भाग)' से होती है। इसके बाद ओमप्रकाश वाल्मीकि की चर्चित आत्मकथा 'जूठन' आती है। फिर तो आत्मकथाओं का दौर-सा चल पड़ता है। सूरजपाल चौहान की 'तिरस्कृत, संतप्त (दो भाग)', माता प्रसाद की 'झोपड़ी से राजभवन', डॉ. श्यौराज सिंह बेचैन की 'मेरा बचपन मेरे कन्धों पर', डी.आर. जाटव की 'मेरा सफर मेरी मंजिल', कौशल्या बैसंत्री की 'दोहरा अभिशाप', उर्मिला पंवार की 'आयदान', एन.आर. सागर की 'जब मुझे चोर कहा', के. नाथ की 'तिरस्कार', तुलसीराम की 'मुर्दहिया' और 'मणिकर्णिका', रजनी तिलक की आत्मकथा 'समरगाथा', डॉ. धर्मवीर की 'मेरी पत्नी और भेड़िया', द्वारका भारती की 'मोची', कावेरी की 'टुकड़ा-टुकड़ा जीवन', कौशल पंवार की आत्मकथा 'बबण्डरो के बीच', डॉ. रमाशंकर आर्य की 'घुटन' आदि प्रमुख हैं। डॉ. रमाशंकर आर्य की 'घुटन' किसी बिहारी दलित साहित्यकार की पहली आत्मकथा है। हिन्दी क्षेत्र से अँग्रेजी में दो भारतीय दलित आत्मथाएँ आयी हैं-हजारी की 'आई वाज एन आउट कास्ट इंडियन' और प्रो. श्यामलाल की 'अनटोल्ड स्टोरी ऑफ ए भंगी वाईस चांसलर'। इनके हिन्दी अनुवाद भी आ चुके हैं। बाबूलाल मधुकर ने नयी शैली में 'नन्दलाल की औपन्यासिक जीवनी' शीर्षक से दो खण्डों में अपनी आत्मकथा लिखी। यदि दलित चेतना में स्त्री और पिछड़ों को भी शामिल कर लिया जाये, तो राजेन्द्र यादव से लेकर मन्नू भंडारी, प्रभा खेतान, मैत्रेयी पुष्पा और रमणिका गुप्ता तक अनेक दिग्गज लेखक-लेखिकाओं की आत्मकथाएँ आ चुकी हैं। इन तमाम आत्मकथाओं में दलित और स्त्री जीवन की वर्जनाएँ, कमियाँ, तिरस्कार, गरीबी, संघर्ष और कभी-कभी विद्रोह का यथार्थ चित्रण हुआ है। इधर इन पंक्तियों के लेखक की भी आत्मकथा आयी है-'को बाभन को सूदा', जिसमें दलित-पिछड़ी चेतना की पड़ताल की जा सकती है।

## दलित साहित्य में आलोचना और निबन्ध

किसी भी नवोदित साहित्य में पहले आलोचना और समीक्षाएँ उतनी नहीं होती, जितनी सर्जनात्मक रचनाएँ। दलित साहित्य अभी सृजन के दौर से गुजर रहा है। किन्तु यह सुखद आश्चर्य है कि इसने कम समय में ही आलोचना के शिखर प्राप्त कर लिये हैं। ऐसा शायद इसलिए हुआ है कि छायावाद की तरह

दलित साहित्य अपने जन्मकाल से ही आलोचना, प्रति-आलोचना और विमर्श का शिकार रहा है। छायावादी कवियों की तरह मुख्यधारा के साहित्य की ओर से किये जानेवाले सवाल और शंकाओं के जबाव खुद दलित साहित्यकारों को ही देना पड़ा है। इसलिए दलित कवि, कथाकार और अन्य विधाओं के साहित्यकारों को आलोचना की अच्छी समझ आ गयी है। अतः जो दलित रचनाकार हैं, वे दलित साहित्य के अच्छे आलोचक और समीक्षक भी हैं। सच पूछा जाये, तो दलित साहित्य में आलोचना और विचारों की जितनी गहराई है, उतनी रचनात्मक साहित्य में अभी नहीं आयी है। फिर भी, दलित रचनाकारों के अतिरिक्त इसने अलग से अपने दलित आलोचक भी जुटाये हैं।

डॉ. धर्मवीर, कंवल भारती, चमनलाल, सूरजभान, तुलसी राम, जय प्रकाश कर्दम, श्यौराज सिंह बेचैन, डॉ.एन. सिंह, एच.एल. दुसाध, कालीचरण स्नेही, कैलाश दहिया, दिनेश राम, रमणिका गुप्ता, अनीता भारती आदि हिन्दी दलित साहित्य में एक से बढ़कर एक आलोचक और विचारक हैं। मराठी, तमिल, तेलुगु, मलयालम, कन्नड़, पंजाबी, उड़िया आदि सभी भारतीय दलित साहित्य में आज आलोचना और विमर्श के साहित्य सर्वाधिक संख्या में आ रहे हैं। हिन्दी में इसे आते ही तमाम पत्र-पत्रिकाओं ने इस पर धुँआधार कलमें चलायीं। विशेषांक निकाले गये। समर्थन और विरोध के स्वर मुखर हुए और भारतीय साहित्य में एक नया साहित्य स्थापित हो गया। इससे दलित साहित्य और चिन्तन को अप्रत्याशित लाभ हुआ है। यह बात जरूर है कि इसके समीक्षक, आलोचक और विमर्शकार अमूमन दलित रचनाकार ही हैं। किन्तु गैर-दलित साहित्यकारों ने भी इसे अच्छा-खासा समर्थन दिया है। इसलिए गैर-दलित क्षेत्र से भी दलित साहित्य के अनेक गम्भीर समीक्षक इस दिशा में आगे बढ़े हैं। राजेन्द्र यादव, मैनेजर पाण्डेय, हरिनारायण ठाकुर (इन पंक्तियों का लेखक), योगेन्द्र यादव, अभय कुमार दूबे, धीरूभाई सेठ, घनश्याम साह, आदित्य निगम, रजनी कोठारी, भगवान दास, बद्री नारायण, बजरंग बिहारी तिवारी आदि ऐसे ही आलोचक और विचारक हैं।

अपनी प्रखर लेखनी से दलित साहित्य के स्वरूप को निखारने और धार देनेवाले साहित्यकारों में डॉ. धर्मवीर का नाम अग्रणी है। भाषा से लेकर साहित्य और संस्कृति तक उन्होंने दलित साहित्य में एक नया विमर्श खड़ा किया। उन्होंने कबीर और प्रेमचन्द पर नया विमर्श खड़ा किया। 'प्रेमचन्द: सामन्त का मुंशी' और 'प्रेमचन्द की नीली आँखें' पुस्तकें लिखकर उन्होंने

न केवल प्रेमचन्द की दलित और स्त्री चेतना को चुनौती दी, बल्कि 'हिन्दी की आत्मा' पुस्तक से हिन्दी भाषा पर सवाल खड़े किये। कबीर शृंखला की कई पुस्तकों ने न केवल कबीर पर नया विमर्श खड़ा किया, बल्कि कबीर और रामानन्द की समकालीनता को भी नकार दिया। ओमप्रकाश वाल्मीकि ने 'दलित साहित्य का सौंदर्यशास्त्र' लिखा, तो कंवल भारती ने अपनी रचनाओं से दलित साहित्य को अलग स्वरूप दिया। उनकी चर्चित आलोचना पुस्तकों में 'धम्म विजय', 'दलित विमर्श की भूमिका', 'दलित चिन्तन में इस्लाम', 'डॉ. अम्बेडकर बौद्ध क्यों बने?', 'लोकतन्त्र में भागीदारी के सवाल', 'कांशीराम के दो चेहरे', 'संत रैदास-एक विश्लेषण', 'मनुस्मृति-प्रतिक्रान्ति का धर्मशास्त्र' आदि हैं। इधर मोहनदास नैमिशराय का कई खण्डों में 'दलित साहित्य का इतिहास' प्रकाशित हुआ है।

इस प्रकार दलित साहित्य ने अपना अलग साहित्यशास्त्र और समाजशास्त्र खड़ा कर लिया है। उनके समाज, संस्कृति और इतिहास के विमर्श में दलित-दृष्टि का अजस्र प्रवाह मिलता है। उनकी रचनाओं में भारतीय सामाजिक संरचना में दलित समाज का गहन विश्लेषण और विमर्श हुआ है, जिसमें सामन्ती समाज खलनायक की तरह चित्रित है। कहीं-कहीं सवर्णों के साथ-साथ मुस्लिम और पिछड़े वर्ग की ऊँची हैसियत वाली जातियाँ भी दलित साहित्य खासकर आत्मकथाओं में खलनायक की तरह चित्रित हैं। उदाहरण के लिए मोहनदास नैमिशराय की आत्मकथा में लेखक का समाज मुसलमान सामन्त से शोषित है, तो श्यौराज सिंह बेचैन की आत्मकथा में लेखक खुद यादव ज़मींदार से शोषित-पीड़ित हैं। असल में जिन जातियों का अपना प्राचीन राजवंश रहा, उनकी सामन्ती प्रवृत्ति आज भी गयी नहीं है। इसके विपरीत सिक्ख और ईसाई आदि अल्पसंख्यक समाज दलितों के सहायक और शुभचिन्तक रहे हैं, जिसका वर्णन दलित साहित्य में मिलता है। कहीं-कहीं उदार सवर्ण भी उनके सहायक हैं, जिसे दलित साहित्य ने रेखांकित किया है। जैसे डॉ. श्यामलाल की आत्मकथा 'अनटोल्ड स्टोरी ऑफ ए भंगी वाईस-चांसलर' में उनके सहायक एक सवर्ण महिला है। किन्तु बहुतायत में पिछड़ा समाज सामन्तों से शोषित होकर भी दलित साहित्य में दलितों का शुभचिन्तक ही बना हुआ है।

इसके विपरीत गैर-दलित साहित्यकारों द्वारा रचित दलित विषयक रचनात्मक साहित्य में बहुजन समाज खासकर पिछड़ा वर्ग नाई, कहार,

कुम्हार, बढ़ई, कोयरी, महतो, कुर्मी, यादव, जाट, गुर्जर आदि का सामाजिक चित्रण है। रेणु, मधुकर सिंह, संजीव, रामधारी सिंह दिवाकर आदि की प्रायः सभी कहानी और उपन्यासों में कामगार पिछड़ा समाज ही आया है। प्रेमचन्द के 'गोदान' के नायक-नायिका होरी और धनिया दोनों पिछड़े समाज से हैं। इस प्रकार दलित साहित्य से इतर अन्य पिछड़े वर्ग के समाजशास्त्र पर लिखी रचनाओं का विमर्श बन सकता है। इसके लिए दलित साहित्य एक उर्वर जमीन पैदा करता है।

## सन्दर्भः


1. आजकल, दिसम्बर, 2000, पृष्ठ-7
2. शूद्र कौन थे? (हू वेयर द शूद्राज): डॉ. भीमराव अम्बेडकर
3. वही
4. भारत में जाति-प्रथा : बाबा साहेब डॉ. अम्बेडकर: सम्पूर्ण वाङ्मय खण्ड-1, प्रकाशन विभाग, सूचना एवं प्रकाशन मन्त्रालय, भारत सरकार, पृष्ठ-88
5. संस्कृति के चार अध्याय : रामधारी सिंह दिनकर, लोकभारती प्रकाशन, इलाहाबाद पृष्ठ- 77-78
6. दलित लेखन: विपथित विमर्श की दिक्कतें, शिव कुमार मिश्र, कथाक्रम : दलित विशेषांक, नव-2000, पृष्ठ-41
7. आजकल, दिसम्बर, 2000, पृष्ठ-41
8. दलित साहित्य की प्रामाणिकता का प्रश्न : अजय नावरिया, वसुधा-58, जुलाई-सितम्बर, 2003- पृष्ठ-295
9. दलित साहित्य की वैचारिक संरचना : देवेन्द्र चौबे, आजकल, दिसम्बर, 2000, पृष्ठ-41
10. दलित साहित्य का समाजशास्त्र : हरिनारायण ठाकुर, भारतीय ज्ञानपीठ, (अब वाणी प्रकाशन समूह) नयी दिल्ली, पृष्ठ-67
11. युद्धरत आम आदमी, अंक : 41-42, वर्ष-1998, पृष्ठ-41
12. प्रेमचन्द के हवाले से कंवल भारती, दलित साहित्य की अवधारणा: युद्धरत आम आदमी, अंक-41-42
13. धर्मग्रन्थों का पुनर्पाठ: मुद्राराक्षस, इतिहासबोध प्रकाशन, इलाहाबाद, पृष्ठ-26
14. दलित साहित्य का सौन्दर्यशास्त्र: ओमप्रकाश वाल्मीकि, राधाकृष्ण प्रकाशन, नयी दिल्ली, पृष्ठः 71-72
15. डॉ. अम्बेडकर, दलित साहित्य सम्मेलन पत्रिका, 17 जन-1976
16. अछूत-आवेदन, श्री शोभाराम धेनुसेवक, चाँद का अछूत अंक-मई, 1927 पृष्ठ-13
17. बिहार-झारखण्ड की चुनिन्दा दलित कविताएँ, सं.-डॉ. मुसाफिर बैठा और डॉ. कर्मानन्द आर्य, बोधि प्रकाशन, जयपुर

18. हिन्दी की दलित कहानियाँ : हरिनारायण ठाकुर, समीक्षा प्रकाशन, दिल्ली–मुज़फ़्फ़रपुर, भूमिका से
19. दलित उपन्यास और बलात्कार का समाजशास्त्र: डॉ. तेज सिंह, कथाक्रम, दलित विशेषांक, नव.–2000, पृष्ठ–117
20. दलित साहित्य का समाजशास्त्र : हरिनारायण ठाकुर, भारतीय ज्ञानपीठ (अब वाणी प्रकाशन समूह), नयी दिल्ली, पृष्ठ–445
21. कथाक्रम, दलित विशेषांक, नवम्बर–2000

# सांस्कृतिक अवरोध और हाशिये के लोग

## प्रकृति और संस्कति

प्राकृतिक दृष्टि से मनुष्य एक समानधर्मी जैविक इकाई है, किन्तु सामाजिक प्राणी होने के बावजूद वह कई दृष्टियों से एक नहीं है। अन्य अनेक जीव भी सामाजिक है। किन्तु मनुष्य की सामाजिकता सबसे गतिशील, बौद्धिक और सांस्कृतिक है। उसके पास भाषा है। चौपायों से इतर उसके अगले दो पाँवों का विकास हाथों के रूप में हुआ है। इसलिए उसकी सामाजिक प्रक्रिया, आचार-व्यवहार और सोच अन्य जीवों से भिन्न है। अन्य प्राणियों ने जहाँ प्राकृतिक पर्यावरण के साथ संतुलन बनाते हुए अपने आपको विकसित किया, मनुष्य ने सभ्यता और संस्कृति के विकास में हमेशा प्रकृति से होड़ ली और विजय प्राप्त की। मानव और मानवेतर प्राणियों के अन्तर को जोतिबा फुले ने इस प्रकार व्यक्त किया है-"आबाबील नामक पक्षी का हजारों वर्ष पूर्व बनाया हुआ घोंसला और उसके द्वारा आज बनाया हुआ घोंसला इन दोनों में किंचित भी सुधार या विकास दिखलायी नहीं देता। ...परन्तु दूसरी ओर हजारों वर्ष पूर्व जो मानव वृक्ष के कोटर में रहकर गुजारा करता था और घुटनों के बल झुककर, हाथ टेककर जानवरों के समान पानी पीता था, वही मनुष्य आज प्रगतिप्राप्त युग में बड़ी-बड़ी हवेलियों के भीतर रहता हुआ गावतकिये का टेका लगाये चाँदी के पंचपात्र से पानी पीते हुए चैन मना रहा है।"[1] मोटे तौर पर संस्कृति प्रकृति का विपरीत भाव है और सभ्यता और संस्कृति की उत्पत्ति की विजय गाथा मनुष्य की प्रकृति पर ही विजय की कहानी है।

## संस्कृति का स्वरूप और सांस्कृतिक अवरोध

'संस्कृति' भारतीय परम्परा का शब्द नहीं है। यह अँग्रेजी शब्द 'कल्चर' का अनुवाद है और अन्य अनेक नयी अवधारणाओं की तरह यह भी उपनिवेशवाद

के साथ यूरोप से भारत आया है। भारत के प्राचीन ग्रन्थों में तो यह नहीं ही है, हिन्दी साहित्य में द्विवेदी युग (1925) तक भी, इसका कहीं अता-पता नहीं चलता। प्राचीन संस्कृत कोशों में इसके समानार्थी 'सभ्यता' शब्द का प्रयोग है, जो 'संस्कृत' (सभ्य) व्यक्ति के अर्थ में प्रयुक्त है। "आधुनिक हिन्दी के प्रारम्भिक लेखक, विशेष रूप से भारतेन्दु-युग और द्विवेदी-युग के लेखक, सभ्यता से ही परिचित थे और उसी का प्रयोग करते थे। बाद के समय में 'संस्कृति के चार अध्याय' लिखने और 'संस्कृति का दार्शनिक विवेचन' करने के प्रयत्न होने लगे।"[2] संस्कृति, समाजशास्त्र और मानव-विज्ञान पश्चिम की देन है और आज पूरी दुनिया के विश्वविद्यालयों और उच्च शिक्षापीठों में ये अध्ययन-अध्यापन और शोध के विषय बने हुए हैं। संस्कृति भारतीय साहित्य और दर्शन में सबसे लोकप्रिय और लुभावना शब्द बना हुआ है, लेकिन उसके अर्थ में वैसी ही अराजकता भी है। मैनेजर पाण्डेय के अनुसार-"कला और सौन्दर्य की तरह संस्कृति भी ऐसी वस्तु है, जिसके होने और न होने का हम अनुभव करते हैं, लेकिन उसे ठीक से जानते नहीं। उसकी परिभाषा और व्याख्या करना और भी मुश्किल है। संस्कृति मनुष्य की रचना है। वह मनुष्य की मनुष्यता और सामाजिकता की अभिव्यक्ति है। उसके रूप में मनुष्य का श्रम और सृजन मूर्तिमान होता है। आम तौर पर संस्कृति को कला और धर्म से जोड़कर देखा जाता है, लेकिन व्यापक रूप में मानव समाज के सभी प्रतीकात्मक और प्रबुद्ध क्रिया-कलापों को संस्कृति समझा जाता है।"

संस्कृति की अनेक परिभाषाएँ मिलती हैं। एक बड़े लेखक का कहना है-"संसार भर में जो भी सर्वोत्तम बातें जानी या कही गयी हैं, उनसे अपने आप को परिचित कराना संस्कृति है।" एक दूसरी परिभाषा में कहा गया है कि "संस्कृति शारीरिक या मानसिक शक्तियों का प्रशिक्षण, दृढ़ीकरण या विकास अथवा उससे उत्पन्न अवस्था है। ...यह सभ्यता का भीतर से प्रकाशित हो उठना है। इस अर्थ में संस्कृति कुछ ऐसी चीज का नाम हो जाता है, जो बुनियादी और अन्तरराष्ट्रीय है। फिर संस्कृति के कुछ राष्ट्रीय पहलू भी होते हैं।"[3] हमारी भाषा, रहन-सहन, खान-पान, वेश-भूषा, रीति-रिवाज, शौक-स्वभाव, व्रत-त्योहार, साहित्य, कला और मनोरंजन के तौर-तरीके- सभी मिलकर संस्कृति का निर्माण करते हैं। संस्कृति मानव व्यवहार और सोच की सतत प्रक्रिया है। टी.एस. इलियट के शब्दों में कहें, तो "परम्परा का सतत प्रवाह संस्कृति है। मरी हुई परम्परा संस्कृति नहीं कही जा सकती और संस्कृति

कभी मरती नहीं है।" हिन्दी साहित्य कोश के अनुसार-"संस्कृति शब्द का प्रयोग कम से कम दो अर्थों में होता है, एक व्यापक और एक संकीर्ण अर्थ में। व्यापक अर्थ में संस्कृति समस्त सीखे हुए व्यवहार अथवा उस व्यवहार का नाम है, जो सामाजिक परम्परा से प्राप्त होता है। इस अर्थ में संस्कृति को सामाजिक प्रथा (कस्टम) का पर्याय भी कहा जाता है। संकीर्ण अर्थ में संस्कृति एक वांछनीय वस्तु मानी जाती है और संस्कृत व्यक्ति एक श्लाघ्य व्यक्ति समझा जाता है। इस अर्थ में संस्कृति प्रायः उन गुणों का समुदाय समझी जाती है, जो व्यक्ति को परिष्कृत एवं समृद्ध बनाते हैं। नृ-विज्ञानियों के अनुसार 'संस्कृति' और 'सभ्यता' शब्द पर्यायवाची हैं।"[4]

इस प्रकार परिभाषा से संस्कृति एक मानवीय और सामाजिक गुण के रूप में बड़ी व्यापक और लोकलुभावन है, पर व्यवहार में वह वैसी ही मारक भी है। वह समाज को बाँटती और काटती भी है। जैसे हिन्दू, मुस्लिम, सिक्ख, ईसाई आदि संस्कृतियों के बीच भी 'सांस्कृतिक राष्ट्रवाद' के नारे लगाना। ऐसे नारे अमेरिकी-यूरोपीय देशों में ईसाई संस्कृति, अरब देशों में इस्लामिक संस्कृति और भारत में हिन्दू संस्कृति के पर्याय बनकर सांस्कृतिक अवरोध पैदा करते हैं, जिससे लोकप्रिय बहुजन संस्कृतियाँ टकराती हैं, खतरे उठाती हैं और हाशिये पर चली जाती हैं। इतिहास में अश्वेतों, दलितों, आदिम जातियों और अन्य पिछड़े जनसमूहों के साथ ऐसा कई बार हुआ है और बार-बार हो रहा है।

## संस्कृति के प्रकार और सांस्कृतिक अवरोध

प्राकृतिक विज्ञान और समाज विज्ञान में अन्तर यह है कि विज्ञान प्राकृतिक पदार्थों के समानुपातिक संयोग से चीजों का उत्पादन और नियमन करता है। यह मानवता के निर्माण, विकास या विनाश में कोई भेदभाव नहीं करता। इसलिए इसके नियम सर्वमान्य होते हैं। किन्तु समाज विज्ञान और मानविकी के स्वरूप और सिद्धान्त का निर्माण मनुष्य खुद ही व्यक्ति और समाज के गुण, स्वभाव, मूल्य-मान्यता और जीवन-शैली के निरीक्षण-परीक्षण द्वारा मानव-हित में करता है और मानव-हित व्यक्ति और समुदायगत भिन्नता के कारण सदा समान नहीं होते। इसलिए समय और समाज के साथ इसमें परिवर्तन, अवरोध या प्रतिरोध उत्पन्न होते हैं। साहित्य, संस्कृति और दर्शन सापेक्ष होते हैं और इसलिए उनके जो केन्द्र होते हैं, उनमें स्वाभाविक तौर पर

श्रेष्ठ-अश्रेष्ठ, पाप-पुण्य, ऊँच-नीच के द्वन्द्व और श्रेणीक्रम स्थापित हो जाते हैं। अमेरिकी-यूरोपीय देशों में श्वेत-अश्वेत और भारत में जाति, वर्ण, वर्ग और लिंग के आधार पर श्रेष्ठ-अश्रेष्ठ की जो धारणा बनीं अथवा सांस्कृतिक श्रेष्ठता का जो पश्चिमी दावा है, उसका मूल कारण यही है। फिर अश्रेष्ठ वर्ग श्रेष्ठ बनने अथवा अपनी अश्रेष्ठता को ही श्रेष्ठ और बेहतर समझने की कोशिश में जो संघर्ष करते हैं, उसे सभ्यता-संघर्ष कहते हैं और दुनिया में अनेक संस्कृति, विपुल साहित्य और कला का सृजन इसी संघर्ष के परिणाम हैं। 'देवासुर संग्राम' से लेकर आज तक यह द्वन्द्व जारी है। इसलिए संस्कृति का वर्गीकरण मुख्यरूप से हम दो रूपों में कर सकते हैं-एक 'अभिजन संस्कृति' और दूसरा 'बहुजन संस्कृति'।

अभिजन संस्कृति श्रेष्ठ और प्रबुद्ध कहे जानेवाले लोगों की संस्कृति होती है, जो दरबारी सामन्तों और पूँजीपतियों द्वारा सदियों से पोषित और सम्वर्द्धित होती चली आयी है। यह शास्त्रीय संस्कृति है। परम्परा से संस्कृति का यही मानक स्वरूप रहा है और इसी के अनुरूप अन्य संस्कृतियों का मूल्यांकन होता आया है। बहुजन संस्कृति में अनेक संस्कृतियों की अलग-अलग पहचान होती है। इसके कई स्तर-भेद हैं। अश्वेतों, आदिवासियों और अन्य जनजातियों की संस्कृति, दलित-पिछड़ों की संस्कृति, धार्मिक और भाषाई अल्पसंख्यकों की संस्कृति आदि। वाचिक अभिव्यक्ति और पेशे की दृष्टि से भी संस्कृतियों का वर्गीकरण किया जा सकता है। जैसे भाषिक संस्कृति, कृषि-संस्कृति, वणिक संस्कृति, श्रमिक संस्कृति आदि। अभिजन संस्कृति इनमें से अधिकांश संस्कृतियों को लोकसंस्कृति के रूप में स्वीकृति तो देती है, उनके अनेक तत्त्वों को आत्मसात भी करती है, पर उन्हें विकृत करके। जैसे दलित साहित्य को उसने अपनी ही शर्तों पर स्वीकृति दी है और सहानुभूति के वे सारे साहित्य इसके दायरे में आ गये हैं, जिन्हें सवर्णों ने लिखा है। उसी प्रकार भारत में भाषा-संस्कृति पर विचार करें, तो हिन्दी का मतलब संस्कृत होता है और उर्दू का मतलब अरबी-फारसी। इन्हीं भाषाओं के शब्दों को उनमें ठूँस-ठूँसकर भर दिया गया और कह दिया गया कि संस्कृत बंगला सहित सभी आर्य भाषाओं की जननी है। तमिल, तेलुगू, मराठी, गुजराती, कन्नड़, खासी, बोडो, संथाली, उड़िया, पंजाबी, प्राकृत, अपभ्रंश, ब्रजभाषा, अवधि, भोजपुरी, मैथिली, अंगिका, हिन्दवी और खड़ीबोली को कौन पूछता है? यही सांस्कृतिक अवरोध है, जिसके आतंक से सैकड़ों भाषाएँ मरती चली गयीं, आज भी मर

रही हैं। राष्ट्रभाषा के विवाद से हाशिये की इन भाषा और बोलियों में थोड़ी जान आयी और कुछ ने संविधान की आठवीं अनुसूची में जगह प्राप्त कर ली। यही सांस्कृतिक अवरोध है।

## संस्कृति का भूमण्डलीकरण और सांस्कृतिक अवरोध

वैश्वीकरण के इस हाई-टेक युग में पूँजीवादी अभिजन संस्कृति ने संस्कृति को एक उत्पाद के रूप में इस्तेमाल किया है। सूचना-संस्कृति और तकनीकी क्रान्ति के द्वारा 'लोकल' और 'ग्लोबल' की दूरियों को पाटने के बहाने संस्कृति का बाज़ारीकरण किया गया है और विश्व बाज़ार ने एक नयी 'उपभोक्ता संस्कृति' का सृजन किया है। पोपुलर और लोकल (सांस्कृतिक) चीजें टेक्नॉलॉजी के जरिये ग्लोबल होकर विश्व बाज़ार में बेची और खरीदी जा रही है। 'पॉप' और 'फॉक' की युगलबन्दी से क्लासिकल और फॉक की लोकप्रिय 'रिमिक्स' उत्पादों का एक बड़ा बाज़ार पैदा हुआ है। उपभोक्ता बाज़ार में आज 'अर्थ-व्यवस्था का सांस्कृतिक आयाम' और 'संस्कृति का आर्थिक आयाम' जैसे तकनीकी शब्द चल पड़े हैं। इस अवधारणा से उत्पाद और सेवाएँ मात्र उपयोगिता की चीजें नहीं रह जातीं, बल्कि उनके प्रतीकात्मक मूल्य भी होते हैं। दूसरी ओर सांस्कृतिक शिल्पों, शैलियों, उपकरणों आदि का आर्थिक मूल्य भी होता है और वे बाज़ार की शर्त और सिद्धान्तों से भी नियन्त्रित होते हैं। वैश्विक उपभोक्ता संस्कृति अपने नये अर्थ-सन्दर्भों में 'लोकल' को 'ग्लोबल' बनाने के लिए 'रिमिक्स' जैसे उपभोक्तावादी उपकरणों का प्रयोग करती है और पोपुलर और स्थापित भी होती है। उदाहरण के तौर पर ए.आर.रहमान के 'जय हो' (स्लमडॉग मिलिनियर) संगीत को वैश्विक अर्थ मिला, तो माइकेल जैक्सन के 'पॉप संगीत' को भी भारत सहित तमाम विकाशील देशों में लोकप्रियता और स्वीकृति मिली। उसी प्रकार राजस्थानी, गुजराती, मणिपुरी, असमी, बंगला, पंजाबी और भोजपुरी लोकसंगीत और नृत्यों के 'पॉप' एवं 'रॉक' रिमिक्स तैयार किये जा रहे हैं। इस प्रकार संस्कृति का मुख्य द्वन्द्व क्लासिकल (शास्त्रीय) और पोपुलर (लोकप्रिय) संस्कृति के रूप में भी दिखायी पड़ता है। एक ओर शास्त्रीय भाषा, सौन्दर्यशास्त्र, साहित्य, संगीत और कला सिनेमा हैं, तो दूसरी ओर लोकभाषा, लोकसंस्कृति, लोकसाहित्य, लोकसौन्दर्य, लोकसंगीत और लोकप्रिय सिनेमा हैं। संस्कृति के भूमण्डलीकरण द्वारा पूँजीवाद सांस्कृतिक द्वन्द्वों, अवरोधों और प्रतिरोधों को पाटने का प्रयास करता है।

"वास्तव में अभिजन संस्कृति अर्थों को नियन्त्रित करती है, क्योंकि वह वाद-विवाद की शर्तों को नियन्त्रित करती है। (जैसे प्रदर्शन-भूमि में अर्जुन के विरुद्ध कृपाचार्य ने कर्ण के प्रदर्शन को यह कहकर रोक दिया था कि तुम राजसी पुरुष नहीं हो) दूसरी ओर ग्रामीण संस्कृति, आमजनों की संस्कृति को 'गँवारू', 'उजड्ड', 'बड़बोली', 'बेस्वाद', 'व्यर्थ' और 'सतही' आदि कहकर दोयम दर्जे का मान लिया जाता है। जाहिर है, इस प्रकार संस्कृति के कुछ तत्त्वों को ज्यादा तरजीह, प्रत्यक्षता एवं महत्ता मिलती है।"[5] अभिजन संस्कृति को किसी खास जगह, कम जगह, नियन्त्रित जगह पर ही कला-प्रदर्शन से ज्यादा महत्त्व मिल जाता है। जैसे कला-दीर्घा की चित्र-प्रदर्शनी, शास्त्रीय संगीत, कला नाटक आदि का प्रदर्शन करना। पर लोकप्रिय संस्कृति, लोकसंस्कृति या बहुजन संस्कृति को व्यापक जनसमूह के बीच अपने कला-प्रदर्शन के बावजूद वह स्पेस या महत्त्व नहीं मिलता, जबकि उनके जन सरोकार बड़े होते हैं। उदाहरण के लिए कुमार गन्धर्व और बिरजू महाराज के गायन-वादन और संगीत को तो दुनिया भर की शोहरत मिल जाती है, जबकि उनके श्रोता या उपभोक्ता सीमित हैं; पर भिखारी ठाकुर के गीत और नाटकों को वह महत्त्व नहीं मिलता, जिनके श्रोता, दर्शक या उपभोक्ता अधिक हैं। यही सांस्कृतिक अवरोध है।

## भारतीय संस्कृति और सांस्कृतिक अवरोध

यदि कोई सवाल करे कि वैश्विक स्तर पर भारत की सबसे बड़ी पहचान क्या है? तो उत्तर में कहना पड़ेगा-बौद्ध भारत, और इसे पूरी दुनिया आसानी से मान लेगी। यह सच है कि भारतीय संस्कृति ने सबका सार ग्रहण किया, पर इस पर सबसे अधिक प्रभाव बौद्ध और वैदिक परम्परा तथा कालान्तर में अरब-ईरान और यूरोपीय संस्कृति का पड़ा है। इसलिए नेहरू कहते हैं-"भारतीय जनता की संस्कृति का रूप सामासिक है और उसका विकास धीरे-धीरे हुआ है। एक ओर तो इस संस्कृति का मूल आर्यों से पूर्व मोहनजोदड़ो आदि सभ्यता तथा द्रविड़ों की महान सभ्यता तक पहुँचता है, दूसरी ओर इस संस्कृति पर आर्यों की बहुत ही गहरी छाप है, जो मध्य एशिया से आये थे। पीछे चलकर यह संस्कृति उत्तर-पश्चिम से आनेवाले तथा फिर समुद्र की राह से आनेवाले लोगों से बार-बार प्रभावित हुई।"[6]

भारत के सांस्कृतिक विकास को मोटे तौर पर हम दो चरणों में बाँट सकते हैं-एक ईसा के प्रथम सहस्राब्दी के हजार वर्ष और दूसरा उसके बाद की सहस्राब्दी। प्रथम सहस्राब्दी में जिस तेजी से हमारी समन्वित संस्कृति का विकास हुआ, कबीर आदि सन्त, अकबर, दारा शिकोह और नवजागरण की तमाम कोशिश और आन्दोलनों के बावजूद दूसरी सहस्राब्दी में नहीं हो सका। कारण बाकी कवि, साहित्यकार, सुधारक और चिन्तक प्रथम सहस्राब्दी की बुनियाद पर ही पुनर्जागरण चाहते थे। एक तरफ वैदिक विचारधाराओं को लेकर भक्तिमय क्रान्ति छिड़ी, तो दूसरी ओर जैन-बौद्ध और नास्तिक दर्शनों को लेकर ज्ञानात्मक आन्दोलन और सुधार के प्रयास हुए। ये दोनों धाराएँ सामानान्तर शुरू हुईं, जो आज तक जारी है। सांस्कृतिक विकास के प्रथम चरण में जिस प्रकार संस्कृत और पालि के माध्यम से विश्व में हमने सांस्कृतिक उपनिवेश स्थापित किये, बाद के दिनों में हमारे पास न तो कोई ऐसी भाषा रही, न संस्कृति। न तो हमने मध्यकालीन मुगलों को दिल से स्वीकार किया, न आधुनिक अँग्रेजों को, जबकि जाने-अनजाने उनकी परम्परा और विरासत सभ्यता बनकर हम पर छा गयीं। दोनों ने कतिपय सीमाओं के बावजूद इस देश को सबसे बड़ा भूगोल और इतिहास दिया।

इसलिए महात्मा फुले कहते हैं-"इस भूमण्डल में महान सत्पुरुषों ने जितनी भी धर्मपुस्तकें लिखी हैं, उन सब में कुछ न कुछ सत्य, जो उस काल के अनुरूप था और जो उनकी समझ में सही था, उन्होंने उस सत्य को उन पुस्तकों में लिखा है। इसलिए एक परिवार की कोई स्त्री बौद्ध धर्म की पुस्तक पढ़े और अपनी इच्छा अनुसार चाहे तो वह उस धर्म को अपना ले, तो उसका पति तौरेत अथवा इंजील पढ़े और अपनी इच्छा अनुसार वह चाहे तो ईसाई बन जाये, और उसी परिवार की कन्या कुरान पढ़े और अपनी इच्छा अनुसार वह चाहे तो मुहम्मदधर्मी बन जाये, उसी परिवार का पुत्र 'सार्वजनिक सत्य धर्म पुस्तक' पढ़े और अपनी इच्छा अनुसार वह चाहे तो सार्वजनिक सत्यधर्मी बन जाये। वह सारे कन्या तथा पुत्र अपने माता-पिता के साथ घर-संसार बनाकर रहते हों, और कोई किसी से द्वेष न करे, न ईर्ष्या करे, सब यही समझे कि हम उसी एक सिरजनहार पिता की संतान हैं। ...तो ऐसे जन ईश्वर के राज में अवश्य ही धन्य कहलायेंगे।"[7] स्मरण रहे फुले के समय संस्कृति शब्द नहीं था, पर सभ्यता की अवधारणा थी। 1888 के आस-पास व्यक्त फुले के ये विचार सर्वाधिक लोकतान्त्रिक और आधुनिक विश्व के बहुसांस्कृतिक (Multi-Cultural)' मूल्यों के

करीब हैं। अपने उक्त विचारों के साथ फुले यहाँ सर्वाधिक आधुनिक और मानवतावादी दिखायी पड़ते हैं।

गांधी जी 1909 में लिखी अपनी पुस्तक 'हिन्द स्वराज' में कहते हैं-"हिन्दू, मुसलमान, पारसी, ईसाई, जो इस देश को अपना वतन मानकर वस चुके हैं एक-देशी हैं, एक-मुल्की है, वे देशी भाई हैं, और उन्हें एक-दूसरे के स्वार्थ के लिए भी एक होकर रहना पड़ेगा।"[8] यहाँ एक विरोधाभाष दिखायी पड़ सकता है कि गांधी जी भारत में रची-वसी तमाम संस्कृतियों को जब अपनी संस्कृति मानते हैं, तो अँग्रेजीयत को क्यों नहीं? इसका उत्तर भी 'हिन्द स्वराज' में ही है-"अगर अँग्रेज हिन्दुस्तानी बनकर रहें, तो हम उनका समावेश यहाँ कर सकते हैं। अँग्रेज अगर अपनी सभ्यता के साथ रहना चाहें, तो उनके लिए हिन्दुस्तान में जगह नहीं है।"[9] यदि कोई संघी चाहे, तो इस कथन का उपयोग अपने पक्ष में कर सकता है। मगर अपनी दृष्टि से गांधी जी भी यहाँ सभ्यता के वर्चस्व और अवरोध के विरुद्ध प्रतिकार की बात करते हैं। गांधी जी के राष्ट्रवाद में किसी को कोई संदेह नहीं। इसलिए हम गांधी की बात यहाँ छोड़ देते हैं। पर भारत में जातिप्रथा पर विचार करते हुए 1916 में जब बाबा साहेब कहते हैं कि "मैं यह कहने का साहस कर सकता हूँ कि सांस्कृतिक एकता के विषय में कोई भी देश भारतीय महाद्वीप की प्रतिस्पर्द्धा नहीं कर सकता। यहाँ केवल भौगोलिक एकात्मकता ही नहीं हैं, बल्कि एक सुनिश्चित, अविच्छिन्न और अटूट सांस्कृतिक एकता भी है, जो पूरे देश में एक कोने से दूसरे कोने तक व्याप्त है। (अमेरिका के कोलम्बिया यूनिवर्सिटी में 9 मई 1916 को एन्थ्रोपोलॉजी सेमिनार में पढ़ा गया भाषण का अंश)"[10], तो बाबा साहेब एक कट्टर राष्ट्रवादी दिखायी पड़ते हैं और राष्ट्रवादी वे हैं भी। उनके ये विचार 'सांस्कृतिक राष्ट्रवाद' के करीब हैं। इसलिए भाजपा या दक्षिणपंथी ताकतें कभी-कभी उनके विचारों को कोट कर उन्हें अपने खाते में भुना भी लेती हैं। पर केवल फुले को 'बहुसंस्कृतिवादी' और बाबा साहेब को 'राष्ट्रवादी' कहकर विषय के साथ न्याय किया जा सकता है?

इसके लिए दोनों युगपुरुषों के समय और समाज पर गहराई से विचार करना होगा। दोनों ने अपने समय और समाज के दबावों और संघर्षों को झेला था। पर बाबा साहेब को अछूत होने के कारण कुछ ज्यादा ही झेलना पड़ा। फुले के समय भारत में राष्ट्रीयता का विकास नहीं हुआ था। ब्रिटिश साम्राज्य के अधीन वह जनता अपेक्षाकृत अधिक सुरक्षित और सम्मानित महसूस

कर रही थीं, जिसके लिए फुले संघर्ष कर रहे थे। इसलिए फुले ने न तो 1857 के 'सिपाही विद्रोह' की प्रशंसा की और न टुकड़ों में बँटे समाज में 'राष्ट्र' और 'राष्ट्रीयता' की अवधारणा की ही। उन्होंने इसीलिए काँग्रेस जैसी संस्था की स्थापना का भी विरोध किया। फुले की दृष्टि में जब तक स्त्रियों सहित हाशिये के लोगों को समानता का अधिकार और सामाजिक न्याय नहीं मिल जाता, तब तक ये सब बेकार की बातें थीं। किन्तु बाबा साहेब का समय आते-आते वह स्थिति नहीं रही। डॉ. अम्बेडकर के समय राष्ट्र और संस्कृति दोनों की अवधारणा स्पष्ट हो चुकी थी। फुले को ब्राह्मण संस्कृति के वर्चस्व का सामना करना पड़ा। इसलिए उन्होंने बहुजन संस्कृति के लिए इसे अवरोध माना और उसका प्रतिरोध किया। दक्षिण अफ्रीका से भारत तक गांधी को अँग्रेजी सभ्यता-संस्कृति का सामना करना पड़ा, इसलिए उन्होंने भारतीय संस्कृति के लिए इसे अवरोध माना। पर बाबा साहेब को तमाम अभिजन संस्कृतियों के दंश झेलने पड़े थे। इसलिए उन्होंने बहुजन संस्कृति के विकास में उन्हें बाधक समझा और प्रतिकार किया और अन्ततः विद्रोह भी कर दिया। पर इसके पूर्व उन्होंने अपने गहरे अध्ययन द्वारा भारतीय संस्कृति की खूबियों को भी परखा। और इसलिए जिस प्राचीन भारतीय भाषा से देश और दुनिया में इतनी बड़ी सांस्कृतिक क्रान्ति हुई थी, उन्होंने वैदिक और बौद्ध भारत की उसी संस्कृत भाषा के ज्ञान से संस्कृति की जड़ तक पहुँचना चाहा, वे असफल रहे। परन्तु अँग्रेजी के माध्यम से जब वे वहाँ पहुँचे, तो जाति और वर्ण-व्यवस्था नामक सबसे बड़े कीड़े को पड़ा पाया, जो भारतीय संस्कृति को घून की तरह खाये जा रहा था और बहुजन संस्कृति की राह में सबसे बड़ा रोड़ा था। उसे मिटाने की उन्होंने भरपूर कोशिश की, किन्तु अभिजन वर्चस्व ने ऐसा होने नहीं दिया। और अन्ततः उन्हें उसी बौद्ध भारत में जाकर उसे आधुनिक बनाना पड़ा। यह उनकी मजबूरी नहीं थी, अवरोध और वर्चस्व के विरुद्ध एक क्रान्ति थी, जो आधुनिक भारत की सबसे बड़ी सांस्कृतिक क्रान्ति सिद्ध हुई। सांस्कृतिक अवरोध और वर्चस्व के सामने घुटने टेककर हाशिये में रहना उन्हें मंजूर नहीं हुआ। और यहीं से दलित क्रान्ति की मजबूत धारा निकलती है। बाबा साहेब ने जब संस्कृत को राष्ट्रभाषा बनाना चाहा था, तो इसका आशय केवल यही था कि भावी पीढ़ी उसके विशाल वाङ्मय को पढ़कर हिन्दू संस्कृति की खूबी और खामियों को पहचाने और उसकी विकृतियों को दूर करें। दूसरी बात, बाबा साहेब ने भारतीय संस्कृति

की एकता सम्बन्धी उक्त बातें जाति व्यवस्था के अध्ययन के प्रसंग में कही थी, महिमामण्डन या वर्चस्व के अर्थ में नहीं। जाति व्यवस्था के अध्ययन के मार्ग में सांस्कृतिक एकता सबसे बड़ी बाधा थी, इसमें हर स्तर पर जाति, गोत्र और वर्ण के भेदभाव एक दूसरे से इस प्रकार गूँथे हुए थे कि सबके अलग-अलग मूल और पहचान का पता चलना मुश्किल था।

## सांस्कृतिक विविधता, एकता और अवरोध

यदि राष्ट्रवादी दृष्टि से विचार करें, तो अपने कथन के साथ जोतिराव फुले शत-प्रतिशत सही हैं, पर लगभग सौ साल पहले बाबा साहेब की कही हुई यह बात क्या आज भी उतनी ही सही है, जितनी 1916 में थी? स्मरण रहे उस समय पाकिस्तान और बांग्ला देश नहीं बने थे। मुस्लिम लीग अवश्य बन गया था, पर ब्रिटिश भारत में उस समय तक हिन्दू-मुसलमानों के बीच की दूरियाँ नहीं बढ़ी थी। अकबर काल से आ रही साझी संस्कृति की विरासत कायम थी। पूरे देश में प्रकृति-पूजा और विवाह-पद्धति लगभग एक जैसी हैं। केवल एक बात और जोड़ने की जरूरत है कि इस सांस्कृतिक एकता में राष्ट्रीयता भी मूल्य बनकर शामिल है। इसी एकता के बल पर हम आज़ादी की लड़ाई जीत सके। इसी एकता के बल पर नेहरू और इन्दिरा जी को इतना बड़ा समर्थन मिला, इसी के बल पर जे.पी. आन्दोलन से जनता सरकार बनी और इसी की बदौलत आज मोदी जी भी राज कर रहे हैं। यदि हम दुनिया भर की संस्कृतियों की बात करें, तो भारत को छोड़कर कहीं भी इतनी विविधता नहीं है। केवल नस्लीय आधार पर अलग-अलग संस्कृतियाँ बनी हुई हैं। उनके बीच पहले चाहे जो भी घृणा या वैमनस्य रहे हों, आज वे बहुसांस्कृतिक राष्ट्र बनकर विजातीय नागरिक समूहों के लिए भी विकास और सम्मान की बात करते हैं। अमेरिका और यूरोप के देशों में बहुसांस्कृतिक सोच है और तदनुरूप वहाँ के समाज और सरकार का ढाँचा बना हुआ है। इसलिए वहाँ प्रगति है, विकास है। किन्तु वैश्विक स्तर पर उनकी संस्कृतियों का वर्चस्व बना हुआ है। अन्य देशों के लिए उनका यह वर्चस्व सांस्कृतिक अवरोध पैदा करता है।

शिक्षा और ज्ञान-विज्ञान के अन्य अनुशासनों की तरह साहित्य, संस्कृति, कला और दर्शन जैसे विषय भी मौलिक रूप से अभिजन और प्रबुद्ध संस्कृति की देन है। यह बात अलग है कि कभी-कभी बिना किसी औपचारिक शिक्षा और ज्ञान के भी बड़े-बड़े वैज्ञानिक, कवि और दार्शनिक पैदा हो जाते हैं।

उन्हें अभिजन और प्रबुद्ध धारा की स्वीकृति तो मिल जाती है, पर अनेक अवरोधों के कारण वे मुख्यधारा के अंग नहीं बन पाते। वे हाशिये पर चले जाते हैं। पर ऐसे लोग केवल एक व्यक्ति ही नहीं, एक विचार और दर्शन भी होते हैं, उनके अनुयायियों का एक विशाल वर्ग होता है, जो अवरोध के विरुद्ध अपना प्रतिरोध दर्ज करता हुआ एक प्रति-संस्कृति को जन्म देता है। देश और दुनिया का इतिहास ऐसी ही संस्कृति और प्रति-संस्कृति के द्वन्द्वों से बना है। "लोकतन्त्र का तकाजा है कि विभिन्न जातियों, प्रजातियों, वर्णों-वर्गों, संस्कृतियों को पुष्पित-पल्लवित होने के लिए अनुकूल माहौल मिले, जिससे उनकी विषमता खत्म हो और वे समान अवसर मिलने पर स्वस्थ प्रतियोगिता कर सकें। जहाँ कई संस्कृतियों का मेल-जोल, आदान-प्रदान होगा, वहीं समता और स्वतन्त्रता जैसे आधुनिक मानव-मूल्यों को व्यवहार में महसूस किया जा सकेगा।"[11] इसे आज की भाषा में 'बहुसंस्कृति' कहते हैं। समन्वय और सामंजस्य संस्कृति का एक गुण हो सकता है।

किन्तु बहुत लोग (केवल) यह समझते और कहते हैं कि भारतीय संस्कृति का स्वभाव है समरसता, समन्वय और सामंजस्य। वे यह नहीं देखते कि उसी संस्कृति के नाम पर समाज में दमन, भेदभाव, अधीनता और अन्याय को भी प्रश्रय मिलता है। वाल्टर बेंजामिन ने लिखा है-"प्राय: संस्कृति के दस्तावेज बर्बरता के भी दस्तावेज होते हैं। ऐसी स्थिति में जब संस्कृति सम्बन्धी सोच में केवल समरसता, समन्वय और सामंजस्य की खोज होती है और दमन, भेदभाव, अधीनता और अन्याय की उपेक्षा होती है, तब संस्कृति की आधी-अधूरी समझ पैदा होती है। यह भी सच है कि जहाँ भी संस्कृति में दमन, भेदभाव और अन्याय की प्रवृत्तियाँ होती हैं, वहाँ प्रतिरोध की प्रक्रिया भी चलती है। इस प्रतिरोध की प्रवृत्ति और प्रक्रिया को समझने से ही संस्कृति की पूरी समझ विकसित होती है।"[12]

भारत जैसे दुनिया के सबसे बड़े लोकतन्त्र में सांस्कृतिक एकता के मजबूत तत्त्व-तन्तुओं के अनेक दरों-दीवार बने हुए हैं, जो इसे बढ़ने नहीं देते। धर्म, संस्कृति और जाति जैसी चीजों को जब भी राष्ट्र और राजनीति से जोड़कर देखा जायेगा, किसी देश का अपेक्षित विकास नहीं हो सकता। पर भारत में दुर्भाग्यवश ऐसा ही हुआ है। आज भी हम 'सांस्कृतिक राष्ट्रवाद' के नारे लगा रहे हैं, जबकि यहाँ के समाज का ढाँचा नितान्त विजातीय संस्कृति के धरातल पर खड़ा है। आस्ट्रेलिया, अमेरिका, कनाडा, नार्वे आदि विकसित

देशों में हिन्दू, मुस्लिम, सिक्ख, ईसाई तमाम जाति और धर्मों के लोग रहते हैं; किन्तु उनकी पहचान वहाँ की भाषिक संस्कृति के आधार पर होती है। उनके नाम के आगे एडवर्ड, विलियम, वाल्टर, जेम्स आदि लगे होते हैं। पर हमारे यहाँ की भाषा भी हिन्दू-मुसलमान-सिक्ख-ईसाइयों में बँटी हुई है और उनके नाम भी। हम अभी तक एक राष्ट्रीय भाषिक संस्कृति का विकास नहीं कर पाये हैं। इसलिए यहाँ संस्कृति के नाम पर जो मुख्यधारा बनी, वह छोटी-मोटी अन्य संस्कृतियों के लिए अवरोध साबित हुई और ऐसी अनेक संस्कृतियाँ हाशिये पर चली गयीं।

## भारतीय संस्कृतिः मुख्यधारा बनाम हाशिये की संस्कृति

दुनिया भर में अनेक उत्थान-पतन, युद्ध और संघर्षों के बाद कालान्तर में वर्ग, वर्ण और नस्लों में बँटी कबीलों की संस्कृति का विकास गाँवों और शहरों की संस्कृति में हुआ। राज्य और राष्ट्रों के निर्माण और विकास के साथ ही अनेक संस्कृति, परम्परा और विचारधाराओं के बावजूद और बाद भी एक मुख्यधारा की अवधारणा बनी। इससे जहाँ एक ओर एकता और अखण्डता की धारणा पुष्ट हुई, वहीं दूसरी ओर अनेक संस्कृति और विचारधाराएँ हाशिये पर चली गयीं। डॉ. अम्बेडकर ने अनेक सुविख्यात नृ-वैज्ञानिकों के मतों का हवाला देकर बताया है कि "भारतीय समाज आर्यों, द्रविड़ों, मंगोलों और शकों का समिश्रण है। ये जातियाँ देश-देश से शताब्दियों पूर्व भारत पहुँची और अपने मूल देश की सांस्कृतिक विरासत के साथ यहाँ बस गयीं। तब इनकी स्थिति कबायली थी। ये अपने पूर्ववर्तियों को धकेल कर इस देश के अंग बन गये। इनके परस्पर सतत सम्पर्कों, संघर्षों और सम्बन्धों के कारण एक समन्वित संस्कृति का सूत्रपात हुआ। पर सभी जातियों का सम्पूर्ण सम्मिलन नहीं हो पाया। अतः भारतीय समाज के विषय में यह बात कहना असंगत है कि वह विभिन्न जातियों का संकलन है। पूरे भारत में भ्रमण करने पर यह साक्ष्य मिलेगा कि इस देश के लोगों में शारीरिक गठन और रंग-रूप की दृष्टि से कितना अन्तर है। ...भारत के पूर्व तथा पश्चिम और उत्तर-दक्षिण के लोगों की शरीर रचना तथा वर्ण (रंग) में काफी अन्तर है। संकलन से सजातीयता उत्पन्न नहीं होती है। यदि रक्त-भेद की दृष्टि से देखा जाये, तो भारतीय समाज विजातीय है। हाँ, यह संकलन सांस्कृतिक रूप से अत्यन्त गुँथा हुआ है। ...इसी सांस्कृतिक एकरूपता के

कारण जातिप्रथा इतनी विकराल समस्या बन गयी है कि उसकी व्याख्या करना कठिन कार्य है।"[13]

किन्तु भारतीय संस्कृति के नाम पर जो सांस्कृतिक एकरूपता दिखायी पड़ती है, उसमें अच्छी बात यह है कि इसने आदिम जातियों से प्रकृति-पूजा सहित अनेक टोटम और टोटकें, जैन-बौद्धों से अहिंसा, इस्लाम से एकेश्वरवाद और समानता, ईसाईयों से नारी सम्मान, क्षमा और दया आदि अनेक मूल्य ग्रहण किये हैं; किन्तु सम्पूर्णता में यदि विचार किया जाये, तो यह सांस्कृतिक एकरूपता दलित-पिछड़े, स्त्री, आदिवासी और अल्पसंख्यकों के पक्ष में नहीं दिखायी पड़ती। भारतीय संस्कृति 'हिन्दू संस्कृति' का पर्याय बन गयी, जिसकी आड़ में जाति-व्यवस्था और जातिजनित शोषण को बढ़ावा मिला। यौन-शूचिता के नाम पर स्त्रियों का शोषण हुआ। अल्पसंख्यकों से दूरियाँ बढ़ीं। किसी भी संस्कृति का पहला गुण है कि वह मनुष्य को मनुष्य के रूप में प्रतिष्ठित करे। इस दृष्टि से भारतीय संस्कृति की श्रेष्ठ-अश्रेष्ठ और पवित्र-अपवित्र की भावना ने मनुष्य के एक बड़े समूह को अश्रेष्ठ और अपवित्र घोषित कर दिया, जिससे घृणा की हद तक मनुष्य और मनुष्य के बीच दूरियाँ बढ़ीं। इसलिए फुले के हवाले से शरण कुमार लिम्बाले कहते हैं-"भारतीय समाज का सारा इतिहास मानो शूद्र और अतिशूद्रों के शोषण की गाथा ही है। महात्मा फुले ने शोषण प्रेरित मूल्यों को ही नकार कर एक कभी न खत्म होनेवाला विद्रोह खड़ा किया। ब्राह्मण और शूद्र के बीच के संघर्ष की कहानी ही भारतीय समाज का सांस्कृतिक इतिहास है।"[14] राष्ट्रीय आन्दोलनों के दौरान 'राष्ट्रवाद' और फिर 'सांस्कृतिक राष्ट्रवाद' ने बहुसंख्यक-संस्कृति की विशेषता के अनुरूप संस्कृतियों में एकता की तलाश की और विभिन्नता में एकता का आकर्षक नारा दिया। किन्तु व्यवहार में यह विचारधारा थोथी साबित हुई।

भारत में राष्ट्रीय चेतना का आरम्भ समाजसुधार से हुआ, फिर सांस्कृतिक जागरण ने जोर पकड़ा और राष्ट्रीय मुक्ति से इसका अन्त हुआ। राष्ट्रवादी बाबा साहेब भी थे, जिसमें राष्ट्र के सभी धर्मों, सभी वर्गों और संस्कृतियों का आदर था। आज का राष्ट्रवाद एकपक्षीय और एकांगी है। वह मुक्तिकामी नहीं है। नामवर जी के शब्दों में "राष्ट्र की मुक्ति समग्रतः हुआ करती है। सांस्कृतिक भी होती है और राजनीतिक भी होती है। जो लोग समाजसुधार की बात कर रहे थे, वे जानते थे कि जब तक सामाजिक बुराइयाँ और कुरीतियाँ दूर नहीं होंगी, चाहे वे मसले धार्मिक हों, राष्ट्र मुक्त नहीं होगा। जब आज़ादी

मिल गयी, तब तो कोई बहाना नहीं रहा। दलितों के बारे में हमने उस समय कहा था कि आज़ादी मिलेगी, तो उनकी समस्या हल हो जायेगी, वह क्यों नहीं हुई?"[15]

आज़ादी मिलते-मिलते साम्प्रदायिक शक्तियों ने न केवल देश का विभाजन करवाया, बल्कि राष्ट्रपिता गांधी की भी हत्या कर डाली। किन्तु देश ने सब कुछ सहकर इस खण्डित आज़ादी को स्वीकार कर लिया। आज आज़ादी के दशकों बीत चुके हैं। किन्तु न भारतीय संविधान पूरी तरह लागू हो सका और न पूना-पैक्ट के समझौते और मण्डल कमीशन के सुझाव ही। न स्त्री समस्या का समाधान हुआ, न अल्पसंख्यकों के मसले ही सुलझे। विभिन्नता में एकता की रक्षा में अनेक भाषाएँ, लिपियाँ, विचार और उनसे जुड़ी स्मृतियाँ, इतिहास और संस्कार मरते चले गये। फलतः हाशिये की संस्कृतियाँ अपने अस्तित्त्व और अस्मिता की रक्षा के लिए सर उठाने लगी। इसी नजरिये ने आतंकवाद, नक्सलवाद, स्त्रीवाद, दलित और आदिवासी विक्षोभ को जन्म दिया। वैश्वीकरण के इस हाई-टेक युग में भारतीय 'बसुधैव कुटुम्बकम्' की जगह अमेरिकी 'विश्वग्राम' ने ले ली है। आज 'विविधता' की जगह 'डाइवर्सिटी' खासे प्रचलन में है।

भारत के विशाल भूगोल और इतिहास के अन्दर संस्कृतियों की जो बहुलता है, उसकी पहचान और सह-अस्तित्त्व की भावना ही 'बहुसंस्कृति' है। आज सबके सम्मान और सबमें सह-अस्तित्त्व की भावना के विकास की आवश्यकता है, ताकि हाशिये की संस्कृतियों का प्रतिरोध न हो और लोकतन्त्रिक मूल्यों को बढ़ावा मिले और राष्ट्र मजबूत हो।

## सन्दर्भ:


1. सार्वजनिक सत्यधर्म पुस्तक : महात्मा जोतीराव फुले, हिन्दी अनुवाद : प्रो. वेदकुमार विद्यालंकार, प्रकाशक : महात्मा जोतीराव फुले चरित्र साधने प्रकाशन समिति, उच्च व तन्त्रशिक्षा विभाग, महाराष्ट्र, मुंबई, पृ-40
2. भारतीय समाज में प्रतिरोध की परम्परा : लेखक-मैनेजर पाण्डेय, वाणी प्रकाशन, नयी दिल्ली, पृष्ठ-9
3. प्रस्तावना : जवाहर लाल नेहरू, संस्कृति के चार अध्याय : रामधारी सिंह दिनकर, लोकभारती प्रकाशन, इलाहाबाद, पृष्ठ-10
4. हिन्दी साहित्य कोश, ज्ञानमण्डल लिमिटेड, वाराणसी, पृष्ठ-801
5. संस्कृति और समाज, लेखक : सुभाष शर्मा, भारतीय ज्ञानपीठ, नयी दिल्ली, पृ-9

6. प्रस्तावना : जवाहर लाल नेहरू, संस्कृति के चार अध्याय : रामधारी सिंह दिनकर, लोकभारती प्रकाशन, इलाहाबाद, पृष्ठ–10
7. सार्वनिक सत्यधर्म पुस्तक : महात्मा जोतीराव फुले, हिन्दी अनुवाद : प्रो. वेदकुमार विद्यालंकार, प्रकाशक : महात्मा जोतीराव फुले चरित्र साधने प्रकाशन समिति, उच्च व तन्त्रशिक्षा विभाग, महाराष्ट्र, मुंबई, पृष्ठ–97
8. हिन्द स्वराज : मोहनदास करमचन्द गांधी, नवजीवन प्रकाशन मन्दिर, अहमदाबाद, पृष्ठ–24
9. वही, पृष्ठ–47
10. भारत में जातियाँ : डॉ. भीमराव अम्बेडकर, डॉ. अम्बेडकर के भाषण, सम्पादक : एस.एस. गौतम, गौतम बुक सेंटर, दिल्ली, पृष्ठ–8–9
11. संस्कृति और समाज, लेखक–सुभाष शर्मा, भारतीय ज्ञानपीठ, नयी दिल्ली, पृ.–37
12. भारतीय समाज में प्रतिरोध की परम्परा : लेखक–मैनेजर पाण्डेय, वाणी प्रकाशन, नयी दिल्ली, भूमिका
13. भारत में जातिप्रथा : डॉ. भीमराव अम्बेडकर, बाबा साहेब डॉ. भीमराव अम्बेडकर सम्पूर्ण वाङ्मय, खण्ड-1, प्रकाशक : कल्याण मन्त्रालय की ओर से सूचना एवं प्रसारण मन्त्रालय, भारत सरकार, पृष्ठ–18
14. प्रज्ञा सूर्य डॉ. बाबा साहेब आम्बेडकर, सं.–डॉ. शरण कुमार लिम्बाले, वाणी प्रकाशन, नयी दिल्ली, आलेख : डॉ. बाबा साहेब आम्बेडकर और महात्मा फुले, लेखक–बा.ह. कल्याणकर, पृष्ठ–52
15. अन्तिम जन, नयी दिल्ली, अंक–5, जून 2012, पृष्ठ–44

# भाषा, संस्कृति और बहुजन साहित्य

हिन्दी एक भाषा ही नहीं विचार और संस्कृति भी है। किन्तु जिस अनुपात में हिन्दी भाषा की सीमा का विस्तार हुआ है, उस अनुपात में उसके विचार और संस्कृति का नहीं। हिन्दी आज विश्व बाज़ार की भाषा के रूप में स्वीकृत हो रही है। किन्तु उसके साहित्य की सीमा सिमटती जा रही है। जिसे हम शुद्ध साहित्य कहते हैं, उसका दायरा केवल अकामिक सीमा तक ही रह गया है। जाहिर है नयी पीढ़ी और नये युग की जनता वैसे साहित्य को पसन्द नहीं करती। या तो उसके पास वैसी समझ नहीं है या उसे समझाया नहीं जाता है। साहित्य की शास्त्रीय परिभाषा में साहित्य सभी लोग समझ नहीं सकते। ऐसी समझवालों का एक क्लास होता है, जिसे 'सहृदय' कहते हैं। फिर साहित्य की एक भाषा होती है, जिसे साहित्यिक भाषा कहते हैं। उसके कथ्य शिल्प के मोहताज होते हैं। रस, छन्द, अलंकर, प्रतीक, बिम्ब, मिथक आदि अनेक शिल्पगत खूबियाँ किसी रचना को साहित्य बनाती है। साहित्य के हेतु, प्रयोजन और उपयोगिता के प्रश्न अब पुराने पड़ चुके हैं। फिर भी जब तक इनके सन्तोषप्रद उत्तर नहीं दे दिये जाते, ये प्रश्न दुहराये जाते रहेंगे।

साहित्य किसके लिए है? क्या यह केवल कुछ अकादमिक विद्वानों, स्कूल-कॉलेज के छात्रों या मुट्ठी-भर अभिजनों के लिए ही है? क्या साहित्य सबके लिए नहीं है? यदि ऐसा है, तो फिर 'भर्तृहरि' जैसे विद्वानों की मान्यता और स्थापनाओं का क्या होगा? भर्तृहरि ने जब साहित्य, संगीत और कला से विहीन मनुष्य को साक्षात् पशु कहा होगा, तो निश्चय ही उनकी दृष्टि में सम्पूर्ण मनुष्य और मनुष्यता रही होगी। इस मान्यता के केन्द्र में साहित्य और कला को सार्वजनिक और सर्वसुलभ बनाने की चेष्टा और मानव मात्र को उसके करीब लाने की प्रेरणा और प्रयास रहे होंगे, ताकि मानव जीवन अन्य

प्राणियों से अधिक उन्नत, समृद्ध और सुसंस्कृत हो सके। किन्तु 'सहृदय' की शास्त्रीय अवधरणा ने साहित्य को आमजनों से दूर कर दिया। चूँकि हर कोई साहित्य का रसास्वादन नहीं कर सकता, इसका आस्वाद सहृदय ही ले सकता है। इसलिए साहित्य वंचित सभी लोग पशुतुल्य सिद्ध हो जाते हैं। जाहिर है यह 'सहृदय' नामक जीव अभिजन है। अतः साहित्य जन-साधारण की चीज नहीं है।

जब भी हम शुद्ध साहित्य की बात करते हैं, 'क्लास' और 'मास' का द्वन्द्व शुरू हो जाता है। भर्तृहरि का 'मास लिटरेचर' यहाँ 'क्लास लिटरेचर' बन जाता है और लोक तथा शास्त्र में फिर से साहित्य के स्वरूप की तलाश शुरू हो जाती है। साहित्य के 'पाठ' को लेकर दो परस्पर विरोधी विमर्श उभरने लगते हैं। एक कहता है, वह साहित्य ही क्या, जो आसानी से समझ में आ जाये, तो दूसरे के मत में वह साहित्य साहित्य नहीं है, जो आसानी से समझ में न आये। जाहिर है एक का तर्क शास्त्रीय सौन्दर्यबोध के लिए 'सहृदय' की तलाश करता है, तो दूसरा जन-सामान्य के सरोकारों में ही जीवन का सौन्दर्य देखता है। एक की समझ का दायरा 'क्लास' है, दूसरे का 'मास'। यह 'क्लास' और 'मास' क्या है? 'क्लास' या 'मास', अभिजात्य या सर्वहारा, सहृदय या सामान्य-जन व्यवस्था और परम्परा से निर्मित दो सामाजिक वर्ग है। जाहिर है यह 'सहृदय' नामक जीव अभिजन है और उसका साहित्य 'अभिजन साहित्य'। अतः यह साहित्य जन-साधारण की चीज नहीं है। भारतीय साहित्य की इस शुद्धतावादी दृष्टि ने इसका बहुत नुकसान किया है। हिन्दी भाषा तो ग्लोबल बन गयी, किन्तु इसका साहित्य कोने में सिमट गया।

भारत संस्कृति नहीं, संस्कृतियों का देश है। आज 'सांस्कृतिक बहुलता' शब्द खासे प्रचलन में है। सोवियत विखण्डन (1991) के बाद सांस्कृतिक राष्ट्रवाद और सांस्कृतिक बहुलतावाद ने एक ही साथ अपनी जड़ें जमानी शुरू कीं। भारत के विशाल भूगोल और इतिहास के अन्दर संस्कृतियों की जो बहुलता है, उसकी पहचान और सह-अस्तित्व की भावना ही 'बहुसंस्कृति' है। और यह एकता में अनेकता का अच्छा उदाहरण है। भारतीय साहित्य में इसकी अभिव्यक्ति व्यापक रूप से हुई है। प्रगतिवादी साहित्य के बाद स्त्री साहित्य और फिर दलित साहित्य सांस्कृतिक बहुलतावाद के उदाहरण कहे जा सकते हैं।

यदि हम भाषा की बात करें, तो हिन्दी आज 'हाय-हैलो' की भाषा बन गयी गयी है। एस.एम.एस., चौटिंग, मेलिंग-ई-मेलिंग-सब कुछ हिन्दी में! तो क्या हिन्दी का भविष्य और वर्तमान भाषा के इसी भूगोल पर टिका है? इस पर गम्भीरता से सोचने की कोई जरूरत नहीं। हम हिन्दी के मास्टर लोगों की यही तो कमजोरी है कि बात-बात में गम्भीर हो जाते हैं। भाषा और साहित्य की बात हो, तो और 'सिरियस'। अरे, कुछ तो हल्का-फुल्का होइए। एक जमाना था, जब साहेब लोग आपकी शुद्ध-विशुद्ध भाषा पर भी सवाल करते थे-"टुम क्या बोलटा है?" शुक्र है कि 'गोरे' गये, वर्ना आपको वह भी झेलना पड़ता। खत्री जी ने तो बाजाब्ता इसे 'यूरोपीयन हिन्दी' कहा था। कहने के लिए तो उन्होंने 'ठेठ हिन्दी', 'मौलवी स्टाइल', 'मुंशी स्टाइल' 'यूरोशियन स्टाइल' आदि हिन्दी की और भी शैलियों के नाम गिनाये थे। पर चली कौन-सी हिन्दी? उसी 'यूरोशियन हिन्दी' का संशोधित संस्करण आज की 'हिंग्रेजी' या 'हिंग्लिस' है। इसमें घबड़ाने की बात कहाँ है?

हिन्दी के स्वागत में दुनिया आँखें बिछाये खड़ी है, और हम हैं कि कहे जा रहे हैं-'यह हिंग्रेजी और हिंग्लिश साली कहाँ से टपक पड़ी?' यूरोप और अमेरिका की बातें छोड़ दीजिए, अपने ही देश में आज़ादी के बाद कन्वेंटी युवाओं की तीन-तीन, चार-चार पीढ़ियाँ आ गयीं, देशी बोली और लोकभाषाओं के शब्द पोपुलर हो रहे हैं और हम हैं कि अपना राग बेसुरा करना नहीं चाहते। क्या हुआ सरकार के तकनीकी शब्दावली निर्माण और अनुवाद कार्यक्रम का? कठिन संस्कृतनिष्ठ शब्दावली में हमने विज्ञान के पारिभाषिक और तकनीकी पदों का अनुवाद तो कर दिया, पर नतीजा? अँग्रेजी से भी कठिन विज्ञान की हिन्दी हो गयी। इसलिए आज उच्च शिक्षा में विज्ञान के छात्र अँग्रेजी में ही पढ़ना पसन्द करते हैं। वैज्ञानिक हिन्दी उनके पल्ले नहीं पड़ती। "हिन्दी को गुरुकुल कांगड़ी और काशी विद्यापीठवाले शुद्धतावादी आग्रहों से बचाने की जरूरत तो है, लेकिन इस बात की कतई जरूरत नहीं कि 'बदलाव' को 'चेंज' लिखने की मूर्खता गले लगा लिया जाये।" (कादम्बिनी' जुलाई, 07') "हिन्दी की सामान्य शैली वह है, जो निविदा की निर्दिष्ट अहर्ताओं के अनुपालन' जैसे वाक्यों की जगह टेण्डर की शर्तों पर अमल', जैसे प्रयोगों को बढ़ावा देती है।" (वही) जो मोबाइल फोन को चलन्त दूरभाष', टेलीफोन को दूरभाष', और कम्प्युटर को संगणक' कहने की जिद नहीं करती, जो 'कर' की जगह

'टैक्स' और 'अंशधारक' की जगह शेयर होल्डर' के प्रयोग से भी परहेज नहीं करती।

नयी पीढ़ी इंतजार नहीं करती, लेकिन हम इंतजार में बैठे हैं-कभी तो सुधार होगा! हिन्दी का वह स्वर्णयुग कभी आनेवाला नहीं, जिसमें हम-आप अपने इतिहास और स्मृतियों की तस्वीरें देखेंगे। कौन जानता है आनेवाले समय में हिन्दी का स्वरूप इससे भी खराब हो? सम्भव है लिपि के स्तर पर 'अ', 'इ' और 'उ' ध्वनियाँ अपने ह्रस्व या दीर्घ रूपों को छोड़कर एक ही रूप में आ जाये? हिन्दी की लिपि देवनागरी है-इससे कौन इनकार कर सकता है? वाक्य-विन्यास उसका अपना है-इसको कहाँ कहीं से चुनौती मिल रही है? फिर केवल शब्द और वर्तनी को लेकर इतनी हाय-तौबा क्यों हैं? द्वि-अक्षरी वर्णों और अनुनासिकों को लेकर तो आज कोई कठिनाई नहीं है। राजभाषा विभाग और केन्द्रीय हिन्दी निदेशालय ने एक तो अच्छा काम किया कि वर्षों पहले पंचमाक्षर और चन्द्रबिन्दु की बाध्यता समाप्त कर दी।

उपरोक्त, 'राष्ट्रपति' जैसे अनेक शब्द व्याकरण से गलत है, किन्तु खासे प्रचलन में हैं। अब यहाँ हम व्याकरण बाँचना शुरू करेंगे, तो भाषा का प्रवाह रुक जायेगा। निस्संदेह विश्वभाषा के इतिहास में पाणिनी का कोई जोड़ नहीं है। किन्तु पाणिनी के कारण आज संस्कृत कहाँ हैं? वही हाल फारसी का है। बिना व्याकरण के ऐसी भाषाओं को सीखा नहीं जा सकता। व्याकरण भाषा के पीछे चलता है, आगे नहीं। लोकभाषाओं की कौन कहे, संसार की कई समृद्ध भाषाएँ भी बिना व्याकरण की हैं। 'भाषा वह होती है, जिसे लोग बोलते हैं। भाषा वह नहीं होती, जो विश्वविद्यालय और हिन्दी की दर्जनों संस्थाएँ बनाते हैं।' हरिशंकर परसाई के ये पुराने शब्द आज भी नये हैं। देश दुनिया के लाखों लोग जो बिना किसी लिपि के आपसी व्यवहार कर लेते हैं, संचार माध्यमों से चिपके रहकर ज्ञान-विज्ञान और मनोरंजन प्राप्त करते हैं, उनकी भाषा की समझ क्या है? उन्होंने तो कभी हिन्दी या अँग्रेजी नहीं सीखी?

किसी भी भाषा की पहचान के तीन स्तर होते हैं-लिपि और वर्तनी, शब्द या पद और वाक्य-विन्यास। हिन्दी भाषा में कम से कम वर्ण, लिपि और वाक्य-विन्यास के स्तर पर तो कोई समस्या नहीं है। वर्तनी में उसके स्वरूप प्राय: स्थिर हैं। जो भी विकास या ह्रास हो रहे हैं, शब्दों के स्तर पर ही। भाषा में सर्वाधिक महत्त्व शब्द और पदों का है। इस दृष्टि से हिन्दी के शब्द और मुहावरों का कोई शानी नहीं है। हमने समय-समय पर सभी भाषाओं से

शब्द लिये हैं। शब्द खुद-ब-खुद मीडिया, बाज़ार और दैनिक कार्य-व्यापार से प्रचलित हो जाते हैं-चाहे वे किसी भी भाषा के हों। शब्द निर्माण भाषा के अन्दर भी होता है और बाहर भी। हिन्दी में जहाँ विदेशी भाषाओं के प्रचलित शब्द आये हैं, वहीं यहाँ से संसार की अन्य भाषाओं में भी हिन्दी के शब्द जा रहे हैं।

किन्तु जब-जब वैज्ञानिक-तकनीकी क्रान्ति होती है, हम कुछ अधिक ही चिन्तित और सशंकित हो जाते हैं। हम भाषा पर संकट और चुनौतियों की बातें करने लगते हैं। दशकों पहले जब दूरदर्शन आया, तो हम ऐसे ही चिन्तित हुए थे। मगर हुआ क्या? दूरदर्शन का जन्म ही अँग्रेजी कार्यक्रमों के साथ हुआ था। किन्तु अँग्रेजी के साथ दूरदर्शन अपनी सालगिरह भी नहीं मना सका। फिर कम्प्युटर युग आया। हमने घोषणा कर दी कि अब हिन्दी सहित कोई भारतीय भाषा टिकनेवाली नहीं है। पर देखते ही देखते हिन्दी के सैकड़ों फाण्ट (टाइपिंग लिपि) विकसित हो गये। स्मरण रहे आज संसार में कम्प्युटर टाइपिंग के सबसे अधिक फाण्ट हिन्दी में ही हैं। आज हिन्दी के बगैर किसी भी देशी-विदेशी चैनेल का काम ही नहीं चलता।

'हिन्दी' से 'हिन्दुई', 'हिन्दवी', 'रेखता', 'उर्दू', 'हिन्दुस्तानी', 'खड़ीबोली', और 'हिंग्रेजी' या 'हिंग्लिश' तक की यात्रा में हिन्दी का उत्तरोत्तर विकास हुआ है। किन्तु यह विकास किसी 'गिलक्राइस्ट' की भाषा नीति या व्याकरण के नियमों के कारण नहीं हुआ है। हर समय इसका विकास जनता और बाज़ार ने किया है। सच तो यह है कि हिन्दी भले ही हमारी मातृभाषा हो, इसके नामकरण और स्वरूप निर्माण का श्रेय हमारा नहीं है। इसलिए 'हिन्दी भारतमाता के माथे की बिन्दी है' जैसे भावुक और लिजलिजे नारों से इसका नुकसान ही होगा। स्मरण रहे 'हिन्दी' शब्द का ईजाद देश से बाहर हुआ था। छठी शताब्दी से अमीर खुसरो (1253-1325) तक लगातार अरबी और फारसी भाषा में इस शब्द का प्रयोग होता रहा। आगे चलकर यही हिन्दी, हिन्दुई या हिन्दवी खड़ीबोली हिन्दी बन गयी। हिन्दी सल्तनत काल (अमीर खुसरो) में भी बाज़ार और व्यापार की भाषा थी और मुगल काल में भी। नवजागरण और ब्रिटिश काल की तो यह खास भाषा थी। हमने आज़ादी की लड़ाई और समाजसुधार के कार्यक्रम भी इसी भाषा में चलाये थे।

यह क्या मजाक है कि हिन्दी में 'चन्द्रकान्ता' का जमाना नहीं है और अँग्रेजी में 'हैरी पॉटर' की धूम मच गयी। ऐसी ही द्विजवादी दृष्टियों

और कला आग्रहों ने इसके साहित्य को संकुचित बनाया है। गैर-द्विजों द्वारा लिखे गये विपुल साहित्य को अकादमिक अनुशासनों ने खारिज कर दिया। हिन्दी भाषा और कथा साहित्य के जनक कहे जानेवाले अयोध्या प्रसाद खत्री और देवकी नन्दन खत्री, हिन्दी कथा साहित्य में लोकप्रियता का प्रतिमान खड़ा करनेवाले गुलशन नन्दा और कुशवाहा कान्त जैसे उपन्यासकार भी गैर-द्विज होने के कारण नकार दिये गये। कुछ ओजस्वी-तेजस्वी पुरुष और परम्पराओं को स्वीकार भी किया गया तो उसे विकृत और ब्राह्मणइज्ड करके। "सतयुग में नरक के द्वारपाल ने यमराज से कहा कि महाराज नरक में तो कोई जाता ही नहीं, उसे बन्द क्यों नहीं कर देते?' इस पर यमराज ने कहा-घबड़ाओ नहीं, कलियुग में विष्णु बुद्धावतार लेंगे और वे प्राणियों को पापकर्म सिखायेंगे। फिर नरक स्वतः भर जायेगा।" (पुराण कथा)। इस प्रकार बुद्ध को तो स्वीकृति मिल गयी, पर बुद्धिज्म खारिज हो गया। कबीर को विधवा ब्राह्मणी की संतान और रैदास को पूर्व जन्म का ब्राह्मण कह दिया गया। मतलब बिना अवतार लिये, बिना ब्राह्मण बने कोई प्रतिभावान हो ही नहीं सकता! यही ब्राह्मण ावाद है। इसलिए दलित साहित्य की गहरी दृष्टि और क्रान्तिकारी चेतना ने जब बुद्ध, कबीर और रैदास को ब्राह्मणवादी घेरे से बाहर निकाला, तो साहित्य के परम्परावादी-रूढ़िवादी साहित्य-पीठों में हलचल मच गयी और घबड़ाहट में द्विजवादी आकाओं ने दलित साहित्य को उच्च शिक्षा के सिलेबसों में शामिल करना शुरू कर दिया। आज उच्च शिक्षा-पीठों में अध्ययन-अध्यापन से लेकर शोध-अनुसंधान तक में सर्वाधिक चर्चा इसी की है। अब तो ओबीसी साहित्य की माँग भी उठने लगी है। किन्तु यहाँ भी इसे लगातार द्विजवादी दृष्टि का शिकार होना पड़ रहा है।

आज कोई भी व्यक्ति या तो साहित्य का सर्जक और लेखक है या श्रोता और पाठक। वह साहित्य जो गाँव-जवार से लेकर नगर-महानगर और फुटपाथ से लेकर टीवी सिरियल, इन्टरनेट और पुस्तकों, लोककथाकारों एवं गायकों के बीच व्याप्त है। यही असली साहित्य है, जिसके सरोकार सीधे समाज से जुड़ते हैं। इसे समवेत रूप से बहुजन साहित्य कह सकते हैं। इस प्रकार भर्तृहरि के 'मास लिटलेचर' का सपना आज पहली बार सिद्ध हुआ है और अब कोई भी मनुष्य पशुतुल्य नहीं है।

# दलित आत्मकथाएँ : संवेदना और संघर्ष

आत्मकथा, आत्मवृत्त अथवा आत्मवृत्तान्त जीवन के किसी ऊँचे पड़ाव से अपनी सफलता-असफलताओं, दुख-द्वन्द्व और संघर्षों को आँकने और देश-दुनिया में झाँकने का एक साहित्यिक प्रयास है। यह नितान्त वैयक्तिक विधा है और इसमें लेखक का निजी जीवन बोलता है। अनेक देशी-विदेशी विद्वानों, राजनेताओं और साहित्यकारों ने अपनी आत्मकथाएँ लिखी हैं। भारत में महात्मा गांधी, पं.नेहरू आदि राजनेता और समाजसेवी तथा महावीर प्रसाद द्विवेदी, शिवपूजन सहाय, हरिवंश राय बच्चन जैसे साहित्यकारों की आत्मकथाएँ प्रसिद्ध हैं। इन आत्मवृत्तान्तों में उनके निजी जीवन के कटु-मधु अनुभव, भोक्ता की पीड़ा और अनुभूतियाँ तथा जीवन और जगत को देखने की उनकी निजी दृष्टि का यथार्थ चित्रित है।

किन्तु जब हम स्त्री और दलित आत्मवृत्तान्तों की बात करते हैं, तो उनमें वर्णित उनके निजी जीवन केवल उन्हीं के जीवन नहीं होते, बल्कि वह स्त्री और दलित समाज का प्रायः पूरा वृत्तान्त होता है। पुरुष समाज द्वारा निर्मित यौन-नैतिकता, देह-दृष्टि और वर्जनाओं से मुक्ति की छटपटाहट, आर्थिक और औद्योगिक समय और समाज की चुनौतियों से टकराने एवं बदलते मूल्यों से तालमेल बिठाने के प्रयास और तद्‌जनित आचार-व्यवहार स्त्री आत्मकथाओं का यथार्थ है, तो वर्ण और जाति-व्यवस्था-जनित भेदभाव और छुआछूत से उत्पन्न सामाजिक विसंगतियों तले दबा-कुचला उनका निजी जीवन दलित आत्मवृत्तान्तों का सत्य है। इसलिए परम्परा द्वारा उत्सर्जित 'जूठन' न केवल ओमप्रकाश वाल्मिकी का जीवन यथार्थ है और न सामाजिक-व्यवस्था द्व ारा 'तिरस्कृत' और 'सन्तप्त' जीवन सूरजपाल चौहान की आत्मगत पीड़ा है, बल्कि यह पूरे वाल्मिकी और भंगी समाज का सच है और थोड़े-बहुत अन्तर

से यह अन्य अछूत जातियों पर भी पर लागू होती है। इसी प्रकार 'अछूत', 'अपने-अपने पिंजरे', 'अक्करमाशी' आदि आत्मवृत्तान्तों में भी दया पवार, नैमिशराय और शरण कुमार लिम्बाले केवल अपनी ही कथा नहीं कहते हैं, वह पूरे दलित समाज का अछूता चित्र है। यही कारण है कि स्त्री और दलित आत्मकथाओं ने भारतीय साहित्य में जितना हलचल मचाया, उतना अन्यों ने नहीं। आज स्त्री और दलित साहित्य को सामाजिक क्रान्ति और परिवर्तन के हथियार के रूप में देखा जा रहा है। इसमें इन आत्मकथाओं की महत्वपूर्ण भूमिका है। भारतीय साहित्य में 'आत्मकथा' लेखन का इतिहास अधिक पुराना नहीं है। यह विशुद्ध रूप से आधुनिक युग की देन है। दलित साहित्य में तो यह और भी नया है।

दलित आत्मकथाएँ बीसवीं सदी के अन्तिम दो दशकों की देन है। लेकिन इसके उत्स बाबा साहेब के आन्दोलन में भी देखे जा सकते हैं। बहरहाल, दलित आत्मकथाओं की विशेषता यह है कि इसमें दलित जीवन का यथार्थ गहराई से उभर कर आ रहा है, जो भारतीय साहित्य के लिए नया है। दलित साहित्य की अन्य विधाओं की तरह दलित आत्मकथाएँ भी पहले मराठी में आयीं। मराठी की प्रसिद्ध आत्मकथाओं में दया पवार की 'बलूतं' (अछूत), प्र.इ. सोन काँवले की 'यादों के पंछी', शंकरराव खरात की 'तराल-अन्तराल', लक्ष्मण माने की 'अपरा' (पराया), डॉ. किशोर शान्ताबाई काले की 'छोरा कोल्हाटी का', शरण कुमार लिम्बाले की 'अक्करमाशी', लक्ष्मण गायकवाड़ की 'उठाईगीर (उचक्का)', बेबी कांवले की 'हमारा जीवन' दादा साहेब मोरे की 'डेराडंगर', अरुण खोरे की 'भूले-बिसरे दिन', मु. खड़से अरुण ठाकुर की 'नरक सफाई', और नामदेव ढसाल की पत्नी मल्लिका अमरशेख की आत्मकथा 'मैं खाक में मिल जाना चाहती हूँ' आदि हैं। इसके अलावा कुमुद पाँवडे, मीनाक्षी मून आदि ने भी आत्मकथाएँ लिखीं हैं। कन्नड़ में डॉ. सिद्धलिंगय्या की 'ऊरुकेरी', अरविन्द मालगति की 'गवर्नमेंट ब्राह्मण', मुललूरू नागराज की 'मरण मण्डल मध्यदोलगे', तुंबाड़ी रामैय्या की 'मणेगार' आदि प्रसिद्ध आत्मकथाएँ हैं। पंजाबी में लाल सिंह 'दिल' की आत्मकथा 'दास्तान', प्रेम गोरखी की 'गैर हाजिर आदमी', बलबीर माधोपुरी की 'छांग्या रुख', द्वारका भारती की 'मोची' बचिन्त कौर की 'पगडंडियाँ' आदि प्रसिद्ध आत्मकथाएँ हैं। इसके अलावा भी विभिन्न भारतीय भाषाओं में दलित आत्मकथाएँ लिखी जा रही हैं।

हिन्दी में दलित आत्मकथा लेखन की शुरुआत मोहनदास नैमिशराय की आत्मकथा 'अपने-अपने पिंजरे' से होती है। इसके बाद ओमप्रकाश वाल्मीकि की चर्चित आत्मकथा 'जूठन' आती है। फिर तो आत्मकथाओं का दौर-सा चल पड़ता है। आज हिन्दी दलित साहित्य में अनेक आत्मकथाएँ आ चुकी हैं। किन्तु यहाँ हम हिन्दी और मराठी की कुछ चुनी हुई आत्मकथाओं पर चर्चा करेंगे।

## 1. अपने-अपने पिंजरें

'अपने अपने पिंजरे' में भारतीय समाज की वर्ण-व्यवस्था तले दबे दलितों के उपेक्षित जीवन, उनकी महत्त्वाकांक्षा, समस्या और संघर्ष को मार्मिकता के साथ चित्रित किया गया है। आत्मकथा में दलितों की गरीबी, अशिक्षा, दलित स्त्रियों के यौन-शोषण और बलात्कार आदि की खूब चर्चा की गयी है। दलितों के प्रति हिन्दू सवर्णों के साथ-साथ भारतीय मुसलमानों के कुलीन तन्त्र की भेदवादी दृष्टि का भी यहाँ रेखांकन हुआ है, जो भारतीय समाज का यथार्थ है। दलितों के साथ समाज की मुख्यधारा के सम्बन्ध और व्यवहार का चित्रण 'आत्मकथा' में जगह-जगह देखा जा सकता है। लेखक शहर के जिस गली-मोहल्ले में रहता है, वह मुसलमानों का मोहल्ला है। पर मुस्लिम समाज भी उसके साथ गुलामों जैसा व्यवहार करता है। इसकी एक बानगी 'आत्मकथा' की इन पंक्तियों में देखी जा सकती है-"खतना के अवसर पर बकरे को काटा जाता था। ऐसे अवसरों पर रंडियों को भी बुलाया जाता था। वे रात भर नाचतीं। इस जश्न में मुसलमान रात भर पान खाते, हुक्के गुड़गुड़ाते, रंग-बिरंगे खुशबूदार फूलों के गजरे सूँघते, वाह-वाह करते। उनकी पर्दानशीन औरतें दूर से ही यह सब देखती थीं। और हमारी जाति के लोग घड़ी-घड़ी उनके हुक्के भरते थे। उगलदान अपने-अपने हाथों में पकड़े सामने खड़े होते। वे कब थूकें, पता नहीं। जब भी वे थूकते, झट से उगलदान आगे कर देते थे। पर पान को हाथ न लगाते थे। जो चीज वे खायें, उसे छूने का अधिकार नहीं था। ...पान खाना उन दिनों बड़ी बात समझी जाती थी, जिसे तथाकथित बड़े लोग ही खाते थे। हमें सार्वजनिक रूप से पान खाने की मनाही थी।" (अपने-अपने पिंजरे, वाणी प्रकाश, पृष्ठ-20)

'अपने-अपने पिंजरे' में लेखक के जन्म-स्थान मेरठ शहर में चमारों की बस्ती और उनके जीवन के कटु-मधु अनुभवों का अंकन हुआ है। इसके

माध्यम से लेखक ने यह दिखलाना चाहा है कि चाहे गाँव हो या शहर, सवर्णों की बस्ती हो या मुस्लिमों की, दलित हर जगह शोषित और अपमानित होता है। उसका जीवन देश के हर कोने में शोषित, पीड़ित, अवमानित और प्रताड़ित है। भारतीय समाज की विषम संरचना और मनुवादी व्यवस्था ने उसे हर जगह छटपटाने के लिए छोड़ दिया है। आत्मकथा का केन्द्र लेखक का शहर मेरठ है। इसके दूसरे भाग में लेखक ने दिल्ली और कोलकाता सहित उन तमाम स्थानों के अनुभवों को समेटा है, जहाँ उन्हें रहने का मौका मिला है। मेरठ के चमार गेट में जन्मे-पले-बढ़े लेखक को चमार दरवज्जे की दिनचर्या खूब मालूम है। यहाँ के चमारों की विपन्न आर्थिक स्थिति, बेरोजगारी, बेगारी और शोषण के अन्य प्रकारों का बड़ा ही मार्मिक चित्रण किया गया है। लेखक का परिवार अपनी छोटी जातियों में अपेक्षाकृत सम्पन्न अवश्य है, किन्तु जाति के कारण उन्हें पग-पग पर अपमानित, प्रताड़ित और पीड़ित होना पड़ता है। जाति-जनित अपमान-बोध उनका हर जगह पीछा करता है। अपनी पीड़ा को लेखक ने इन शब्दों में व्यक्त किया है-"हम लम्बे समय से अपमान सहते आये थे, पर गुनाहगार न थे हम। हम हारे हुए लोग थे, जिन्हें आर्यों ने जीतकर हाशिये पर डाल दिया था। ...हमारे पास सिर्फ कड़वा अतीत और जख्मी अनुभव था। सदियों से गर्दिश में रहते-रहते हम अपने इतिहास से कट गये थे। अपनी संस्कृति भूल गये थे।" (अपने-अपने पिंजरे)

## 2. जूठन

'जूठन' ओमप्रकाश वाल्मीकि की बहुचर्चित आत्मकथा है। यह हिन्दी में अब तक लिखित किसी दलित साहित्यकार की सर्वाधिक सशक्त और कलात्मक आत्मवृत्त है। कुछ आलोचकों ने इसे आत्मकथात्मक उपन्यास भी कहा है। किन्तु इसे उपन्यास मानना इस रचना के साथ अन्याय है। आत्मकथा में भी कथातत्त्व होते हैं और लेखक अपने जीवन यथार्थ को कथात्मक रूप में ही प्रस्तुत करता है, 'आत्मकथा' नाम भी इसीलिए पड़ा है। ओमप्रकाश वाल्मीकि एक अनुभवी कथाकार भी हैं। अत: उनकी आत्मकथा में कथातत्त्व का नियोजन स्वाभाविक है। फिर लेखक ने भी इसे आत्मकथा ही कहा है। अत: यह शुद्ध रूप में आत्मकथा ही है। 'जूठन' के माध्यम से लेखक ने "भारतीय समाज, संस्कृति, धर्म और इतिहास में पवित्र तथा उत्कृष्ट समझे जानेवाले तीन प्रतीकों-क्रमशः शिक्षण संस्थान, गुरु यानी शिक्षक एवं प्रेम

पर कड़ा प्रहार किया है तथा यह दिखाने की कोशिश की है कि दलित समाज को अपने व्यक्तित्व निर्माण और सामाजिक विकास की प्रक्रिया में इन तीनों प्रतीकों की नकारात्मक भूमिकाओं का सामना करना पड़ता है। 'जूठन' के नायक मुंशीजी शिक्षण संस्थानों में मार खाते हुए इसलिए पढ़ाई जारी रखता है कि पढ़-लिखकर जाति सुधारनी है। लेकिन यह जाति क्या सिर्फ पढ़ने-लिखने से सुधर जायेगी? पढ़-लिखकर और नौकरी प्राप्त कर यह जीवन में पद और धन तो जरूर प्राप्त कर लेगा, परन्तु समाज में मान और प्रतिष्ठा कहाँ से मिलेगी?" (दलित साहित्य की वैचारिक संरचना: देवेन्द्र चौबे, आजकल', दिस.-2000)

दलित चेतना का यह सवाल सही है कि इस जन्मना जाति-व्यवस्था में जब तक दलितों के साथ 'दलित' की पहचान जुड़ी हुई है, उन्हें सामाजिक श्रेष्ठता में शामिल नहीं किया जा सकता। "समाज चाहे उन्हें और जिस रूप में पहचान दे दे, विवाह और स्त्री-पुरुष सम्बन्धों में उनके साथ समानता का व्यवहार करना मुश्किल है। जूठन के कुलकर्णी जैसे लोग कितने ही प्रगतिशील क्यों न हो जायें, जब भी प्रेम अथवा विवाह का प्रसंग आयेगा, 'जाति' नामक यह ताकतवर दीवार इनके बीच आकर खड़ी हो जायेगी..." (वही) जाति उसे हर जगह घेरे खड़ी मिलेगी। पारम्परिक पवित्रता उसे उस दीवार से आगे बढ़ने नहीं देगी। 'जूठन' का यथार्थ यही है।

समाज के सबसे पवित्र और उत्कृष्ट प्रतीक स्कूल-कॉलेज और उसके पवित्र नियन्ता शिक्षक दलितों के प्रति कितने संवेदनशील और पवित्र हैं, इसे आज भी देखा जा सकता है। प्राथमिक शिक्षा से लेकर शोध-कार्यों तक उनके साथ इन सवर्ण गुरुओं का क्या व्यवहार होता है? इसे एक दलित छात्र ही जानता है। इस पीड़ा को दलित बालक ओमप्रकाश के सन्दर्भ में और भी शिद्दत के साथ देखा जा सकता है। वाल्मीकि के शब्दों में-"अध्यापकों का आदर्श रूप जो मैंने देखा, वह अभी तक मेरी स्मृति से मिटा नहीं है। जब भी कोई आदर्श गुरु की बात करता है, तो मुझे वे तमाम शिक्षक याद आ जाते हैं, जो माँ-बहन की गालियाँ देते थे। सुन्दर लड़कों के गाल सहलाते थे और उन्हें घर बुलाकर उनसे वाहियातपन करते थे।" (जूठन, पृष्ठ-14)

चूहड़ा समझकर हेडमास्टर दिन भर लेखक से झाड़ू लगवाता है। लेखक के शब्दों में, "दूसरे दिन स्कूल पहुँचा। जाते ही हेडमास्टर ने फिर से झाड़ू के काम पर लगा दिया। पूरे दिन झाड़ू देता रहा। मन में एक तसल्ली थी

कि कल से कक्षा में बैठ जाऊँगा। तीसरे दिन मैं कक्षा में जाकर चुपचाप बैठ गया। थोड़ी देर बाद उनकी दहाड़ सुनायी पड़ी, अबे, ओ चूहड़े के, मादरचोद कहाँ घुस गया ...अपनी माँ...' उनकी दहाड़ सुनकर मैं थर-थर काँपने लगा था। एक त्यागी (सवर्ण) लड़के ने चिल्लाकर कहा, मास्साब, वो बैट्ठा है कोणे में।' हेडमास्टर ने लपककर मेरी गर्दन दबोच ली थी। उनकी उँगलियों का दबाव मेरी गर्दन पर बढ़ रहा था। जैसे कोई भेड़िया बकरी के बच्चे को दबोचकर उठा लेता है। कक्षा के बाहर खींचकर उन्होंने मुझे बरामदे में ला पटका। चीखकर बोले, जा लगा पूरे मैदान में झाड़ू ...नहीं तो गाँड में मिर्ची डाल के स्कूल से बाहर काढ़ (निकाल) दूँगा।" (वही, पृ.-15)

'जूठन' दलित जीवन की मर्मान्तक पीड़ा का दस्तावेज है। जीवन की सुख-सुविधा और तमाम नागरिक सहूलियतों से वंचित दलित जीवन की त्रासदी उनके व्यक्तिगत वजूद से लेकर घर-परिवार, बस्ती और पूरी सामाजिक व्यवस्था तक फैली हुई है।

## 3. अछूत

'अछूत' सुपरिचित मराठी लेखक दया पवार की बहुचर्चित आत्मकथा है। इसे आलोचकों ने आत्मकथात्मक उपन्यास भी कहा है। मराठी में यह 1979 में 'बलुतं' नाम से प्रकाशित हुई थी। 'बलुतं' का अर्थ बनिहारी या मजदूरी होता है। डॉ.किशोरीलाल रैगर कहते हैं-"दया पवार का अछूत (बलुतं) ...है तो आत्मकथात्मक उपन्यास, लेकिन वास्तव में (यह) दया पवार की आत्मकथा ही है। इस कृति में समाज के हाशिये पर धकेल दिये गये महारों के जीवन का चित्र इस तीव्रता, सच्चाई और बेबसी के साथ उभरा है कि पीड़ा की परिभाषा ही बदल जाती है। मानवता चीत्कार उठती है। क्या ये भी इन्सान हैं? पशु-तुल्य नारकीय यन्त्रणा सहते, मृत पशु का मांस खाने को विवश, भूख, बेरोजगारी, लाचारी को ओढ़े हुए, दुत्कारे, बेबस मानव। कौन-सी दुनिया के जीव हैं ये? मानवेतर स्थितियों में रहने को बाध्य, महारों के छोटे सुख, बड़े दुख, दब्बू, नियतिवादी, फिर भी दुर्लभ जिजीविषा लिए चरित्र इस कृति में हैं, जिनको लेखक ने अपनी शैली की साफगोई के रूप में जीवन्त किया है।" (कथाक्रम, दलित विशेषांक, नव.-2000, पृष्ठ-112)

पुस्तक की भूमिका में दया पवार लिखते हैं-"दगडू मारूति पवार/ के हिस्से आयी/ दुखों की यह बनिहारी/ भारतीय समाज व्यवस्था ने/ उसकी

झोली में डाली–मैं मात्र उनका भार वाहक/ उसके शब्दों का शब्दांकन किया मैंने/ किसी को न बताएँ/ यह उसकी इच्छा है/ मैं भी सोचता हूँ/ आप भी किसी को न बताएँ।" ('अछूत', की आरम्भिक पंक्तियाँ) जाहिर है दलित जीवन की पीड़ा, पीढ़ी-दर-पीढ़ी से चली आती दुखों की यह मजदूरी (बनिहारी) और मजबूरी की विरासत, भारतीय समाज व्यवस्था की ही देन है, जिसे दलित समाज आज तक ढोता आ रहा है। आज तक उसने केवल भोगा है, झेला है, कहा कुछ नहीं है। उसे कहने-सुनने का अधिकार ही कहाँ था? किन्तु आज उसमें कुछ शिक्षा और चेतना पैदा हुई है। आज वह कुछ कहने की स्थिति में है, ताकि जो यथार्थ आज तक कला और साहित्य में नहीं आ सका है, उसको दर्ज कर सके, अपने-परायों को अपना दर्द सुना सके, आनेवाली पीढ़ी को एक सच्चा इतिहास दे सके। इसलिए दलित साहित्यकार अपने भोगे हुए यथार्थ को अपनी रचनाओं में दर्ज कर रहे हैं। इसके लिए सबसे सशक्त माध्यम आत्मकथा ही है। अत: दलित साहित्यकारों की आत्मकथाएँ बहुतायत से आ रही हैं। ऐसे में दलित रचनाकार दया पवार यदि कहते हैं कि यह व्यथा-कथा आप भी किसी को न बताएँ', तो इसमें एक व्यंग्यभरी पीड़ा है। आशय है कि अब यह कथा छुपाने की चीज नहीं है। इसको जग-जाहिर कर दिया जाना चाहिए।

'अछूत' की कथा दो मित्रों के वार्तालाप से शुरू होती है। उनमें से एक कथानायक खुद है। कथा का कोई एक सिलसिला नहीं है। जहाँ कहीं से लेखक को अपनी आपबीती की याद आती है, वहीं से बात शुरू कर देता है। पुस्तक पढ़ते हुए ऐसा आभास होता है। मगर यह रचना की एक शैली मात्र है। कहने का एक तरीका भर! अभिव्यक्ति-कौशल है यह। अन्यथा कथा तो सोच-समझकर ही कही या लिखी जा रही है। लेखक 'कोंडवाड़ा' (काँजी हाउस) में संकलित अपनी एक कविता से अपनी बात शुरू करता है। वह कविता लेखक को अपनी उम्र का आईना लगती है। उसमें वह अपने जीवन की तस्वीर देखता है। कविता इस प्रकार होती है-"सागर में हिमखण्ड ज्यों डूबकर बचे/ ठीक उसी तरह ये दुख/ शिखर लाँघ-लाँघकर आते हैं।/ यादों की दाहक बूँदें/ शरीर पर तेजाब छिड़कने-सी/ आग दहका जाती हैं/ काँधे पर जिन्दगी का यह सलीब/ और माथे पर भाग्य की तख्ती ठोंक कर/ तुमने खुल्लम-खुल्ला हाथ झटक लिये हैं/ अब भूतकाल की खाल खींच कर/ साफ चेहरे से कैसे घूमा जा सकता है!" (अछूत, पृष्ठ-11)

कविता की इन पंक्तियों में चित्रित बर्फ का पहाड़ लेखक (कवि) के जीवन का रूपक है। लेखक का सम्पूर्ण वजूद समुद्र में डूबे हिमखण्ड के समान है। ऊपर से हिमखण्ड का भव्य दीपित चेहरा तो लोगों को दिखायी देता है, पर सागर के भीतर में डूबे हुए सम्पूर्ण वजूद की गुमनामी और उसकी पीड़ा का किसी को अहसास नहीं होता। लेखक चाहकर भी दुखों के इस पहाड़ को नहीं तोड़ पाता। उस दुख की अनुभूति से वह लहूलुहान हो जाता है। उसके उदास रहने का यही कारण है। उसका अतीत अन्धकारपूर्ण है और वर्तमान अवमानित। किन्तु मित्र के यह पूछे जाने पर कि इसमें उसका तो कोई दोष नहीं है, जन्म-मरण तो प्राकृतिक है, लेखक उसे स्वीकार करता है। किन्तु कहता है कि "यदि मेरा जन्म बर्फीले टुण्ड्रा प्रदेश में हुआ होता तो क्या ऐसा ही भूतकाल मेरे हिस्से आता? वहाँ भी दुख-तकलीफें होगीं, परन्तु उनका स्वरूप अलग होगा। इस तरह का मनुष्य-निर्मित भयंकर दुख न होगा।" (वही, पृ-12) लेखक ने अपने माता-पिता के दुख और संघर्ष भरे जीवन से लेकर अपने समाज की अमानवीय त्रासदी का मार्मिक चित्रण किया है।

कथा दलित जीवन के एक-एक अनुभव को बड़ी ही बारीकी के साथ उकेरती है और सामाजिक जीवन के इस हृदयविदारक यथार्थ से पाठकों का परिचय कराती है।

## 4. तिरस्कृत

सूरजपाल चौहान की आत्मकथा 'तिरस्कृत' में भारतीय समाज व्यवस्था की मुख्यधारा के साथ-साथ दलित समाज के अन्तर्विरोधों को भी बारीकी से उकेरा गया है। आत्मकथा का आरम्भ दलित समाज में फैली अशिक्षा, अन्धविश्वास और गरीबी के चित्रण से होता है। लेखक की पारिवारिक जीवन-शैली पूरे दलित समाज की जीवन शैली है। सूरजपाल ने एक-एक घटना, स्थिति और परिस्थितियों को बड़ी बारीकी से व्यंजित किया है, जिसमें दलित जीवन की कटु सच्चाइयाँ बोलती हैं।

'जूठन' की तरह 'तिरस्कृत' में भी समाज के पवित्र कहे जानेवाले प्रतीकों पर प्रहार किया गया है। यहाँ भी शिक्षण संस्थान और गुरु जैसे पवित्र प्रतीक लेखक का रास्ता रोके खड़े हैं। यह लगभग पूरे दलित समाज की सच्चाई है। द्रोणाचार्य और परशुरामों की परम्परा में आज भी कई एकलव्य और कर्ण गुरु के छल-छद्मों के शिकार होते हैं। जाति का ओछापन दिखाकर

और हीनतर स्थिति में डालकर गुरु यहाँ भी दलित छात्रों को हिकारत और तिरस्कार की दृष्टि से ही देखते हैं। जीवन में विकास का मार्ग दिखानेवाला गुरु नाम का यह प्राणी यहाँ दलित छात्रों को आगे बढ़ने नहीं देते। वैसे तो 'तिरस्कृत' लेखक के सम्पूर्ण जीवन संघर्ष को मार्मिकता के साथ चित्रित करता है, किन्तु आत्मकथा का सबसे संवेदनशील अंश पहला अध्याय है, जिसमें लेखक के प्रारम्भिक जीवन और उनके माता-पिता की दीन-हीन स्थिति का वर्णन है।

लेखक ने जब से होश सँभाला था, माँ को बीमार ही पाया। दवा-दारू तो दूर, बीमारी की उस हालत में भी लोगों ने उससे काम करवाना बन्द नहीं किया, जिससे वह और बीमार होती चली गयीं। बीमार माँ को मालिक द्वारा जबर्दस्ती गोशाले और पैखाने की सफाई को मजबूर किया जाता है। माँ तो नहीं जा पाती, पर माँ के बदले बालक सूरजपाल को जाना पड़ता है। इस घटना की मार्मिकता पाठकों को अन्दर से हिला देती है। हालत अधिक बिगड़ जाने पर पिताजी को तार द्वारा सूचना दी गयी। पिताजी आये, मगर उन्होंने भी दवा के बदले झाड़-फूँक और भक्तावल ही करवाना शुरू करवा दिया, जिससे माँ की हालत और बिगड़ गयी। हारकर वैद्य को दिखाया गया। तब तक बहुत देर हो चुकी थी। अन्ततः माँ गुजर गयीं।

लेखक सामाजिक भोज-भातों में जूठन उठाने का अपना बाल अनुभव सुनाता है। शादी विवाह के भोज से माँ टोकरे भर 'जूठन' उठा लाती। पूड़ियों को कई-कई दिनों तक सूखाकर खाया जाता। सूखी पूड़ियों को कूटकर पानी और गुड़ के साथ हलवा बनाया जाता, जिसे 'लपसी' कहते थे। यही लपसी उनका भोजन होता। उस दिन गाँव के राधे लोथे की बेटी का विवाह था। माँ भोज के जूठन उठाने जा रही थी। माँ के साथ पहली बार जूठन उठाने जा रहा लेखक मन ही मन खुश था कि "आज पेट-भर भोजन मिलेगा, वह भी गरम-गरम। चलते समय माँ ने हाथ में एक डण्डा पकड़ा दिया था, किन्तु उस डण्डे का प्रयोजन नहीं बताया था। जब बारातियों के खाने के बाद जूठी पत्तल लेखक के टोकरे के पास फेंका जाने लगा, तो एक कुत्ता आया और पूड़ी के टुकड़े को ले भागा। माँ उधर जूठे भोलुए (मिट्टी की छोटी सी मटकी) से दही खखोर कर अपने बड़े मटके में जमा कर रही थी। कुत्ते को देखकर डाँटती हुई बोली, दिखायी नहीं पड़ता कुत्ता पूड़ियाँ लिये जा रहा है। उसे डण्डे से मारकर भगाओ। तब जाकर डण्डे का उपयोग समझ में आया। आठ साल की उस कच्ची उमर में तो कुत्तों को मारकर भगा दिया, किन्तु

आज सोचता हूँ कि वे ठीक ही तो कर रहे थे। वह जूठन उन्हीं का तो हिस्सा था।" (तिरस्कृत)

जूठे भोजन से टोकड़े और मटके भरकर जब माँ जाने लगी, तो राधे ने माँ को जबर्दस्ती रोक लिया। कहा-"पहले पत्तलों को साफ करो, तब जाना।" माँ गिड़गिड़ा रही थी, "जूठन को घर पर रख आने दो, बच्चे भूखे हैं। फिर आकर पत्तल साफ कर दूँगी।" मगर राधे नहीं माना। हारकर माँ को पत्तल साफ करना पड़ा। उधर वह पत्तलों को कूड़े में फेंक रही थी, और इधर भूखा लेखक जूठी पूड़ियों पर टूटा हुआ था। इसी बीच एक कुत्ता आया और दही के मटके में मुँह लगाने लगा। लेखक ने कुत्ते पर इतने जोर से डण्डा मारा कि मटका ही फूट गया। सारा दही बह गया। माँ जब आयी, तो उसने झूठ बोलते हुए बता दिया कि कुत्ते ने गिरा दिया है। माँ की सारी मेहनत पर पानी फिर गया था। वह रोने लगी थी। लेखक को भारी अपराध बोध हुआ। खैर बचे हुए जूठन को लेकर माँ-बेटे घर आ गये थे।

ऐसे अनुभव केवल लेखक के ही नहीं, बल्कि पूरे भंगी समाज के हैं। सूअर मारने की दर्दनाक घटना का जिक्र करते हुए लेखक कहता है-"सरूपा ताऊ की बेटी रूमाली का विवाह था। भंगियों में ऐसे अवसरों पर सूअर का भोज होता है। ताऊ ने एक मोटा-ताजा भूरा सूअर रख छोड़ा था। सूअर मारना आसान काम नहीं है। वह गर्दन काटने से नहीं मरता है। मुबासी ने पूरी ताकत लगाकर भूरे की बगल में लोहे की रॉड घुसेड़ी, जो जिगर पार उतर गयी। सूअर की दर्दनाक चीत्कार से पूरा गाँव दहल उठा। उधर ताई दहाड़ मारकर रो रही थी। उसने भूरे को पाला-पोषा था। उसे दो-ढाई किलो से आज ढाई मन का बना दिया था। उस सूअर को ताई ने अनाज और रातब खिला-खिलाकर पहलवान बना दिया था। ताई की एक आवाज पर वह ढों-ढों करता हुआ पास आ जाता था। वही भूरा आज ठण्डा पड़ चुका था। भूरे के शोक में ताई ने दो-तीन दिनों तक खाना नहीं खाया था। सूअर के पास दुल्हन बनी रूमाली को बुलाया गया था और लोहे की रॉड में लगे खून से उसके भाथे पर तिलक किया गया था। सूअर के खून से बेटी की यह कैसी विदाई थी? किसने ऐसी जघन्य प्रथा चलायी थी?" (तिरस्कृत) लेखक को यह सब सोचकर दुख होता है।

इन्हीं कुप्रथाओं और जिन्दगी की गलीज में एक ऐसी भी रोशनी थी, जो दलितों को राहें दिखा रही थी। दलित बस्ती में रोशनी की मशाल लेकर

चलनेवाले वह सज्जन थे–छर्रा के पादरी बाबूलाल मसीह। अपने मिशन और दलित बस्तियों के लिए गाँव के ठाकुर–बाभनों की लाठियों की मार न जाने वे कितनी बार खा चुके थे। आज छर्रा के आस–पास की दलित बस्तियों में शिक्षा और साक्षरता की जो भी रोशनी दिखायी पड़ती है, उन्हीं की प्रेरणा और प्रयास के परिणाम हैं। आज वे पादरी नहीं हैं, किन्तु लेखक का रोम–रोम उनका ऋणी है। बाबूलाल जब भी लेखक के गाँव आते, उनके पिताजी से अवश्य मिलते, गाँववालों को शिक्षा का महत्त्व समझाते और बच्चों को स्कूल भेजने के लिए प्रेरित करते। सन् 1990 में अपने भाई की शादी में लेखक पत्नी और बच्चों के साथ दूसरी बार गाँव जा रहा था। रास्ते में पत्नी ने उस जगह की याद दिलायी, जहाँ दो घूँट पानी के लिए जमींदार ने उसे बेपानी कर दिया था। लेखक ने पूरा ताँगा ही किराया पर ले लिया था, किन्तु ताँगेवाले की शर्त के अनुसार उन्हें रास्ते में खाली सीटों पर और सवारियों को भी बिठाना था। सो रास्ते में जब धूप और गर्मी से परेशान एक दम्पति ने ताँगे में बैठाने का अनुरोध किया, तो ताँगेवाले ने उन्हें बैठा लिया। बातों ही बातों में उसने लेखक का परिचय पूछा। उसे भंगी जानकर ताँगे को तुरत रोकवाया और पति–पत्नी दोनों बीच में ही तपाक से उतर पड़े। वे भुनभुनाते रहे। लेखक ने समझा कोई बाभन–ठाकुर होगा।

मगर ताँगेवाले ने उसे गालियाँ देता हुआ बताया कि वह उसी के गाँव के एक चमार का लड़का था। यह दलितों में उत्पन्न ब्राह्मणवाद का एक जीता–जागता उदाहरण था। यह घटना बाबा साहेब अम्बेडकर के साथ घटी उस घटना की याद दिलाती है, जिसमें वर्ष 1901 में बालक अम्बेडकर बैलगाड़ी भाड़ा करके परिवार के कुछ लोगों के साथ पिताजी से मिलने भीमाकोरे गाँव जा रहे थे। किन्तु जब साथ के सवार को पता चला कि वे अछूत महार हैं, तो वे गाली देते हुए उतर गये और गाड़ीवान ने गाड़ी चलाने से मना कर दिया। बाबा साहेब के भाइयों को खुद ही गाड़ी चलानी पड़ी।

एक कोरी (अति पिछड़ा वर्ग) आर्यसमाजी कवि किशोर के संस्मरणों का जिक्र करते हुए लेखक ने उसके सन्दर्भ में ओमप्रकाश वाल्मीकि की इस टिप्पणी को उद्धृत किया है–"जहाँ हिन्दू नाम का प्राणी रहता है, वहाँ जात–पात रहेगा ही। ...सूरज, यह आदमी आर्यसमाजी है और आर्यसमाजी घोर ब्राह्मणवादी होता है। ...ब्राह्मणवादी सोच का व्यक्ति भले ही दलित हो, लेकिन वह दलित आन्दोलन के विरोध में होता है। उससे सावधान रहना चाहिए। ब्राह्मणवादी दलित एक ब्राह्मण से ज्यादा खतरनाक होता है।" (वही)

उसने रेडियो स्टेशन के कार्यक्रम में दलित होने के कारण वाल्मीकि जी से भेदभाव किया था।

इस प्रकार 'तिरस्कृत' न केवल एक दलित लेखक और कवि की आत्मकथा है, बल्कि दलित जीवन और भारतीय समाज और संस्कृति का कच्चा चिट्ठा भी है, जिसे सूरजपाल चौहान ने अत्यन्त बारीकी और तन्मयता से चित्रित किया है। एक और बात ध्यान देने की है कि जहाँ अन्य दलित आत्मकथाओं पर उपन्यास होने का भ्रम होता रहा है, सूरजपाल की इस आत्मकथा को आलोचकों ने आत्मकथा ही कहा है, उपन्यास नहीं।

## 5. दोहरा अभिशाप

कौसल्या बैसन्त्री का 'दोहरा अभिशाप' किसी दलित स्त्री की पहली आत्मकथा है, जो हिन्दी में आयी है। 'दोहरा अभिशाप' जैसा कि नाम से ही स्पष्ट है, दोहरी पीड़ा की कथा है। दोहरा अभिशाप किसका? जाहिर है एक कामकाजी स्त्री का दायित्व-बोध पुरुष से अधिक हो जाता है, एक घर का, दूसरा बाहर का। उसी के अनुपात में उसका दुख और संघर्ष भी बढ़ जाता है। किन्तु स्त्री जब दलित हो, तो उसका संघर्ष पुरुष से कई गुणा अधिक हो जाता है। सामाजिक दृष्टि से उसे दो-दो मोर्चों पर लड़ना पड़ता है, एक पुरुषवादी वर्चस्व से, दूसरा जातिवादी व्यवस्था से। कौसल्या बैसन्त्री का यह 'दोहरा अभिशाप' किसी एक दलित स्त्री का अभिशाप नहीं है, बल्कि पूरी दलित स्त्री का अभिशाप है। "भारतीय सन्दर्भ में स्त्रियाँ पुरुषों द्वारा सतायी जाती हैं। उनका शोषण पुरुषवादी मानसिकता का परिणाम है। किन्तु दलित स्त्रियाँ इस मानसिकता से अपने पुरुषों द्वारा तो शोषित होती ही हैं, उन्हें सम्पूर्ण समाज द्वारा दलित होने का दंश भी झेलना पड़ता है। 'दोहरा अभिशाप' शोषण की इसी दोहरी चक्की में पीसती एक दलित स्त्री की नियति-प्रकृति की कथा है, जिसे कौसल्या बैसन्त्री ने अपने ही जीवन यथार्थ के बहाने प्रस्तुत किया है। यह कुछ आपबीती है, तो कुछ जगबीती भी। कथा नायिका कौसल्या बैसन्त्री का जीवन इस बात का का प्रमाण है कि उनके व्यक्तित्व निर्माण में सर्वाधिक बाधाएँ उनकी बिरादरी के पुरुषों ने ही खड़ी कीं। उन्होंने बेवाक शब्दों में कह दिया कि बाबा साहेब के निकट सहयोगियों ने भी उसके साथ जबरन यौनाचार करना चाहा। उनकी बस्ती के लोगों ने ही उसका जीना मुश्किल कर दिया। इसलिए उसकी पहली मुठभेड़

सवर्ण पुरुष सत्ता से नहीं, दलित पुरुष सत्ता से है।" (बजरंग बिहारी तिवारी का आलेख, 'हंस', जुलाई, 2000)

इसलिए कथानायिका के लिए न तो दलित पुरुष अपने हैं और न सवर्ण स्त्री। उसे भरोसा है, तो केवल अपने आप पर। वह अपना सहारा खुद बनना चाहती है। इसलिए वह कहती है-"आज के अनुभव से हमने सीख लिया है कि हम स्वाभिमान से अपनी उन्नति करना चाहते हैं, अब हमें अपने पाँव पर खड़ा होकर अपने पर भरोसा रखकर आगे बढ़ना होगा।" (दोहरा अभिशाप) इस आत्मकथात्मक उपन्यास (अभिजन आलोचको ने इसे उपन्यास ही माना है) में दलित जीवन की सम्पूर्ण दरिद्रता, अशिक्षा और अज्ञानता, अन्धविश्वास, शोषण और तिरस्कार का सविस्तार चित्रण है।

कथा के आरम्भ में ही लेखिका लिखती हैं-"मैं लेखिका नहीं हूँ, ना साहित्यकार, लेकिन अस्पृश्य समाज में पैदा होने से जातीयता के नाम पर जो मानसिक यातनाएँ सहन करनी पड़ीं, इसका मेरे संवेदनशील मन पर असर पड़ा।" (दोहरा अभिशाप) 'दोहरा अभिशाप' की कथा 'फ्लैश बैक' में शुरू होती है। लेखिका की 'आजी' अपने पति की दो पत्नियों में एक थीं। दिन-भर जीतोड़ काम करने पर भी शाम को वह अपने पति से बिना कारण ही मार खाती। माँ भी दिन-भर जी-तोड़ मेहनत करती, किन्तु समाज के लोगों द्वारा वह समुचित सम्मान नहीं पातीं। दोहरा अभिशाप केवल लेखिका के सन्दर्भ में ही घटित नहीं होता, बल्कि उसकी नानी, दादी और माँ के सन्दर्भ में भी यही परम्परा चली आ रही होती है। लेखिका ने आजी के संघर्ष को विस्तार देते हुए उसके साहस की दाद दी है। उसी प्रकार उसकी माँ का भी जीवन संघर्ष है। दिन-भर दूसरों के यहाँ काम करके परिवार की परिवरिश करना माँ की दिनचर्या है। दुख सहकर भी माता-पिता बच्चों को पढ़ाते हैं। एक ओर उन्हें अपने परिवार और समाज से लड़ना पड़ता है, तो दूसरी ओर अपनी अस्मिता, मान-स्वाभिमान और जीवन की अन्य ज़रूरीयातों के लिए सवर्ण समाज से लोहा लेना पड़ता है।

किन्तु एक दलित के इस आत्मकथा के बारे में खुद दलित लेखकों की दृष्टि क्या है? इसके लिए हम डॉ. धर्मवीर की इन पंक्तियों को देख सकते हैं-"'दोहरा अभिशाप' का शीर्षक इसलिए अधूरा है, क्योंकि कौसल्या बैसन्त्री की माँ के साथ अपने पति को लेकर ऐसा कोई अभिशाप नहीं था। उनकी माँ ने ऐसा कोई अभिशप्त जीवन नहीं जीया। उस समय पिता को इस बात

से शिकायत नहीं रही कि वे पति से आगे रही हैं। लेखिका के माँ-बाप दोनों एक-दूसरे के होके रहे हैं। माँ ने घर में निर्णय लिये हैं। कौसल्या बैसन्त्री की नानी ने भी अपने जीवन के बारे में स्वतन्त्र और निजी निर्णय लिये हैं और उनके सामने मेरा सिर झुकता है। मेरा विश्लेषण है कि कौसल्या बैसन्त्री दलित नारी की तरह से अपने जीवन में निर्णय नहीं ले पायी। केवल एक विवाह का निर्णय उनका अपना था और वही सफल नहीं हो पाया।" (हंस', दलित विशेषांक, अगस्त-2004) पर दलित महिलाओं के भी सपने होते हैं और ये सपने किसी सवर्ण महिला के सपनों से अलग नहीं होते। इसलिए एक दलित पत्नी भी पति से वे ही सारी अपेक्षाएँ रखती हैं, जो कोई सवर्ण पत्नी रखतीं। ऐसे में धर्मवीर का तर्क एकांगी कहा जायेगा।

कथा-नायिका के पति एक लेखक है और ताम्रपत्र-प्राप्त स्वतन्त्रता सेनानी भी हैं। वह उच्च पद पर नौकरी करता है और रिटायर्ड होने तक पत्नी का भरण-पोषण और पालन करता है। इधर पत्नी तमाम जिन्दगी घर में ही बैठी अम्बेडकर के नाम पर सम्मान की जिन्दगी जीने की आकांक्षी बनी रहती है। बीच में पति से मनमुटाव होता है और वह आम भारतीय औरतों की तरह पति की तमाम प्रताड़नाओं के बावजूद पत्नी बनकर घर में ही रहती है। डॉ. धर्मवीर के अनुसार, "यह दलित परम्परा की बात विल्कुल नहीं है कि अपने अनचाहे पति से पाँच सौ रुपये महीने की भिखारिन बनी पड़ी है! वह ब्रिटिश भारत के कालिजों में पढ़ी है, उसके खाते-कमाते बच्चे हैं। दलित पत्नी ऐसे पैसों को फेंककर मारती है। यदि दस वर्ष से केस कोर्ट में अटका पड़ा है तो कानून बदलो, संसद से कहो। गाँव या शहर की किस दलित पंचायत ने आज तक दस वर्ष तक वैवाहिक मामलों के फैसले रोके रखे हैं? दलित नारी होने के बावजूद, पीछे माँ और नानी की महान परम्परा होने के बावजूद लेखिका द्विज नारी बनकर क्यों बैठ गयी हैं? वास्तव में पति से भरण-पोषण माँग कर कौसल्या बैसन्त्री ने दलित नारी के सम्मान और उसकी स्वतन्त्रता की नाक काटकर रख दी है।" ('हंस', दलित विशेषांक, अगस्त-2004)

दलित पुरुष को तो कम से कम सवर्ण पुरुषों की तरह अपनी पत्नी के साथ वह व्यवहार नहीं करना चाहिए। यहाँ पुरुषवादी मानसिकता का प्रतिकार प्रमुख है। एक महिला ने पुरुषवादी शोषण के विरुद्ध जो साहस दिखाया है, वह काबिले तारीफ है। इन सबके बावजूद 'दोहरा अभिशाप' दलित नारियों के शोषण और दुख का हिन्दी में पहला आत्मकथात्मक दस्तावेज है, जिसे

कौसल्या बैसन्त्री ने बड़े ही साहस के साथ प्रस्तुत किया है। कथा-नायिका एक जानी मानी मराठी लेखिका भी हैं, इसलिए भाषा सर्वत्र मजी हुई और साहित्यिक गुणों से भरपूर है। कथ्य और तथ्यों का संयोजन संप्रेषणीय और रोचक है। एक गैर-हिन्दी भाषी लेखिका की हिन्दी कृति होने पर भी 'दोहरा अभिशाप' भाषिक संरचना, कथ्य और शिल्प सभी स्तरों पर दलित साहित्य की कसौटी पर खरी है।

इन आत्मकथाओं के अलावा दलित साहित्य ने कुछ ऐसी आत्मकथाएँ दी हैं, जो विश्व के किसी भी साहित्य के लिए प्रतिमान हैं-'छोरा कोल्हाटी का', 'अक्करमाशी', 'मेरी पत्नी और भेड़िया' और 'मेरा बचपन मेरे कन्धों पर'।

## 6. छोरा कोल्हाटी का

'छोरा कोल्हाटी का' मराठी आत्मकथा के लेखक डॉ. किशोर काले महाराष्ट्र के 'कोल्हाटी' समाज से सम्बद्ध हैं। शान्ताबाई उनकी माता का नाम था। इस प्रकार माता का नाम जोड़कर बेटे का पूरा नाम हुआ-किशोर शान्ताबाई काले। इस समाज की त्रासदी यह होती है कि बच्चों के लिए माता तो निश्चित होती है, पर पिता बदलते रहते हैं। स्त्रियों को पुरुष बारी-बारी से खरीदते रहते हैं। इसलिए बच्चे का जन्म किस पुरुष से हुआ, निश्चित नहीं है। इसलिए बच्चों की पहचान उनकी माता ही होती हैं। किशोर ने साहसपूर्वक अपना नाम पिता के बदले माता के नाम पर ही रखा है। यह समाज दलितों का ही समाज है और इसका मुख्य धन्धा नाचना-गाना है। इसी समाज की स्त्री और बच्चों के त्रासद और अभिशप्त जीवन पर केन्द्रित है-'छोरा कोल्हाटी का'। यह एक ही साथ उपन्यास भी है और आत्मकथा भी। लेखक के कटु जीवन के यथार्थ और 'कोल्हाटी' समाज की त्रासद पीड़ा को समेटनेवाली यह रचना दलित समाज की एक ऐसी तस्वीर पेश करती है, जो किसी भी सभ्य समाज के माथे पर कलंक के सिवा कुछ नहीं है।

डॉ. किशोरीलाल रैगर के अनुसार, "यह आत्मकथा समाज द्वारा नकारे माँ-बाप के प्रेम से वंचित, गरीबी व लाचारी से पीड़ित कोल्हाटी समाज की नाचनेवाली की औलाद की करुण गाथा है, जिसे पैदा होते ही नाजायज औलाद का प्रमाण-पत्र मिला। इस समाज में स्त्री का जन्म लेना अभिशाप नहीं वरदान है। यहाँ स्त्री की डोली नहीं उठती, पुरुष ही स्त्री के घर रहने आता है। नाच-गान के दौरान जो पुरुष ऊँची बोलियाँ लगाता है, वह नर्तकी उसी

की हो जाती है।" (दलित-पीड़ा का मर्मान्तक दस्तावेज: दलित आत्मकथाएँ, 'कथाक्रम' दलित विशेषांक, नव.-2000) इस समाज में लड़कियाँ बचपन से ही नाच-गान करती हैं। किन्तु उनके जवान होते ही ऊँची बोली लगने लगती है। यदि लड़की सुन्दर हुई तो उसकी बोली (कीमत) और भी ऊँची होती है। नाच-गान के दौरान ही जो कद्रदान सबसे ऊँची बोली लगाते हैं, लड़की उसी की होकर रहने लगती है। किन्तु लड़की उसके साथ नहीं जाती, बल्कि कद्रदान पुरुष को ही उसके माता-पिता के घर उसके साथ रातें गुजारनी पड़ती हैं। वही व्यक्ति लड़की के साथ 'चीरा' की रस्म अदा करता है। यह 'चीरा' और कुछ नहीं, लड़की के कौमार्य-भंग की रस्म है। यह व्यावसायिक शारीरिक सम्बन्ध है, जिसे सामाजिक स्वीकृति प्राप्त है।

लड़की (नर्तकी) के अनुबन्ध के दौरान यदि पुरुष से कोई सन्तान हो जाती है, तो उसे न तो पिता का नाम मिलता और न ही पिता का उस पर कोई अधिकार होता है। सन्तान पूर्णतः माँ की ही बनकर रह जाती है। समय सीमा समाप्त होने या सन्तान हो जाने पर पुरुष सदा-सदा के लिए स्त्री और उसके शिशु को छोड़कर चला जाता है। नाचनेवाली उस युवती की पुनः बोली लगने लगती है। फिर दूसरा पुरुष बोली लगाकर उसके जीवन में आता है। फिर सन्तान उत्पन्न होती है और फिर वह उसे छोड़कर चला जाता है। यह क्रम तब तक चलता रहता है, जब तक वह यौन-सुख के लायक बनी रहती है। अन्ततः बुढ़ापे में स्त्री बिना पति की औरत बनकर माँ-बाप के यहाँ ही मर जाती है। इस प्रकार लड़की माँ-बाप के लिए, अपने छोटे-छोटे भाई-बहनों के लिए जीवन-भर अपना शरीर नुचवाती है। ऐसे में लड़की का तो फिर भी एक रोजगार होता है और अभिशप्त ही सही, एक बँधा-बँधाया जीवन वह जी लेती है। किन्तु उन लड़कों का क्या होता होगा, जो लावारिश छोड़ दिये जाते हैं। जाहिर है ये तिरस्कृत और लावारिश बच्चे गाँव-घर, नगर अथवा शहरों की गलियों में भीख माँगकर, चोरी करके या अन्य कोई काम करके किसी प्रकार जीवन-यापन करते हैं।

सबसे अहम बात है ऐसे लड़कों का लांछित जीवन। प्रथमतः तो समाज द्वारा उन्हें मान्यता ही प्राप्त नहीं है, इसलिए उनकी शिक्षा-दीक्षा और अन्य बुनियादी चीजों को मुहैया करानेवाला कोई नहीं। ऐसे में जीवन में कुछ कर पाना असम्भव है। अथक संघर्ष से यदि कोई कुछ कर पाये, तो कर ले, वरना समाज द्वारा ऐसी कोई सुविधा उन्हें प्राप्त नहीं है। लड़की हुई तो परिवार में

खुशियाँ मनायी जाती हैं और लड़का हुआ, तो उसके परवरिश की चिन्ता के कारण माता दुखी हो जाती है। 'छोरा कोल्हाटी का' का लेखक किशोर काले खुद 'कोल्हाटी' समाज का एक ऐसा ही लड़का है और माँ शान्ताबाई उस समाज की ऐसी ही अभागिन माँ। किन्तु ये न अकेली माँ हैं और न अकेला बच्चा, दोनों मिलकर पूरे 'कोल्हाटी' समाज का प्रतिनिधित्व करते हैं। अतः उस समाज के वर्गगत पात्र हैं और इस प्रकार इस मर्मस्पर्शी आत्मकथा द्वारा लेखक ने भारतीय समाज के अनछुये पक्ष का उद्‌घाटन किया है। यह तो संयोग था कि किशोर काले की माँ शान्ताबाई सातवीं तक पढ़ जाती है। जब उस पर पेशे का दवाब पड़ता है, तो वह भागकर एक युवक से शादी कर लेती है। फिर वह युवक भी उसे धोखा दे देता है। फिर उसे एक विधायक की रखैल बनना पड़ता है। इसी विधायक से किशोर का जन्म होता है। माँ उसे उसके दादा के पास छोड़ आती है, जहाँ रहते हुए वह ऊँची शिक्षा प्राप्त करके डॉक्टर बन जाता है और अपनी कहानी लिखता है, ताकि समाज में सुधार हो सके।

## 7. अक्करमाशी

'अक्करमाशी' शरण कुमार लिम्बाले की बहुचर्चित मराठी आत्मकथा है। आत्मकथा लेखन में तहलका मचा देनेवाली इस कृति को पढ़कर हमारे रोंगटे खड़े हो जाते हैं। मराठी में 'अक्करमाशी' का अर्थ होता है–दासी या रखैल से उत्पन्न नाजायज औलाद, जिसे अपनी माँ का पता तो होता है, पर दरिन्दा बाप कौन है, वह नहीं जानता। यह नाम किसी लक्षणा–व्यंजना का द्योतक नाम नहीं है, बल्कि सीधे-सीधे अभिधा में अर्थ ध्वनि उत्पन्न करता हुआ इसके मुख्य पात्र को ही सम्बोधित करता है। आत्मकथा का लेखक खुद कथा का भोक्ता भी होता है और प्रधान पात्र भी। इसलिए जाहिर है, यह 'अक्करमाशी' और कोई नहीं खुद लेखक शरण कुमार लिम्बाले ही हैं। जी हाँ, यह लिम्बाले के जीवन की कटु सच्चाई है, जिसे लेखक ने बिना किसी संकोच और लाग-लपेट के, सबके सामने खुद को और समाज की तथाकथित मर्यादाओं को भी नंगा करता हुआ कह दिया है। यह समाज के विरुद्ध नकार और विद्रोह तो है ही, दलित जीवन की भीषण त्रासदी और लेखक के अन्तस् की मार्मिक वेदना भी है। साहस के साथ सत्य को स्वीकारने का ऐसा उदाहरण विश्व साहित्य में शायद ही कहीं मिलता हो।

सम्पूर्ण समाज के गाल पर थप्पड़ मारती हुई यह आत्मकथा एक अनुत्तरित सवाल भी खड़ी करती है। दलित चेतना यहाँ समाज की सबसे बड़ी चुनौती बनकर खड़ी है। लेखक सवालों की झड़ी लगा देता है। "व्यक्ति की पहचान का सबसे पहला सवाल अपने आप से होता है। अपने अस्तित्त्व की पहचान के लिए नीग्रो के सम्मुख प्रश्न था-मैं कौन हूँ?" (अक्करमाशी) लेखक का भी सवाल है-वह कौन है? और इसके उत्तर में जो शब्द निर्मित होते हैं, वे भी सवाल ही बनकर रह जाते हैं। "मेरी माँ महार तो बाप लिंगायत, माँ झुग्गी-झोपड़े में तो बाप बड़ी हवेली में, बाप ज़मींदार तो माँ भूमिहीन और मैं अक्करमाशी।" (अक्करमाशी, पृ.-1) व्यक्ति अकेला कुछ नहीं होता, माता-पिता, सगे-सम्बन्धी और सामाजिक सम्बन्धों के साथ उसकी नैतिक-अनैतिक स्वीकृति ही उसकी अस्मिता और पहचान है। ऐसे में वह क्या है? कौन है? अछूत अथवा सवर्ण, मनुष्य अथवा अमानुष! सवर्ण तो वह नहीं हो सकता, वह अछूत है। किन्तु अछूतों में भी वह तिरस्कृत क्यों है? ऐसे ही अनेक सवालों से जन्मी यह आत्मकथा जाति-भेद, वर्ण-व्यवस्था, अस्पृश्यता, मानवीय सम्बन्ध, नैतिकता और मानवाधिकारों को परत-दर-परत उकेरती चली जाती है। अपने कलंकित और दलित-मर्दित जीवन का बोझ लिये लेखक अपने जीवन को 'कुष्टरोग के दाग' की तरह छिपाये रखता है, किन्तु जब दर्द हद से गुजर जाता है, तो वह दवा चाहे हो न हो, पीड़ा का मवाद बनकर जरूर बहने लगता है। 'अक्करमाशी' व्यक्ति की अन्तर्वेदना और समष्टि की विडम्बना का ऐसा ही पीड़ाजनक बहाव है। "कुष्ट रोग का सफेद दाग कोई रोगी जिस तरह से भरसक कोशिश करके छिपाये रखता है, वैसे ही मुझे हरदम लगता है कि यह जिन्दगी भी छिपाकर रख दी जाये।...दरअसल, मुझे केवल मेरे अपने अतीत का, मेरी अपनी माँ तक का ही इतिहास याद है, ज्यादा से ज्यादा मेरी माँ की माँ यानी दादी अम्मा तक का इतिहास याद है, इससे ज्यादा मेरा अपना खानदानी अतीत या इतिहास नहीं।" (वही)

लेखक की जीवन यात्रा के इस आरम्भिक बिन्दु से शुरू हुई कथा यात्रा का अन्तिम पड़ाव क्या हो सकता है? गरीबी, शोषण और अत्याचार, घृणा, अपमान, दुख, आक्रोश और विद्रोह के सिवा इसका अन्त क्या होगा? घोर उपेक्षा और भूख से शुरू हुआ लेखक का संघर्ष न केवल उसके जीवन का संघर्ष है, बल्कि उसकी अस्मिता और अस्तित्त्व का भी संघर्ष है। इस संघर्ष को वाणी देता हुआ लेखक भूमिका में ही कहता है, "गुमशुदा व्यक्तित्त्व लिए जीनेवाले मेरे अस्तित्त्व को 'जारज' कहकर सतत अपमानित किया गया

है। ब्राह्मणों से लेकर शूद्रों तक सभी अपने खानदानी अभिमान और खानदानी अस्मिता लिये जीते हैं, परन्तु यहाँ मेरी अस्मिता पर ही बलात्कार हुआ है। बलात्कारित स्त्री की तरह मेरा यह जीवन।" (वही)

शरण कुमार लिम्बाले के साथ-साथ भारतीय दलित जीवन की असंख्य कथाएँ ऐसी ही हैं। मगर हम उसे जाहिर करना नहीं चाहते। केवल हम समाज का नकली मुखौटा देखना पसन्द करते हैं। असली से पोल खुल जाती है। हमारे पाखण्ड सामने चले आते हैं। दलित कथाएँ, आत्मकथाएँ इसी पाखण्ड का कच्चा चिट्ठा हैं। शरण कुमार लिम्बाले ने जो सवाल खड़े किये हैं, फिलहाल तो समाज के सामने उनके कोई जबाब उपलब्ध नहीं है। देखें आगे क्या होता है?

## 8. मेरी पत्नी और भेड़िया

'मेरी पत्नी और भेड़िया' दलित साहित्य के सबसे बड़े विचारक और प्रस्तोता डॉ. धर्मवीर की आत्मकथा है। कहने की जरूरत नहीं कि इस आत्मकथा को आलोचकों ने उनकी व्यक्तिगत पारिवारिक कहानी समझकर नकार दिया है। किन्तु धर्मवीर की कबीरपन्थी और सामाजिक-सांस्कृतिक विसंगति तथा संवैधानिक आवश्यकताओं को जाने बगैर कोई उनके साहित्य-कर्म और आत्मकथा का मूल्यांकन कैसे कर सकता है? धर्मवीर की बाबा साहेब की संवैधानिक अवधारणाओं के अनुरूप भारतीय समाज में स्त्री-पुरुष सम्बन्धों की पड़ताल को आज एकांगी और संकीर्ण कैसे कहा जा सकता है?

धर्मवीर की अविरल आत्मकथा केवल दलित समाज का सच नहीं है, बल्कि भारतीय समाज में स्त्री-पुरुष सम्बन्धों पर एक विराट ऐतिहासिक पड़ताल है। धर्मवीर को उसकी पत्नी ने ही धोखा दिया है। 'अक्करमाशी' और 'छोरा कोल्हाटी का' में पुरुष समाज दोषी है। इसीलिए क्या पुरुष और क्या स्त्री-सभी उसके कसीदे काढ़ रहे हैं। किन्तु 'मेरी पत्नी और भेड़िया' में स्त्री समाज कटघरे में खड़ा है। इसीलिए इसे घर का मामला बताया जा रहा है। इस अकेली आत्मकथा पर बड़े मूल्यांकन की आवश्यकता है।

## 9. मेरा बचपन मेरे कन्धों पर

दलित आत्मकथा का अध्याय तब तक पूरा नहीं होता, जब तक श्यौराज सिंह बेचैन की आत्मकथा 'मेरा बचपन मेरे कन्धों पर' की चर्चा न की जाये। इस आत्मकथा में जीवन संघर्ष और सम्भावनाओं को समेटने की ईमानदार

चेष्टा है, भूख, तिरस्कार और बहिष्कार है तथा दाहक श्रम शोषण से राख बन चुके बचपन का चिन्गारी बनकर जल उठने का ज़ज़्बा है। इसीलिए यह अन्य दलित आत्मकथाओं से अलग समाज व्यवस्था पर एक तटस्थ प्रहार और सर्वहारा समाज का प्रेरक बयान है। यहाँ संवेदनाओं का प्रबल प्रवाह चट्टानी चुनौतियों को चीरकर आगे निकल जाने के लिए बेचैन है। यही बेचैनी बेचैन जैसे अनाथ, मजदूर और पग-पग ठोकर खानेवाले दलित बालक को शून्य से शिखर तक पहुँचा देती है। 6-7 साल की उम्र में जवान पिता का दवा-दारू के अभाव में चल बसना, पहाड़-से जीवन निर्वाह के लिए माँ का दूसरी शादी करना, सौतेले बाप का शत्रुवत् व्यवहार और स्कूल जाने पर पूरी जाति-बिरादरी सहित समाज के अन्य वर्गों का कोपभाजन बनना, पढ़ाई छोड़कर बाल-मजदूरी करना, जूते गाँठना, बर्तन माँजना, मरे मवेशियों को खालना, राजमिस्त्री के साथ मजदूरी करना, हल चलाना आदि तमाम श्रमसाध्य कामों को कन्धे पर उठाये बालक श्यौराज मार खाकर भी आखिर पढ़ ही लेता है। वह दसवीं पास हो जाता है। इस लम्बी आत्मकथा की कहानी यहीं तक है। किन्तु अपने बचपन और जवानी को कन्धों पर उठाये श्यौराज सिंह बेचैन जब दिल्ली विश्वविद्यालय में प्रोफेसर और विभागाध्यक्ष जैसे बड़े पद पर पहुँचते हैं, तो लोहे में तपे कुन्दन की तरह दमक उठते हैं।

बेचैन जी की आत्मकथा का दूसरा भाग 'जिन्दगी को ढूँढ़ते हुए' अभी 'वाणी प्रकाशन' से आया है। इसमें पहले भाग से आगे 11वीं कक्षा से लेकर उनके प्रोफेसर बनने तक की कहानी है। ऊँचे पद-प्रतिष्ठा प्राप्त करने के लिए जहाँ ऊँची जातियों के लिए योग्यता ही काफी होती है, वहीं दलित-पिछड़ों को योग्यता के बावजूद मनो-सामाजिक और प्रशासनिक संघर्ष और तनाव झेलना पड़ता है। श्यौराज सिंह बेचैन को भी ऐसे अनेक संघर्ष झेलने पड़े, ख़ासकर दिल्ली विवि जैसे बड़े संस्थान में अध्यक्ष पद पर नियुक्ति के लिए। 'जिन्दगी को ढूँढ़ते हुए' में विस्तार से इन संघर्षों और तनावों का वर्णन है।

पर दलित संघर्ष का यही अन्त नहीं है। इन कुन्दनों को भी बार-बार कसौटियों से गुजारना पड़ता है-व्यवस्था परिवर्तन तक। बाबा साहेब से लेकर आज तक सबकी कहानी यही है।

दलित साहित्य व्यवस्था परिवर्तन का ही साहित्य है। जो लोग दलित साहित्य में सहानुभूति की बात करते हैं, उन्हें दलित आत्मकथाएँ पढ़नी चाहिए।

# अस्मिता विमर्श के दौर में शूद्र ( ओबीसी ) साहित्य

## मुक्त व्यापार, मुक्त संचार और मुक्त विचार

वैश्वीकरण के मुक्त व्यापार और मुक्त संचार ने जहाँ विश्व को आर्थिक उदारता दी है, वहीं उसने साहित्य और संस्कृति के क्षेत्र को भी अधिक उदार और व्यापक बनाया है। वैश्वीकरण की और चाहे जो भी सीमाएँ हों, पर इसकी मुक्ति चेतना में हाशिये की चीजों को भी महत्त्व के केन्द्र में स्थापित करने की प्रवृत्ति है। संचार-क्रान्ति इसे और व्यापक बना रही है। इसके पैरोकारों का कहना है कि जिस प्रकार बाँध टूट जाने से पानी समुद्र की सतह पकड़ लेता है, उसी प्रकार मुक्त व्यापार और बाज़ार से धनी देशों की पूँजी और पैसे गरीब और विकासशील देशों में जायेंगे, वहाँ की गरीबी में कमी आयेगी और समानता बढ़ेगी।

## अस्मिताओं का लोकतन्त्र

भावों और विचारों का भी वही हाल है। कोई माने-न-माने, जिस प्रकार 'ब्लैक लिटरेचर' का प्रभाव मराठी साहित्य' पर पड़ा, उसी प्रभाव में हिन्दी का 'दलित साहित्य' भी उदित हुआ। भले ही निजीकरण के दौर मे आरक्षण जैसी व्यवस्था संकट में पड़ती दिखायी दे रही हो, भ्रष्ट्राचार बढ़ रहा हो, पूँजी और मीडिया के प्रभाव में प्रभुत्ववादी शक्तियाँ तीसरी दुनिया के भोलेभाले नागरिकों की आँखों में धूल झोंककर अपना वर्चस्व कायम करना चाहती हो, पर लोकतान्त्रिक सत्ता और सामाजिक लोकतन्त्र इसे अधिक दिनों तक टिकने नहीं देंगे। भारत जैसे दुनिया के सर्वाधिक बहुलतावाले देश में बहुराष्ट्रीय कम्पनियों और निजी सत्ता प्रतिष्ठानों को भी अमेरिका, आस्ट्रेलिया तथा अन्य यूरोपीय देशों की तरह डायवर्सिटी के तहत वंचित और पिछड़े समाजों को

अवसर देने ही पड़ेंगे। भारतीय लोकतन्त्र अभी केवल राजनीति तक सीमित है। सामाजिक और आर्थिक लोकतन्त्र कायम होना अभी बाकी है। इसलिए अस्मिताओं और अस्तित्त्व की टकराहटें हैं। अस्मिताओं की इस उथल-पुथल और टकराहटों ने अनेक नये सांस्कृतिक और साहित्यिक विमर्शों को जन्म दिया है। दलित, स्त्री, आदिवासी, मुस्लिम, सिक्ख, ईसाई, प्रवासी और अन्य नये विमर्श तेजी से उभर रहे हैं। ऐसे में 'ओबीसी या शूद्र साहित्य विमर्श' भी एक नया विमर्श है, जिसका दायरा अन्य विमर्शों से बड़ा है।

## अस्मिता मूलक साहित्य

यदि थोड़े शब्दों में व्याख्या करें, तो दलित साहित्य वह है, जिसमें दलितों को नायकत्व प्राप्त हो, स्त्री साहित्य वह है, जिसमें स्त्रियों का नेतृत्त्व हो, आदिवासी, अल्पसंख्यक, प्रवासी आदि तमाम विमर्शों को लेकर लगभग यही सच्चाई सामने आती है। भोगे हुए यथार्थ के नाम पर ऐसे तमाम हक तो उन्हें मिल ही जाते हैं। तो क्या शूद्र (स्मरण रहे फुले ने पिछड़ों को शूद्र और अछूतों को अतिशूद्र कहा था) अथवा ओबीसी साहित्य का मामला भी यही नायकत्व नहीं है? वह रचना जिसमें तमाम विघ्न-बाधाओं को तोड़ता हुआ सामाजिक न्याय के विषय पर पिछड़े वर्ग का नायक एक प्रतिमान खड़ा करता है, ओबीसी या शूद्र साहित्य है। इस दृष्टि से देखें, तो साहित्य, संस्कृति, समाज और राजनीति में ओबीसी नायकों की कमी नहीं है। उनके नायकत्व को साहित्य में कभी इस दृष्टि से देखा ही नहीं गया, जिस दृष्टि से हाशिये के अन्य विमर्शों ने अपने नायकों को देखा है। किन्तु क्या जैसे-तैसे केवल नायकत्व और जीत दिला देना ही ओबीसी साहित्य की अस्मिता और पहचान हो सकती है? इसके पीछे कोई सिद्धान्त या विचारधारा नहीं हो सकती? ऐसा कतई नहीं है।

## ओबीसी साहित्य और राजेन्द्र यादव

इस सम्बन्ध में मुझे स्मरण है 2009 में 'ज्ञान बुक्स' नयी दिल्ली से मेरी पुस्तक 'भारत में पिछड़ा वर्ग आन्दोलन और परिवर्तन का नया समाजशास्त्र' छपी, जिसकी समीक्षा 'हंस' में आयी थी। जब मैं उसी वर्ष जुलाई में अपनी दूसरी बड़ी पुस्तक 'दलित साहित्य का समाजशास्त्र' की अन्तिम प्रूफ कॉपी लेकर 'भारतीय ज्ञानपीठ' नयी दिल्ली गया, तो आदरणीय राजेन्द्र जी से भी

मिला। 'ज्ञान बुक्स' के सामनेवाली गली में ही 'हंस' कार्यालय है। यद्यपि 'हंस' में मेरी कुछ रचनाएँ छप चुकी थी, पर राजेन्द्रजी या 'हंस' परिवार से मेरा यह पहला परिचय था। अजय नावरिया और संजीव वहीं थे। राजेन्द्रजी ने नावरिया से मेरा परिचय कराया। मैंने राजेन्द्रजी से कहा–"क्या दलित साहित्य की तरह पिछड़े वर्ग का साहित्य नहीं हो सकता?" उन्होंने छूटते ही कहा–"हो सकता है, क्यों नहीं हो सकता? पर बताओ, दलितों के पास तो अम्बेडकर है, तुम्हारे पास क्या है? किसी भी साहित्य के पीछे एक विचार–दर्शन होता है। किस दर्शन से तुम 'पिछड़ा साहित्य' पैदा करोगे?" मैंने कहा–"पिछड़ों के पास फुले हैं, पेरियार हैं, शाहूजी महाराज हैं, छत्रपति शिवाजी हैं, लोहिया, कर्पूरी आदि तमाम महापुरुष और उनकी विचारधाराएँ हैं। फिर यह साहित्य कैसे नहीं हो सकता?" उन्होंने कहा कि "फुले, शाहूजी और पेरियार आदि तो दलितों के हैं। उन्होंने उनके सिद्धान्तों को अपना रखा है। फिर पिछड़ा साहित्य को दलित साहित्य से अलग कैसे करोगे?" मैंने कहा–"गांधी और समाजवादी आन्दोलन से यह विचारधारा निकाली जा सकती है। पूरा का पूरा आर्यसमाज और समाजवादी आन्दोलन पिछड़ों का है।" उन्होंने कहा–"आर्यसमाज पर वैश्यों का कब्जा है और वैश्य समाज तो ब्रह्मणों का भी ब्रह्मण है। वह अपने को पिछड़ा नहीं मानता। वैसे भी वैश्य द्विज श्रेणी में आते हैं और वे आरक्षण में नहीं आते।" मैंने कहा–"लेकिन बिहार और यूपी में तो वे इस श्रेणी में आते हैं। इस विषय पर आपसे विस्तार से इन्टरव्यू लूँगा। इस पर काम किये जाने की जरूरत है।" उन्होंने हामी भर दी और कहा फोन पर बातें कर लेना। मैं भी जल्दी में था। चला आया। रमणिका जी ने भी मेरे प्रस्ताव पर हामी भरी थी। किन्तु बिहार आकर अपनी नौकरी और प्रशासनिक व्यस्तताओं में ऐसा फँसा कि इन बातों की ओर ध्यान ही नहीं गया। जब 'फॉरवर्ड प्रेस' ने 'ओबीसी विमर्श' चलाया और डॉ.राजेन्द्र प्रसाद सिंह, ललन सिंह जैसे मित्रों ने इस पर काम करना शुरू किया, तो लगा वस्तुतः इस पर काम होना चाहिए।

आज राजेन्द्र जी नहीं हैं। लेकिन अकेले इस महान साहित्यकार, सम्पादक और चिन्तक ने भारतीय साहित्य और संस्कृति को जो कुछ दिया, वह अविस्मरणीय इतिहास है। मार्क्सवादी मंच पर होते हुए भी 'अस्मिता विमर्श' को सबसे पहले उन्होंने ही शिद्दत से महसूसा और उसी जोरदार ढंग से उठाया भी। राजेन्द्र जी ने गालियाँ सुनी, पर 'हंस' के मंच से 'स्त्री विमर्श', 'दलित विमर्श, 'मुस्लिम और आदिवासी विमर्शों' की होड़–सी लगा दी। इसी नक्शे–कदम पर

रमणिका गुप्ता ने 'युद्धरत आम आदमी' के मंच से दो कदम आगे बढ़कर बिगुल फूँका। कमलेश्वर ने 1975 में मुख्यधारा की पत्रिका 'सारिका' के दो-दो 'दलित अंक' निकाले, जो मराठी दलित साहित्य पर केन्द्रित थे। पर सहानुभूति रखते हुए भी वे इस ओर आगे नहीं बढ़ सके। शुद्धतावादी विमर्श के वे घोर विरोधी थे और अल्पसंख्यक विमर्श पर लगातार काम करते रहे।

## मार्क्सवाद और अभिजन विमर्श

मार्क्सवादी नामवर जी भी हैं, मैनेजर पाण्डेय भी हैं और तमाम द्विज व अभिजन साहित्कार हैं, पर ऐसे विमर्शों का उन्होंने तभी तक साथ दिया, जब तक उन्हें नेतृत्वपूर्ण भूमिका की तलाश रही। पर जब भोक्ता खुद आगे आये, तो इन्होंने उनसे किनारा-सा कर लिया। दलित साहित्य को तो खारिज करने का ही फतवा दे डाला। पर राजेन्द्र जी या रमणिका गुप्ता ने ऐसा कभी नहीं किया। उन्होंने चुपचाप काम किया, इसका श्रेय भी खुद नहीं लिया। उसी मुलाकात में मैंने राजेन्द्रजी से पूछा था-"दलित और स्त्री विमर्श तो आप ही ने शुरू किया था।" पर उन्होंने स्पष्ट शब्दों में इनकार दिया-"नहीं यह उनका अपना विमर्श है। मैंने कुछ भी नहीं किया है।" रमणिका जी का भी यही मत था। यह उनका बड़प्पन था। उन दिनों मैं 'युद्धरत आम आदमी' पत्रिका के भंगी विशेषांक के सम्पादन के लिए रमणिका जी के यहाँ ही टिका हुआ था।

अस्मितावादी विमर्शों की ताकत का इसी से अन्दाजा लगाया जा सकता है कि 'मार्क्सवादी' विमर्शों पर तो द्विजों का कब्जा हो गया, पर अस्मितावादी विमर्शों का श्रेय उन्हें नहीं मिल सकता। उल्टे इन विमर्शों का विरोध करके वे खुद भी अस्मितावादी विमर्श के शिकार हो गये हैं। तथाकथित मुख्यधारा के साहित्य और संस्कृति भी अब 'अभिजन विमर्श' के नाम से चिह्नित होने लगे हैं। प्रेमचन्द जैसे लेखक स्त्री विमर्श में तो नकार दिये गये, पर दलित विमर्श के स्वीकार-नकार के बीच वे फिर से प्रासंगिक बन गये। उन्हीं कारणों से ओबीसी विमर्श में भी उनकी चर्चा होगी। क्योंकि ब्राह्मणवाद के खिलाफ दलित और शूद्रों (ओबीसी) के पक्ष में उन्होंने सबसे अधिक लिखा है।

## ओबीसी साहित्य का समाजशास्त्र और राजनीति

ओबीसी या पिछड़ा कोई जाति नहीं एक संवैधानिक वर्ग है, जिसमें हिन्दू, मुस्लिम और अन्य अल्पसंख्यक समुदाय की सैकड़ों जातियाँ शामिल हैं,

जिन्हें 'मण्डल कमीशन' के तहत देश में और स्थानीय सामाजिक-शैक्षणिक और आर्थिक स्थिति के अनुरूप कुछ प्रान्तों में सरकारी नौकरियों मे आरक्षण प्राप्त है। इनमें से नाई, कहार, कुम्हार, कानू, कुंजरा, कबारी, मल्लाह, तांती, नट, बंजारा, जुलाहा, धुनिया, धोबी (मुस्लिम), धनकार, लोहार आदि ऐसी सैकड़ों कामगार जातियाँ हैं, जिनकी स्थिति दलितों से भी बदतर है। यह सच है कि दलित अछूत समझे जाते थे और सवर्ण समाज उन्हें घृणा की दृष्टि से देखता था। सदियों तक वे अपमान और वर्ण-व्यवस्था जनित अमानवीय शोषण और यातनाओं के शिकार हुए। पर पिछड़े समाज के लोग सवर्ण समाज के सीधे सम्पर्क में रहे। उनके दास-दासी और मजदूर बनकर दलितों से भी अधिक सामन्ती जुल्म सहे। बेकारियाँ की, परिवार सहित दिन-रात उनकी सेवा की, बदले में तिरस्कार, अपमान और पशुवत् व्यवहार के शिकार हुए। वस्तु की तरह उनका क्रय-विक्रय होता रहा। दहेज के रूप में इनकी बहू-बेटियाँ मालिकों की बेटियों की दासी बनकर उनके ससुराल जाती रहीं और रखैल का जीवन जीती रही। इन शूद्रों से व्यक्तिगत सम्पति का अधिकार भी छीन लिया गया। इन्हें सदियों तक गुलामों की जिन्दगी जीनी पड़ी। गाँवों में हाल-हाल तक वे बन्धुआ मजदूर थे। खोजने पर छिटपुट उदाहरण आज भी मिल जायेंगे। जीविका का कोई अन्य विकल्प नहीं होने और मालिकों के ऋण तले दबे होने के कारण वे दुख, अपमान सहकर भी मालिकों की सेवा में लगे रहे। ऋण का बोझ वे पीढ़ी-दर-पीढ़ी ढोते और चुकाते रहे।

चूँकि इनके सामाजिक और आर्थिक सरोकार सीधे तौर से सामन्ती जातियों से जुड़ते थे, अतः उनकी शुद्धता और श्रेष्ठता एवं अपनी जीविका की रक्षा के लिए उन्हें भी दिखावे के तौर पर दलितों के साथ अछूतपन का ही व्यवहार रखना पड़ा। यह बीमारी दलितों में भी घर कर गयी। चमार, दुसाध, धोबी आदि जातियाँ भी एक-दूसरे के यहाँ नहीं खाती थी। यह ब्रह्मणवाद की श्रेणीगत असमानता थी, जो ऊपर से नीचे तक हर जाति में व्याप्त थी। किन्तु पिछड़ी जातियों के मन में दलितों के प्रति सहानुभूति और उदारता बनी रहीं। दलितों की तो बस्तियाँ अलग थी, अतः फुर्सत के समय उन्हें अपने समाज के साथ दुख मनाने और क्षोभ व्यक्त करने का भी अवसर और अवकाश था। पर शूद्र या ओबीसी कामगार जातियों के पास तो वह भी सहुलियत नहीं थी, क्योंकि उन्हें सवर्ण समाज के बीच ही घर बसाकर रहना पड़ता था। इसलिए वे मार खाकर भी रो नहीं सकते थे। यशपाल जी की एक कहानी है-'दुख

का अधिकार', जिसमें तरबुज बेचनेवाली एक औरत सरे बाज़ार में बैठी तरबुज भी बेच रही है और रो भी रही है। कल ही साँप काटने से उसके बेटे की मृत्यु हो गयी थी। वह तरबुज काटने खेत में गया था। वहीं एक विषैला साँप तरबुज के लतर में छिपा था। घर में दो-चार दिन बैठकर उसे बेटे की मौत का गम मनाने की भी फुर्सत नहीं है। पेट की मार उसे बाज़ार तक ले आयी है। रह-रहकर उसके आँसू फूट पड़ते हैं।

प्राचीन काल, मध्यकाल और आधुनिक काल में भी उनकी लगभग यही स्थिति रही। स्त्रियों की भी स्थिति लगभग यही थी, पर उसका स्वरूप अलग था। इसलिए बुद्ध, मक्खलि गोशाल, कबीर से लेकर फुले, पेरियार तक-जो आन्दोलन चले, उनमें दलित-पिछड़ों को लेकर वर्ण और जाति व्यवस्था का विरोध हर काल में कॉमन रहा। पर कालक्रम से उनमें मुस्लिम अल्पसंख्यक और स्त्रियों की समस्या और स्थिति भी जुड़ती चली गयी। कबीर ने जाति और वर्ण-व्यवस्था के साथ-साथ हिन्दू-मुस्लिम सवाल और संकीर्णताओं को उठाया। जाहिर है, बुद्ध के समय मुसलमान नहीं थे। पर फुले तक आते-आते इसमें स्त्रियों के सवाल भी शामिल हो गये। राजाराम मोहन राय ने सती-प्रथा के खिलाफ आन्दोलन अवश्य छेड़ा, पर स्त्रियों की अन्य समस्याओं की ओर उनका ध्यान नहीं गया। फुले ने पहली बार स्त्री को भी दलित कहा और स्त्री-शिक्षा, बाल-विवाह, विधवा-जीवन, कन्या भ्रूण-हत्या आदि सवालो को उठाया और उसके लिए आन्दोलन चलाये। फुले ने शूद्रातिशूद्र आन्दोलन चलाकर ब्राह्मणवाद के खिलाफ सीधा विद्रोह कर दिया। गांधी के दलितोद्धार केवल छुआछूत तक सीमित थे। पर डॉ. अम्बेडकर ने तो तमाम आन्दोलनों का निचोड़ रख दिया। बाबा साहेब के आन्दोलन में दलित, ओबीसी, मुस्लिम और स्त्री की तमाम समस्याएँ शिद्दत से आयी हैं। किन्तु 1932 में 'पूना-पैक्ट' से जब दलितों को आरक्षण मिल गया, तो पिछड़े वर्गों में व्यापक प्रतिक्रिया हुई और इस वर्ग के नेता, लेखक और बद्धिजीवी संघ-संगठन बनाकर अपने हक की माँग करने लगे। वे बाबा साहेब के आन्दोलन के पूरक बने, सामानान्तर नहीं। परिणाम स्वरूप बाबा साहेब ने संविधान में 'अन्य पिछड़ा वर्ग' नामक अध्याय धारा (340) जोड़ा।

## पिछड़े वर्ग के तत्कालीन समाजसेवी, नेता और लेखक

आरम्भ में आर्यसमाजी जोश में पिछड़ों में जो जातीय संगठन बने, उनमें 'कृण्वन्तु विश्वमार्यं' के आधार पर जनेऊ धारण करने एवं अपने आपको श्रेष्ठ

ब्रह्मण या क्षत्रियों के वंशज कहलाने की होड़ मची। पर जब सवर्णों ने ऐसे प्रयासों का विरोध किया, तो पिछड़ों का आन्दोलन 'त्रिवेणी संघ' के रूप में और फिर 'पिछड़ा वर्ग संघ', 'अर्जक समाज' आदि आन्दोलनों के रूप में आधुनिक विकल्प बनकर आगे बढ़ा। इनके नेता और समाजसेवियों में प्रमुख नाम हैं : बिहार से 'त्रिवेणी संघ' के संस्थापक बाबू दासू सिंह (दासू बाबू), नवदीप चन्द्र घोष, गुरुसहाय लाल, गणपति मण्डल, आर.एल. चन्दापुरी, चुल्हाई साहू, सन्त प्रसाद गुप्त, जगदेव प्रसाद, देवशरण सिंह, राम अवधेश सिंह आदि, उत्तर प्रदेश से डॉ. बदलू राम 'रसिक', रामस्वरूप वर्मा, चन्द्रिका प्रसाद जिज्ञासु, द्वारका प्रसाद मौर्य, दुर्गादत्त सिंह कुशन, शिवदयाल सिंह चौरसिया, दुर्गादीन साहू, छेदी लाल साथी, बाबूलाल प्रजापति, कुँवर उदय वीर सिंह आदि, दिल्ली से रामप्रसाद सैनी, प्यारे लाल सोनकर, पृथ्वीपाल सिंह, ज्ञानेन्द्र नाथ, भैरव प्रसाद चन्द्र, रामप्रसाद धनगर, सरदार मोहन सिंह, भगवान दास सेठ, बिहारी लाल, जी.डी. चौरसिया, जी.पी. यादव, बदन सिंह पाल आदि, मध्य प्रदेश से डॉ. इन्द्रजीत सिंह, खूबचन्द पटेल, चिन्तामणि साह, गोखुल प्रसाद सैनी, कन्हैया लाल जी आदि, पंजाब से डॉ. हजारी लाल, सन्तराम (बी.ए.), अमीर सिंह, चौधरी चानन सिंह, सीताराम सैनी आदि, पं. बंगाल से आशुतोष दास, एस.के. सरकार, उपेन्द्र नाथ बर्मन, गौरसुन्दर नाथ, खलीलुर्रहमान अन्सारी, विवेकानन्द विश्वास आदि, उड़िसा से यदुमण मंगराज, डॉ. पी. पारीजा, लक्षी नारायण साहू आदि, राजस्थान से महन्त लक्षानन्द, घीसाराम जाट, कालू राम राठौर, स्वामी परमानन्द जी भारती, सन्तोष सिंह कछवाहा, छोटेलाल सुखाजी, राम स्वरूपचन्द लाल आदि, बम्बई से के.एस. डोंडकर, डब्लू सिंह वाग, जी.सी. बोबाड़े, के.पी. साह, एस.आर. लोण्ढे, आर.बी. राउत, डी.आर. गाढ आदि, आन्ध्र प्रदेश से जी. लच्छना, डॉ. एन.चेन्ना रेड्डी, जी.आर. वर्मा, के. कामराजू, ए. हुसैनप्पा, टी.एन. विश्वनाथ रेड्डी, मैसूर (कर्नाटक) से बी. गोपाल रेड्डी, एन.सी. देशप्पा, पी. मरियप्पा, के.जी. देशप्पा, के.पी. बोडियर, एम. बीरप्पा, एन.बी. कृनप्पा आदि, मद्रास (तमिलनाडु) से वी.एम. घटिकाचलम, एन.ई. मनोरम, एस. रामानाथन, एम.ए. नायर आदि, केरल में क्रिश्चन पिछड़ा वर्ग संगठन से पी.एम. अब्राहम, पी. नीलकण्ठ, बी.डी. जॉन, ई.पी. वर्गीज आदि, असम से जीतेन्द्र नाथ चौधरी, हीरालाल गुप्ता, गौरमोहन दास, चारू बर्मन, सोनाराम फुकम, गिरधारी दास, ज्ञान मोहन दास, एम.एन. सैकिया, नीलाम्बर दास आदि।" (भारत में ब्राह्मण

राज और पिछड़ा वर्ग आन्दोलन, लेखक-आर.एल. चन्दापुरी, मिशन प्रकाशन, पटना, बिहार)

आज़ादी की लड़ाई के दौरान शुरू हुए इन आन्दोलनों के कारण ही पिछड़ों में राजनीतिक चेतना आयी और समाजवादी आन्दोलनों के परिणाम स्वरूप अनेक राज्यों में पिछड़ों का नेतृत्त्व और शासन हो गया। आज़ाद भारत में यह चेतना सबसे पहले कर्पूरी ठाकुर और करुणानिधि में आयी। फिर कांशीराम ने इसे धार दी। लालू यादव, मुलायम सिंह, शरद यादव, चौधरी चरण सिंह, देवीलाल आदि ने सम्पूर्णता के साथ दलित-पिछड़े और अल्पसंख्यक एजेण्डे को राजनीति में शामिल किया और सफल हुए। बिहार में कर्पूरी ठाकुर, लालू यादव, नीतीश कुमार, रामविलास पासवान, यूपी में चौधरी चरण सिंह, कांशीराम, मुलायम सिंह यादव, मायावती, हरियाणा में देवीलाल, तमिलनाडु में करुणानिधि, कर्नाटक में देवगौड़ा आदि इसी चेतना के प्रतीक और उपज हैं। आज की राष्ट्रीय राजनीति का केन्द्र भी पिछड़े वर्ग के प्रतिनिधि और प्रतीकों पर टिका है। इसी चेतना को भुनाने के लिए भाजपा जैसी राष्ट्रीय पार्टी को भी आज नरेन्द्र मोदी को पिछड़े चेहरे के रूप में आगे करना पड़ा है। किन्तु चाहे पिछड़ी राजनीति हो या दलित राजनीति, आज फुले और बाबा साहेब के मार्ग से भटकती हुई दिखायी दे रही है, जिसका लाभ मनुवादी ताकतों को मिल रहा है।

## ओबीसी साहित्य का स्वरूप और सम्भावनाएँ

ओबीसी साहित्य पर काम नहीं हुए हैं। अन्यथा वैश्य समाज सहित पिछड़े वर्ग के जो हिन्दी कवि, साहित्यकार थे या हैं, उनमें दलित-पिछड़ी चेतना के अनुरूप संवेदना, कथ्य, पात्र और परिस्थितियों का चित्रण अवश्य मिलता है। आज़ादी के पूर्व फुले, पेरियार, नारायण गुरु, भारतेन्दु, सन्तराम (बी.ए.), रामस्वरूप वर्मा, ललई सिंह यादव, चन्द्रिका प्रसाद जिज्ञासु आदि सक्रिय रूप से इन्हीं दलित-पिछड़ी चेतना के अनुरूप लिख रहे थे। इनमें से कुछ लोग आज़ादी के बाद भी सक्रिय रहे। भारतेन्दु की चेतना में 'वैदिक हिंसा' पर व्यंग्य, 'भारत दुर्दशा' में 'ब्राह्मण-श्रमण विवाद' पर प्रहार आदि ऐसे अनेक स्थल हैं, जहाँ से ओबीसी विमर्श की खोज की जा सकती है। उसी प्रकार जयशंकर प्रसाद भले ही ब्रह्मणवादी चेतना के साहित्यकार हों, किन्तु उनका अन्तिम चिन्तन 'कंकाल' उपन्यास में आया है, जहाँ उन्होंने धर्म के पाखण्ड और संस्कृति की धज्जियाँ

उड़ायी है। भिखारी ठाकुर के भोजपुरी नाटकों में ओबीसी साहित्य की आत्मा बसती है। उनके नाटकों के प्रायः सभी नायक-नायिका और पात्र इसी पिछड़े वर्ग के हैं। वातावरण और परिस्थिति भी पिछड़े समाज के ही हैं। फणीश्वरनाथ रेणु की रचनाओं की बनावट-बुनावट तो वैसी है ही, उनकी संवेदना और कथ्य भी पिछड़े समाज के हैं। चाहे संवदिया, ठेस, तीसरी कसम, लालपान की बेगम, पंचलाइट, रसप्रिया, रसूल मिसतिरी जैसी कहानियाँ हो या 'मैला आंचल', 'परति परिकथा' जैसे उपन्यास-सभी के नायक और परिवेश यही पिछड़ा और उनका पिछड़ा समाज हैं। उसी प्रकार संजीव के उपन्यास और कहानियों के नाई, कहार, लोहार, कुम्हार नायकों को देखा जा सकता है। मुद्राराक्षस, चन्द्रकिशोर जायसवाल, रामधारी सिंह दिवाकर, सुरेन्द्र स्निग्ध, चौथीराम यादव, दीनेश कुशवाहा, प्रेम कुमार मणि, राजेन्द्र प्रसाद सिंह, सुभाष चन्द्र कुशवाहा, युवा रचनाकार धर्मवीर यादव गगन आदि की रचनाएँ भी ऐसे ही कथ्य, शिल्प, पात्र और पिछड़े जीवन की संवेदनाओं से भरी पड़ी हैं। ऐसी रचनाएँ और लिखी जा रही है। यह प्रवृत्ति और बढ़ेगी।

## ओबीसी साहित्य के सिद्धान्त और सीमाएँ

आज के वैज्ञानिक जीवन का जैविक सच यह है कि मानवेतर प्राणि और वनस्पतियों में क्रॉस ब्लीड से उत्तम नस्लें तैयार की जाती है। यही सच मानव प्राणी का भी है। किन्तु वर्ण और जाति-व्यवस्था द्वारा बड़ी होशियारी से इसे दलित और पिछड़ों के हक में निषिद्ध कर दिया गया है। विवाह को जाति और वर्णों में तो सीमित कर ही दिया गया, पर शूद्रों के लिए सगोत्रीय और द्विजवर्णी जातियों के लिए विगोत्रीय विवाह की व्यवस्था की गयी, जिससे द्वि जवर्णी जातियों में नस्ल सुधार तो हुए, पर दलित और पिछड़ों में ऐसा नहीं हुआ। स्मरण रहे यह प्रथा भारतीय समाज में आज तक प्रचलित है। उसकी देखा-देखी मुस्लिम समाज में भी यह प्रथा समा गयी। और तो और कायस्थों में भी शूद्रों की तरह शादियाँ सगोत्रीय ही होती हैं, क्योंकि कायस्थ को भी शास्त्र से शूद्र ही माना गया है। उनमें भी नस्ल सुधार की वही समस्या है, जो शूद्रों में है। इसलिए जाति-प्रथा के उन्मूलन और नस्ल सुधार के लिए फुले, बाबा साहेब, पेरियार, डॉ.लोहिया, कर्पूरी आदि सभी ने अन्तर्जातीय विवाह पर बल दिया था। तो क्या अस्मिता विमर्श से अन्तर्जातीय शादियाँ रुक जायेंगी और समाज सीमित हो जायेगा? ऐसा बिल्कुल भी नहीं है।

यह कटु सत्य है कि अन्तर्जातीय शादियाँ पहले उसी समाज से शुरू हुई, जिस समाज या उसके सुधारवादी नेताओं ने इसका विरोध किया था। तमाम विरोधों के बावजूद गांधी के पुत्र देवदास गांधी ने ब्राह्मण लड़की से शादी की। इन्दिरा जी सहित तमाम अन्तर्जातीय विवाह उच्च वर्ग के ऊँचे नस्ल और जातियों में हुए। आज भी मुस्लिम समाज के शेख-सैयद-पठानों की शादियाँ यदि ब्राह्मण समाज में होती है, तो इसमें जाति नहीं नस्लगत समानता पायी जाती है। अधिकांश मुस्लिम नेताओं की शादियाँ ऐसी ही है। कुछ अपवाद सम्पन्न दलित या पिछड़ों में देखे जा सकते हैं। पर यह सामान्य प्रवृत्ति नहीं है। फिर अन्तर्जातीय विवाह से जातियाँ टूटती कहाँ है? जातियाँ पितृसमाज में पिता की और मातृसमाज में माता की जातियों के रूप में बदल जाती हैं। इसलिए ऐसे विमर्शों से कोई फर्क पड़नेवाला नहीं है, उल्टे उनकी सम्मानजनक स्थिति देखकर दूसरे समाज के लोग प्रभावित होंगे और शादियाँ होती है, तो इसमें मनाही कहाँ है?

ओबीसी साहित्य के सम्बन्ध में दूसरी आशंका यह जतायी जा सकती है कि यह वर्ग-विमर्श से अलग जाति विमर्श में बँट जायेगा। ऐसी आशंका 'साहित्य में आरक्षण' वाले प्रसंग पर नामवर जी सहित कई विद्वानों ने जतायी थी। इस प्रसंग में जब मैंने नामवर जी से पूछा, तो उन्होंने प्रतिप्रश्न किया था-"तो क्या जितनी जातियाँ हैं, उतने साहित्य हों? साहित्य खण्ड-खण्ड हो जायेगा।" प्रथम दृष्टि में यह आशंका जायज लगती है। पर साहित्य अखण्ड कब रहा है? इसकी अखण्डता का आभास तभी तक होता रहा, जब तक इस पर किसी खास जाति या वर्ग का आधिपत्य रहा। अन्यथा यह हर काल में बँटता रहा है। आज भी अघोषित रूप से इसके जातिगत खेमे बने हुए हैं, चाहे वह मुख्यधारा का अभिजन साहित्य हो, चाहे अस्मिता विमर्श वाला बहुजन साहित्य। महत्त्व भले ही प्रतिभा का हो, पर धीरे-धीरे उसमें जातियाँ घुस आती हैं। भारत में चाहे धर्म हो, संस्कृति हो, दर्शन हो, समाज हो, राजनीति हो-हर क्षेत्र में जातियाँ घुसी हुई हैं। चूँकि जाति भारतीय समाज का सच है, इसलिए अनायास यह प्रबल हो जाती है। पर संवैधानिक सच्चाई वर्ग ही है, इसलिए घोषित रूप से यह वर्ग के रूप में प्रकट होती है। सम्भव है ओबीसी साहित्य भी कालान्तर में पिछड़ा और अतिपिछड़ा वर्ग विमर्श में बँट जाये। स्त्री साहित्य में भी पुरुषवादी वर्चस्व के विरोध के बावजूद सवर्ण स्त्री, दलित स्त्री और पिछड़े वर्ग की स्त्रियों के अलग-अलग मोर्चे हैं, क्योंकि

उनकी सामाजिक भूमिकाएँ अलग रही हैं। मार्क्सवादी विमर्श में इसे एलिट, मध्यम और सर्वहारा भले ही कह लें, पर सीमाएँ वहाँ भी होंगी। कांशीराम भारत में सारी समस्याओं की जड़ में ब्राह्मणवाद को ही देखते थे। इसलिए उन्होंने डॉ.लोहिया के गैर-काँग्रेसवाद की तर्ज पर गैर-ब्राह्मणवाद को अपना राजनीतिक मिशन बनाया।

ओबीसी साहित्य की सैद्धान्तिकी में भी मनुवादी प्रवृत्तियों का विरोध और पिछड़े समाज के मान-सम्मान, अस्मिता, अस्तित्त्व और मानवीय गरिमा की स्थापना ही है। इनकी चिन्ता में हाशिये की तमाम धाराएँ और नया सांस्कृतिक विमर्श है। इसकी विचारधारा में लोहिया, गांधी, अम्बेडकर आदि सभी हैं। अपने ऐतिहासिक प्रतीकों और दबे हुए इतिहास की खोज भी इसकी चिन्ता में है। इसलिए ओबीसी विमर्श की धार तेज होगी।

# बिरसा की विरासत की पड़ताल : आदिवासी कौन?

आदिवासियों का इतिहास नया नहीं है, न ही उन पर शोध-अनुसन्धानों का सिलसिला ही नया है। पर नयेपन का यह इतिहास भी अधिक पुराना नहीं है। आदिवासियों को लेकर जो भी हलचल दिखायी-सुनायी पड़ती है आधुनिक काल में ही। यह अजीब विडम्बना है कि जिन अँग्रेजों ने आदिवासियों को उनकी जड़ और जमीन से बेदखल किया, उन्हीं ने उनकी परम्परा और विरासत की पहचान भी की। उनके लिए कानून बनाये और उनके संरक्षण और सुरक्षा की व्यवस्था की। इतिहास और मिथकों में हम आदिवासियों की जो भी पड़ताल कर लें, हड़प्पा और मोहनजोदड़ों से उनके सम्बन्धों के जो भी प्रमाण जुटा लें, आधुनिक आदिवासी उन सबसे महरूम हैं। भारतीय आदिवासियों के इतिहास, भूगोल और अस्मिता की पहचान कराती तीन पुस्तकें हमारे सामने हैं और तीनों पुस्तकों की सम्पादक हैं-दलित, आदिवासी और स्त्रियों के हक में लगातार लड़ने और लिखनेवाली समाजसेवी और साहित्यकार रमणिका गुप्ता। राधाकृष्ण प्रकाशन, नयी दिल्ली से प्रकाशित ये पुस्तकें हैं-'आदिवासी कौन', 'आदिवासी विकास से विस्थापन' और 'आदिवासी साहित्य यात्रा'। आदिवासियों की मनो-सामाजिक, आर्थिक और राजनीतिक स्थिति की ऐतिहासिक पड़ताल कराती हुई ये पुस्तकें उनके सुदूर अतीत और मौजूदा वर्तमान की पूरी व्यथा-कथा बयान कर देती हैं।

रमणिका जी ने आदिवासियों के सम्बन्ध में आदिवासियों पर जो भी प्रमाण जुटायें हैं, आदिवासियों के बीच से ही। पुस्तकों के विभिन्न पाठों, उनके तथ्यों और कथ्यों के लेखक उन स्थितियों के भोक्ता भी रहे हैं। कहने की आवश्यकता नहीं कि आदिवासियों की संस्कृति अलग है। उनका हिन्दू या अन्य संस्कृतियों से सीधा तालमेल नहीं बैठता। पुस्तक के पाठ आदिवासी 'हिन्दू नहीं है' (वाहरू सोनवणे) तथा 'आदिवासी कौन' (डॉ. विनायक

तुमराम, अनु.-प्रतिभा मुदलियार) में इन स्थितियों की विषद् चर्चा है। आदिवासी अस्मिता की आधुनिक और पौराणिक पहचान के लिए ये अध्याय महत्त्वपूर्ण हैं। पुस्तकों के विभिन्न आलेखों के विद्वान लेखकों में प्रमुख नाम हैं-रत्नाकर भेंगरा, सी.आर. बिजोय, महादेव टोप्पो, बस्ता सोरेन, वासवी, शिमरीचान लुइथुई, डॉ.बी. पाकेम, योगेश कुमार, माया बोरसे, रामदयाल मुण्डा, अशोक सिंह, आर. टोकिन राय रिम्बई, लटारी कवडू मडावी (अहिंसावादी रावण : बुद्ध के समकालीन गणनायक), हरिराम मीणा, तोराम सुन्हेर सिंह, अजित जोगी, लाल सिंह चौहान, पूरन बोरो, शंकर लाल मीणा, प्रभाकर तिर्की, राजेन्द्र सिंह मुण्डा, डॉ. के.कुमराप्पन, सुखनाथ लोहरा, लक्ष्मण गायकवाड, मनोरमा एक्का आदि। आदिवासी विशुद्ध अनार्य हैं। वेशभूषा, भाषा, नस्ल और रीति-रिवाजों से भी वे भारत के प्राचीनतम निवासी ठहरते हैं। वे हिन्दुओं की वर्ण और जाति-व्यवस्था के अन्तर्गत भी नहीं आते। जाति और लिंग-भेद से परे समाज, सामुदायिक जीवन शैली, सामूहिकता, प्रकृति से निकटता और प्रेम, निर्भिकता और आत्मनिर्भरता आदिवासी जीवन के कुछ ऐसे लक्षण हैं, जो उन्हें अन्य समुदायों से अलग करते हैं।

तमाम विवरण बताते हैं कि मुख्यधारा की संस्कृति से हमेशा उनका विरोध रहा है, आर्य संस्कृति के 'देवासुर-संग्राम' से लेकर तमाम प्राचीन मिथकों में प्रतिपक्ष की भूमिका में यही समाज कभी दैत्य, पिशाच, दानव तो कभी राक्षस, असुर और अनार्य बनकर साहित्य में आते रहे हैं। आदिवासियों ने समझौता कम ही किया है। उन्होंने अपने अस्तित्त्व रक्षा के लिए युद्धों के बड़े-बड़े मिथक और इतिहास रचे हैं। प्राचीन 'देवासुर-संग्राम' से लेकर 'राम-रावण' युद्ध तक के मिथकों, शम्बूक, एकलव्य, मारीच जैसे कोल-भीलों के प्रतिरोधी पक्ष वे ही हैं। उन्हें प्राचीन साहित्य के दैत्य, पिशाच, असुर और राक्षस भी कहा जा सकता है, जिनका कभी अपना राजपाट था, अपनी विकसित संस्कृति थी। आर्य आक्रमणों के बाद उन्हें जंगलों में भागना पड़ा। कालान्तर के अनेक आक्रमणों ने उन्हें अपनी जड़ और जमीन से बेदखल कर दिया। पुस्तक में प्राचीन आर्य-अनार्य सिद्धान्तों के सहारे इन तथ्यों की प्रामाणिक पड़ताल की गयी है। अनार्यों के आदिदेव शंकर तथा आदिगुरु शुक्राचार्य, राजा बलि, विरोचन, शबरी जैसे प्राचीन मिथकों से लेकर आधुनिक काल के कोल-भील विद्रोह और बिरसा मुण्डा जैसे वीरों के त्याग-बलिदान की चर्चा करते हुए पुस्तकों में भारतीय स्वतन्त्रता संग्राम के पूर्व और पश्चात् अपनी अस्मिता और मातृभूमि की रक्षा के लिए आदिवासियों द्वारा किये गये संघर्षों पर एक शोधपरक दृष्टि डाली गयी है।

संसार का पहला मानव यदि अफ्रीका में पैदा हुआ, तो भारत का आदिमानव निश्चय ही यहाँ के आदिवासी हैं। नीग्रो से द्रविड़ और आग्नेय से आस्ट्रिक तक आदिम सभ्यता के जो भी बीज क्षेत्र हैं, आधुनिक नस्लें वहीं से पैदा हुई हैं। किन्तु नस्लीय क्रौस से जहाँ उन्नत सभ्यताएँ उत्पन्न हुईं, वहीं मूल आदिम सभ्यताएँ सूखती चली गयीं। नयी नस्लों ने इनका भरपूर शोषण किया। उनकी जर, जमीन और जड़ों से उन्हें काट डाला गया। आदिवासी समुदाय सूखी सभ्यता की वही शोषित-पीड़ित जनता है। पुस्तकों में इन बातों की भरपूर चर्चा हुई है।

पहली पुस्तक में जहाँ आदिवासियों की पहचान, परिभाषा और अस्मिता को रेखांकित किया गया है, वहीं दूसरी पुस्तक में उनके आर्थिक, सामाजिक और सांस्कृतिक विकास का जायजा है। तीसरी पुस्तक आदिवासी साहित्य की रचनात्मक और आलोचनात्मक यात्रा है। आदिवासियों को संविधान में अनुसूचित जनजाति कहा गया है। इसके विपरीत भारतीय समाज के किसी भी वर्ग को जनजाति नाम नहीं दिया गया है। अधिकांशतः वनों में रहने के कारण इन्हें वनवासी कहा गया। गांधी युग में भी 'हरिजन' की तर्ज पर इन्हें 'गिरिजन' कहा गया। प्राचीन भारतीय साहित्य आदिवासियों के वनवासी होने की पुष्टि करते हैं। रामायण और महाभारत के शबरी, एकलव्य, शम्बूक आदि के मिथक भी उन्हें वनवासी ही घोषित करते हैं। मध्यकाल में कोल-भीलों का अपना इतिहास है। आधुनिक काल के बिरसा मुण्डा, बाबूराव सेडमाके, सिद्धो-कान्हू आदि की वीरता प्रसिद्ध हैं। इस प्रकार प्राचीन काल से अब तक आदिवासियों के इतिहास और मिथक का जो स्वरूप उभरता है, वह कहीं दीनता, कहीं भक्ति-भावना और कहीं वीरता के हैं। चोरी-बटमारी से लेकर छोटे-बड़े युद्ध और लड़ाइयों तक भारतीय साहित्य ने उनकी युद्धवीरता को बड़े ही नकारात्मक ढंग से पेश किया है। उनकी वीरता और जुझारूपन के प्रतीक उनके प्रिय अस्त्र तीर-कमान आज भी उनके हाथों की शोभा बढ़ा रहे हैं। उनके समाज और संस्कृति की अनेक विशेषताएँ हैं, जो आज भी उन्हें मुख्यधारा की संस्कृति से अलग करती हैं। पुस्तक में देश के विभिन्न भागों में विभिन्न नामों से फैले आदिवासियों और उनकी समस्याओं का सविस्तार वर्णन और विवेचन है। उत्तर-पूर्व के थारू, मिजो, बोडो, नागा, खासी, लोधा, मध्य भारत के भील, गोंड, सन्थाल, उरांव, मुण्डा, करकिटास, सहरिया, बैगा, खड़िया, पहाड़िया, पश्चिम के भील, मीणा, बंजारा और दक्षिण भारत के

इरुलास, कुरुम्बास आदि आदिवासियों की ऐतिहासिक-भौगोलिक स्थिति का विवेचन शोधार्थियों के लिए एक प्रामाणिक दस्तावेज है।

इस प्रकार पुस्तकों के तमाम 'पाठ' और प्रकरण आदिवासी समाज पर एक सम्पूर्ण अध्ययन प्रस्तुत करते हैं, जो छात्रों, शोधार्थियों के साथ-साथ साहित्य, संस्कृति और इतिहास के किसी भी जिज्ञासु और पाठक के लिए महत्त्वपूर्ण हैं।

# ‘गुलामगीरी’ बनाम ‘हिन्द स्वराज’ : आधुनिक मुक्ति चेतना के दो ध्रुवान्त

“सारे के सारे अँग्रेज बुरे हैं, ऐसा तो मैं नहीं मानूँगा। बहुत से अँग्रेज चाहते हैं कि हिन्दुस्तान को स्वराज मिले। उस (अँग्रेज) प्रजा में स्वार्थ ज्यादा है, यह ठीक है, लेकिन उससे हर एक अँग्रेज बुरा है ऐसा साबित नहीं होता। ...सर विलियम (वेडरबर्न) हिन्दुस्तान का बुरा चाहनेवाले नहीं हैं, इतना हमारे लिए काफी है।”

(हिन्द स्वराजः महात्मा गांधी)

“आज़ाद होने से मनुष्य अपने सभी मानवी अधिकार प्राप्त कर लेता है और असीम आनन्द अनुभव करता है। सभी मनुष्यों को मनुष्य होने के जो सामान्य अधिकार, इस सृष्टि के नियन्त्रक और सर्वसाक्षी परमेश्वर द्वारा दिये गये हैं, उन तमाम मानवी अधिकारों को ब्राह्मण-पण्डा-पुरोहित वर्ग ने दबोचकर रखा है। ...उनके हक उन्हें मिल जाने से उन अँग्रेजों को खुशी होती है। सभी को आज़ादी देकर, उन्हें जुल्मी लोगों के जुल्म से मुक्त करके सुखी बनाना, यही उनका इस तरह से खतरा मोल लेने का उद्देश्य है। वाह! वाह! यह कितना जनहित का कार्य है! उनका इतना अच्छा उद्देश्य होने की वजह से ही ईश्वर उन्हें, वे जहाँ गये, वहाँ ज्यादा-से-ज्यादा कामयाबी देता रहा है। और अब आगे भी उन्हें इस तरह के अच्छे कामों में उनके प्रयास सफल होते रहे, उन्हें कामयाबी मिलती रहे, यही हम भगवान से प्रार्थना करते हैं।”

(गुलामगीरी : जोतिराव फुले)

निश्चय ही आज की परिस्थिति वही नहीं है, जो जोतिबा फुले और गांधी के समय थी। आज अनेक बातों में उदारता आयी है। चीजें बदली हैं। पर

जिसे हम मानव-मुक्ति कहते हैं, उसकी समस्याएँ जहाँ की तहाँ बरकरार है। आधुनिक भारत की मुक्ति चेतना को समझने के लिए अँग्रेजों के समकालीन देश के दो महापुरुषों के उक्त वक्तव्यों पर ध्यान देने की जरूरत है। दोनों के मिशन आज़ादी है। एक (फुले) की आज़ादी में मनुष्य को अपने सभी मानवीय अधिकारों की प्राप्ति के साथ ऐसी स्वतन्त्र राजव्यवस्था शामिल है, जिसमें मनुष्य मात्र को सामाजिक, धार्मिक और आर्थिक स्वतन्त्रता और सम्मान मिले, तो दूसरे (गांधी) की आज़ादी में 'स्वराज' के सपने हैं। आज हमें आज़ादी मिल चुकी है। किन्तु यह गांधी के सपनों का 'स्वराज' नहीं है। भारत अभी केवल राजनीतिक दृष्टि से ही आज़ाद हुआ है, आर्थिक, सामाजिक और आध्यात्मिक दृष्टि से वह आज भी गुलाम ही है। भारत के मुक्ति संग्राम में राजनीतिक सफलता का श्रेय भी अकेले गांधी या किसी अन्य व्यक्ति को नहीं दिया जा सकता। भारत में मानव मुक्ति के जो महाअभियान चले उसकी कहानी लम्बी है, जो प्राचीन काल से लेकर आज तक अनवरत रूप से चलता आया है। आधुनिक काल की मुक्ति चेतना नवजागरण से शुरू होती है। इनमें राजाराम मोहन राय, विवेकानन्द, तिलक, दयानन्द सरस्वती, केशवचन्द्र, रानाडे, पेरियार, अम्बेडकर सुभाषचन्द्र बोस आदि तमाम नाम गिनाये जा सकते हैं। किन्तु उनमें से महात्मा फुले और महात्मा गांधी दो ऐसे नाम हैं, जो समय और समाज के साथ आज भी उतने ही महत्त्वपूर्ण और प्रासंगिक हैं, जितने पहले थे। ध्यान देने की बात है कि आधुनिक युग के तमाम महापुरुषों में से केवल इन्हीं दो नामों के आगे 'महात्मा' विशेषण लगा हुआ है। भारतीय समाज, संस्कृति और राजनीति की अस्मिता और पहचान की जो चिन्ता 'हिन्द स्वराज' में महात्मा गांधी की है, वही चिन्ता 'गुलामगीरी' में महात्मा फुले की भी थी। आइए गांधीजी के 'हिन्द स्वराज' के इर्द-गिर्द महात्मा फुले की 'गुलामगीरी' के चिन्तन को रखते हुए भारतीय संस्कृति के अनुरूप मानव मुक्ति की पड़ताल की जाये।

जोतिबा फुले की 'गुलामगीरी' 1873[1] में लिखी गयी थी और महात्मा गांधी का 'हिन्द स्वराज' 1909[2] में। किन्तु गांधीजी के 'हिन्द स्वराज' और फुले की 'गुलामगीरी' में बहुत सारी समानताएँ हैं। दोनों ही पुस्तकें छोटी हैं। दोनों ही क्षेत्रीय (स्थानीय) भाषाओं में आम जनता के अध्ययन के लिए लिखी गयीं। 'गुलामगीरी' की भाषा जहाँ मराठी है, वहीं गांधीजी के 'हिन्द स्वराज' की भाषा सरल गुजराती है। दोनों ही पुस्तकों के अँग्रेजी अनुवाद

उनके प्रकाशन के एक-दो वर्षों के भीतर ही छप गये थे। दोनों की चिन्ता के केन्द्र में भारतीय समाज की मुक्ति चेतना और राष्ट्रीय अस्मिता की रक्षा है। दोनों ही आध्यात्मिक, सामाजिक और राजनीतिक चिन्तक हैं। दोनों ने ही अपनी पुस्तकों की रचना में पश्चिमी विद्वानों से प्रेरणा ली है। 'हिन्द स्वराज' का चिन्तन जहाँ 'टॉल्स्टाय, कार्पेन्टर, थोरो, रस्किन, मेजिनी'[3] आदि से प्रेरित है, वहीं फुले की 'गुलामगीरी' पुस्तक पर थॉमस पेन की पुस्तक 'मानवाधिकार, अमेरिकी स्वतन्त्रता संग्राम और अब्राहम लिंकन'[4] के विचारों का प्रभाव है। दोनों ही पुस्तकों की शैली में अभूतपूर्व समानता है। दोनों की शैली 'संवाद-शैली' है। 'गुलामगीरी' के प्रश्नोत्तर जहाँ 'जोतिराव और धोड़ीराव'[5] के बीच है, वहीं 'हिन्द स्वराज' के संवाद 'सम्पादक और पाठक'[6] के बीच। जोतिबा धोड़ीराव के बहाने देशवासियों के सवालों के उत्तर खुद ही दे रहे हैं, पर 'हिन्द स्वराज' में गांधीजी 'सम्पादक' के रूप में बोल रहे हैं और 'पाठक' रूपी नागरिकों की जिज्ञासा का जबाव दे रहे हैं। महात्मा फुले 'गुलामगीरी' में जहाँ भारतीय जनमानस की मुक्ति में आर्य ब्राह्मण-पुरोहितों को बाधक मानते हैं, वहीं महात्मा गांधी मुक्ति मार्ग की रूकावटों के लिए अँग्रेजों को दोष देते हैं। किन्तु वे इसके लिए सारे के सारे अँग्रेजों को दोषी नहीं मानते। फुले यद्यपि नयी शिक्षा नीति एवं कतिपय अन्य मामले में अँग्रेजों की आलोचना करते हैं, किन्तु बहुतायत में अँग्रेजों को अपना हितैषी मानते हैं और उन्हें दलित-पिछड़ों का मसीहा तक कहने में संकोच नहीं करते। गांधीजी के अनुसार कल-कारखाने, रेल, डाकघर, पार्लियामेण्ट, वकील, डाक्टर, न्यायालय आदि अच्छी संस्कृति के द्योतक नहीं है। इसलिए वे अपने 'स्वराज' में इन चीजों का सीधा निषेध करते हैं। गांधीजी अपनी सभ्यता का स्वराज चाहते हैं और यह स्वराज केवल अँग्रेज और उनके राज को हटा देने से नहीं मिलेगा। इसके लिए उनकी सभ्यता को भी हटाना होगा।

अब सवाल उठता है कि 'हिन्द स्वराज' में जिस 'आध्यात्मिक स्वराज' की कल्पना की गयी है, वैसा स्वराज क्या भारत या दुनिया के किसी भी देश में सम्भव है? इस सम्बन्ध में महात्मा गांधी लिखते हैं-"लेकिन मैं पाठकों को एक चेतावनी देना चाहता हूँ। वे ऐसा न मान लें कि इस किताब में जिस स्वराज की तस्वीर मैंने खड़ी की है, वैसा स्वराज कायम करने के लिए आज मेरी कोशिश चल रही है। मैं जानता हूँ कि अभी हिन्दुस्तान उसके लिए तैयार नहीं है। ऐसा कहने में शायद ढिठाई का भास हो, लेकिन मुझे पक्का विश्वास

है कि इसमें जिस स्वराज की तस्वीर मैंने खींची है, वैसा स्वराज पाने की मेरी निजी कोशिश जरूर चल रही है। लेकिन इसमें कोई शक नहीं कि आज मेरी सामूहिक प्रवृत्ति का ध्येय तो हिन्दुस्तान की प्रजा की इच्छा के मुताबिक पार्लियामेण्टरी ढंग का स्वराज पाना है।"[7]

जाहिर है तत्कालीन दौर में गांधीजी भी वैसा स्वराज नहीं चाहते थे। क्योंकि हिन्दुस्तान अभी इसके लिए तैयार नहीं था। हिन्दुस्तान की जनभावना के अनुरूप पहले राजनीतिक आज़ादी मिल जाये, फिर आध्यात्मिक 'स्वराज' और समाजसुधार की बात बाद में कर लेंगे। गांधीजी की महानता इस बात में है कि उन्होंने अपने आपको हमेशा विद्यार्थी ही समझा और जीवन भर सत्य का प्रयोग करते रहे। समय-समय पर उन्होंने अपने विचारों को बदला। अपनी गलतियाँ स्वीकार कीं। सत्य हमेशा खण्डित होता है-इस 'अनेकान्त दर्शन' को वे बराबर मानते रहे। इसलिए उन्होंने अपने सत्य को अन्तिम सत्य के रूप में कभी घोषित नहीं किया। कई बार सत्याग्रह आन्दोलन वापस लिये गये। किन्तु 'हिन्द स्वराज' को लेकर ऐसा नहीं हुआ। केवल एक बार उन्होंने कपड़ा मिल और पार्लियामेण्ट के सम्बन्ध में दिये गये अपने निषेधात्मक विचारों में थोड़ा परिवर्तन किया। 'हिन्द स्वराज' के हिन्दी अनुवाद की प्रस्तावना में 1921 में वे लिखते हैं-"यह पुस्तक मैंने सन् 1909 में लिखी थी। 12 वर्ष के अनुभव के बाद भी मेरे विचार जैसे उस समय थे, वैसे ही आज भी हैं। मैं आशा करता हूँ कि पाठक मेरे इन विचारों को प्रयोग करके उनकी सिद्धता या असिद्धता का निर्णय कर लेंगे। मिलों के सम्बन्ध में मेरे विचारों में इतना परिवर्तन हुआ है कि हिन्दुस्तान की आज की हालत में मैनचेस्टर के कपड़े के बजाय हिन्दुस्तान की मिलों को प्रोत्साहन देकर भी अपनी जरूरत का कपड़ा हमें अपने देश में ही पैदा कर लेना चाहिए।"[8]

'हिन्द स्वराज' में गांधीजी ने पार्लियामेण्ट को वेश्या कहा था। एक अँग्रेज महिला मित्र की आपत्ति पर उसी वर्ष पुस्तक के अँग्रेजी संस्करण की भूमिका में उन्होंने उस शब्द को हटाने की पेशकश की थी। पुनः 1938 में उन्होंने लिखा था-"यह पुस्तक अगर आज मुझे फिर से लिखनी हो, तो कहीं-कहीं मैं इसकी भाषा बदलूँगा। लेकिन इसे लिखने के बाद जो तीस साल मैंने अनेक आन्धियों में बिताये हैं, उनमें मुझे इस पुस्तक में बताये हुए विचारों में फेरबदल करने का कुछ भी कारण नहीं मिला।"[9] 'हिन्द स्वराज' के विचारों की कटु आलोचनाएँ भी हुईं, किन्तु गांधीजी के विचारों में कोई परिवर्तन नहीं हुआ।

गांधीजी यदि आज जीवित होते, तो क्या अपने 'हिन्द स्वराज' या 'रामराज्य' की परिकल्पना में फेरबदल करते? शायद नहीं।

'हिन्द स्वराज' का चिन्तन गांधीजी की अन्तरात्मा की आवाज थी, इसलिए उससे अन्त-अन्त तक उनका मोहभंग नहीं हुआ। इस पुस्तक के चिन्तन पर हम आगे विचार करेंगे। इसके पूर्व आइए देखें कि गुलामी क्या है और भारत में उत्पन्न आधुनिक चेतना और सदियों से चली आ रही पारम्परिक सोच के तहत इसे किस प्रकार से देखा जाता रहा।

## गुलामी बनाम आधुनिकता

यह सभी जानते हैं कि हमारे यहाँ आधुनिक चेतना और ज्ञान-विज्ञान अँग्रेजों के भारत आने के बाद ही आये। अँग्रेजी शिक्षा द्वारा फ्रांसीसी क्रान्ति के स्वतन्त्रता, समानता और बन्धुत्व के लोकतान्त्रिक सूत्र और लोकतन्त्र के अन्य मूल्यों से हमारा परिचय 19वीं सदी के उत्तरार्द्ध से शुरू होता है। तभी से हमने अपनी संस्कृति और साहित्य की खोज और सामाजिक बुराइयों से मुक्ति के प्रयास भी शुरू किये। इन सारे कार्यों में ईसाई मिशनरियों के साथ-साथ अँग्रेजी प्रशासन भी हमारा सहायक रहा। देश में पहली बार इतिहास लिखा गया तथा सभ्यता और संस्कृति का नया विमर्श शुरू हुआ। राष्ट्रीयता की भावना तो और बाद में आयी। प्राचीन ग्रन्थों की खोज और छपायी शुरू हुई। अनेक वैदिक, पौराणिक और जैन-बौद्ध मिथकों को नयी दृष्टि से देखा जाने लगा। पौराणिक देवासुर-संग्राम के मिथक और 'रामायण-महाभारत' की युद्धकथाओं पर भी नये सिरे से विचार हुए। आर्य-अनार्यों के विवाद भी तभी से जोर पकड़ने लगे। उन तमाम कथाओं को आर्य-अनार्य, वैदिक-बौद्ध, ब्राह्मण-श्रमण आदि के द्वन्द्वात्मक रूपों में देखा जाने लगा। हिन्दू-मुसलमानों का द्वन्द्व भी नये सिरे से शुरू हुआ। इन तमाम बातों के लिए हम अँग्रेजों की 'फूट डालो, राज करो' की नीति को दोषी मानते आये हैं, जैसा कि गांधीजी भी मानते हैं। किन्तु जब अँग्रेज नहीं थे, तब के कटु विवादों के लिए कौन दोषी था? तमाम विवाद तो उन्हीं दिनों शुरू हुए थे। इतिहास इन प्राचीन और मध्यकालीन सभ्यता संघर्षों का साक्षी है।

गांधीजी भारत की राजनीतिक गुलामी के लिए अँग्रेजों को दोष नहीं देते। वे लिखते हैं-"आपको याद दिलाता हूँ कि हमारे देश में वे (अँग्रेज) दरअसल व्यापार करने के लिए आये थे। आप अपनी कम्पनी बहादुर को याद कीजिए।

उसे बहादुर किसने बनाया। वे बेचारे तो राज करने का इरादा भी नहीं रखते थे। ...अँग्रेज व्यापारियों को हमने बढ़ावा दिया, तभी वे हिन्दुस्तान में अपने पैर फैला सके। ...हमारे राजा लोग आपस में झगड़े, तब उन्होंने कम्पनी बहादुर से मदद माँगी। ...(व्यापारिक) कोठियों का बचाव करने के लिए उसने लश्कर रखा। उस लश्कर का हमने उपयोग किया, इसलिए अब उसे दोष देना बेकार है। उस वक्त हिन्दू-मुसलमानों के बीच बैर था। कम्पनी को उससे मौका मिला।"[10] आधुनिक भारत में नवजागरण से पहले और बाद में भी इस देश को राजा-महाराजाओं का देश समझा जाता रहा। शासन और सत्ता में आम जनता की कोई भागीदारी नहीं थी। जनता अपने आप को केवल प्रजा या रियाया ही समझती रही। न तो देश का कोई अखिल भारतीय भूगोल था और न इतिहास। सम्पूर्ण उपमहाद्वीप छोटे-छोटे टुकड़ों में बँटा था, जिन्हें प्राचीन काल में सप्तसिन्धु, 16 महाजनपद, उत्तरापथ, दक्षिणापथ, मध्यकाल में सूबे और रियासत तथा अँग्रेजों के जमाने में देशी राज कहा जाता था।

ईस्ट इण्डिया कम्पनी के शासनकाल में सम्पूर्ण भारत की एक केन्द्रीय राजसत्ता स्थापित हुई और 1857 के बाद जब कम्पनी का शासन ब्रिटिश पार्लियामेण्ट के अधीन चला गया, तो भारतीय उपमहाद्वीप को केवल व्यापार की दृष्टि से न देखकर एक कल्याणकारी उपनिवेश की दृष्टि से देखा जाने लगा। 19वीं सदी के उत्तरार्द्ध तक पाकिस्तान से लेकर असम तक और कश्मीर से लेकर कन्याकुमारी, बर्मा और सुदूर अण्डमान द्वीप समूहों तक भारत का एक अखण्ड भूगोल बन चुका था, जिसकी राष्ट्रीयता भी अखण्ड थी। अँग्रेजी शासन के परिणामस्वरूप भारत के इतिहास में नये युग का आरम्भ हुआ, जिसे हमने 'आधुनिक युग' कहा है। "जिस प्रकार व्यावसायिक क्रान्ति के कारण यूरोप में एक ऐसे नये युग का सूत्रपात हुआ था, जिसके परिणामस्वरूप आधुनिक यूरोप मध्यकालीन यूरोप से बहुत भिन्न व बहुत अधिक उन्नत हो गया, उसी प्रकार अँग्रेजी शासन के कारण भारत में उन सब प्रवृत्तियों (व्यावसायिक क्रान्ति, राजनीतिक जागरण, धार्मिक सुधार आदि) का प्रादुर्भाव हुआ, जो इस देश में भी नवयुग व आधुनिकता को लाने में समर्थ हुईं। ...सम्पूर्ण भारत में एक सुव्यवस्थित व सुसंगठित सरकार स्थापित कर अँग्रेजों ने भारत में वही कार्य किया, जो लुई 14वें जैसे शक्तिशाली राजा ने फ्रांस में, हेनरी आठवें ने इंग्लैण्ड में, फिलिप द्वितीय ने स्पेन में और पीटर ने रूस में किया था।"[11]

जब देशवासियों में आधुनिक शिक्षा के कारण लोकतान्त्रिक मूल्यों का विकास हुआ, तो उनमें सामाजिक, राजनीतिक और आर्थिक दृष्टि से मुक्ति की चेतना भी जोर मारने लगी। जब राष्ट्रीयता की भावना पैदा हुई, तो बाद में हमने राजनीतिक मुक्ति का संघर्ष छेड़ा। किन्तु ये चेतना हमारे अन्दर पैदा कैसे हुई? इन परिस्थितियों पर भी विचार करने की जरूरत है। स्त्री और शूद्र-अतिशूद्रों सहित देश की करीब तीन चौथाई जनता सदियों से शिक्षा से वंचित थीं। अँग्रेजी मिशनरियों ने 1835 से भारतीयों के लिए स्कूल खोलने शुरू कर दिये थे। सरकार द्वारा 'हण्टर कमीशन' कमीशन की स्थापना 1872 में हुई। स्मरण रहे कि स्त्री और दलितों के लिए देश में पहला स्कूल (क्रमशः 1848 और 1854 में) महात्मा फुले ने ही खोला था।

उसके बाद दयानन्द सरस्वती के आर्यसमाजी स्कूल खुले। इसके पूर्व संस्कृत पाठशाला और मदरसों में धार्मिक ग्रन्थों की शिक्षा दी जाती थी। उनमें भी आम जनता के बच्चों का प्रवेश नहीं था। गणित और विज्ञान जैसे विषयों की शिक्षा की कोई व्यवस्था नहीं थी। उसके बाद से अपनी पत्नी सावित्रीबाई के साथ फुले लगातार स्त्री और शूद्र-अतिशूद्रों की शिक्षा के कार्य में लगे रहे। इसके साथ ही उन्होंने विधवा समस्या, धार्मिक आडम्बर, सामाजिक अन्धविश्वास से मुक्ति के लिए आजीवन संघर्ष किया। दक्षिण के किसानों और आम जनता की समस्याओं के लिए वे जमीन्दार और अँग्रेज अधिकारियों से बराबर संघर्ष करते रहे। उनके ऐसे कार्यों में अँग्रेजों का समर्थन और सहयोग तो मिला ही, अनेक उदारवादी ब्राह्मणों ने भी उनका साथ दिया।

तत्कालीन परिस्थिति में हम राजनीतिक और आर्थिक दृष्टि से अँग्रेजों और ज़मींदारों के गुलाम थे। किन्तु हमारे यहाँ उससे भी बड़ी गुलामी सामाजिक, सांस्कृतिक और सामन्ती गुलामी थी, जिसके शोषण तले देश की बहुसंख्यक जनता सदियों से पीस रही थी। हम अनेक सामाजिक और धार्मिक बुराइयों में जकड़े थे, जिनसे मुक्ति आवश्यक थी। इसलिए नवजागरण के आरम्भ में हमने इन्हीं सामाजिक बुराइयों से मुक्ति के संघर्ष चलाये। धार्मिक-सामाजिक आन्दोलन इस देश के लिए कोई नयी चीज नहीं थी। प्राचीन काल के वैदिक और जैन-बौद्ध आन्दोलन तथा मध्यकालीन 'भक्ति आन्दोलन' की महान मुक्ति चेतना यहाँ बड़ी विरासत के रूप में मौजूद थी। किन्तु इन आधुनिक सुधार आन्दोलन और पिछले आन्दोलनों की परिस्थिति में भारी अन्तर था। प्राचीन काल में वैदिक और जैन-बौद्ध आन्दोलनों को समय-समय पर

राज्याश्रय प्राप्त हुआ, इसलिए उनका कालक्रम से विकास और ह्रास होता रहा। किन्तु मध्यकालीन 'भक्ति आन्दोलन' को कोई राज्याश्रय प्राप्त नहीं हुआ। केवल सूफियों को कुछ हद तक तुर्क-अफगानों का प्रोत्साहन मिला, जिससे उर्दू-हिन्दी भाषा और अवधी जैसी बोलियों का विकास हुआ, अन्यथा मुगल बादशाहों ने सगुण-निर्गुण के विवाद में पड़ना उचित नहीं समझा।

आधुनिक काल में समाजसुधार आन्दोलनों को फिर से राज्याश्रय प्राप्त हो गया। समाजसुधार आन्दोलनों को अँग्रेज शासकों का प्रोत्साहन मिलने लगा। एक बात और ध्यान देने की है। यदि आर्यों को हम छोड़ भी दें, तो प्राचीन काल से मध्यकाल तक भारत में सैकड़ों जातियाँ और कबीले आक्रान्ता बनकर आये और आराम से यहाँ राज करने लगे। किन्तु कुछ अपवादों को छोड़कर यहाँ के राजे-रजवाड़ों ने या तो उनसे लड़ने की जरूरत ही नहीं समझी या आपसी विवादों के कारण उनकी अधीनता स्वीकार कर ली। अँग्रेज जब भारत आये, तो मुगलों का शासन था। ईस्ट इण्डिया कम्पनी यहाँ व्यापार करने आयी थी, शासन करने नहीं। वह आक्रान्ता कहीं से नहीं थीं। अँग्रेजी शिक्षा ने ही हमारे लिए मुक्ति के दरवाजे भी खोले। भारत ने गांधीजी के नेतृत्व में आज़ादी की राजनीतिक लड़ाई लड़ी और सफलता हासिल की। किन्तु गांधी की लड़ाई केवल राजनीतिक लड़ाई नहीं थी। उनका सपना एक सभ्य, सुन्दर और स्वावलम्बी भारत का निर्माण करना था, जिसमें नागरिकों के बीच सत्य, अहिंसा, प्रेम और भाईचारा का भाव हो। इसके लिए हमें 'हिन्द स्वराज' के चिन्तन को देखना चाहिए।

1909 में विलायत से लौटते हुए यह गांधीजी ने यह पुस्तक जहाज पर लिखी थी। उस समय वे दक्षिण अफ्रीका में रह रहे थे। 1915 में वे वहाँ से भारत आये और 1917 से उन्होंने भारत की आज़ादी की लड़ाई का नेतृत्व सम्भाल लिया। इसके पूर्व भारत में जो महत्त्वपूर्ण घटनाएँ घटित हो चुकी थीं, उनमें प्रमुख थीं-काँग्रेस की स्थापना (1885), स्वदेशी आन्दोलन (1903 से 1908), बंगाल का विभाजन (1905), मुस्लिम लीग की स्थापना (1906), बंगाल में हिन्दू-मुस्लिम दंगे (1907) और सूरत अधिवेशन में काँग्रेस का विभाजन (1907)। ब्रिटिश उपनिवेश होने के कारण इंग्लैण्ड और दक्षिण अफ्रीका आदि देशों में भारत की इन घटनाओं की खबरें जाती रहती थीं। इसके पूर्व पूरा का पूरा पश्चिमी जगत खासकर अमेरिका और यूरोप भारतीय नवजागरण और समाजसुधार आन्दोलन से परिचित हो चुका

था। 'ब्रह्म समाज', 'प्रार्थना समाज', 'आर्य समाज', 'सत्यशोधक समाज', 'थियोसोफिकल सोसाइटी' आदि संस्थाओं के साथ-साथ राजाराम मोहन राय, दयानन्द सरस्वती, जोतिराव फुले, एनी बेसेंट आदि के नाम पश्चिमी देशों में प्रचलित हो चुके थे। फुले की 'गुलामगीरी' पुस्तक का अँग्रेजी अनुवाद भी अमेरिका और यूरोप के देशों में लोकप्रिय हो चुका था। ऐसे ही वातावरण में कुछ भारतीयों से बातचीत के आधार पर गांधीजी ने 'हिन्द स्वराज' नामक पुस्तक लिखी। यदि हम 'हिन्द स्वराज' में वर्णित तत्कालीन घटनाओं पर विचार करते हैं, तो ऊपर की तमाम घटनाएँ और स्थितियाँ इसकी परिधि में चली आती हैं।

## काँग्रेस और भारतीय राष्ट्रीयता

भारत में काँग्रेस की स्थापना ब्रिटिश सरकार और भारतीय बुद्धिजीवियों के बीच 'मिथक और यथार्थ' की पहेली के रूप में प्रचलित है। यह बात 'हिन्द स्वराज' से भी स्पष्ट है। इसकी स्थापना एक अवकाश प्राप्त अँग्रेज आई.सी.एस. अधिकारी ए.ओ. ह्यूम ने 72 भारतीय राजनीतिक कार्यकर्त्ताओं की मदद से दिसम्बर 1885 में उस समय की थी, जब ब्रिटिश साम्राज्य के अधीन भारत मजबूती से साँस ले रहा था। इसका उद्देश्य देश में सरकार और जनता के बीच एक संवैधानिक सेतु तैयार करना था, जो जनता की माँगों को मजबूती से सरकार के पास पहुँचा सके।

'हिन्द स्वराज' में गांधीजी बताते हैं कि जब से भारत में 'नेशनल काँग्रेस' स्थापित हुई, तभी से हिन्द में स्वराज की भावना पैदा हो गयी। यह राष्ट्रीय भावना है। नेशन का अर्थ ही होता है-राष्ट्र। किन्तु 'पाठक' की प्रतिक्रिया यह है कि "नौजवान हिन्दुस्तानी आज काँग्रेस की परवाह ही नहीं करते। वे तो उसे अँग्रेजों का राज्य निभाने का साधन मानते हैं।"[12] इस पर गांधीजी का जबाव है कि "नौजवानों का ऐसा खयाल ठीक नहीं है। हिन्द के दादा दादाभाई नौरोजी ने जमीन तैयार नहीं की होती, तो नौजवान जो बातें आज कर रहे हैं, वह भी नहीं कर पाते। मि. ह्यूम ने जो लेख लिखे, जो फटकारें हमें सुनायी, जिस जोश में हमें जगाया, उसे कैसे भुलाया जाये? सर विलियम वेडरबर्न ने काँग्रेस का मकसद हासिल करने के लिए अपना तन, मन और धन सब दे दिया था। ...प्रो. गोखले ने जनता को तैयार करने के लिए भिखारी की हालत में रहकर, अपने बीस साल दिये हैं। आज भी वे

गरीबी में रहते हैं। मरहूम जस्टिस बदरुद्दीन ने भी काँग्रेस के जरीये स्वराज का बीज बोया था।"[13]

किन्तु फुले को काँग्रेस की स्थापना पर खुशी नहीं होती है। इतने भेदभाव भरे भारत में वे राष्ट्रीयता की स्थापना को कठिन मानते हैं। फिर यदि ऐसा हो भी जाता है, तो उन्हें इसमें फिर से ब्राह्मणराज की स्थापना की बू आती है। इसलिए वे 'ब्रह्म समाज', 'प्रार्थना समाज', काँग्रेस आदि की स्थापना को आर्य ब्राह्मणों का स्वार्थ कहते हैं-"आर्यों के पाखण्डी, स्वार्थी धर्म की वजह से धूर्त आर्य ब्राह्मण अज्ञानी शूद्रों को नीच मानते हैं। अज्ञानी शूद्र अज्ञानी महारों को नीच मानते हैं और अज्ञानी महार लोग मातंग को नीच मानते हैं। लेकिन अतिशुद्ध आर्य ब्राह्मण शूद्रादि-अतिशूद्रों को नीच मानकर ही नहीं रुकते, बल्कि उन्होंने इन सभी लोगों में आपस में रोटी-व्यवहार और बेटी-व्यवहार नहीं होना चाहिए, इसलिए प्रतिबन्ध भी लगाये हैं। मतलब, उन सभी के भिन्न-भिन्न प्रकार के आचार-विचार, खाना-पीना, रस्म-रिवाज आपस में एक-दूसरे से मेल नहीं खाते। फिर ऐसे अठारह प्रकार के लोगों में एकता होकर उनकी चटपटी नमकीन, मतलब एकजान जीव (एकात्म समाज) 'Nation' कैसे बन सकेगा? ...ये धूर्त आर्य ब्राह्मण सारी दुनिया को नीच मानते हैं और उनसे घृणा, नफरत करते हैं। ये लोग केवल अपने स्वार्थ के लिए अज्ञानी शूद्रादि-अतिशूद्रों को किस समय किस गड्ढे में डाल देंगे, इसका कोई अन्दाज नहीं। इसलिए आर्य ब्राह्मण एकधर्मी अमेरिका या फ्रेंच आदि यूरोपियन लोगों की नकल करके सैकड़ों नेशनल काँग्रेस स्थापित कर लें, फिर भी उनके नेशनल काँग्रेस में समझदार शूद्रादि-अतिशूद्र व्यक्ति कभी सदस्य नहीं होगा, इस बात का मुझे पूरा भरोसा है। क्योंकि, वैसा करने से हमारी दयालु अँग्रेजी सरकार शूद्रादि-अतिशूद्रों की ओर कोई ध्यान नहीं देगी।"[14] जाहिर है दलित-पिछड़ों के प्रति काँग्रेस के रवैये को लेकर फुले का यह संदेह अन्यथा नहीं था। किन्तु कालान्तर में काँग्रेस ने अपने चरित्र में सुधार किया और यह सुधार गांधी जैसे सुधारवादी नेताओं के कारण ही हुआ। गांधी के समय तक यदि फुले जीवित होते, तो सम्भव है काँग्रेस के प्रति उनके इस दृष्टिकोण में परिवर्तन आता।

पर गांधी के समकालीन लोगों में भी काँग्रेस को लेकर कई भ्रम थे। एक भ्रम यह था कि काँग्रेस ब्रिटिश सरकार का 'सेफ्टी वाल्व' है। यह मिथक भारतीय नौजवान और आम बुद्धिजीवियों में जोरशोर से प्रचारित हुआ। खुद

लाला लाजपत राय ने भी 1916 के 'यंग इण्डिया' में प्रकाशित अपने एक आलेख में कहा था कि "काँग्रेस लॉर्ड डफरिन (तत्कालीन वायसराय) के दिमाग की उपज है। ...काँग्रेस की स्थापना का उद्देश्य राजनीतिक आज़ादी हासिल करने से कहीं ज्यादा यह था कि उस समय ब्रिटिश साम्राज्य पर आसन्न खतरों से उसे बचाया जा सके। काँग्रेस के लिए ब्रिटिश साम्राज्य के हित पहले स्थान पर थे और भारत के हित दूसरे स्थान पर।"[15] गांधीजी इस भ्रम को सिरे से खारिज करते हैं, जैसा कि ऊपर बताया गया है। किन्तु सच तो यह था कि आम भारतीय नौजवान लाला लाजपत राय और तिलक जैसे गरम दल के काँग्रेस नेताओं की मानसिकता में ही जी रहे थे। इसलिए देश के आनेवाले इतिहास में ब्रिटिश सरकार के विरुद्ध जो उग्रवादी गतिविधियाँ आरम्भ हुईं, उनमें भारतीय नौजवानों ने बढ़-चढ़कर हिस्सा लिया। गांधीजी ने अफ्रीका से लौटकर नरम दल को ही साथ दिया और तमाम उग्रवादी गतिविधियों का विरोध किया। उनका मार्ग सत्य, अहिंसा और प्रेम का मार्ग था, जो व्यवहारिक तौर पर 'सत्याग्रह' में फलीभूत हुआ।

## बंग-भंग और स्वदेशी आन्दोलन

आधुनिक भारत में 20वीं सदी का आरम्भ 'स्वदेशी आन्दोलन' से होता है। यह बंगाल विभाजन के विरोध में पैदा हुआ एक जबर्दस्त आन्दोलन था। यद्यपि यह आन्दोलन असफल रहा, किन्तु इसका प्रभाव दूरगामी और बहुत हद तक खतरनाक भी हुआ। काँग्रेस दो खेमें में बँट गयी-गरम दल और नरम दल। 'मुस्लिम लीग' की स्थापना हुई और हिन्दू-मुस्लिम साम्प्रदायिकता बढ़ी, जिसका अन्त देश के विभाजन के रूप में हुआ। लेकिन इसका सकारात्मक प्रभाव यह रहा कि इससे बुद्धिजीवियों के अलावा आम जनता में भी राष्ट्रीय चेतना का विकास हुआ। 'हम एक राष्ट्र हैं'-ऐसी भावना लोगों में पैदा होने लगी, जो कालान्तर में राष्ट्रव्यापी स्वतन्त्रता आन्दोलन का आधार बना।

उस समय बंगाल में बिहार, उड़िसा और आज के बंगला देश भी शामिल थे, जिसकी आबादी 7 करोड़ 85 लाख थी। यह आबादी ब्रिटिश भारत की कुल आबादी की लगभग एक चौथाई थी। जाहिर है कि एक प्रान्तीय ईकाई के रूप में इतने बड़े भू-भाग और इतनी बड़ी आबादी का प्रशासनिक संचालन कठिन था। ऊपरी तौर पर अँग्रेजी सरकार ने बंगाल का विभाजन इसलिए किया। किन्तु अन्दर का कारण कुछ और था। अँग्रेजी सरकार देश में बढ़ती

हुई राष्ट्रीय चेतना और काँग्रेस की राजनीतिक गतिविधियों से आशंकित हो गयी थी। बंगाल काँग्रेस की गतिविधियों का सबसे बड़ा केन्द्र था। इसलिए अँग्रेजों ने मुस्लिम बहुल बंगाल को पूर्वी बंगाल के रूप में अलग कर दिया। दिसम्बर 1903 में बंगाल विभाजन का प्रस्ताव प्रचारित कर दिया गया। इस अवसर पर तत्कालीन वायसराय लॉर्ड कर्जन ने ढाका में दिये गये अपने भाषण में कहा था–"बंगाल विभाजन से ढाका, बहुसंख्यक मुस्लिम आबादीवाले नये प्रान्त की राजधानी बन जायेगा (1.80 करोड़ मुसलमान और 1.20 करोड़ हिन्दू)। इससे पूर्वी बंगाल में मुसलमानों में एकता स्थापित होगी। मुसलमानों को बेहतर सुविधाएँ मिल सकेंगी और वे पूर्वी जिले कलकत्ता की राजशाही से मुक्त भी हो जायेंगे।"[16] किन्तु विभाजन के प्रस्ताव की खबर से बंगाल की हिन्दू-मुस्लिम जनता में व्यापक असन्तोष फैल गया। विरोध कितना जबरदस्त था, इसका अनुमान इसी से लगाया जा सकता है कि पहले के दो महीनों में ही केवल पूर्वी बंगाल में विभाजन के खिलाफ 500 बैठकें हुईं। इनमें से ज्यादातर बैठकें ढाका, मेनन सिंह और चटगाँव में हुईं। विभाजन के खिलाफ 40–50 हजार पर्चे पूरे बंगाल में बाँटे गये। मार्च 1904 और जनवरी 1905 में कलकत्ता के टाउन हॉल में विशाल बैठकें हुईं।"[17] 1903 के मध्य से 1905 के बीच बयानबाजी, ज्ञापनबाजी और जनसभाओं के व्यापक आयोजन किये गये। किन्तु अँग्रेजी सरकार पर इसका कोई असर नहीं हुआ। सरकार ने विभाजन की घोषणा कर दी। 7 अगस्त 1905 को कलकत्ते के टाउन हॉल में एक ऐतिहासिक बैठक में स्वदेशी आन्दोलन की विधिवत घोषणा कर दी गयी। ...'बहिष्कार प्रस्ताव' पारित हुआ। सुरेन्द्रनाथ बनर्जी जैसे अनेक नरमपन्थी नेता भी देश के दौरे पर निकल गये।"[18] विदेशी कपड़ों की होली जलायी गयी। विदेशी मालों के बहिष्कार से केवल एक साल में विदेशी कपड़ों की बिक्री में 5 से 15 गुना कमी आ गयी।

लोकमान्य तिलक ने इस आन्दोलन का सन्देश पूरे देश में विशेषकर बम्बई और पूणे में फैलाया। अजीत सिंह और लाला लाजपतराय ने पंजाब और उत्तरप्रदेश, सैयद हैदर रजा ने दिल्ली, चिदम्बरम पिल्लै और बिपिनचन्द्र पाल ने मद्रास प्रेसिडेन्सी में इस बहिष्कार आन्दोलन का नेतृत्व और प्रचार किया। 1905 में गोखले की अध्यक्षता में हुए बनारस अधिवेशन में 'भारतीय राष्ट्रीय काँग्रेस' में भी बंगाल में स्वदेशी आन्दोलन व बहिष्कार आन्दोलन का समर्थन किया गया। तिलक, बिपिनचन्द्र पाल, लाजपतराय और अरविन्द घोष

जैसे गरमपन्थी नेता इसे राष्ट्रव्यापी बनाकर 'स्वराज' की माँग तक ले जाना चाहते थे। लेकिन नरमपन्थी नेता अभी इसके लिए तैयार नहीं थे। 1906 के कलकत्ता अधिवेशन में अध्यक्षता करते हुए दादाभाई नौरोजी ने कहा था कि "भारतीय राष्ट्रीय काँग्रेस का उद्देश्य ब्रिटेन या उसके उपनिवेशों की तरह भारत में अपनी सरकार का गठन करना है–अर्थात् स्वराज की स्थापना।"[19] किन्तु आन्दोलन के तरीकों को लेकर नेताओं में मतभेद था। इसलिए 1907 के 'सूरत अधिवेशन' में काँग्रेस दो खेमें में बँट गयी। इससे आन्दोलन पर गरमपन्थियों की पकड़ मजबूत हो गयी और आन्दोलन उसी रूप में जारी रहा। फलस्वरूप अँग्रेजों का दमन चक्र शुरू हुआ और अन्तत: आन्दोलन कमजोर होकर बन्द हो गया।

इस दौरान पाम्परिक हिन्दू त्योहारों, धार्मिक मेलों, लोककला और साहित्य को स्वदेशी आन्दोलन का माध्यम बनाया गया। देश में 'गणपति महोत्सव' और 'शिवाजी जयन्ती' को तिलक ने स्वदेशी आन्दोलन से लोकप्रिय बनाया। आन्दोलन का स्वरूप बहुत हद तक हिन्दूवादी और साम्प्रदायिक हो गया। इससे मुसलमान नेताओं में प्रतिक्रिया हुई, जिसे अँग्रेजी शासकों का बढ़ावा मिला। फलत: मुस्लिम नेताओं ने अपने को 'स्वदेशी आन्दोलन' से अलग करते हुए ढाका में नबाव सलीमुल्लाह के नेत्त्व में 1906 में 'भारतीय राष्ट्रीय मुस्लिम लीग' का गठन कर लिया। इस आन्दोलन में बंगाल के साहित्य और कला माध्यमों ने अहम् भूमिका अदा की। 'यात्रा' आदि लोकनाट्यों के माध्यम से इसे लोकप्रियता मिली। बंगला साहित्य में खूब देशभक्ति गीत और गल्प लिखे गये। रवीन्द्र नाथ टैगोर का लोकप्रिय गीत 'आमार सोनार बांगला' भी इसी दौरान लिखा गया, जो बाद में चलकर (1971–72 में) बंगला देश का 'राष्ट्रगान' बना। इस आन्दोलन की धमक यूरोप, अमेरिका और अफ्रीका में भी गयी, जहाँ भारतीयों में प्रतिक्रियाएँ हुईं।

गांधीजी पर तत्कालीन परिस्थिति का प्रभाव पड़ना स्वाभाविक था। गांधीजी मानते हैं कि देश में असली जागृति इसी समय से आयी। वे लिखते हैं–"जिसे आप सही जागृति मानते हैं, वह तो बंग–भंग से हुई, जिसके लिए हम लॉर्ड कर्जन के आभारी हैं। बंग–भंग के वक्त बंगालियों ने कर्जन साहेब से बहुत प्रार्थना की, लेकिन वे साहेब अपने सत्ता मद में लापरवाह रहे। ...जबरदस्ती बंगाल के टुकड़े किये। हम यह मान सकते हैं कि उस दिन से अँग्रेजी राज्य के भी टुकड़े हुए। बंग–भंग से जो धक्का अँग्रेजी हुकूमत को

लगा, वैसा और किसी काम से नहीं लगा। ...ये टुकड़े कायम नहीं रहेंगे, बंगाल फिर एक हो जायेगा। लेकिन अँग्रेजी जहाज में जो दरार पड़ी है, वह हमेशा रहेगी ही।"[20] जाहिर है, गांधीजी बंग-भंग को अँग्रेजों द्वारा की गयी सबसे बड़ी ज्यादती और अत्याचार मानते हैं। उनका अनुमान है कि इससे भारतीयों से ज्यादा अँग्रेजों को नुकसान हुआ है। भारतीयों को इससे फायदा ही हुआ है। गांधीजी का यह आकलन अक्षरशः सही साबित हुआ। क्योंकि बंग-भंग से वास्तव में अँग्रेजी जहाज में छेद हो गया और आनेवाले दिनों में विशाल ब्रिटिश साम्राज्य जहाज सहित डूब गया। स्मरण रहे जनता के भारी असन्तोष को देखते हुए मार्ले मिण्टों वायसराय के उस निर्णय के विरोधी थे। इसलिए कर्जन के बाद जब वे वायसराय हुए तो भारत में खेती-किसानी से लेकर प्रशासनिक व्यवस्था और राजनीति तक अनेक सुधार किये। 'मार्ले मिण्टों के सुधार' इतिहास में प्रसिद्ध हैं। किन्तु तब तक चिड़िया खेत चुग गयी थी। अब अँग्रेजों पर भारतीयों का वैसा विश्वास नहीं रहा। किन्तु गांधीजी का यह अनुमान कि 'बंगाल फिर से एक हो जायेगा' गलत साबित हुआ।

## स्वराज क्या है?

'स्वराज' का स्वरूप बताते हुए गांधीजी कहते हैं-"हम अपने ऊपर राज करें, वही स्वराज है, और वह स्वराज हमारी हथेली में है।"[21] वह स्वराज अपने मन का राज्य स्वराज है। "उसकी कुंजी सत्याग्रह, आत्मबल या करुणा-बल है। उस बल को अपनाने के लिए स्वदेशी को पूरी तरह अपनाने की जरूरत है।"[22] अर्थात् गांधीजी का स्वराज आत्मिक और नैतिक स्वराज है, जिसे सत्याग्रह, आत्मबल या करुणा-बल से प्राप्त किया जा सकता है। स्वावलम्बन की सत्ता इसकी पूँजी है। यह राजनीतिक कहीं से भी नहीं है। "हिन्दू, मुसलमान, पारसी, ईसाई, जो इस देश को अपना वतन मानकर बस चुके हैं एक-देशी हैं, एक-मुल्की है, वे देशी भाई हैं, और उन्हें एक-दूसरे के स्वार्थ के लिए भी ऐक होकर रहना पड़ेगा।"[23] जाहिर है यहाँ गांधीजी भारत में अँग्रेजों से पहले आये तमाम जाति और समुदायों के रहन-सहन और संस्कृतियों को भारतीय राष्ट्र की संस्कृति मानकर स्वराज की परिकल्पना करते हैं। किन्तु यह स्वदेशी क्या है? गांधीजी कहते हैं-"अगर अँग्रेज हिन्दुस्तानी बनकर रहें, तो हम उनका समावेश यहाँ कर सकते हैं। अँग्रेज अगर अपनी सभ्यता के साथ रहना चाहें, तो उनके लिए हिन्दुस्तान में जगह नहीं है।"[24]

यहाँ एक विरोधाभाष दिखायी पड़ सकता है कि गांधीजी भारत में रची-बसी तमाम संस्कृतियों को जब अपनी संस्कृति मानते हैं, तो अँग्रेजीयत को क्यों नहीं? कहना न होगा वे यहाँ अँग्रेजी सभ्यता का विरोध कर रहे हैं, ईसाई संस्कृति का नहीं। गांधी की नजर में "सभ्यता वह आचरण है जिससे आदमी अपना फ़र्ज़ अदा करता है। फ़र्ज़ अदा करने के मानी है नीति का पालन करना। नीति के पालन करने का मतलब है अपने मन और इन्द्रियों को बस में रखना। ऐसा करते हुए हम अपने को (अपनी असलियत को) पहचानते हैं। यही सभ्यता है। इससे जो उलटा है वह बिगाड़ करनेवाला है।"[25]

गांधीजी ऐसी ही सभ्यतावाला राज्य चाहते हैं, जिसका चिन्तन भारतीय सभ्यता की मिट्टी में पहले ही से मौजूद है। भारतीय सभ्यता त्याग पर आधारित है, जबकि अँग्रेजी सभ्यता भोग पर केन्द्रित। पश्चिमी सभ्यता यान्त्रिक और भौतिक सभ्यता है, जो शरीर सुख तक ही सीमित है। इस शरीर सुख के लिए हिंसक आचार-व्यवहार भी करना पड़ता है। इसलिए गांधीजी अँग्रेजी सभ्यता का विरोध करते हैं। इसी प्रकार 'हिन्द स्वराज' के कुछ अन्य कथन भी एक-दूसरे के विरोधी हैं। पर गहराई से विचार करने पर उनमें तारतम्यता दिखायी पड़ जायेगी। जाहिर है, यहाँ गांधीजी भारत में अँग्रेजों से पहले आये तमाम जाति और समुदायों के रहन-सहन और संस्कृतियों को भारतीय राष्ट्र की ईकाई मानकर स्वराज की परिकल्पना करते हैं। 'हिन्द स्वराज' का एक-एक वाक्य सूत्रवाक्य है और व्याख्या की माँग करता है।

## मुक्ति का समाज दर्शन

अगर जोतिबा फुले के चिन्तन को केवल दलित-पिछड़ों का और गांधी के चिन्तन को सम्पूर्ण भारतीय जनमानस का पर्याय मान लिया जाये (जैसी कि मानने की परम्परा है), तो गांधी को अकेले वह प्रतिमान खड़ा करना चाहिए, जो भारत की सभी जनता के लिए मान्य हो। मगर ऐसा नहीं है। इसके प्रमाण के लिए और कहीं जाने की जरूरत नहीं है। इसे 'हिन्द स्वराज' के पाठ में ही देखा जा सकता है। यदि फुले के आन्दोलन को भारत में स्त्रियों का भी आन्दोलन मान लिया जाये, (स्मरण रहे, दक्षिण के तमाम स्त्री आन्दोलन फुले और सावित्रीबाई की प्रेरणा और प्रभाव से ही शुरू हुए), तो फिर बचता ही क्या है? तीन चौथाई आबादी के बाद कौन-सी जनता बच जाती है, जिनके लिए अलग से सोचा जाये? जाहिर है यह एक चौथाई आबादी मुल्ला-पण्डित, राजे-रजवाड़े, देश के

शक्ति-सम्मन्न कुलीन और अँग्रेजों की आबादी थी। इसलिए आम जनता की सामाजिक, सांस्कृतिक और धार्मिक आज़ादी के लिए फुले ने आडम्बर विहीन 'सत्यशोधक समाज' की स्थापना की। राजनीतिक आज़ादी की न तो उस समय वैसी चेतना थी और न वैसा कोई वातावरण। ले-देकर उत्तर में 1857 के विद्रोह हुए, जिसकी आलोचना न केवल फुले ने, बल्कि तत्कालीन सभी बुद्धिजीवियों ने की। बाद में गांधीजी ने भी 'सिपाही विद्रोह' की प्रशंसा नहीं की। यद्यपि महात्मा फुले और डॉ. अम्बेडकर को भी अँग्रेजी सरकार से बहुत शिकायतें रहीं, फिर भी दलित और स्त्रियों के हित में किये गये कार्यों के लिए ही महात्मा फुले ने अँग्रेजों को दलितों का मसीहा कहा था और अम्बेडकर ने कहा था-"अँग्रेज देरी से आये और जल्दी चले गये।"

शूद्र और दलित नेताओं की ये टिप्पणियाँ अकारण नहीं थीं। इसके लिए हमें कम्पनी शासन और नवजागरण के आरम्भ के सामाजिक परिवेश पर नजर डालना उचित होगा, जिसमें सामाजिक भेदभाव अपनी चरम सीमा पर थे। पेशवाओं को छोड़ भी दें, तो देश की तमाम सामाजिक-राजनीतिक ताकतें इनको बरकरार ही रखना चाहती थीं। "उस जमाने के जानमाने उदारवादी-सुधारवादी नेता भी स्त्री और दलित मामलें पर उदार नहीं थे। चाहे बालगंगाधर तिलक हों या मदनमोहन मालवीय या खुद सर सैयद अहमद खान ही, स्त्री और दलितों से ऊपरी तौर पर ही सहानुभूति रखते थे। मिसाल के तौर पर देखें तो लोकमान्य तिलक बर्तानवी हुकूमत द्वारा जिन्हें लम्बे कारावास भेजने के अदालती फैसले के खिलाफ बम्बई का मजदूर वर्ग लड़ाकू संघर्ष करने पर आमादा होता है, उनके सामाजिक विचार किस कदर पुरानपन्थी थे, इसके कई उदाहरण चर्चित हैं। बच्चियों की शादी की उम्र को बढ़ाने के लिए लाये जा रहे 'शारदा एक्ट' के प्रति उनका विरोध हो या जातिप्रथा की समाप्ति के लिए साझा वक्तव्य पर दस्तखत करने से उनके द्वारा इनकार हो या ऐसे कई मसले दिखते हैं।"[26]

स्मरण रहे बम्बई मिल के मजदूर और कोई नहीं, महात्मा फुले से ही प्रेरित और प्रभावित सर्वहारा थे, जब फुले ने तिलक और आगरकर पर लगे देशद्रोह के आरोप का विरोध किया, तो फुले के आह्वान पर मजदूरों ने तिलक के समर्थन में प्रदर्शन किया था। बाद में फुले ने ही उन्हें जेल से छुड़ाकर उनका मुकद्दमा लड़ा था। फिर फुले की मृत्य के बाद तिलक को जेल जाना पड़ा था। सर सैयद अहमद ने भी हण्टर कमीशन के सामने दलित

और स्त्रियों की शिक्षा का विरोध किया था। दलितों को लेकर मदन मोहन मालवीय का दोहरा चरित्र तो जगजाहिर हैं ही। जिस 'सिपाही विद्रोह' को इतिहासकार 'प्रथम स्वतन्त्रता संग्राम' कहते नहीं थकते, उसकी सफलता के बाद देश की तस्वीर क्या होती, इसका अन्दाजा उन दिनों जारी इस्तेहार और दस्तावेजों से लगाया जा सकता है। जिन अवध की रानी हज़रत महल और दिल्ली के राजा बहादुर शाह के नेतृत्व में देश को आज़ाद होना था, खुद उन्हीं के द्वारा जारी घोषणापत्र और इस्तेहारों को देखा जा सकता है। अवध के विद्रोह की नेता हज़रत महल ने गद्दी के वारिस बिरजिस कादर के नाम से जो घोषणापत्र जारी किया, वह इस बात को बहुत स्पष्ट करता है कि जीतने के बाद वे मुसलमानों में शेख, सैयद, मुगल या पठान और हिन्दुओं में ब्राह्मण, वैश्य, क्षत्रिय और कायस्थों के सम्मान की रक्षा करेंगे और भंगी, चमार, धानुक या पासी जैसी नीची जातियों के लोग उनसे बराबरी का दर्जा नहीं माँग पायेंगे। इसी घोषणापत्र में इस बात पर दुख प्रकट किया गया है (कि) "अँग्रेजी हुकूमत में एक चमार की शिकायत पर किसी नवाब या राजा को हाजिरी के लिए मजबूर किया जाता है। इसी से मिलता-जुलता घोषणापत्र बहादुरशाह ज़फ़र ने भी जारी किया था और उसमें भी आश्वस्त किया गया था कि जातियों की श्रेष्ठता बरकरार रखी जायेगी।"[27]

इसलिए 1857 की समाप्ति के बाद फुले कहते हैं-"उस विद्रोह में अगर अँग्रेजी शासन यहाँ से जाता तो इतिहास की पुनरावृत्ति हो जाती। ब्राह्मण पेशवाओं के राज्य का फिर से आगमन हो जाता। श्रुति-स्मृति-पुराण की हिन्दू संस्कृति का जोर बढ़कर शूद्र और अतिशूद्र बहुसंख्यक जनता के उद्धार की आशा, जो अँग्रेजी राज से अंकुरित हुई है, वह पूरी नष्ट हो जाती। सामाजिक अन्याय हजारों वर्षों से चलता आया है, इसकी जड़ें और बहुत गहराई तक पहुँची हैं। अँग्रेजी राज्य आज है और कल नहीं। प्रमुख सवाल यह है कि सामाजिक गुलामी कैसे नष्ट होगी? इस सामाजिक गुलामी का मूल ब्राह्मणी धर्म और ब्राह्मणों द्वारा निर्मित धर्मग्रन्थों में हैं।"[28]

इस प्रकार गांधी और फुले के मुक्ति दर्शन में मौलिक अन्तर के बावजूद अनेक समानताएँ हैं। गांधी भी कहते हैं, "हम अँग्रेजों के नहीं, अँग्रेजी सभ्यता के गुलाम हैं। अँग्रेज चाहे जायें, चाहे रहें, हमें अपनी (सच्ची) सभ्यता का स्वराज चाहिए।" फुले भी कहते हैं-"अँग्रेजी राज आज है और कल नहीं। प्रमुख सवाल यह है कि सामाजिक गुलामी कैसे नष्ट होगी?" गांधी के मुक्ति

चिन्तन के मूल में धर्म है और फुले के चिन्तन के मूल में समाज। गांधी कहते हैं–"मुझे तो धर्म प्यारा है, इसलिए पहला दुख मुझे यह है कि हिन्दुस्तान धर्मभ्रष्ट्र होता जा रहा है। धर्म का अर्थ मैं यहाँ हिन्दू, मुस्लिम या जरस्थोस्ती धर्म नहीं करता। लेकिन सब धर्मों के अन्दर जो 'धर्म' है, वह हिन्दुस्तान से जा रहा है। हम ईश्वर से विमुख होते जा रहे हैं।"[29] इस प्रकार गांधीजी की आज़ादी या मानव–मुक्ति धर्म के दायरे में है। इसलिए वे स्वराज के लिए सत्य, अहिंसा और प्रेम का मार्ग अपनाते हैं। यही 'सत्याग्रह' है। उनका स्वराज व्यक्तिगत आचार–व्यवहार और धर्म का स्वराज है। इसलिए वे आज़ादी की लड़ाई में 'एक्सट्रीमिस्ट' (अतिवादी) और 'मॉडरेट' (मध्यममार्गी, उदारवादी) दोनों प्रकार के लोगों से असहमति जताते हैं। वे 'एक्सट्रीमिस्टों' (अतिवादी) से कहत हैं–"स्वराज आपकी कोशिशों से मिलनेवाला नहीं है। स्वराज सबको अपने लिए पाना चाहिए और सबको उसे अपना बनाना चाहिए। दूसरे लोग जो स्वराज दिला दे वह स्वराज नहीं है, बल्कि परराज्य है। इसलिए सिर्फ अँग्रेजों को बाहर निकाला कि अपने स्वराज पा लिया, ऐसा अगर आप मानते हो तो ठीक नहीं है। ...उसे आप गोला–बारूद से कभी नहीं पायेंगे। ...इसलिए सत्याग्रह पर ही भरोसा रखिए।"[30] वे मॉडरेटों से कहते हैं–"हम खाली आजिज़ी करना चाहें, यह तो हमारी हीनता होगी। उसमें हम अपना हलकापन कबूल करते हैं।"[31]

जाहिर है, गांधीजी का स्वराज आध्यात्मिक स्वराज है, जिसमें व्यक्तिगत आचरण, अहिंसा भाव और स्वावलम्बन प्रधान है। भोग की सभ्यता का बहिष्कार कर गांधीजी त्याग और सन्तोष की संस्कृति अपनाने पर बल देते हैं। वे ईश्वर के सिवा किसी से प्रभावित होना नहीं चाहते। उनकी नजर में मनुष्य को केवल ईश्वर की जरूरत नहीं है। वे मानते हैं कि यदि 'सत्याग्रह' से कोई प्रभावित नहीं होता है, तो सत्याग्रही में ही कमी है। सम्भव है सत्याग्रही का पक्ष कमजोर हो और जिसके विरुद्ध सत्याग्रह किया जा रहा है, उसका पक्ष सही हो। इसलिए सत्याग्रही को अपने सत्य के आग्रह पर फिर से विचार करना चाहिए। हृदय परिवर्तन में गांधीजी की अटूट आस्था है।

कुल मिलाकर हम कह सकते हैं कि गांधीजी के सत्याग्रह से अँग्रेजों का हृदय परिवर्तन हो जाता है और वे 'सत्ता हस्तान्तरण' विधेयक पारित कर यहाँ से चले जाते हैं। किन्तु भारतवासियों का हृदय परिवर्तन नहीं होता

और गांधी के सपनों के अनुरूप समाज का निर्माण नहीं होता। आज़ादी के बावजूद हिन्दू, मुस्लिम या दलित जनता के मन से सामाजिक-साम्प्रदायिक कुण्ठाएँ नहीं मिटतीं और गांधी की पवित्र आत्मा भी इसी साम्प्रदायिकता की भेंट चढ़ जाती है। गांधी ने जिस स्वराज की कल्पना की थी, वह स्वराज भारत को नहीं मिलता। खण्डित आज़ादी न गांधी का सपना था, न हिन्दुओं का, न मुसलमानों का ही। अतः गांधी अन्दर से मायूस और मजबूर हैं। जीवन-भर आज़ादी और मुक्ति का संघर्ष लड़नेवाले गांधी भारत की आज़ादी के समय मजबूर और असहाय से दिखायी पड़ते हैं। आज़ादी मिलते-मिलते काँग्रेस की निर्णायक समितियों में गांधी की आवाज अनसुनी होने लगती है। हिन्दू-मुस्लिम साम्प्रदायिकता और शिष्यों की सत्ता लोलुपता के आगे गांधी की एक नहीं चलती। उन्मादी साम्प्रदायिकता से रक्त-रंजित आज़ादी को वे मन से स्वीकार नहीं करते। अपनी पूरी शक्ति लगाकर भी गांधी देश का विभाजन नहीं रोक पाते। इसलिए पूरा देश जहाँ आज़ादी का जश्न मना रहा होता है, गांधी अपनी प्रार्थना सभा में ईश्वर से हिन्दू-मुसलमानों के कल्याण की कामना कर रहे होते हैं। यद्यपि देश के भविष्य के राजनीतिक निर्णय में शामिल होते हैं, पर मन से नहीं। इस प्रकार गांधी में एक राजनेता और राजनीतिज्ञ की नहीं, एक सन्त की आत्मा थी। किन्तु उनकी राजनीतिक और सामाजिक सूझ-बूझ से इनकार नहीं किया जा सकता।

गांधी और गांधीवाद लम्बे समय से इस देश और दुनिया में चिन्तन और जीवन दर्शन के लिए एक रूढ़ प्रेरणा-स्रोत बने रहे हैं। गांधी अपनी स्वदेशी दृष्टि और दर्शन के लिए चर्चित हैं। पश्चिमी विचार-दृष्टि को बेहद चुनौती देने के कारण गांधी प्रासंगिक बने रहेंगे। लेकिन उनकी यह प्रासंगिकता समय और समाज के साथ आज पुरानी होती दिखायी पड़ रही है। निस्संदेह गांधी के चरित्र में बहुत सारी खूबियाँ थीं। गांधी में एक ही साथ भारतीय समाज को बाँटने और उसकी एकता की सम्भावनाओं को खत्म करनेवाली दो समस्याओं को पहचानने की अनूठी क्षमता थी। इनमें एक थी दलितों का उत्पीड़न और दूसरी थी मुसलमानों का समाज में अलग-थलग पड़ जाना। हलाँकि गांधी की ज्यादातर शक्ति ब्रिटिश शासन की ताकत के खिलाफ प्रतिरोध की अपनी विलक्षण तकनीक के इस्तेमाल में खर्च होती रही, लेकिन भारतीय राष्ट्र और सभ्यता में दरार डालकर दुर्बल बना सकनेवाले ये दोनों मसले उनकी चिन्ताओं

के केन्द्र में हमेशा रहे। "अन्तिम विश्लेषण में गांधी इन दोनों समस्याओं का समाधान करने में नाकाम रहे। न वे देश का विभाजन रोक सके और न ही वे अपने हिन्दू धर्म का मानवीकरण कर सके। हलाँकि अपनी लम्बी पदयात्रा और नौआखाली में आमरण अनशन के जरिये उन्होंने साम्प्रदायिकता के ज्वार को रोकने की शानदार कोशिश की और अन्त में मुस्लिम हितों की रक्षा के लिए अपने प्राणों की बलि भी दे दी, लेकिन वे अपने 'हरिजन' की तरफदारी करते हुए द्विज हिन्दुओं से टक्कर लेने के लिए समय नहीं निकाल पाये।"[32]

जिस साम्प्रदायिकता से वे जीवन भर लड़ते रहे, अन्ततः उसी साम्प्रदायिकता ने उनकी हत्या कर डाली। गांधी केवल राजनीतिक आज़ादी नहीं चाहते थे, उनके सामने सबसे बड़ा काम राष्ट्र-निर्माण का काम था, आज़ाद भारत में वर्ग, वर्ण, जाति और सम्प्रदायों से परे नागरिकता का निर्माण करने का काम अभी बाकी था। यद्यपि ये कार्य देश में नवजागरण काल से ही जारी थे, किन्तु आज़ादी की लड़ाई में समाजसुधार कार्य गौण पड़ते चले गये। गांधी का असल काम आज़ादी के बाद शुरू होना था, जिसमें दलित, मुस्लिम और स्त्री समस्या प्रधान थीं। इन्हें आज़ादी के बाद देख लेने का कॉंग्रेस का आश्वासन भी शामिल था। ब्रिटिश सत्ता से मुक्ति के बावजूद सामाजिक और आर्थिक तौर पर देश गुलाम ही था। एक स्वतन्त्र देश को जिस मानव-मुक्ति की आवश्यकता थी, वह अभी कोसों दूर थी। कुल मिलाकर गांधी के 'हिन्द स्वराज' का सपना पूरा नहीं हुआ।

फुले का मिशन भी अधूरा ही है। किन्तु फुले के 'गुलामगीरी' का चिन्तन और मिशन गांधी से अधिक प्रासंगिक और व्यवहारिक लगता है। फुले भेदभाव से परे समान मानवाधिकार चाहते थे, चाहे शासन किसी का हो, राजा कोई भी हो, प्रजा शोषित-पीड़ित और अपमानित नहीं हो। इस प्रकार फुले में सामाजिक के साथ-साथ सांस्कृतिक और आर्थिक चिन्ता भी शामिल है। इसे वे सामाजिक न्याय के माध्यम से प्राप्त करना चाहते थे। गांधी के 'हिन्द स्वराज' में भी मानव-मुक्ति की चिन्ता थी। गांधी भी मानते हैं कि स्वाराज का अर्थ देश में करोड़ों लोगों को सुखी बनाना है, यह नहीं कि अँग्रेजों के बदले आप या मैं राजसत्ता ले लूँ। स्वराज का अर्थ देश का हित है। इसलिए गांधीजी कहते हैं कि "अगर देश का हित अँग्रेजों के हाथों होता हो तो मैं आज अँग्रेजो को झुककर नमस्कार करूँगा। अगर कोई अँग्रेज कहे कि देश को आज़ाद करना चाहिए, तो उस अँग्रेज को मैं हिन्दुस्तानी मानकर उसका

स्वागत करूँगा।"[33] गांधी का स्वराज अपने के ऊपर का राज है, जिसमें आत्मानुशासन और धार्मिक-आध्यात्मिक आचरण के माध्यम से प्राप्त राज ही स्वराज है। यह स्वराज अभी बाकी है। समान मानवाधिकारों की समस्या भी ज्यों की त्यों बरकरार है।

इसीलिए फुले और गांधी दोनों आज भी प्रासंगिक हैं। आज़ाद होने पर भी सभी मनुष्यों को सभी अधिकार प्राप्त नहीं थे। ले-देकर एक वोट का अधिकार मिला था। अन्यथा भूमि, उद्योग, शिक्षा, अर्थ-व्यवस्था, धार्मिक आचार-व्यवहार सभी पर अब भी मालिकों, ज़मींदारों, पूँजीपतियों और पण्डा-पुरोहितों का ही हक था। अँग्रेजो से पहले भी हजारों वर्षों तक इस देश में देशी-विदेशी शासक आते-जाते रहे, किन्तु सामाजिक बुराइयाँ ज्यों की त्यों बरकरार रही। समाज का नियन्त्रण धर्म और गुरुओं, मुहल्ला-पण्डितों के हाथों ही रहा, जिसने समाज में जाति, वर्ण और लिंग-भेद पैदा किये।

फुले जाति-प्रथा, धार्मिक अन्धविश्वास, तिलक-दहेज, वैधव्य, छुआछूत, स्त्री-पुरूष भेद, अमीर-गरीब-इन तमाम विसंगतियों से समाज को मुक्त करना चाहते थे। और इन सुधारवादी कार्यों में अँग्रेज सरकार बढ़-चढ़कर मदद कर रही थी। इसलिए फुले की मूलभूत चिन्ता में ब्रिटिश सत्ता से मुक्ति की कामना शामिल नहीं है। वे पहले समाज को सुधारना चाहते थे। वे कहते हैं-'हमें इन्हीं सामाजिक-धर्मिक बुराइयों से मुक्त होना है।' इसके लिए उन्होंने विधिवत एक समाज दर्शन दिया, जिसे 'सत्यशोक समाज दर्शन' कहते हैं। 1873 में उन्होंने 'सत्यशोधक समाज' की स्थापना की। 'सत्यशोधक समाज' की शिक्षा अत्यन्त उपयोगी है। इसकी छः मूल शिक्षाएँ हैं-(1) ईश्वर एक है। वह सर्वव्यापी और निराकार है। (2) ईश्वर की भक्ति का अधिकार सभी मनुष्यों को है। इसके लिए बिचौलिये की कोई जरूरेत नहीं है। (3) मनुष्यों को जाति की अपेक्षा उनके कार्यों और गुणों से श्रेष्ठ माना जाये। (4) कोई भी ग्रन्थ ईश्वर प्रदत्त नहीं है। (5) ईश्वर कभी अवतार नहीं लेता। (6) पुनर्जन्म, जाति-पाति, कर्मकाण्ड अज्ञानमूलक हैं। पुनर्जन्म और अवतारवाद को छोड़कर गांधी का चिन्तन भी लगभग यही था। गांधी चित्त शुद्धि के लिए केवल प्रार्थना करते हैं, मन्दिरों में पूजा या मस्जिदों में नमाज जैसे धार्मिक अनुष्ठान वे भी नहीं करते हैं। इसलिए गांधी और फूले दोनों के चिन्तन में मुक्ति की समान चेतना देखी जा सकती है।

## सन्दर्भ :


1. गुलामगीरी : जोतिराव गोविन्द राव फुले, महात्मा जोतिबा फुले रचनावली-1, राधाकृष्ण प्रकाशन, नयी दिल्ली, भूमिका
2. हिन्द स्वराज : भूमिका (हिन्द स्वराज के बारे में), मोहनदास करमचन्द गांधी, नवजीवन प्रकाशन मन्दिर, अहमदाबाद
3. वही, परिशिष्ट-2
4. भारत के सामाजिक क्रान्तिकारी : देवेन्द्र कुमार बैसन्त्री, दलित साहित्य प्रकाशन संस्था, नयी दिल्ली, पृष्ठ-125
5. गुलामगीरी : जोतिराव गोविन्द राव फुले, महात्मा जोतिबा फुले रचनावली-1
6. हिन्द स्वराज : मोहनदास करमचन्द गांधी, नवजीवन प्रकाशन मन्दिर, अहमदाबाद
7. वही, पृष्ठ-26
8. वही, परिशिष्ट-1, पृष्ठ-88
9. वही, संदेश, पृष्ठ-24
10. वही, पृष्ठ-21-22
11. भारतीय संस्कृति का विकास : सत्यकेतु विद्यालंकार, श्री सरस्वती सदन, नयी दिल्ली, पृष्ठ-497-98
12. हिन्द स्वराज : मोहनदास करमचन्द गांधी, नवजीवन प्रकाशन मन्दिर, अहमदाबाद, पृष्ठ-1
13. वही, पृष्ठ-2
14. सार्वजनिक सत्यधर्म : जोतिबा फुले रचनावली-2, राधाकृष्ण प्रकाशन, नयी दिल्ली, पृष्ठ-164-65
15. भारत का स्वतन्त्रता संघर्ष : प्रो. बिपिन चन्द्रा, हिन्दी माध्यम कार्यान्वयन निदेशालय, दिल्ली विश्वविद्यालय प्रकाशन, पृष्ठ-30
16. वही, पृष्ठ-85
17. वही, पृष्ठ-86
18. वही, पृष्ठ-86
19. वही
20. हिन्द स्वराज : मोहनदास करमचन्द गांधी, नवजीवन प्रकाशन मन्दिर, अहमदाबाद, पृष्ठ-7
21. वही, पृष्ठ-47
22. वही, पृष्ठ-87
23. वही, पृष्ठ-24
24. वही, पृष्ठ-31
25. वही, पृष्ठ-47
26. डॉ. अम्बेडकर, शूद्र कौन थे?' सुभाष गाताड़े, आलेख : 1857 का संग्राम और शूद्र-अतिशूद्र : निरन्तरता और परिवर्तन, पृष्ठ-283

27. कलकतिया पलटन के बारे में, ले.- विभूति नारायण, वर्तमान साहित्य, नव-दिस-2006, पृष्ठ-28
28. जोतिबा फुले रचनावली-2, राधाकृष्ण प्रकाशन, नयी दिल्ली
29. हिन्दुस्तान की दशा-1, हिन्द स्वराज : मोहनदास करमचन्द गांधी, पृष्ठ-24
30. छुटकारा, हिन्द स्वराज : मोहनदास करमचन्द गांधी, पृष्ठ-80
31. वही
32. आधुनिकता के आईने में दलित : सं.-अभय कुमार दूबे, वाणी प्रकाशन, नयी दिल्ली, पृष्ठ-158-59
33. इटली और हिन्दुस्तान, हिन्द स्वराज : मोहनदास करमचन्द गांधी, पृष्ठ-50

# भारत माता ग्रामवासिनी : स्त्रियों की माता, दलितों की माता, सबकी माता : भारत माता

भारत माता-ग्रामवासिनी! भारत माता-शहर वासिनी!! शहरों की आबादी जिस तेजी से बढ़ी है, कहना मुश्किल हो गया है कि भारत माता गाँवों में बसती है या शहरों में। जिस समय हममें नवजागरण और स्वाधीनता का जोश जगा था, हमने सुधार और समृद्धि के तमाम उपकरण गाँवों से जुटाये थे। गाँव को सामाजिक, सांस्कृतिक, आर्थिक और राजनीतिक गतिविधियों का केन्द्र बनाया था। 'ग्राम स्वराज' से 'ग्रामोद्योग' तक, तमाम अवधारणा और योजनाएँ गाँवों को लेकर ही बनी थीं। पर हुआ क्या? गाँव उजड़ते गये, शहर बसते गये। आज भी गाँव ठगा जा रहा है। ग्रामवासी ऊल्लू बनाये जा रहे हैं। सुविधा के सारे सरंजाम तो शहरों में जुटाये जा रहे हैं। गाँवों में बसना कौन चाहता है? भारत माता-शहर वासिनी!

पन्त जी ने भारत माता को 'ग्राम-वासिनी' यों ही नहीं कहा था। शहरों में अँग्रेज बसते थे, शोषक सामन्त या ज़मींदार बसते थे। आम आदमी तो गाँवों में ही रहते थे। शहर के प्रपंच में कौन पड़े? निष्कलुष जीवन था। छोटे-मोटे सेठ-साहूकार और महाजन वहाँ भी थे, पर बर्तानियाँ कोड़े और सामन्ती जुल्मों के आतंक नहीं थे। इसलिए किसान-मजदूर छोटे-मोटे जुल्म सहकर भी गाँवों में ही रहना पसन्द करते थे। शहरों से उन्हें घृणा थी। अत: कहा जाता रहा-भारत की आत्मा गाँवों में ही बसती है। भारत माता ग्रामवासिनी! कभी हरी-भरी बालियों से लदा हुआ उसका शस्य श्यामल सुन्दर शरीर भले ही पराधीनता काल में धूलधूसरित होकर क्रन्दन कम्पित हो चुका था। पर स्वाधीनता के सत्य, अहिंसा और संयम के दूध से वह अपनी सन्तानों को नव जीवन प्रदान करने लगी थी। और होते-होते उसकी सन्तानें इतनी बलिष्ठ हो

गयी कि खदेड़ दिया अँग्रेजों को सात समुन्दर पार! अँग्रेज चले गये, सामन्त चले गये, ज़मींदार चले गये, पर अँग्रेजीयत नहीं गयी। सामन्ती और ज़मींदारी आज भी गाँवों में ही देखने को मिलती हैं। भारत माता-ग्रामवासिनी!

ग्रामवासिनी भारत माता के देखते-देखते उनके सामन्ती सपूतों ने उनकी बेटियों को सात पर्दे के अन्दर डाल दिया, उनके सबसे गरीब बेटे दलितों को सतर कदम पीछे ढकेल दिया। बैलों की तरह काम लिया और कुत्तों की तरह दुत्कार दिया। बेटियाँ पानी भी भरे तो घूँघट डालकर-रात के अँधेरे में या भोर के झुटपुटे में। पनघट पर पाजेब बजेंगे, चूड़ियाँ खनखनायेंगी, पर सूरत नदारत! बिगड़ैल सपूतों ने कब्जा जमा लिया स्त्रियों पर और दलितों पर भी। पर आज़ाद भारत में कब्जा कब तक चलता? दलित भाइयों ने आसाम-बंगाल और दिल्ली-पंजाब का रुख किया। बेटियों ने शहरिया दुल्हा को ही पसन्द किया। झुण्ड के झुण्ड स्त्री और दलित शहरों की ओर भागे। नयी पीढ़ी के जवानों ने देखा कि जब गाँव से श्रम और सौन्दर्य दोनों बिदा हो गये हैं, तो लाठी और बटेर कब तक काम देंगे? गाँव श्रीहीन हो गये हैं। लक्ष्मी विदा हो गयी हैं। चलो अब हम भी वहीं चलते हैं। लक्ष्मी न सही, शहरों में सरस्वती तो मिल ही जायेगी। और सरस्वती के बहाने गाहे-ब-गाहे गाँव की लक्ष्मी के भी दर्शन होते रहेंगे। पापा ने ट्रैक्टर खरीद ही लिया है, चिन्ता किस बात की? छोटे-बड़े किसानों और गाँव के ज़मींदारों ने अपने लाडले बेटे-बेटियों की पढ़ाई के लिए शहरों में घर बनाने शुरू किये। गाँव शहर की ओर आने लगे। शहरीकरण की आँधी में गाँव विरान होते गये, खेत उजाड़ पड़ गये और किसान-मजदूर दिल्ली-पंजाब की खाक छानने लगे। भारत माता शहर वासिनी!!

शहरी सामन्त पूँजीपति बन गये। सामन्तवादी प्रवृत्तियों ने अपना रूप बदला। जोर-जबर्दस्ती नहीं चलेगी। ज्यादा पैसे, ज्यादा मुनाफा, मजदूरों को भी थोड़ा ज्यादा दे दो। उनसे छूतछात नहीं, भेदभाव नहीं। वे मालिकों के नौकर नहीं, मिलों के कर्मचारी हैं। पर गाँव! चाहे प्यार-पुचकार कितना दे दो, मजदूर अब रुकनेवाले नहीं हैं। गाँवों में काका, चाचा तो लोग कहेंगे, पर पानी अब भी छूने नहीं देंगे। संगत-पंगत नहीं। शहरों की हवा गाँवों से ज्यादा उन्मुक्त थी। विधवाएँ भी चूड़ी-साड़ी पहन सकती थीं। बेटियाँ भी ठहाके मारकर हँस सकती थीं, उछल-कूद कर सकती थीं, लड़कों संग खेल सकती थीं, दोस्ती कर सकती थीं। गाँवों में वह स्वतन्त्रता कहाँ? गाँव तो उनके लिए बन्दिश

और वर्जनाओं के केन्द्र थे। स्त्रियों की अपनी आर्थिक जरूरते थीं। उच्च और मध्यवर्गीय स्त्रियाँ गाँवों में घर से बाहर नहीं निकल सकती थीं। शहरों में रोजगार थे, बाहर निकलने की सुविधा और सहुलियतें थीं। यहाँ न दलित बन्धुआ थे, न स्त्री बन्दिनी। भारत माता शहर वासिनी!! और स्त्री और दलित शहरों में आये, तो परिवर्तन की नयी शुरूआत हुई। स्त्री और दलितों ने अपने दर्द को साहित्य के माध्यम से व्यक्त करना शुरू कर दिया। स्त्री साहित्य बने, दलित साहित्य निर्मित हुए। अब स्त्री और दलित अपने साहित्य के माध्यम से फिर से चले गाँव की ओर। ग्रामीण जीवन के अनुभव अनुभूतियों को उन्होंने अपनी रचना का विषय बनाया। भारत माता ग्राम वासिनी!!

यह दलित और स्त्री साहित्य क्या है? आन्दोलन ही तो है। मैनेजर पाण्डेय कहते हैं कि "दलित साहित्य के रचनाकार तब भी थे, जब कोई दलित आन्दोलन नहीं था, क्योंकि यातनाग्रस्त व्यक्ति को चीखने से कोई रोक नहीं सकता और दलित साहित्य एक स्तर पर यातना से पैदा हुई चीख का ही साहित्य है।" (दलित साहित्य हिन्दी साहित्य का लोकतन्त्रीकरण कर रहा है : मैनेजर पाण्डेय, साक्षात्कार, 'हंस', दलित विशेषांक, अगस्त, 2004) अनादि काल से दलितों पर अत्याचार हो रहे हैं, उन्हें ताड़ित-प्रताड़ित किया जाता रहा है। इसलिए उनका प्रतिकार भी पुराना ही होगा। अन्तर केवल इतना है कि आज यह प्रतिकार लिखित रूप में व्यक्त हो रहा है, पहले यह मूक या मौखिक रूप में होता रहा होगा। आज की तरह प्राचीन काल में दलितों को न शिक्षा का अधिकार था और न उन्हें मालिकों के विरोध में सीधे-सीधे कुछ बोलने का ही हक था। अत: उनके मन में व्यवस्था के विरुद्ध जो क्षोभ और विद्रोह भाव थे, वे कलात्मक प्रतीकों के माध्यम से व्यक्त होते रहे होंगे। लोकगीत और लोकगाथाओं में क्षोभ और विरोध के ऐसे स्वरों की तलाश की जा सकती है। ऐसी लोक चेतना सहज ही लोकगाथा एवं लोकनाट्य आदि कलाओं को गढ़ लेती हैं। विरोध और प्रतिकार की वह मौखिक चेतना मौखिक साहित्य के रूप में अभिहित की जा सकती है। भारतीय संस्कृति और समाज में प्रचलित विभिन्न लोककथा एवं लोकगाथाएँ इसके प्रमाण हैं। भारतीय दलित समाज में प्रचलित 'सूरमा सहलेस', 'लोरिकाइन', 'राजा चुहड़मल, 'बिहुला-बिषहरी, 'सारंगा-सदावृक्ष, 'सोरठी-वृजाभार', 'ढोला-मारू' आदि लोकगाथा एवं भिखारी ठाकुर जैसे लोककलाकारों के लोकनाट्य बिदेसिया, गबरघिचोर, बेटी बचवा आदि की परम्परा तथा विभिन्न लोकदेवी-देवताओं

की पूजा-आराधना दलित और उपेक्षित जनजीवन की ही कहानी कहती हैं। पूरी की पूरी 'लोकायत परम्परा' अभिजात्य संस्कृति द्वारा दुत्कारे-फटकारे लोगों की परम्परा है और वे सभी लिखित से अधिक मौखिक ही हैं। दलित समाज इन लोकनायकों में अपना जातीय प्रतिबिम्ब देखता है और उन्हें अपना आदर्श मानते हुए उनकी गाथा गाता है। जन-जातीय समाज में प्रचलित 'करमा-पूजा' और वनस्पतियों के प्रति सम्मान-भाव उनके प्रकृति-प्रेम और लोक-आस्था के परिचायक हैं। भारतमाता ग्रामवासिनी!

नदी-नाले, पेड़-पौधे, पहाड़ और जंगलों की पूजा और उनके अनुष्ठान में गाये जानेवाले गीतों के बहाने वे अपनी खोई संस्कृति की ही तलाश करते हैं। दुसाधों के देवता और वीर पुरुष राजा सहलेस न केवल सामन्ती अत्याचारों के विरुद्ध लोहा लेते हैं, बल्कि स्त्री और दलितों की रक्षा भी करते हैं। राजा और सामन्तों द्वारा गरीब और दलित वर्ग की दुल्हनों की डोली का अपहरण और उसके साथ किये जानेवाले बलात्कार आदि से राजा सहलेस उन्हें बचाते हैं। सामन्तों से वे युद्ध करते हैं। राजा सहलेस मूलतः दुसाधों के लोकदेवता हैं और विशेषकर मिथिलांचल और बिहार की दलित-बहुल बस्तियों में पूजे जाते हैं तथा बस्तियों से बाहर उनके ग्राम-गह्वर होते हैं। वे कभी नेपाल और बिहार के बहुत बड़े भाग के राजा थे। कोई-कोई उन्हें वन-प्रान्तों के राजा भी बताते हैं। सहलेस का शैलेश (पर्वतों का राजा) हो जाना सहज है। दलित और स्त्रियों ने गाँवों को क्या नहीं दिया? ग्रामीण संस्कृति के सुन्दर रागरंग इन्हीं की देन है। पर सामन्तों ने, अभिजनों ने उन्हें अपने ढंग से अपने हित में भुना लिया। कहने-सुनने में थोड़ा अटपटा लग सकता है कि आर्य या ब्राह्मण समुदाय प्रकृति और वनस्पतियों के विरोधी थे। लेकिन इस सम्भावना से इनकार नहीं किया जा सकता कि वे जल, अग्नि, वायु आदि की प्रेरक शक्तियों की पूजा तो करते हैं, लेकिन उनके जीवन्त रूप जंगल, जल और वनस्पतियों का निर्ममता पूर्वक नाश करते हैं। सच्चे रूप से वे प्रकृति-प्रेमी जीव नहीं हैं। वैदिक ग्रन्थ ऐसे प्रमाणों से भरे पड़े हैं। ऋग्वेद में अग्नि की उपासना करते हुए कहा गया है कि जैसे जानवर दाँतों से चारा चबाता है, वैसे ही हे अग्नि, तुम्हारी लपटें जंगल को खाती हैं।" (ऋग्वेदः 8/43/4) ऋग्वेद के ही अन्य मन्त्रों में कहा गया है कि हे इन्द्राग्नि! जैसे आग जंगल को जलाती है, वैसे ही तुम शत्रुओं को भस्म करो।" (वही, 8/40/1) "संयोवना युक्ते भस्मना दत्ता" (ऋग्वेदः 10/115/2) अर्थात् अग्नि देवता वृक्षों पर निर्भर हैं,

वनस्पतियाँ जलाते हैं। "तपुर्जम्भो वन आ वात चो दिनो यूथे न साहवाँ अव वाति वंसग:।" (वही, 1/58/5) अर्थात् हे अग्नि! ज्वालारूपी दाढ़ोंवाले एवं वायु से भड़के तुम जब जंगलों में जाकर आकाश की ओर उठते हो, तो पक्षी भी काँपने लगते हैं। अग्नि के इस विनाशकारी स्वरूप पर खुशी प्रकट करके उससे शत्रुओं के विनाश का आह्वान किया गया है। ऋग्वेद के प्राय: सभी मण्डलों में इस प्रकार के सूक्त और मन्त्र पाये जाते हैं। कहा जा सकता है कि प्राचीन आर्य या ब्राह्मण बस्तियाँ बसाने या कृषि-कार्य के लिए ऐसा करते होंगे। पर इस तरह के कोई संकेत ऋग्वेद में नहीं मिलते।

इस बात की पुष्टि करते हुए मुद्राराक्षस कहते हैं कि "वेदों में जहाँ-जहाँ जंगल जलाकर प्रसन्नता व्यक्त की गयी है, यह संकेत विल्कुल नहीं दिया गया है कि वहाँ खेती होगी या खेती हुई। जंगलों के जलाने की प्रक्रिया से किसी स्थान पर यज्ञ सम्बन्धी कर्मकाण्ड को नहीं जोड़ा गया। जंगल जलाना वैदिक समाज के लिए सिर्फ जंगल जलाना या हरीतिमा को नष्ट करना है। वे वहाँ न खेती करते हैं, न बसते हैं और न ही वहाँ यज्ञ करते हैं। दरअसल वे यज्ञ अपने से प्रभावित हो चुके आर्यों के लिए पेशे के तौर पर करते हैं। वृक्षों के प्रति वैदिक समाज की यह नफरत कुछ स्पष्ट संकेत देती है, शायद यह संकेत कि उनका जो मूल पैतृक स्थान था, वहाँ वृक्ष थे ही नहीं या थे तो नाममात्र को।" (धर्मग्रन्थों का पुनर्पाठ: मुद्राराक्षस, इतिहासबोध प्रकाशन, इलाहाबाद, पृष्ठ-45) आदिवासी तो आज भी जंगल में ही रहते हैं। उनके लिए भारतमाता आज भी ग्रामवासिनी हैं। प्रकृति के सच्चे प्रेमी शूद्र, दलित और जनजातीय समूह के लोग ही हैं, जो न केवल उनकी पूजा और सुरक्षा करते हैं, बल्कि उनकी शरण में रहकर अपना जीवन-यापन भी करते हैं। इन्हीं प्राकृतिक परिवेश में उनके गाँव-घर होते हैं और प्रकृति से ही उनकी आस्था और विश्वास जुड़े हुए हैं। उनके लोक देवी-देवता भी इन्हीं प्राकृतिक परिवेश में निवास करते हैं। लोकदेवता कौन थे? "लोकदेवता ...इस धरती पर जीनेवाले लोग ही थे, जो अभिजात्यों द्वारा अस्वीकृत वर्ग से आये थे। मूलत: वे सामान्य जीवन जीनेवाले, असामान्य कार्यों द्वारा समानता की भावना को अधिक बल देनेवाले सामान्य व्यक्ति ही थे, जिन्होंने अपने विमल चरित्र एवं अमर कर्तृत्व की छाप लोकमानस में छोड़ दी है। उनके लोकमंगलकारी कार्य, लोकजीवन की धारा में घुलमिल गये हैं। उन्होंने सदैव इस धरती को ही अपना सर्वस्व माना। धरती के मधुर फल, शीतल जल,

पोषक अन्न, पशु-पक्षियों, जंगलों और पहाड़ों को ही, उन्होंने मानवीय विकास का साधन माना। वे विकसित सभ्यता की उपज नहीं, विकसनशील सभ्यता की धरोहर हैं, जन-संस्कृति के उद्भावक हैं। उन्होंने कभी भी इतर संस्कृति को अपने ऊपर हावी होने नहीं दिया। और आज वही लोकदेवता के रूप में, लोक-भावना की ऊँचाई और लोक-आस्था की गहराई की एक भावात्मक स्वीकृति बन गये हैं।" (लोकायत और लोक देवता: डॉ. रामप्रवेश सिंह, सुरेखा प्रकाशन, मुज़फ़्फ़रपुर, पृष्ठ-3)

ये लोकदेवी-देवता ग्रामीण संस्कृति और दलितों की मूक पीड़ा के ही उद्भावक और रक्षक हैं। ये लोकदेवी-देवता लोक मानस को शक्ति, साहस, सम्बल और विश्वास देते हैं। ये अपना कार्य सदैव नीचे से ऊपर की ओर करते रहे हैं। इसलिए वे अनादि काल से समाज के सबसे निचले प्राणी दलित और पिछड़ों की आस्था, श्रद्धा और आकर्षण के केन्द्र बने हुए हैं। ये लोकदेवी-देवता पृथ्वी, सूर्य, आकाश, हवा, पानी जैसी प्राकृतिक शक्तियों के अनुसन्धाता और सूक्ष्म प्रयोगकर्ता थे। भारत माता ग्रामवासिनी!

"भुइयाँ बाबा, जिसमें देवी गहील, बाबू बसावन और बाबू बक्तौर के पिण्ड (वेदी) होते हैं की पूजा मुख्य रूप से अहीर (ग्वाले) और मुसहर, दुसाध, निषाद आदि दलित-पिछड़ी जातियों के घरों में होती है। मही देवी से शिक्षा लेने के कारण 'ऐतरेय महीदास' भी कहलाये।" (भारत में जाति भेद: आचार्य क्षितिमोहन सेन, पृष्ठ-58) इसके अलावा गोबर्द्धन-पूजा, सुकराति, सामा-चकेवा, झिंझिया, कृष्णाष्टमी आदि पर्व और ऐसे लोकदेवताओं की पूजा। यह परम्परा आभीर-संस्कृति कहलायी। आभीर-संस्कृति की तरह पुर-संस्कृति भी गैर-वैदिक और लौकिक है। यह संस्कृति द्रविड़ों की संस्कृति बतायी जाती है। पुर-संस्कृति के प्रवर्त्तक कारिक एक द्रविड़ बालक और लोक में प्रचलित प्रसिद्ध लोकदेवता हैं। इन्हें कुलदेवता और ग्रामदेवता के रूप में उत्तर भारत के गाँवों में प्रतिष्ठा प्राप्त है। सोखा, बन्नी-गोरैया, गोविन्द, कारिक, मलंग बाबा, ब्रह्म बाबा, देवी माई आदि देवी-देवता की पूजा भी ग्रामीण संस्कृति की चीज है। प्रत्येक गाँव में माईस्थान और बरहम बाबा के गह्वर होते हैं। ये ग्रामदेवता कहलाते हैं। बाकी देवताओं के पिण्ड घरों में होते हैं। इन्हें गृहदेवता या कुलदेवता कहते हैं। लोगों की मान्यता है कि कुलदेवता बाहरी संकट से घर-परिवार की रक्षा करते हैं और ग्राम देवता गाँव की। आर्यों के मूल देवता इन्द्र, वरुण, रूद्र, मरुत आदि हैं। शिव, हनुमान आदि देवता

द्रविड़, अनार्य या मूलनिवासियों के थे, जिन्हें आर्य-वृत्त में बाद में स्वीकृति मिली। आदिवासी समाज में आज भी ये देवता आदिम देव के रूप में पूजे जाते हैं। भारतमाता ग्रामवासिनी!

इसी प्रकार यदि यहाँ के लोकगीतों की पड़ताल की जाये, तो दलित-पिछड़े समाज में प्रचलित लोकगीत, विवाह या अनुष्ठान गीत और अभिजन समाज में प्रचलित अनुष्ठान और विवाह गीतों में भी बहुत सारे अन्तर दिखायी पड़ेंगे। साधन-सम्पन्न लोगों की सामन्तवादी प्रवृत्तियों ने जहाँ अपनी जीवन-शैली और रुचि के अनुरूप अपने देवी-देवताओं को ढाला है, वहीं दलित-पिछड़ों के देवी-देवता उनके रहन-सहन और सांस्कृतिक भावनाओं के अनुरूप ही दिखायी पड़ते हैं। शीतला माता एक ही हैं। किन्तु वह अभिजनों के यहाँ शेर पर सवार होकर आती हैं, सोने के हिड़ोले पर झूला झूलती हैं और सामन्ती संस्कारों के अनुरूप दुर्जनों को दण्ड देती हैं और ढाल तलवार जैसे सामन्तवादी अस्त्र-शस्त्रों से लैस रहती हैं, किन्तु दलितों के यहाँ यही देवी सींक की डलिया बुनती हुई उनकी विपन्नता और सुख-दुख के साथ हैं-

> *"सोने के झुलुअवा मइया, लागली हिण्डोलवा कि झुली-झुली ना।*
> *मैया गावेली गीतिया कि झुली-झुली ना।* -(अभिजनों की देवी)
> *सिकिंया जे बीनी-बीनी, डलिया बनौले गे मैया, घुरि-घुरि ना,*
> *मैया गावेली गीतिया, कि घुरि-घुरि ना।'* -(दलितों की देवी)"
>
> (कवि कुमार विरल के लोकगीत)

इस प्रकार बहुजनों के देवी-देवता अहिंसक हैं, किन्तु अभिजनों के हिंसक। अनेक प्रकार की मौखिक अभिव्यक्ति और परम्परा है, जिसमें बहुजन जीवन ने सदा से सामन्ती समाज और अभिजन आडम्बरों का विरोध किया है। उसके विरोध की चेतना आदिम है। सामन्तवादी सोच की भेदवादी नीति से उसकी सदा असहमति रही है। बहुजन चेतना, जिसे प्रकारान्तर से असुर या अनार्य चेतना भी कह सकते हैं, संस्कृति निर्माण और विकास में किसी से पीछे नहीं हैं। उनकी जो मौखिक परम्परा सदियों से चली आ रही है, वह किसी शास्त्र-पुराण की मोहताज नहीं है। इसकी अनुगूँज उनकी लोककथाओं, लोकगाथा और गीतों में स्पष्ट सुनायी पड़ती है। लोक देवी-देवता और कुछ नहीं अभिजनों द्वारा नकारे गये सामान्य जनों के प्रतिभाशाली और प्रभुत्व-सम्पन्न पूर्वज हैं, जिनके प्रभावों को कभी स्वीकार

कर लिया गया और कभी सुविधानुसार अभिजनों ने उन्हें नकार दिया। किन्तु उनकी स्वीकृति-अस्वीकृति ब्राह्मण या आर्यों की अपनी सुविधा-असुविधा और शर्तों पर होती रही। इतिहास में इसके सबसे अच्छे उदाहरण शिव-शक्ति और हनुमान की महिमा और बुद्ध की पूजा है, जिन्हें आर्य या ब्राह्मणों ने अपनी सुविधा के अनुसार अपनाया और जब अपनाया, तो उन्हें अपनी संस्कृति के अनुरूप ढाल लिया।

इस प्रकार लौकिक परम्परा और लोक साहित्य की विपुल विरासत की दृष्टि से भारत माता आज भी गाँवों में ही निवास करती हैं। शहरों में लोकसंस्कृति की आज न कोई परम्परा है और न वह आत्मीयता ही। इसलिए भारतमाता आज भी ग्रामवासिनी ही बनी हुई हैं। उसका शस्य श्यामला शरीर आज भी धूमिल है। अपनी तमाम विशेषताओं के बावजूद वह आज अवमानित और उपेक्षित है। इसे फिर से हराभरा बनाकर मुक्त करने की जरूरत है।

# उत्तर आधुनिकता और दलित साहित्य

कभी राष्ट्रीय एकता और साम्प्रदायिक सद्भाव के गीत गानेवाले भारतवर्ष में आज कई-कई मनो-सामाजिक विक्षोभ पैदा हो गये हैं। संस्कृति और राजनीति के स्तर पर भी विचारधाराएँ टकराने लगी हैं। किन्तु टूट-फूट या दरारें कहीं दिखायी नहीं पड़तीं। कभी-कभी शोर-गुल और कोलाहल होते हैं, फिर पानी अपनी सतह पर आ जाता है। वर्ग-भेद, लिंग-भेद, सम्प्रदाय-भेद और वर्ण-भेद से लड़ता हुआ भारत आज जाति-भेद की विसंगतियों पर प्रहार कर रहा है। यह जाति-भेद या जातिवाद ब्राह्मणवाद की देन है, जो इस देश के रग-रेशे में खून-पानी की तरह समाया हुआ है। कभी सोने की तरह शुद्ध और हीरे की तरह कठोर समझा जानेवाला ब्राह्मणवाद आज मिश्र धातुओं से मिलकर इतना लचीला हो चुका है कि तोड़े नहीं टूटता। सामन्तवाद और पूँजीवाद के आधुनिक खेल-खेलकर आज यह बाज़ारवाद के रूप में उत्तर आधुनिक जड़ें जमा चुका है। उदारता और बहुलता उसके दो लुभावने मन्त्र हैं। कहा जा रहा है कि आज का दलित विमर्श भी उसी की उदार गोद से निकला है। ऐसे में समकालीन भारतीय चिन्तन में सर्वाधिक सशक्त इस दलित चिन्तन का क्या होगा? वह ब्राह्मणवाद से किस प्रकार लड़ाई कर सकेगा? इन्हीं और ऐसे ही प्रश्नों को लेकर उत्तर आधुनिकता के प्रखर चिन्तक कृष्णदत्त पालीवाली की पुस्तक है-'उत्तर आधुनिकतावाद और दलित साहित्य'। पुस्तक के आरम्भ में उत्तर आधुनिकतावाद का सैद्धान्तिक विमर्श है, मध्य में दलित चिन्तन पर चर्चा और अन्त में इसके फलाफल पर विचार किया गया है।

"सूचना विस्फोट के इस युग में 'साहित्य' नाम का यह जो शब्द है, अब मुसीबत में पड़कर लुट-पिट गया है। अब 'साहित्य सृजन' नहीं है, अन्य बहुत से लेखनों की तरह वह भी एक लेखन है।" दलित साहित्य भी एक

लेखन है–चालू पाठ। उत्तर आधुनिक परिदृश्य ने केन्द्रवाद को तोड़ा अवश्य है, हाशिये की चीजें केन्द्र की ओर बढ़ी हैं और केन्द्रीय तत्त्व परिधि की ओर। कई नये केन्द्र बन रहे हैं। पर इस केन्द्रवाद पर प्रहार का श्रेय स्त्री, दलित और अल्पसंख्यक साहित्य को दिया जाना चाहिए। आज का यह बहुलतावाद समाज, संस्कृति और राजनीति के विभिन्न रूपों में दृष्टिगोचर है। पुस्तक में दलित साहित्य को इसी दृष्टिकोण से देखा गया है।

देश में दलित आन्दोलन और दलित विचारधाराओं की बहुलता को लेखक ने सकारात्मक ढंग से लिया है। दलित अस्मिता के नये–पुराने चेहरे को स्पष्ट करते हुए उनके बीच गहरे फर्क को दिखाया गया है। नया दलित विमर्श समतामूलक, शोषणमुक्त, आत्मसम्मानपूर्ण, छुआछूत से रहित समाज बनाने के लिए प्रतिबद्ध दिखायी देता है। इसी तेवर में उसके सत्ता केन्द्र भी बन रहे हैं। दलित चिन्तन ने किसी को नहीं बख्शा है। मार्क्सवादी–समाजवादी ब्राह्मणवाद को वह खदेड़कर पछाड़ रहा है। उन्हें न सवर्ण सहानुभूति की जरूरत है, न मार्क्सवादी मानववाद की। गांधी और लोहिया को भी वे नमस्कार कर चुके हैं।" डॉ. अम्बेडकर के धर्मान्तरण से भी उन्हें राहत नहीं मिल रही। अतः दलित अस्मिता अपनी राह खुद तलाश रही है। 'अप्प दीपो भव' का आह्वान कर पहली राह बाबा साहेब ने तलाशी थी। 'बाबा साहेब और बौद्ध धम्मः चिन्तन के आयाम' शीर्षक अध्याय में विस्तार से इसका विवेचन किया गया है। बाबा साहेब का धर्म परिवर्तन भले ही आज दलित मुक्ति का विकल्प न हो, पर दक्षिण में इसका व्यापक प्रभाव पड़ा था और लाखों की संख्या में दलितों ने धर्मान्तरण कर डाला था। नवबौद्धों की यह संख्या आज भी बरकरार है, बल्कि उसमें वृद्धि हो रही है। हिन्दू धर्म का यह पहला विकेन्द्रन था, जिसने समाज, संस्कृति और राजनीति को बुरी तरह झकझोर दिया था। आज देश और दुनिया के तमाम नये प्रश्न और प्रश्नाकुलताओं के बीच उत्तर आधुनिकतावाद 'इन साइडर' का काम रहा है। लेखक ने दलित प्रश्न के 'पाठ' का भी उत्तर–आधुनिक 'अन्तर्पाठ' किया है।

दलित चेतना के प्रथम स्रोत फुले हैं। जोतिबा के चिन्तन को ही शाहूजी महाराज, डॉ. अम्बेडकर और पेरियार आदि ने आगे बढ़ाया। कांशीराम के पंचपुराणों में डॉ. अम्बेडकर, फुले, पेरियार, नारायण गुरु और शाहूजी महाराज थे। पर न तो पेरियार और न कांशीराम ने ही धर्मान्तरण को आवश्यक समझा। लेखक की मान्यता है कि पेरियार के उग्र ब्राह्मण विरोध से दलित आन्दोलन

को कोई लाभ नहीं मिला। इसके विपरीत दलित आन्दोलन से पेरियारवादियों को लाभ मिला और तमिलनाडु सहित दक्षिण के 'आत्मसम्मान आन्दोलन' व्यर्थ सिद्ध हुए। इसी परिप्रेक्ष्य में लेखक ने मायावती के पेरियार प्रेम पर प्रश्न उठाया है। यह प्रसंग व्यापक विमर्श की माँग करता है। 'दलित साहित्य: विभाजन की राजनीति' में वे तमाम प्रश्न उठाये गये हैं, जो दलित साहित्य पर प्राय: उठते रहे हैं। दलित साहित्य में जातिवाद, दलित-गैरदलित विभाजन और कुल मिलाकर गैर-दलितों का उससे कटते जाना आदि ऐसे ही प्रश्न हैं। दलित साहित्य को आक्रामक और सतही कहकर उसे खारिज करने का प्रयास भी किया गया है। किन्तु यह बात समझ में नहीं आती कि एक तरफ लेखक जहाँ साहित्य की 'उत्तर आधुनिक' परिभाषा में किसी 'पाठ' को शुद्ध नहीं बताता, जब साहित्य कहीं से महान नहीं है, साहित्य-गैरसाहित्य की कोई सीमारेखा नहीं है, तो 'क्लासिकल' और अविस्मरणीय रचना की यह चिन्ता क्यों? आगे के पाठ में भी दलित साहित्य और दलित चेतना पर भूमण्डलीकरण, नव साम्राज्यवादी रीतिवाद (सेक्सवाद) आदि के मँडराते संकट की चिन्ता की गयी है। 'अम्बेडकर, गांधी और प्रेमचन्द' पाठ भी दलित साहित्य का पुराना पाठ है। नवजागरणकालीन मलयाली दलित कवि कुमार आशन का पाठ नया कहा जा सकता है, जिनसे अधिकांश हिन्दी पाठक अपरिचित हैं।

पुस्तक के अन्त में वैश्वीकरण के प्रभाव से उत्पन्न बाज़ारवाद, उपभोक्तावाद, सांस्कृतिक संकट, धार्मिक उन्माद, अतिशय विलासिता, आतंकवाद, कला और साहित्य पर संकट आदि की चर्चा की गयी है। 'खाते-पीते सुअरों की शताब्दी,' 'नव्य सांस्कृतिक साम्राज्यवाद', ...'संस्कृति का देहवाद' आदि पाठ इसी अर्थ-सन्दर्भ को व्यक्त करते हैं। लेखक लम्बे अरसे तक जापान में रहे हैं। इसलिए पुस्तक में जापानी साहित्य और संस्कृति की दृष्टि से भी उत्तर आधुनिक परिदृश्यों की पड़ताल की गयी है। कुल मिलाकर पुस्तक विचारोत्तेजक और ज्ञानवर्द्धक है, जो शोधार्थियों के साथ-साथ सामान्य पाठकों के लिए भी उपयोगी सिद्ध होगी। लेकिन पुस्तक के पाठों को पढ़कर लगता है कि लेखक की जितनी गहरी पकड़ उत्तर आधुनिकता पर है, दलित साहित्य पर नहीं है।

# आरक्षण भागीदारी है परिवर्तन का हथियार नहीं

आरक्षण इस देश के लिए नयी व्यवस्था नहीं है। पूरी की पूरी वर्ण-व्यवस्था आरक्षण ही थी, जिसमें समाज के अलग-अलग कार्य अलग-अलग वर्णों के लिए निर्धारित थे। शिक्षा का क्षेत्र केवल ब्राह्मणों के लिए और सेवा कार्य केवल शूद्रों के लिए आरक्षित थे। जाति-व्यवस्था भी एक प्रकार का आरक्षण ही है। किन्तु आज का आरक्षण बिल्कुल अलग है। इसे हम भागीदारी कह सकते हैं। अमेरिका, आस्ट्रेलिया, आस्ट्रिया, न्यूजीलैण्ड, इंग्लैण्ड, मलेशिया, आयरलैण्ड आदि दुनिया के अनेक विकसित और विकासशील देशों में अलग-अलग नामों से आरक्षण व्यवस्था लागू है। अमेरिका में इसे 'एफर्मेटिव एक्सन प्रोग्राम' कहते हैं, जो जीवन के हर क्षेत्र में लागू है-सेवा से लेकर सत्ता तक और व्यापार से लेकर बाज़ार तक।

भारत में यह भागीदारी केवल राजनीति और सरकारी सेवाओं में लागू है। फिर भी आरक्षण एक साधन है, जो अस्थायी है। यह साध्य नहीं है। जब तक समाज में विविधता रहेगी, यह व्यवस्था भी तभी तक उचित है। दलित चिन्तन इसी विविधता में एकरूपता और समानता देखना चाहता है। इसके लिए व्यवस्था परिवर्तन आवश्यक है। आरक्षण का उद्देश्य भी समानता और परिवर्तन है। यद्यपि समानता एक काल्पनिक अवधारणा है। आज तक कोई ऐसी समाज व्यवस्था नहीं बनी, जिसमें विविधता न हो। फिर भी विविधता को कम करके सबको रोजी और सम्मान तो दिया ही जा सकता है। इसीलिए आन्दोलन होते हैं, क्रान्तियाँ होती हैं। आरक्षण ऐसी क्रान्ति और आन्दोलनों के विरुद्ध एक विराम चिह्न है। यह रूढ़ व्यवस्था में ही भागीदारी है। व्यवस्था के भागीदार होकर हम क्रान्ति नहीं कर सकते। इसलिए आरक्षण परिवर्तन का हथियार नहीं है। इसका क्षेत्र केवल आर्थिक और राजनीतिक है, सामाजिक-सांस्कृतिक नहीं। इस दृष्टि से यह दलित चेतना के विरोध में जाता है। आरक्षण के

विविध पक्षों पर ऐसे ही विचार मुज़फ़्फ़रपुर में 'शाहूजी महाराज और भारत में आरक्षण' विषय पर आयोजित परिसंवाद सभा में व्यक्त किये गये।

27 जुलाई 2008 को 'भारतीय दलित साहित्य अकादमी', तिरहुत प्रमण्डल एवं जिला शाखा मुज़फ़्फ़रपुर की ओर से देश में आरक्षण के जन्मदाता छत्रपति शाहूजी महाराज की 134वीं जयन्ती समारोह पूर्वक मनायी गयी, जिसमें अकादमी के प्रान्तीय अध्यक्ष श्री भगवान दास, नगर विधायक श्री विजेन्द्र चौधरी सहित बड़ी संख्या में प्रमण्डल एवं जिले के प्रमुख साहित्यकार, समाजसेवी, बुद्धिजीवी और आम जनता ने भाग लिया। भारतीय जीवन बीमा निगम अनु-जाति/जनजाति कर्मचारी कल्याण संघ मुज़फ़्फ़रपुर के संयुक्त तत्त्वावधान में आयोजित इस समारोह की अध्यक्षता अकादमी के प्रमण्डलीय उपाध्यक्ष श्री सत्येन्द्र कुमार 'सत्येन' ने की। मुख्य अतिथि के रूप में बोलते हुए श्री भगवान दास ने आज़ादी के 61 वर्षों के बाद भी देश में दलित-पिछड़ों की दयनीय स्थिति पर चिन्ता व्यक्त की। उन्होंने इन वर्गों में व्याप्त मनुवादी प्रवृत्तियों पर क्षोभ व्यक्त किया और अन्तर्विरोधों को दूर करने की आवश्यकता बतायी। आरक्षण के व्यावहारिक पक्ष की कमजोरियों पर प्रकाश डालते हुए उन्होंने संविधान के 85वें संशोधन का हवाला दिया, जिसमें प्रोन्नति में आरक्षण की बात कही गयी है।

समारोह का उद्घाटन मुज़फ़्फ़रपुर नगर विधायक श्री विजेन्द्र चौधरी ने किया। अपने उद्घाटन भाषण में श्री चौधरी ने आरक्षण नीति पर राजनीतिक दलों के दोहरे चरित्र की चर्चा की और कहा कि राजनीतिक पार्टियाँ केवल आरक्षण का ढोल पीटती हैं। वह न तो अपने दल में और न देश की सरकारी-गैर सरकारी संस्थाओं में आरक्षण का ठीक से अनुपालन करवा पाती। आज तक किसी दलित को सामान्य सीट से टिकट नहीं दिया गया। दलित-पिछड़े और स्त्रियों को विकास की मुख्यधारा में लाने के लिए उन्होंने उद्योग, व्यापार, शिक्षा और रोजगार आदि जीवन के सभी क्षेत्रों में आरक्षण देने की आवश्यकता बतायी।

अपने अध्यक्षीय भाषण में श्री सत्येन्द्र कुमार सत्येन ने आम जनता में दलित साहित्य की जानकारी के लिए पत्र-पत्रिकाओं के प्रकाशन पर जोर दिया। धन्यवाद ज्ञापन करते हुए अकादमी के प्रमण्डलीय महासचिव श्री रामबृक्ष राम 'चकपुरी' ने बाबा साहेब और शाहूजी महाराज की चर्चा की और अकादमी को मजबूत बनाने पर बल दिया। श्री जियालाल पासवान ने आगत

अतिथियों का स्वागत किया और शाहूजी महाराज के व्यक्तित्व और कृतत्वि पर चर्चा की। मंच संचालन करते हुए डॉ.हरिनारायण ठाकुर ने 'दलित साहित्य अकादमी' के उद्देश्यों पर प्रकाश डाला और कहा कि अकादमी वंचित समाज का एक वैचारिक आन्दोलन है। यह साहित्य, कला और समाजसेवा के माध्यम से देश और दुनिया में दलित-पिछड़े और स्त्रियों के सशक्तिकरण में विश्वास रखता है। यह जाति और लिंगभेद से रहित एक समरस समाज की स्थापना के लिए प्रयत्नशील है। उन्होंने आरक्षण के मनो-सामाजिक पक्ष पर विस्तार से प्रकाश डाला।

बिहार सरकार के पूर्व मन्त्री डॉ. शीतल राम ने आरक्षण के विभिन्न पहलुओं पर चर्चा करते हुए इसे सख्ती से लागू करने की आवश्यकता बतायी। जुझारू समाजसेवी श्री प्रेमचन्द बैठा ने देश में दलितों की स्थिति पर विस्तार से विचार करते हुए उनके विकास के लिए आरक्षण को अपर्याप्त बताया। श्री बिन्देश्वरी प्रसाद ठाकुर ने शाहूजी महाराज के क्रान्तिकारी व्यक्तित्व पर प्रकाश डाला और उनके संघर्षों से प्रेरणा लेने की आवश्यकता बतायी। एल.आई.सी.के वरीय प्रबन्धक श्री विनोद त्रिवेदी ने आरक्षण को सकारात्मक बताते हुए कहा कि जीवन बीमा निगम में आरक्षण नीति का शत-प्रतिशत अनुपालन किया जाता है। श्रीमती कमलावती ने कार्यक्रम की प्रशंसा करते हुए स्त्रियों के आरक्षण पर बल दिया। विषय प्रवर्त्तन इतिहास के विद्वान डॉ.अनिल धवन ने कराया। क्षत्रपति शाहूजी महाराज के जीवन पर विस्तार से प्रकाश डालते हुए डॉ.धवन ने बताया कि 26 जुलाई 1874 में जन्में शाहूजी महाराज को बचपन में ही कोल्हापुर स्टेट की गद्दी सम्भालनी पड़ी। स्वाध्याय की बदौलत वे कई-कई भाषाओं के विद्वान और कुशल वक्ता बने। राजा होने के बावजूद उन्हें ब्राह्मणों के मनुवादी आचरण से परेशान होना पड़ा। उन्होंने कई-कई बार अमेरिका और इंग्लैण्ड की यात्रा की और दुनिया की राजनीति और संस्कृतियों का अनुभव प्राप्त किया। अपने राज्य में ब्राह्मणवादी वर्चस्व तले दबे दलित-पिछड़ों की बुरी स्थिति को देखते हुए उन्होंने अपने जन्मदिन पर 26 जुलाई 1902 को कोल्हापुर स्टेट में 50% आरक्षण का प्रावधान किया, जो देश का पहला आरक्षण था। उन्होंने 'हिन्दू संहिता' बनाकर अपने राज्य में लागू किया। बाबा साहेब को उन्होंने राजनीति का प्राथमिक पाठ पढ़ाया। कहना न होगा संविधान में 'हिन्दू कोड बिल' और आरक्षण की व्यवस्था का आधार शाहूजी की नीति ही थी।

वरिष्ठ पत्रकार और शिक्षक श्री शशिकान्त झा ने शाहूजी और डॉ. अम्बेडकर के व्यक्तित्व की तुलना करते हुए आज के सन्दर्भ में उनकी

प्रासंगिकता पर विचार किया। श्री मनोज कुमार वर्मा ने दलित चेतना के विकास में समाजवाद और गैर-दलितों की भूमिका पर चर्चा की। श्री राजेश राम ने देश में भंगी और मुसहर समाज की दयनीय स्थिति पर प्रकाश डालते हुए सवाल खड़ा किया कि जब शिक्षा ही नहीं है, तो उन्हें आरक्षण का क्या लाभ मिल सकता है? एल.एस. कॉलेज के प्रोफेसर डॉ. अब्दुल रब अन्सारी ने जहाँ अल्पसंख्यकों के आरक्षण पर बल दिया, वहीं डॉ. शैल कुमारी एवं गायत्री पटेल ने महिला आरक्षण की वकालत की। श्री अशोक चौधरी एवं श्री रघुनन्दन प्रसाद ने अकादमी के कार्यक्रमों की प्रशंसा करते हुए आरक्षण के विभिन्न पक्षों पर प्रकाश डाला। सभा में विचार व्यक्त करनेवाले अन्य प्रमुख वक्ताओं में श्री राजधारी राम, ब्रह्मदेव राम, रघुनाथ बैठा, डॉ. श्यामबाबू शर्मा, श्री अशोक कुमार, श्री कृष्ण नन्दन पासवान, श्री रणजीत कुमार इत्यादि थे। सबसे जोरदार भाषण बिहार अर्जक संघ के वर्तमान अध्यक्ष और तब के समाजसेवी श्री अरुण गुप्ता का था। श्री गुप्ता ने दलित और पिछड़े समाज के शोषण के इतिहास पर विस्तार से प्रकाश डाला। उनके रोचक वक्तव्य से श्रोता वाग-वाग हो गये।

इस अवसर पर अकादमी की ओर से अतिथियों एवं दलितोत्थान के क्षेत्र में काम करनेवाले समाजसेवी व साहित्यकारों को 'शाहूजी महाराज सम्मान-पत्र' से भी सम्मानित किया गया।

# क्या हिन्दी मीडिया हिन्दू मीडिया है?

"यदि हिन्दी पत्रकारिता करनी है, तो हिन्दू बनकर करनी होगी; क्योंकि उर्दू में मुसलमान बनकर पत्रकारिता की जाती है"-अनिल चमडिया के एक लेख से उद्धृत किसी अखबार के सम्पादक के इस कथन से ऊपरी तौर पर मीडिया की एक साम्प्रदायिक तस्वीर बनती है, पर गौर से देखने पर ऐसा नहीं है। किसी दक्षिणपन्थी खेमे का कोई सम्पादक या पत्रकार भले ही ऐसा कह दे, सम्भव है उस सम्पादक ने किसी गोपनीय और विशेष क्षणों में ऐसी बातें कही हों, पर आमतौर से हिन्दी पत्रकारिता के लिए ऐसा नहीं कहा जाता। लेकिन हिन्दी मीडिया की तह में छिपी जो सच्चाई है, उसे हिन्दी जनता वर्षों से जानती हैं। वही सच्चाई आज आंकड़ों में जाहिर हो रही है। इसके लिए वर्ष 1996 से अब तक किये गये 'वाशिंगटन पोस्ट' या 'सी.एस.डी.एस.' के सर्वेक्षण भले ही प्रमाण हो; पर हिन्दी मानसिकता अपनी सामाजिक संरचना जनित स्वभाव और संस्कार से यह जानती आयी है कि किस क्षेत्र में किसका राज है? आज सन्तोष की बात है कि दलित और स्त्रियों ने समाज और संस्कृति के हर क्षेत्र में अपनी स्थिति की पड़ताल शुरू कर दी है।

आज के इस 'मल्टी-मीडिया' युग में जब हम 'मीडिया में दलित' जैसे विषय पर बात करते हैं, तो मोटे तौर पर इसके दो अर्थ होते हैं-एक मीडिया में दलित समाज की कितनी और कैसी भागीदारी है? और दूसरा कि दलित समाज किस हद तक मीडिएट होकर सूचना बन पाता है, और बनता भी है तो उसकी छवि कैसी होती है? दोनों ही दृष्टियों से विषय का आकलन निराशाजनक ही है। यह भी एक अजीब विडम्बना है कि संवाद जगत का परम पारम्परिक ढाँचा दलित-पिछड़ों से ही निर्मित होता रहा है और मध्यकालीन सूचना जगत का एकमात्र संवाहक भी वही था। आज के इन्टरनेटी युग में भी नाई-कहारों की ऐसी भूमिका देहातों में देखने को मिल

जाती है, जिसमें वह मालिकों के संदेश उनके दूर-दराज के रिश्तेदारों के यहाँ पहुँचाते नजर आते हैं। खासकर शादी-विवाह और पूजा-अनुष्ठानों के अवसर पर। बुरी खबर को भी 'संवादिया' अच्छी बनाकर पेश करता है। प्राचीन डाकिये और हरकारों की स्थिति से हम सभी परिचित हैं।

इसके विपरीत यह भी सच है कि दलित और स्त्री चेतना 'ग्लोबलाइजेशन' का 'बाई-प्रोडक्ट' है और और 'ग्लोबलाइजेशन' अपने आप में क्या है? यह सूचना क्रान्ति का प्रोडक्ट ही तो है। ऐसे में मीडिया में दलितों की खुद की भूमिका का महत्त्व बढ़ जाता है। उपलब्ध स्रोतों, भारतीय समाज की मनो-सामाजिक संरचना और मौजूदा परिदृश्य के मद्देनजर आइए विषय की एक संक्षिप्त पड़ताल की जाये।

समकालीन जीवन का एक तकिया कलाम नारा है कि हाशिये की सभी चीजें महत्त्वपूर्ण हो गयी हैं और केन्द्र में स्थापन-विस्थापन का एक नया दौर शुरू हो गया है। यह आधुनिकता के बाद की आधुनिकता है-उत्तर आधुनिकता। एक अजीब 'बहुवचनीयता' व्याप्त है। हम भी सही, तुम भी सही, पर सही कोई नहीं है। इसे हमारे यहाँ पहले ही जैन तीर्थंकर 'महावीर' अपने 'अनेकान्त दर्शन' में कह गये हैं। पर दलित आज जिन प्रश्नों को उठा रहे हैं, वे सही हैं। गिरा हुआ ही उठेगा, विस्थापित ही स्थापित होगा। सदियों से ज्ञान-विज्ञान, धन-दौलत, शिक्षा और सम्मान से वंचित दलित समाज आज पढ़-लिखकर आगे आ रहा है। वह अपनी हीन स्थिति की वेदना, संवेदना और चेतना से संवलित हो रहा है।

ऐसे में मीडिया का सवाल भी एक मौजूं सवाल बन जाता है, जिसे दलित पिछड़ी चेतना ने उठाया है। दलितों की मीडिया में या ज्ञान-विज्ञान के क्षेत्र में भागीदारी के लिए एक मोटा-सा तर्क यह रहा है कि उनमें शिक्षा का अभाव है, तकनीकी ज्ञान नहीं है। इसलिए जो इस क्षेत्र में बढ़े-चढ़े हैं, वे आगे रहेंगे ही। पर आखिर कब तक? आज़ादी के 75 वर्षों बाद भी आज मीडिया के लिए दलितों में क्या ऐसी योग्यता नहीं आयी है? इस सम्बन्ध में योगेन्द्र यादव की 'सी.एस.डी.एस.' टीम के सर्वेक्षण चौंकानेवाले हैं, जिसमें हिन्दी प्रिन्ट मीडिया में 97% पदों पर केवल हिन्दुओं का कब्जा है। इसमें भी 71% पदों पर हिन्दू उच्च जाति के पुरुषों का ही वर्चस्व है, जबकि उनकी आबादी भारत की कुल आबादी की केवल 8% है। इसी प्रकार हिन्दू द्विज जातियों (ब्राह्मण, कायस्थ, राजपूत, वैश्य और खत्री) की हिस्सेदारी 86%

है, जबकि उनकी राष्ट्रीय आबादी 16% है। राष्ट्रीय मीडिया के 315 प्रमुख पदों पर एक भी दलित या आदिवासी नहीं है। ऐसे में कहा जा सकता है कि जब खुद मीडिया में ही लोकतन्त्र नहीं है, तो इसे लोकतन्त्र का चौथा स्तम्भ' कौन कहेगा?

विषय का दूसरा पक्ष सूचना और समाचार में दलित छवि-सृजन का है। दलित हित की बातों को मीडिया सकारात्मक ढंग से प्रकाशित-प्रसारित नहीं करता। इसका बहुत बड़ा उदाहरण आरक्षण आन्दोलन में समाचारों की भूमिका है। 1978 में बिहार में कर्पूरी ठाकुर द्वारा जारी आरक्षण, 1991 मण्डल कमीशन और 2006 में उच्च शिक्षा और तकनीकी संस्थानों में पिछड़ों के लिए आरक्षण की घोषणा के बाद हुए 'आरक्षण आन्दोलन' में विरोधी पक्ष को ही बार-बार दिखाया गया, जिससे आरक्षण के विरोध में एक नकारात्मक छवि बनी और आम जनता आरक्षण के औचित्य से परचित नहीं हो सकी।

इसी प्रकार दलित-पिछड़ों पर सवर्ण अत्याचार के अनेक उदाहरण हैं, जिन्हें मीडिया ने ठीक ढंग से पेश नहीं किया। एक उदहारण 'बाबरी मस्जिद-काण्ड' का है, जिसे सुरेन्द्र प्रताप सिंह जैसे ईमानदार और विद्वान पत्रकारों के कारण उचित जगह मिली और दुनिया में एक सकारात्मक सन्देश गया, अन्यथा ब्राह्मणवादी पत्रकार तब भी लालकृष्ण आडवाणी और अशोक सिंघल जैसों के साथ ही थे। यही स्थिति कमोवेश स्त्रियों को लेकर भी बनती है। आज मीडिया खासकर 'इलेक्ट्रॉनिक मीडिया' और अँग्रेजी प्रिन्ट मीडिया में स्त्रियों की संख्या कम नहीं है, फिर भी उनकी स्त्री-मुक्ति की पुरुषवादी तस्वीर ही बन रही है, क्योंकि मीडिया पर पुरुष मालिकों का ही कब्जा है। ऐसे में भारतीय लोकतान्त्रिक संस्थाओं पर फिर से विचार करने की जरूरत हो जाती है।

बाबा साहेब ने 'इन्हिलेशन ऑफ कास्ट' में 'शम्बूक-वध' के लिए राम को नहीं, तत्कालीन व्यवस्था को दोषी माना है। उसी प्रकार आज मीडिया सहित सूचना और ज्ञान विज्ञान की तमाम संस्थाओं में दलितों की अनुपस्थिति के लिए आज की व्यवस्था से अधिक वह मनुवादी व्यवस्था दोषी है, जो सदियों से हमारे अन्दर बैठी हुई है। बाबा साहेब ने इसी से तंग आकर धर्म-परिवर्तन किया था। कहा जा सकता है कि आज का समय और समाज बाबा साहेब से बहुत आगे निकल चुका है। किन्तु यह कटु सत्य है कि हिन्दी क्षेत्र में यह मानसिकता आज भी ज्यों-की-त्यों बरकरार है। परिदृश्यों

पर विचार करें, तो पायेंगे कि जिस समाज का इतिहास जितना नवीन है, वहाँ प्रगतिशीलता और नये मूल्य उतनी ही जल्दी आ गये हैं। इस सम्बन्ध में दो उदाहरण दिये जा सकते हैं-वैश्विक स्तर पर अमेरिका और राष्ट्रीय स्तर पर दक्षिण भारत का समाज। भारतीय समाज अपने इतिहास और संस्कृति की प्राचीनता में ही जकड़ा हुआ है। इसीलिए वह पुरातन मूल्यों से जल्दी निजात नहीं पा रहा। यहाँ किसी भी नयी चीज को जल्दी स्वीकृति नहीं मिलती।

'मीडिया' का अर्थ यदि माध्यम है, तो प्राचीन और मध्यकालीन ज्ञान-विज्ञान और सूचनाओं का सबसे बड़ा माध्यम तो साहित्य ही रहा है। सदियों से समज का दर्पण, दस्तावेज और दीपक की भूमिका अदा करनेवाले इस साहित्य ने दलितों का कौन-सा इतिहास लिखा है? सभी जानते हैं। इसीलिए 'दलित साहित्य' लेकर जब खुद दलितों ने हिन्दी क्षेत्र में प्रवेश किया, तो हाय-तौबा तो जरूर मचा, पर उसे खारिज करने की हिम्मत किसी में नहीं हुई; क्योंकि वह भारतीय जीवन का सबसे बड़ा यथार्थ था, जिसे अब तक पर्दे के पीछे रखा गया था। 'मीडिया' में दलितों का सवाल भी 'दलित साहित्य' का ही सवाल है, जिससे दो-चार हुए बिना न मीडिया का काम चल सकता है, न साहित्य का और न भारतीय समाज का।

इसलिए इस पर तमाम सम्पादकों, मीडियाकर्मियों और मीडिया के मालिकों को ठण्डे दिल से विचार करना चाहिए कि मीडिया जो तस्वीर पेश करता है, क्या दलितों की सही तस्वीर यही है? यदि नहीं तो इसकी जवाबदेही खुद दलितों पर ही क्यों नहीं छोड़ दी जाती? इसी भेदभाव को लेकर बाबा साहेब से लेकर आज तक दलितों के लिए एक 'वैकल्पिक मीडिया' की जरूरत महसूस की जाती रही है। खुद बाबा साहेब को ही कई वैकल्पिक पत्र निकालने पड़े थे। दलित आन्दोलन का एक प्रमुख घटक 'बामसेफ' मीडिया से इसलिए बचना चाहता है, क्योंकि मीडिया दलितों की सही तस्वीर पेश नहीं करता।

जाति व्यवस्था यदि हिन्दू समाज की रीढ़ है, तो इसे तोड़ने को कौन कह रहा है? जाति-व्यवस्था को अपराध घोषित करने के लिए आज कोई अम्बेडकर नहीं बैठा है। जाति का ढोल गले में बाँधकर पीटते रहिये, मना कौन करता है? मगर जिसका जो हिस्सा बनता है, उसे तो दे दीजिए। अमेरिका में बरसों से 'ए.ए.पी.' (एफर्मेटिव एक्सन प्रोग्राम) के तहत 'नीग्रो' और 'रेड इण्डियन' को यह सुविधा प्राप्त है। नौकरी से लेकर उद्योग, मीडिया और

मार्केटिंग तक संख्या के अनुपात में सबकी भागीदारी सुनिश्चित है। दुनिया के तमाम विकसित देशों में भागीदारी व्यवस्था (आरक्षण) लागू है। यहाँ वह भागीदारी क्यों नहीं लागू होती? दिनकर ने लिखा है-'नीचे है क्यारियाँ बनी, तो बीज कहाँ जा सकता है?' चश्मा जैसा होगा तस्वीर भी वैसे ही दिखायी पड़ेगी। इस देश में हिन्दू तो हिन्दू; सिख, ईसाई और मुस्लिम-सभी समाजों में देखादेखी जाति-व्यवस्था आ गयी। यदि यही सच है, तो फिर आप जातीय जनगणना से क्यों घबराते हैं? जब विविधता है, तो भागीदारी भी उसी अनुपात में होनी चाहिए। आज तक ब्राह्मणवादी मानसिकता केवल नौकरी में आरक्षण को ही नहीं पचा सकी है, जो इस समाज का पुरातन सच है। आज भी पुरोहित पेशे में केवल ब्राह्मणों को ही आरक्षण मिला हुआ है।

आज उच्च शिक्षा पीठों से लेकर बड़े-बड़े शोध संस्थानों तक फुले, अम्बेडकर, पेरियार पर शोध हो रहे हैं, लेकिन उन पर शोध कौन कर रहा है? सोचने की बात है। इनमें से दलितों की संख्या एक प्रतिशत भी नहीं है। दलितों के नाम की रोटी खानेवाले ये गैर-दलित लोग आज भी यही सोच रहे हैं कि दलितों के सम्बन्ध में निर्णय लेने का अधिकार हमारा ही है। हम जो निर्णय लेंगे, उसे सब को मानना पड़ेगा। दलित और दलितबोध की परिभाषा भी हम ही गढ़ेंगे। दलित आज भी हमारी दया और सहानुभूति के पात्र हैं। फिर हो गया कल्याण! दलित बुद्धिजीवी आपको क्यों मानने जायेंगे? आप अपने शोध और निष्कर्ष से दलितों को देवी-देवता बनाते रहिये, दलित अपनी खुरदरी राह खुद तलाशते रहेंगे। 'दलित मीडिया' पर विचार करते हुए इन बातों पर ध्यान दिया जाना चाहिए।

मीडिया यदि व्यापार है, तो व्यापार की भी एक भाषा और संस्कृति होती है, जो धर्मनिरपेक्ष तो होती ही है, पर समाज-निरपेक्ष भी होती है। लेकिन हिन्दी मीडिया धर्मनिरपेक्ष भी नहीं है। भारतीय समाज में सदियों से विभिन्न सम्प्रदाय और धर्मों के लोग एक साथ रहते आये हैं। हिन्दी मीडिया को उन सभी को समुचित स्थान देना चाहिए। हिन्दी और उर्दू-दोनों ही यहाँ के बाज़ार की भाषा तब भी थी, अब भी है। यह भाषाविज्ञान का सबसे बड़ा झूठ है कि हिन्दी संस्कृत से निकली है और उर्दू फारसी से। ये भाषाएँ जनता की जबान थी, पर हमने उन्हें साम्प्रदायिक भाषा बनाकर हिन्दू और मुसलमानों में बाँट दिया। आज की तारीख में हिन्दी न हिन्दुओं की भाषा है और न उर्दू मुसलमानों की। लिपि से उर्दू अलग भाषा जरूर जान पड़ती है, पर

सारे लब्बोलुआब में वह हिन्दी ही है अथवा हिन्दी भी उर्दू ही है। मीडिया चाहे हिन्दी की हो या उर्दू की-दोनों ही भारतीय ही हैं। कोई भोला-भाला इन्सान सुने, तो हिन्दी और उर्दू में क्या भेद हो सकता है? हैदराबाद का रिक्शावाला भी हिन्दी को उर्दू कहता है। भेद केवल विद्वानों के बीच ही होता है। सुननेवालों के दिल में तो केवल इन्सान बैठा है। वह हिन्दी-उर्दू नहीं जानता, केवल भाषा जानता है, जुबान जानता है। भारतीय जुबान! जनता की जुबान! मीडिया की जुबान! इसीलिए हिन्दी मीडिया को न दलित बनना है, न गैर-दलित, न हिन्दू न मुसलमान, केवल इन्सान बनकर देश और दुनिया की घटना और स्थितियों का लेखा-जोखा परोसना है। लोग कहते हैं तकनीकी विकास से समाज के पूर्वाग्रह खत्म नहीं होते हैं, युवाओं के दिल को टटोल कर तो देखिए! इसलिए हिन्दी मीडिया को 'हिन्दू मीडिया' बनने से बचाये रखने की जरूरत है।

# दलित और स्त्री अस्मिता का मनो-सामाजिक द्वन्द्व

समकालीन संस्कृति-विमर्श में जहाँ हाशिये की अनेक धाराएँ तेजी से केन्द्र की ओर बढ़ी हैं, वहीं केन्द्रवाद की पारम्परिक प्रवृति और ढाँचा भी टूटने के बदले और मजबूत होते चले गये हैं। केन्द्रन-विकेन्द्रन के इस दौर में यद्यपि मूल्य, मान्यता और मिथकों की पड़ताल की प्रक्रिया लगातार जारी है, कुछ नये मूल्यों का निर्माण भी हुआ है। किन्तु पुरातनता की मोटी दीवार अब भी हमारी राह रोके खड़ी है। ऐसा नहीं है कि हमने नवयुग का कोई पारस पत्थर पा लिया है, जिसे छुआते ही सब कुछ सोना बन जायेगा और देखते ही देखते समाज और संस्कृति नये मूल्यों से मालामाल हो जायेंगे।

सच तो यह है कि हम अपने पुरातन को भी इतनी आसानी से छोड़ने को तैयार नहीं हैं। परम्परा और संस्कृति से मोह और मोहभंग के द्वन्द्व में हम इतने लाचार और विवश दिखायी पड़ते हैं कि हमें कोई निर्विवाद राह दिखायी नहीं पड़ती। ऐसे में नया विमर्श कुछ भी नया नहीं कर पाता। फिर भी स्त्री और दलितों के नये तेवर से लगता है कि कुछ नया होनेवाला है। इसी आशा और उम्मीद के साथ ऐसी रचनाओं की कुछ पहचान और परख की जा सकती है। आलोच्य रचनाओं में आज के ज्वलन्त मुद्दों पर कुछ रचनाएँ और रचनाकार हैं। ये हैं-'राजा सहलेस' (डॉ. प्रफुल्ल कुमार मौन, डॉ. रामप्रताप नीरज), 'क्यों विश्वास करूँ? (सूरजपाल चौहान), 'भीतर भीतर आग' (शान्ति सुमन), 'जाने कितने मोड़' (आशा प्रभात) और 'टूटते तिलिस्म' (डॉ. कुमकुम राय)। सभी के सभी अपने-अपने क्षेत्र के जाने-माने रचनाकार हैं और प्रकाशित रचनाएँ भी उसी वजन की हैं।

'राजा सहलेस' एक शोधपरक रचना है, जिसे लेखक और सम्पादक द्वय डॉ. प्रफुल्ल कुमार मौन और डॉ. रामप्रताप नीरज ने बड़े ही मनोयोग पूर्वक तैयार किया है। 'राजा सहलेस' भारतीय मिथको में दलित देवता के प्रतीक

के रूप में प्रचलित हैं। किन्तु पुस्तक में व्यक्त पाठ की पड़ताल करते हुए जब हम इस पर विचार करते है, तो अनेक नयी-पुरानी बातें सामने आ जाती हैं। पहली बात यह है कि चूँकि दलित चेतना मुख्यधारा के साथ अपना सह-अस्तित्त्व बनाये रखना चाहती है। इसलिए इस और ऐसे अनेक चरित्रों का महत्त्व है। दूसरी बात कि अपने पूर्व पुरूषों की गौरव-गाथा के माध्यम से यह मुख्यधारा के साथ अपनी सामानान्तर परम्परा दिखाना चाहती हैं। इसलिए भी इसका महत्त्व है। दोनों ही स्थितियों के लिए आलोच्य रचना महत्त्वपूर्ण है।

राजा सहलेस मूलतः दुसाधों के लोक देवता हैं और विषेशकर मिथिलांचल और बिहार की दलित-बहुल बस्तियों में पूजे जाते हैं। बस्तियों से बाहर उनके ग्राम-गह्वर होते हैं। वे कभी नेपाल और बिहार के बहुत बड़े भाग के राजा थे। कोई-कोई उन्हें वन-प्रान्तों के राजा भी बताते हैं। लेकिन उन्हें जनपदों में सर्वजातीय श्रद्धा एवं प्रतिष्ठा प्राप्त है। शौर्य और शक्ति के प्रतीक इनकी असीमित वीरता एवं राज्य-प्रशासन की अदभुत क्षमता से पूर्ण उनकी गाथा ने न सिर्फ लोक-साहित्य, बल्कि साहित्य की अनेक विधाओं और संस्कृति के अनेक क्षेत्रों को समृद्ध किया है। उपन्यास, महाकाव्य, नाटक, रेडियो-नाटक आदि के अतिरिक्त इनके गाथायी प्रसंग लोक-मूर्तियों, लोक-चित्रों, नाचों तथा टेलीफिल्म आदि में रूपांकित है। पुस्तक में इन सभी रूपों में व्याप्त राजा सहलेस के चरित्र पर व्यापक दृष्टि डाली गयी है।

इस अध्ययन में, जाहिर है, सहलेस या शैलेश का एक राष्ट्रीय-वैश्विक स्वरूप उभर कर सामने आया है। इसमें दुसाध जाति के गौरवपूर्ण अतीत एवं सत्ता और शासन की क्षमता को नये सिरे से रेखांकित किया गया है। सर्वप्रथम राजा सहलेस की गाथा पर डॉ. ग्रियर्सन का ध्यान गया था। तब से लेकर आज तक उन पर अनेक शोधपरक कार्य हो चुके हैं, लोकगाथाओं में बिखरे तत्त्व-तन्तुओं के सहारे कितने ही लोकसाहित्य का सृजन हो चुका है। फिर भी सहलेस का सम्पूर्ण चरित्र अभी इतिहास के घने कुँहरे में ही ढँका है। पुस्तक में सारे शोध-अनुसन्धानों के साथ-साथ उन पर उपलब्ध साहित्य की विस्तारपूर्ण चर्चा है। लेखक-सम्पादकों के शब्दों में कहें तो "आज आवश्यकता इस बात की है कि इन्हें ग्राम्य-गह्वरों से बाहर निकाल कर अभिजात्य प्रतिष्ठा दी जाये, सामाजिक सद्‌भाव एवं राष्ट्रीय चेतना का विकास हो। ऐसे अध्ययनों से आनेवाली पीढ़ी को देश की प्राचीन परम्परा, संस्कृति और लोक देवी-देवताओं के बारे में भी जानकारी होगी, जिसे प्रायः लोग भूलते जा रहे हैं।"

'क्यों विश्वास करूँ?' जाने-माने दलित रचनाकार सूरजपाल चौहान का कविता-संग्रह है। कविता में मनुवाद और उसके नकार की प्रश्नाकुलता ही प्रस्तुत संग्रह का प्रतिपाद्य है। कहना न होगा कि दलित साहित्य सामाजिक सरोकारों का साहित्य है; इसलिए इसमें कलात्मकता का वह आग्रह नहीं है, जो मुख्यधारा के साहित्य का मूलाधार है। दलितों के दलन-दमन, अपमान-तिरस्कार, उपहास-निन्दा और उपेक्षा-बहिष्कार से उत्पन्न अनुभूति की सच्चाई और अनुभव की पीड़ा ही दलित साहित्य के केन्द्र में है। इसलिए उनकी मौलिक चिन्ता में कला-चेतना नहीं, समाज चेतना है। सूरजपाल भी सीधे-सीधे कहते हैं-"कलात्मकता की दुहाई देकर/ क्यों मेरी कलम की स्याही पोंछना चाहते हो?" दलित चेतना की गहराई से निष्पन्न इन कविताओं में प्रतिरोध के स्वर अत्यन्त मुखर है। दलित चेतना मुख्यधारा के साहित्य, संस्कृति और इतिहास में कुछ भी ऐसा नहीं देखती, जिसके लिए वह अपने ऊपर गर्व कर सके। इसलिए वह उनकी पुनर्पड़ताल करती हुई अपनी ही दृष्टि से उनका विवेचन-विश्लेषण करती है। यह सामाजिक सरोकारों का साहित्य है।

इतिहास-पुराण में जहाँ कहीं भी दलितों का महिमा-मण्डन हुआ है, वहीं दलित चेतना में शंका और प्रश्नाकुलता व्याप्त हो जाती है। संग्रह की 'षड्यन्त्र' शीर्षक कविता में ऐसे ही प्रश्न और शंकाएँ व्यक्त की गयी हैं- "कर्ण!/ शक होने लगा है मुझे-/ तुम्हारी दानवीरता पर/ सूर्य के बार-बार सचेत करने पर भी/ कवच और कुण्डल/ दान में/ उस बहुरूपिये को/ देने की बात/ जँचती नहीं।/ तुम्हारे विषय में/ दानवीरता की कहानियाँ/ सुनकर/ और पढ़-पढ़कर/ अब होने लगा है सन्देह/ मक्कारों की कलम पर।/ वीर कर्ण!/ खुशी-खुशी कुछ भी न दिया होगा/ तुम्हारे साथ हुआ है-षड्यन्त्र/ केवल षडयन्त्र/ राजा बलि की तरह।" इसलिए कवि का परम्परा से सीधा सवाल है-"फिर भला मैं/ कैसे विश्वास करूँ/ तुम्हारी सहिष्णुता/ एवं भाईचारे की भावना पर।" किन्तु कविताओं में केवल विरोध और प्रतिरोध के स्वर ही नहीं है, बल्कि उसे सही दिशा देने की एक सकारात्मक आकुलता भी है। सूरजपाल दलितों के आपसी अन्तर्विरोधों को भी उकेरने के लिए चर्चित हैं। यहाँ भी यह अन्तर्विरोध चित्रित है। 'यह दलितों की बस्ती है' एक ऐसी ही कविता है। इस प्रकार संकलन की कविताएँ प्रतिरोध और असहमति के साथ दलितों की स्थिति पर दलित दृष्टि से विचार करने की प्रेरणा देती है।

'भीतर-भीतर आग' नवगीत की अनन्य कवयित्री और समकालीन लेखिका शान्ति सुमन (अब स्वर्गीय) की ताजा गीत रचनाएँ हैं, जिसमें समय और समाज के समकालीन संवेदनों को समेटने की कोशिश की गयी है। तेजी से गद्यात्मक हो रही कविता और गीतों की जमीन में लयात्मक विधान की यह नयी पौध निश्चय ही मानवीय करुणा और रागबोध की एक नयी आशा जगाती है। अपने जनवादी गीत-संग्रह 'मौसम हुआ कबीर' के लिए चर्चित शान्ति सुमन के गीत मूल्य और संवेदनाओं के साथ-साथ सरोकारों की भी व्यंजना करते हैं। तभी तो कवयित्री "थाली उतनी ही की उतनी, छोटी हो गयी रोटी..." जैसे गीतों को लिख पाती है। पुस्तक विगत आठ-दस वर्षों के दौरान लिखे गये गीतों का संकलन है। जाहिर है वैश्वीकरण और उदारीकरण के इस दौर में सब कुछ उदार और लचीला हुआ है। साहित्य में भी यह उदारता आयी है। किन्तु साहित्य में गीतों के प्रति शायद वह उदारता अभी नहीं आयी है, जो कविताओं के प्रति है। कवयित्री भी इससे चिन्तित है, पर इससे उसकी आस्था और रचनात्मक ऊर्जा में थोड़ी भी कमी नहीं दिखायी पड़ती। उसकी चिन्ता स्वाभाविक है कि "सहज मानवीय करुणा का अभाव जिस तरह समाज और जीवन में हो रहा है, गीत के रागतत्त्व और लयात्मकता से इस स्थिति को पाटा जा सकता है। ...यदि यह आवाज आरोपित नहीं हो, तो गीत आज भी जीवन की सत्ता को जीवित रखने का सबसे सशक्त माध्यम है। ...सारे बौद्धिक हथियार जहाँ निष्पन्द पड़ जाते हैं, गीत हमें सतर्क और सचेत करता रहता है।...गीतों में ही सुरक्षित रहती है मनुष्यता।" कहना न होगा 'नवगीत' से 'जेनवादी' गीतों के सफर ने कवयित्री को अपनी रचनात्मकता के प्रति इतना सतर्क और आस्थावान बना दिया है कि वह गीतों को मानव मुक्ति का सबसे सही और कारगर हथियार तक मानने लगी है। उसकी मान्यता है कि "इस कठिन समय में जन संस्कृति का परिष्कार और उसका पुनर्निर्माण आज गीतों की सबसे बड़ी जिम्मेदारी है।" तभी तो कवयित्री लिखती हैं-

> *"बाहर की तो बात पता है/ तुम घर की चिन्ता लिखना"* अथवा,
> *दरवाजे का आम-आँवला, घर का तुलसी चौरा,*
> *इसीलिए अम्मा ने अपना गाँव नहीं छोड़ा।"*

संकलन की कविताएँ चार खण्डों में विभाजित हैं-'आइने दूर तक', 'पूरी पृथ्वी माँ', 'भीतर-भीतर आग' और 'नदियाँ इंगुर की'। सीधे-सादे और

कभी-कभी सान्ध्र-संश्लिष्ट बिम्ब, प्रतीक और संकेतकों के सहारे कवयित्री ने प्रथम खण्ड के गीतों में संवेदना-संकट को व्यंजित किया है। दूसरे खण्ड में विविध समकालीन भाव-बोधों के साथ प्रकृति सजी-धजी दिखायी पड़ती है। तीसरे खण्ड में प्रेम-प्रीति और रागानुराग की महीन बुनावट है और चौथे खण्ड के गीतों में सामाजिक सरोकार जीवन्त हुए हैं।

'जाने कितने मोड़' स्त्री-अस्मिता के सवालों पर सुपरिचित लेखिका आशा प्रभात का उपन्यास है। हिन्दी और उर्दू में समान रूप से लिखनेवाली आशा प्रभात मूलतः हैं तो कवयित्री; किन्तु उनकी पैठ कथा साहित्य में भी उतनी ही है। वे कवयित्री और कथाकार दोनों हैं। उनके बहुचर्चित कविता-संग्रह 'दरीचें' और 'मरमूज' तथा उपन्यास 'धुँध में उगा पेड़' के बाद प्रस्तुत उपन्यास उनके लेखन का अगला पड़ाव है और युवा लेखन में नया प्रतिमान भी। एक स्त्री होने के नाते स्त्री-बोध का जीवन यथार्थ और अकेलापन तो उनकी अनुभूति के केन्द्र में है ही; व्यवस्था के प्रति आक्रोश और परिवर्तन की क्रान्ति चेतना भी उनके युवा मन में स्पष्टतः लक्षित होते हैं। 'जाने कितने मोड़' लेखिका के मन की इसी क्रान्ति चेतना को रेखांकित करता है। उपन्यास में आद्यन्त एक स्त्री की विवशता और संघर्ष को चित्रित किया गया है। सदियों से पुरुष समाज द्वारा स्त्रियों पर थोपे गये निर्णय, मूल्य और मान्यताएँ कोई नयी बात नहीं है। नयी बात है उनके प्रतिरोध और प्रतिकार द्वारा नये मूल्यों की स्थापना।

उपन्यास की नायिका लता अपने ऊपर थोपी गयी ऐसी ही पुरुषवादी नैतिकता और विवशता को जी रही है, जो उसके जीवन को अभिशप्त और खोखला किये जाती हैं। वह न केवल इस अन्यायपूर्ण निर्णय को खारिज कर देती है; बल्कि उसके साथ-साथ सम्पूर्ण स्त्री जाति को पंगु बना देनेवाले इस कुचक्रपूर्ण निर्णय के विरूद्ध अकेले ही लड़ती है और अन्ततः साहस पूर्वक उससे मुक्त हो जाती है। बहती धारा में जब तक वह लहरों के थपेड़े खाती, चट्टानों से टकराती, लहूलुहान होती रहती है, तब तक समाज खुश है, सन्तुष्ट है। पर जब वह अपनी डूबती साँसों को बचाने के लिए किसी तिनके का सहारा लेकर किनारे पर ठहर सिर्फ अपने लिए चन्द सुख की साँसें लेना चाहती है, तब सामाजिक मान्यताओं की दीवारें दरकने लगती हैं।"

इस पुरुषवादी समाज में एक औरत को अपने हक में निर्णय लेने का कोई हक नहीं हैं। "उसे जीना है, तो समाज की शर्तों पर और मरना भी

समाज की शर्तों पर ही है। तभी तथाकथित भद्र समाज उसे औरत मानेगा, अन्यथा कुलटा, वेश्या, और न जाने किन-किन उपाधियों से उसे अलंकृत करेगा, जो खास तौर से उसी के लिए रची गयी हैं।" उपन्यास की नायिका लता समाज के परम्परागत मूल्यों के हवन कुण्ड की हवि नहीं बनती, बल्कि हवन कुण्ड से अधजली बाहर आ जाती है। फिर उसके अन्दर का मौन विद्रोह फूट पड़ता है। वस्तु बनी नारी एक व्यक्ति का रूप ले लेती है और शुरू होता है एक स्त्री के दुख, दर्द और अपमान के विरुद्ध मुक्ति का महासंघर्ष। स्त्री अस्मिता के लिए समानता और सम्मानपूर्ण जमीन की तलाश ही इस उपन्यास का केन्द्रीय कथ्य है। उपन्यास की भाषा बेहद सरल, रोचक और पठनीय है। आम पाठकों के अनुकूल वर्णनात्मक शैली में लिखे गये इस उपन्यास में हिन्दी के साथ-साथ उर्दू, फारसी के प्रचलित शब्दों और अँग्रेजी के भी चालू शब्द आये हैं। इससे कथन में स्वाभाविकता, प्रवाह और रोचकता बनी हुई है। गीत-गजलों की रोचक और मधुर भाषा के लिए जानी जानेवाली आशा प्रभात अपने उपन्यास और कहानियों में भी वैसी ही रोचक हैं।

'राज्य-सभा' की पूर्व सांसद और डॉ. राममनोहर लोहिया स्मारक महाविद्यालय, मुज़फ़्फ़रपुर की पूर्व हिन्दी विभागाध्यक्ष डॉ. कुमकुम राय व्यवहार में तो राजनेत्री और जुझारू महिला है; पर मौलिक रूप से वे एक प्राध्यापिका और सम्वेदनशील कवयित्री हैं। समय-समय पर उनकी कविताएँ पत्र-पत्रिकाओं में प्रकाशित होती रही हैं। अतिशय सामाजिक-राजनीतिक व्यस्तताओं के बावजूद वे समय निकालकर अब भी कविताएँ लिख लेती हैं। 'टूटते तिलिस्म' उनकी कविताओं का संग्रह है, जिसमें उनके भोगे हुए यथार्थ और समय-बोध की पचास कविताएँ संकलित हैं। नारी मन के कातर संवेदनों के साथ-साथ संग्रह की कविताओं में बदलते हुए समय और समाज का पद-चाप भी स्पष्ट रूप से सुनायी पड़ता है। नारी मन की वेदना सार्थक होने के लिए बेचैन है-"मुझे नहीं चाहिए यह नीला आकाश/ दूर तक फैली अप्रतिम हरियाली/ पक्षियों का कलरव और/ भौंरों की मादक गुनगुनाहट/ झरनों का शोर और/ पहाड़ों की ऊँचाई...मैं चाहती हूँ आग, जो मुझे पिघलाये/...मुझे बदल सके यहाँ से वहाँ तक/...ताकि मैं हो सकूँ सार्थक और पूर्ण।" कवयित्री न केवल नारी की असहायता, विवशता और परवशता पर चिन्तित है, बल्कि उसकी क्रान्ति-चेतना मुक्ति का अलख जगाती हुई कहती हैं कि "सब कुछ कर सकती है नारी/ हे सत्ताधारी!/ उन्हें भी दो मौका।" आज़ाद भारत में

भी मुक्ति की तलाश करता हुआ स्त्री और दलित स्वर नया इसलिए है कि आज वे अपनी मुक्ति की पड़ताल स्वयं कर रहे हैं। 'आलोकिता, तालाब, साँसे, औरत, महीयसी, सामर्थ्यहीन, प्रतीक्षा, तलाश, कैफ़ियत, मेघदूत, थाती, धड़कन, वे दिन, जिन्दगी, मेरा दुख' आदि संकलन की अधिकांश कविताओं में नारी जीवन के अनुभव और अनुभूतियों को विभिन्न प्रतीक, बिम्ब और रूपकों द्वारा कवयित्री ने बड़ी बारिकी के साथ उकेरा है।

इस प्रकार 'टूटते तिलिस्म' सचमुच स्त्रियों के प्रति पुरुषवादी मिथकों और तिलस्मों के टूटने की आवाज है। यह नारी सशक्तिकरण और स्त्री-मुक्ति के सवालों पर पुरुषवादी समाज से टकराने का सशक्त स्वर है और कुल मिलाकर स्त्री अस्मिता का मनो-सामाजिक द्वन्द्व है।

# आरक्षण बनाम योग्यता

वैसे तो भारतीय समाज में जाति, वर्ण और लिंग पर आधारित सामाजिक आरक्षण सदियों से लागू है, ब्राह्मण के लिए शिक्षा, क्षत्रियों के लिए रक्षा, वैश्यों के लिए व्यवसाय, शूद्रों के लिए सेवा और स्त्रियों के लिए घर-गृहस्थी समाज में निर्धारित थे, जिसका पारम्परिक रूप आज भी मिलता है। किन्तु यहाँ सामाजिक, शैक्षणिक और आर्थिक आधार पर किये गये आधुनिक राजनीतिक और संवैधानिक आरक्षण की बात की जा रही है।

यह सही है कि किसी भी युग में व्यक्ति की योग्यता ही समाज और राष्ट्र की दशा-दिशा तय करती है। निजीकरण, उदारीकरण और खुली प्रतियोगिता के इस वैश्विक युग में तो योग्यता का और भी महत्त्व है। बाबजूद इसके भारत सहित दुनिया के प्रायः सभी लोकतान्त्रिक, विकसित और विकासशील देशों में आरक्षण की व्यवस्था है। और तो और अमेरिका जैसे अति विकसित देशों में भी नीग्रो समुदाय के लिए आरक्षण है। इसका उद्देश्य सामाजिक न्याय और आर्थिक समरसता द्वारा पिछड़ों को समाज की मुख्यधारा में शामिल करना और भागीदारी देना है। भारत में राष्ट्रीय स्तर पर उच्च शिक्षा तथा तकनीतिकी संस्थानों में प्रवेश का वर्तमान आरक्षण उसी मण्डल आयोग का हिस्सा है, जिसकी 10 सिफारिशों में से केवल एक (सरकारी नौकरियों में आरक्षण) को लागू किया गया था, बाकी को लागू करने का मौका ही नहीं मिला। तब तक आरक्षण विरोध की आँधी में सरकार ही जा चुकी थी। तब से अब तक कितनी सरकारें आयीं, गयीं। मगर इसे फिर से ठण्डे बस्ते में डाल दिया गया और फिर से आरक्षण के लिए नये-नये आयोग बनते रहे, मसलन विवादास्पद धार्मिक एवं भाषायी अल्पसंख्यक आयोग, आर्थिक पिछड़ा वर्ग आयोग आदि। अभी हाल ही में मोदी सरकार ने आर्थिक आधार

पर गरीब सवर्णों को भी 10% का आरक्षण दे डाला है। इस पर हम आगे विचार करेंगे। फिलहाल योग्यता पर विचार कर लें।

माना आरक्षण योग्यता को बाधित करता है। किन्तु इस योग्यता का मानदण्ड क्या है? इस हाई-टेक युग ने निश्चय ही ज्ञान की एक अलग सत्ता स्थापित की है। किन्तु यह ज्ञान-सत्ता विवेक पर कम टेकनॉलॉजी और सूचना पर आधारित ज्यादा है, जिसे थोड़े-बहुत प्रशिक्षण और अभ्यास द्वारा आसानी से प्राप्त किया जा सकता है। तकनीकी क्षेत्रों से आगे बढ़ें, तो शिक्षा, समाज, राजनीति, दर्शन, न्याय और सामान्य ज्ञान का कोई भी क्षेत्र ऐसा नहीं है, जहाँ शिक्षण, प्रशिक्षण और अभ्यास द्वारा किसी को उस योग्य नहीं बनाया जा सकता। किन्तु इस शिक्षण प्रशिक्षण का दायित्व किस पर है? जाहिर है यह दायित्व व्यक्ति और (सार्वजनिक) व्यवस्था दोनों पर हैं। अमेरिका, जापान जैसे पूर्ण विकसित राष्ट्र और समाज के लिए यह दायित्व व्यक्तिगत और निजी हाथों में हैं। किन्तु भारत सहित तीसरी दुनिया के अधिकांश देशों में यह दायित्व कल्याणकारी राज्य-व्यवस्था के तहत सरकारों की हैं। फिर अमेरिका, जापान जैसे विकसित राष्ट्र में सामाजिक भेदभाव वैसा नहीं हैं, जैसा भारत जैसे देशों में हैं। इसलिए विकसित देशों के लिए खुली प्रतियोगिताएँ तो समझ में आती है, किन्तु तीसरी दुनिया के लिए यह एक पहेली ही बनी हुई है। वहाँ आरक्षण देने न देने से कोई विशेष फर्क नहीं पड़ता, क्योंकि विकास की दौड़ में वहाँ आम आदमी भी आगे है। वहाँ गरीबी, बेरोजगारी और अशिक्षा बड़ी और मूलभूत समस्यओं में शामिल नहीं है। किन्तु भारत जैसे देशों में इतनी सारी असमानताएँ हैं कि यहाँ विशेष अवसर और आरक्षण जैसे उपायों के बिना समुचित सामाजिक सन्तुलन और आर्थिक विकास की कल्पना तक नहीं की जा सकती। आरक्षण का मामला केवल राजनीतिक या आर्थिक नहीं है, यह मूलतः और अन्ततः भी मनो-सामाजिक और शैक्षणिक है।

भारतीय सन्दर्भ में जब हम योग्यता की बात करते हैं, तो यह एक दुखद सत्य है कि यहाँ योग्यता का एक जबर्दस्त आधार जाति ही रही है। 'पूजीय विप्र शील-गुन हीना। शूद्र न गुन, गन ज्ञान प्रवीणा।' से लेकर आज़ादी के बाद लगातार बन रही जातिवादी सरकारों तक समाज में सामूहिक निर्णय और जातीय अस्मिता में उन्हीं लोगों का बोलबाला रहा है, जिसे परम्परा और व्यवस्था ने गुणवान से अधिक धनवान और जातीय दृष्टि से श्रेष्ठ बना रखा है। हाल के वर्षों में बिहार जैसे कुछ पिछड़े राज्यों में सत्ता का प्रत्यावर्तन

अवश्य हुआ, किन्तु राजनीति और समाज तथा सबसे बड़ी निर्णायक एजेन्सी देश की केन्द्रीय सत्ता का चरित्र नहीं बदला। स्मरण रहे कि देश में हमने आज़ादी की लड़ाई पहले नहीं शुरू की थी। पहले नवजागरण या पुनर्जागरण और समाज-सुधार आन्दोलन शुरू हुए थे। भारत में आधुनिकता, नवजागरण और सामाजिक क्रान्ति का श्रेय अँग्रेजी उपनिवेशवाद को जाता है। कार्ल मार्क्स ने कहा था-"यह सच है कि हिन्दुस्तान में सामाजिक क्रान्ति लाने के लिए ब्रिटने ने जो कुछ किया था, उसके पीछे उसके निकृष्ट स्वार्थों की पूर्ति का लक्ष्य निहित था। इसके लिए उसने जो तरीका अपनाया, वह दुष्टतापूर्ण था। पर प्रश्न यह नहीं है। प्रश्न यह है कि क्या मनुष्य जाति एशिया की मौलिक व्यवस्था में सामाजिक क्रान्ति हुए बिना अपने लक्ष्य तक पहुँच सकती है? यदि नहीं तो इंग्लैंड ने जो अपराध किये हैं, इस क्रान्ति को लाने में, वह अनजाने में इतिहास का हथियार बन गये।" (डॉ. बच्चन सिंह, हिन्दी साहित्य का दूसरा इतिहास) 1857 के बाद देश में राष्ट्रीय आन्दोलन शुरू हुए थे। इसके पूर्व भारत में जो नवजागरण आन्दोलन चल रहे थे, उनका उद्देश्य विशुद्ध रूप से समाज-सुधार था। उस समय तक अँग्रेजी सत्ता से हमने मुक्ति की कल्पना भी नहीं की थी। 'सिपाही विद्रोह' तो महज एक संयोग था, जिसका कोई बड़ा उद्देश्य नहीं था। जिसके बाद देश में आज़ादी की चिंगारी फैल उठी। देशी रियासत और ज़मींदारों के हित अँग्रेजी सत्ता से टकराने लगे।

अन्यथा बड़े मजे से अँग्रेज ही हमारा समाजसुधार कर रहे थे। वे ही हमारी सामाजिक-सांस्कृतिक रूढ़ियों का संस्कार-परिष्कार कर रहे थे। यह कटु सत्य है कि यदि अँग्रेज नहीं आये होते, तो यहाँ न तो कोई राजाराम मोहन राय होता, न जोतिबा फुले, न दयानन्द सरस्वती पैदा होते और न कोई पेरियार, अम्बेडकर या सर सैयद अहमद खान बनता। इन समाज-सुधारकों को अँग्रेज बहादुर ने बड़ी ही श्रद्धा और विश्वास से देखा। और सचमुच ये भारतीय समाज के लिए मसीहा बन कर आये थे। देश के बहुसंख्यक समुदाय की समस्या अँग्रेज और अँग्रेजी सत्ता नहीं थी। उनकी समस्या सामाजिक रूढ़ियाँ थीं। किन्तु कालान्तर में सिपाही विद्रोह के बाद जब स्वतन्त्रता संग्राम की परिस्थितियाँ बनीं, तो दलित और पिछड़ों के नेता और सुधारकों ने अपने हितों की अनदेखी करते हुए स्वतन्त्रता संग्राम में भी अपनी सहभागिता दर्ज की। अन्यथा वे चाहते थे कि अँग्रेजी सरकार रहे। क्योंकि उन्हें भय था कि आज़ादी के बाद समाज में उनकी वही स्थिति हो जायेगी, जैसी पुनर्जागरण

के पहले थीं। अर्थात् अँग्रेजों के बाद देशी शासन प्रकारान्तर से हिन्दू शासन ही होगा और उनके साथ वही व्यवहार किया जायेगा, जो हिन्दू समाज में पहले से हो रहा था।

आज़ादी के बाद से भारत में संवैधानिक आरक्षण की व्यवस्था है। यह आरक्षण केवल सरकारी नौकरियों में ही है। अनु.जाति/जनजातियों के लिए राजनीति में भी आरक्षण है। किन्तु दुनिया के अन्य देशों में नौकरी, व्यवसाय, शिक्षा, स्वास्थ्य, खेल–कूद आदि जीवन के हर क्षेत्र में आरक्षण है। इसका उद्देश्य सामाजिक न्याय, शैक्षणिक और आर्थिक समरसता द्वारा पिछड़ों को समाज की मुख्यधारा में शामिल करना है। जनसंख्या के 70% से भी अधिक (अनु.जाति/जनजाति=22.5%, अन्य पिछड़ा वर्ग (ओबीसी)=52%, कुल=74.5%) आबादी को जातीय आरक्षण की सुविधा प्राप्त है। वर्ष 2019 में मोदी सरकार ने आर्थिक दृष्टि से कमजोर सवर्णों को भी 10% का आरक्षण दे दिया है, जो संविधान की मूल अवधारणा के प्रतिकूल है। इस प्रकार देश की आबादी के कुल 84.5% लोग आरक्षण की सीमा में आ गये। ओबीसी समुदाय की संख्या सबसे अधिक है, किन्तु उन्हें 27% आरक्षण ही प्राप्त है। इस प्रकार कुल आरक्षण 22.5+27+10=59.5% है। अनुसूचित जाति/जनजाति को तो आज़ादी के बाद से ही आरक्षण की सुविधा प्राप्त है, पर पिछड़े वर्ग के लिए 'मण्डल कमीशन' की रिपोर्ट के अनुसार वर्ष 1990 में आरक्षण की व्यवस्था की गयी, जो वर्ष 1991–92 में लागू हुई। इतने वर्षों से इन पिछड़े वर्गों को आरक्षण प्राप्त है, फिर भी न इनकी कोई मुख्यधारा बनी है और न यह वर्ग मुख्यधारा का अंग ही बन पाया है। पर इसके कारण शासन, सत्ता और समाज में स्पष्टतः दो वर्ग बन गये हैं। सवर्ण आरक्षण का आधार केवल आर्थिक है। इसीलिए इस पर कोई सामाजिक विवाद नहीं है। किन्तु जातीय आरक्षण का आधार सामाजिक और शैक्षणिक पिछड़ापन है। इसीलिए इस पर सवर्णों में असन्तोष है। ऐसे में आरक्षण का औचित्य क्या है? आइए आरक्षण की असंगति, विसंगति और औचित्य पर एक बार फिर से विचार कर लें।

## 1. विकास के सामाजिक मूल्य और सिद्धान्त

यदि जीवन और जगत् के निर्माण और विकास की व्याख्या की जाये, तो इसकी जड़ में स्पष्टतः दो सिद्धान्त, विचारधाराएँ और मूल्य सक्रिय दिखायी पड़ते हैं। उनमें से एक है-'सर्व समर्थों का स्वामीत्व' (सर्वाइवल ऑफ

द फिटेस्ट) और दूसरा है–'सर्वोदय और अन्त्योदय' का सिद्धान्त। जाहिर है पहला सिद्धान्त अधिक प्राचीन, पारम्परिक, प्राकृतिक और विकासवादी है, जबकि दूसरा अपेक्षाकृत अधिक आधुनिक, कृत्रिम, समन्वयवादी और जनतान्त्रिक। पहले से सामन्ती, फासीवादी और पूँजीवादी मूल्यों की बू आती है, जबकि दूसरा समता और सह–अस्तित्त्व के मूल्य पर आधारित है। बावजूद इसके दुनिया का अब तक का इतिहास 'सर्वाइवल ऑफ द फिटेस्ट' का ही रहा है। योग्यता और सामर्थ्य की चाहे जो भी परिभाषा हो, किन्तु इसके नाम पर बाहुबल और धनबल का ही बोलबाला रहा है। और इस अर्थ में योग्य और सामर्थ्यवान लोग ही शासन और सत्ता के सिंहासन पर विराजमान रहे हैं। शिक्षा, संस्कृति और ज्ञान–विज्ञान के संसाधानों पर उन्हीं का कब्जा रहा है। यद्यपि आज भी हमारी मानसिकता पर यही प्रवृत्ति सवार है, फिर भी आधुनिक युग में व्यक्तिवाद के विरुद्ध जो सामूहिक चेतना उत्पन्न हुई, समानता, बन्धुत्व और सह–अस्तित्त्व जैसे जनतान्त्रिक मूल्यों का विकास हुआ, उसने योग्यता के प्राचीन मान–मूल्यों तथा शक्ति और बल की परिभाषाएँ भी बदल डाली है। आज लोकतान्त्रिक समाज के लिए 'सर्वोदय और अन्त्योदय' का मूल्य ही सार्थक और समीचीन है। समाज में सभी वर्गों की भागीदारी नहीं है। इसीलिए इस मूल्य के अनुसार सबके समुचित विकास के लिए आरक्षण जैसी व्यवस्था की जरूरत है।

## 2. सामाजिक और आर्थिक मूल्य

आज़ादी की लड़ाई के पहले नवजागरण आया था, जिसने महात्मा फुले, पेरियार, शाहूजी और अम्बेडकर जैसे क्रान्ति पुत्रों को पैदा किया। हम अँग्रेजों से मुक्ति के लिए लड़ाई नहीं लड़ रहे थे। हमारी लड़ाई तो अपनी ही सामाजिक रूढ़ियों के विरुद्ध चल रही थी। अँग्रेजों ने तो इस लड़ाई में हमारी मदद की। पहले हमने अँग्रेजों को अपना दुश्मन नहीं माना था। वे हमारी सामाजिक रूढ़ियों को देखकर दंग थे और हमारे समाज–सुधार आन्दोलन में कन्धे–से–कन्धा मिलाकर हमारा साथ दे रहे थे। अन्यथा इस देश की हिन्दूवादी व्यवस्था बहुजनों को जीने नहीं देती। यदि अँग्रेज नहीं आये होते, तो यहाँ से छुआछूत, बाल–विवाह, सती–प्रथा, नर–बलि आदि बुराइयाँ नहीं मिटतीं। इसलिए फुले ने अँग्रेजों को भगवान कहा है। उन्होंने उनके महिला विद्यालय, दलित विद्यालय आदि खोलने में मदद की। किन्तु जब किसी कारण

से हो, देश ने अँग्रेजों से मुक्ति चाही, तो बहुजन समाज का भी हाथ सबसे ऊपर था। इसलिए आरक्षण कोई भीख नहीं है, उनका हक है, व्यवस्था में भागीदारी है। इसी आरक्षण ने बहुजनों को छोटी-छोटी जातियों के जंगल से निकाल कर दलित और पिछड़ों की विशाल जमात में खड़ा किया है। इससे 85% जनता सीधे-सीधे जुड़ गयी है। राष्ट्रीय एकता की इससे बड़ी मिशाल क्या होगी? अभी तो मण्डल कमीशन की एक ही सिफारिश लागू हुई है, दस की दस सिफारिशें लागू हो जायें, तो क्या होगा? स्मरण रहे, बिहार में मण्डल कमीशन की तीन सिफारिशें लागू हैं। केन्द्र में दूसरी सिफारिश शिक्षा में आरक्षण लागू होने पर भी बवाल मचा।

ज्ञातव्य हो कि नरसिंहा राव सरकार द्वारा सवर्णों को आरक्षण के दायरे में लाने के लिए गठित 'आर्थिक पिछड़े वर्ग आयोग' को 26 नवम्बर 1992 को सुप्रीम कोर्ट की 9 सदस्यीय संविधान पीठ ने असंवैधानिक घोषित कर दिया था। क्योंकि आरक्षण का आधार आर्थिक, भाषायी या धार्मिक नहीं है। इसका आधार शुद्ध रूप से शैक्षणिक और सामाजिक पिछड़ापन है। भाषाई या धार्मिक अल्पसंख्यकों में से सामाजिक और शैक्षणिक दृष्टि से पिछड़े वर्गों के लिए मण्डल आयोग द्वारा आरक्षण तो पहले ही से प्राप्त है। इसलिए धार्मिक भाषाई अल्पसंख्यक आयोग जैसी संस्थाओं का कोई औचित्य नहीं है। किन्तु यही सुप्रीम कोर्ट मोदी सरकार द्वारा लाये 'सवर्ण आरक्षण' को उचित ठहरा दिया। इस देश का इतिहास गलत ढंग से लिखा गया है। आज़ादी की लड़ाई में भी बहुजन समाज आगे था और देश के निर्माण और विकास में भी। पूरा का पूरा भक्ति आन्दोलन और आधुनिक समाज-सुधार आन्दोलन केवल और केवल बहुजनों का है। कबीर, रैदास, अन्दाल, तिरूवल्लूवर, तुकाराम, नानक, फुले, पेरियार, शाहूजी, अम्बेडकर, बिरसा मुण्डा, झलकारी बाई, सहजोबाई कितनों के नाम गिनाये जायें? सभी बहुजन हैं-दलित, पिछड़े, आदिवासी। आज़ादी की लड़ाई में ये फरजी नहीं, प्यादा थे, अतः कत्लेआम इनका ही हुआ। सबसे अधिक फाँसी पर झूलनेवाले दलित-पिछड़े ही थे। मगर इतिहास इनका नहीं है।

### 3. योग्यता और समानता के मान-मूल्य

जनतन्त्र में जनता प्रधान होती है और मताधिकार के सामान्य नियमों के अनुसार किसी देश का प्रत्येक वयस्क नागरिक जो अपने अधिकार और कर्त्तव्यों का

सामान्य ज्ञान रखता है, योग्य नागरिक है। सामाजिक सामंजस्य के साथ-साथ तकनीकी ज्ञान और कौशल भी योग्यता और शक्ति की सीमा में आते हैं। आज एक मजदूर की श्रम-शक्ति से लेकर एक मालिक की अर्थ-शक्ति तक बल और शक्ति कही जायेगी। ज्ञान और शक्ति केवल साक्षरता की मोहताज नहीं है। अन्यथा निरक्षर रावड़ी देवी, कम पढ़ी लिखी उमा भारती, मायावती आदि शासन और सत्ता पर काबीज नहीं होतीं। जनप्रतिनिधित्व को छोड़ भी दें, तो साहित्य, संस्कृति और दर्शन सहित ज्ञान-विज्ञान के किसी भी क्षेत्र में समाज के किसी एक ही वर्ग की प्रतिभाएँ नहीं लगी हैं। जहाँ तुलसी और सूर हैं, वहीं कबीर, मीरा और रैदास भी हैं। वाल्मीकि और व्यासों की अपनी परम्परा रही है।

किन्तु प्राचीन काल से लेकर अब तक देश की सामाजिक-आर्थिक संरचना, भेदभाव की नीति एवं अन्य अनेक कारणों से यहाँ की बहुसंख्यक आबादी हाशिये पर आती चली गयी। इसलिए आज़ादी मिलने के साथ ही इस बड़ी आबादी को समाज की मुख्यधारा में लाने के लिए देश के संविधान में कानून बनाने पड़े। आरक्षण उसी का परिणाम है। इसका आधार नितान्त सामाजिक और शैक्षणिक है, आर्थिक नहीं। क्योंकि सदियों से शोषित-अपमानित जाति और वर्ग आर्थिक दृष्टि से चाहे कितना भी सम्पन्न हो जाये, उन्हें समाज की मुख्यधारा वह सम्मान और महत्त्व नहीं देती, जो उच्च वर्ग और वर्ण को प्राप्त है। इसके विपरीत गरीब से गरीब और फटेहाल उच्च वर्ण के लोग समुचित सम्मान प्राप्त कर सामाजिक निर्णय एवं अन्य महत्त्वपूर्ण मुद्दों में शामिल हो जाते हैं। आरक्षण इसी असमानता के विरुद्ध समानता और सम्मान भाव उत्पन्न करने का एक माध्यम है। आरक्षण सुविधाओं के गलत इस्तेमाल और कार्यान्वयन की त्रुटियों के कारण आज़ादी के इतने वर्षों बाद भी आरक्षित वर्गों की स्थिति में अपेक्षित सुधार नहीं हुआ।

## 4. आरक्षण का वर्तमान स्वरूप और उनकी मनो-सामाजिक स्थिति

भारत में नागरिकों को दो प्रकार की आरक्षण सुविधाएँ प्राप्त हैं-एक सेवा एवं शिक्षा में आरक्षण और दूसरा नागरिक सुविधाओं में आरक्षण। ऊपर जो विवेचन हुआ है, उसका सम्बन्ध सेवा में आरक्षण से ही है। इसके अन्तर्गत विभिन्न सार्वजनिक (सरकारी) सेवा क्षेत्रों में जाति और वर्ग विशेष के लोगों के लिए आरक्षण है। यह आरक्षण व्यवस्था भी दो प्रकार की है-एक

अनुसूचित जाति/जनजाति/पिछड़े वर्ग/भूतपूर्व सैनिक/विकलांग एवं आर्थिक दृष्टि से कमजोर सवर्ण आदि के लिए सेवा एवं उच्च शिक्षा में आरक्षण एवं दूसरा विभिन्न राज्यों की तकनीकी शिक्षण संस्थानों में अन्य राज्यों के छात्रों के लिए कैपीटेशन फीश के आधार पर नामांकन में आरक्षण।

दूसरा आरक्षण नागरिक सुविधाओं में हैं, जिसमें रेल, वायुयान, सिनेमा, थियेटर आदि में खास व्यक्तियों के लिए सीट एवं स्थानों का आरक्षण है। सुविधाओं में आरक्षण को आम तौर से निर्विवाद और सम्मानजनक समझा जाता है। इससे आम लोगों को न तो कोई शिकायत होती है और न ही कोई असुविधा ही। क्योंकि इन सुविधाओं की प्राप्ति की दिशा में न उनकी पहुँच होती है और न कोई इच्छाशक्ति। इसलिए वे ऐसे सुविधाभोगी विशिष्ट नागरिकों को सम्मान की दृष्टि से देखते हैं। सुविधाभोगी भी ऐसी सुविधाओं को प्राप्त करने में अपनी शान और बड़प्पन समझते हैं।

इसके विपरीत सेवा में आरक्षण की मनो-सामाजिक स्थिति बिल्कुल उल्टी है। इसकी विडम्बना यह है कि इस लाभ से वंचित लोग असन्तुष्ट और नाराज तो होते ही हैं, लाभान्वितों को भी पूरी खुशी और सन्तोष नहीं मिलता। वंचितों को यह लगता है कि हमारा हक छिनकर अयोग्यों के हाथों में दिया जा रहा है। इसके विपरीत आरक्षित वर्ग के योग्य से योग्य व्यक्तियों पर भी, चाहे वे सामान्य श्रेणी से ही चुन कर क्यों नहीं आये हों, जीवन भर के लिए आरक्षण का 'लेबल' लग जाता है। योग्य होते हुए भी उनकी योग्यता कमतर आँकी जाती है। ऊँचे से ऊँचे पद पर आसीन इस वर्ग के व्यक्ति को भी उपेक्षा की दृष्टि से देखा जाता है। आम धारणा उसे पहली ही नजर में खारिज कर देती है-'चलो आरक्षण से आया होगा।' कैपीटेशन फीश वाली डिग्रियों की भी यही स्थिति है। किन्तु सेवा में आ जाने के बाद उनकी पहचान छिप जाती है।

इस प्रकार आरक्षित वर्ग के सेवाकर्मियों को प्रायः सन्देह की दृष्टि से देखा जाता है। किन्तु वस्तुस्थिति ऐसी नहीं है। यदि योग्यता और गुणवत्ता की बात की जाये, तो आरक्षित और अनारक्षित वर्गों के बीच कोई बहुत अन्तर नहीं दिखायी पड़ता। ऐसा नहीं होता कि अनारक्षित वर्ग के सभी लोग योग्य और प्रतिभावन होते है और आरक्षित वर्ग के अयोग्य और प्रतिभाहीन। 'जीनियस' और उच्चकोटि की योग्यता वाले न्यूनाधिक दोनों ही वर्गों में होते हैं, जो किसी भी प्रतियोगी सेवा के लिए पहली ही सूची में चुन लिये जाते

हैं। जाहिर है, यदि आरक्षित श्रेणी में योग्यता और गुणवता अधिक है, तो वह पहली सूची में ही आ जाते हैं। आँकडे तो उपलब्ध नहीं है, किन्तु किसी भी प्रतियोगी परीक्षा के परिणाम को देख लें, तो प्रथम योग्यता सूची में लगभग आधे से अधिक उम्मीदवार अनारक्षित श्रेणी के ही होते हैं। दूसरी योग्यता सूची में भी उन्हीं की संख्या अधिक होती है। शेष 50% जो आरक्षित सीट हैं, उनमें भी आरक्षित और सामान्य वर्ग के उम्मीदवारों में योग्यता का अन्तर बहुत कम होता है। अर्थात् यदि खुली प्रतियोंगिता भी होती, तो थोड़े-बहुत अन्तर से दोनों कोटि के उम्मीदवार चुने जा सकते थे। उच्च पदों के लिए तो आरक्षित वर्ग के उम्मीदवार मिलते भी नहीं। उदाहरण के लिए वर्ष 1996 की 'बिहार राज्य विश्वविद्यालय सेवा' के अन्तर्गत व्याख्याताओं की नियुक्ति में कुल 1400 उम्मीदवारों में अनु.जाति/जनजाति एवं अत्यन्त पिछड़े वर्ग के 450 पद इसलिए रिक्त रह गये कि उनके लिए योग्य उम्मीदवार मिले ही नहीं। उसी प्रकार सिविल सर्विसेज की उच्च सेवाओं में प्रतिवर्ष आरक्षित वर्ग के अधिकांश पद खाली रह जाते हैं। अतः जिस पद पर 'बैकलाग' छोड़ने की व्यवस्था नहीं होती, उसे अनारक्षित वर्ग के उम्मीदवारों से भर दिया जाता है।

ऐसा नहीं है कि आरक्षित वर्ग के उम्मीदवार यदि न्यूनतम योग्यता भी रखते हैं, तो उन्हें नौकरी मिल जायेगी। यदि ऐसा होता तो आरक्षित वर्ग के अधिकांश लोगों को नौकरी मिल ही जाती। सच तो है कि उनके लिए भी उसी प्रकार न्यूनतम अहर्ता निर्धारित हैं, जिस प्रकार सामान्य वर्गों के उम्मीदवारों के लिए। अन्तर केवल इतना है कि इनकी न्यूनतम अहर्ता में सामान्य वर्ग से दो-चार प्रतिशत का अन्तर होता है। उदाहरण के लिए सिविल सर्विसेज में सामान्य क्वालिफाईंग अंक 50% निर्धारित है, तो आरक्षित वर्ग के लिए यह अंक 45% से 40% है, वह भी केवल अनु.जाति/जनजाति के उम्मीदवारों के लिए। अन्य पिछड़े वर्गों के लिए न्यूनतम क्वालिफाईंग अंक में कोई सुविधा नहीं है। उन्हें भी सामान्य वर्गों की तरह 50-55% न्यूनतम निर्धारित अंक पूरे करने पड़ते हैं।

इस प्रकार आरक्षण मिलने पर भी आरक्षित वर्ग के समान योग्यताधारी किसी ऐरे-गैरे उम्मीदवार का चयन नहीं हो जाता। यदि ऐसा होता, तो इस वर्ग के सर्वाधिक आरक्षित और सुरक्षित (अनु.जाति/जनजाति) वर्ग के लाखों शिक्षित युवक-युवतियाँ आज बेरोजगार नहीं रहते।

## 5. आरक्षण के आर्थिक आधार

यदि हम आरक्षण के आर्थिक आधार की बात करें, तो अनु.जाति/जनजाति, विकलांग और भूतपूर्व सैनिकों को छोड़कर अन्य पिछड़े वर्गों के लिए 'क्रीमीलेयर' की सीमा है, जिसके अन्तर्गत निर्धारित न्यूनतम आयसीमा वाले परिवार के सदस्यों को ही आरक्षण की सुविधा मिल सकती है, उससे अधिक वालों को नहीं। इसलिए जो लोग यह माँग करते हैं कि जिस परिवार को एक बार आरक्षण-लाभ मिल गया, उसे दुबारा नहीं मिलना चाहिए, 'क्रीमीलेयर' की सीमा से वह स्वत: खारिज हो जाता है। आरक्षण का आधार सामाजिक न्याय है, न कि आर्थिक समानता और समृद्धि, जैसा कि पहले बताया जा चुका है। सैनिकों को तो देश सेवा के एवज में यह सुविधा मिलती है। किन्तु जातीय आरक्षण के बाकी वर्गों की सामाजिक स्थिति अत्यन्त ही हीन और उपेक्षित है। वे सदियों से सामाजिक भेदभाव, छुआछूत, घृणा, और अपमान के शिकार रहे हैं। सामाजिक निर्णय में उनकी कोई सहभागिता नहीं रही है। इससे उनका विकास रुक गया। अत: इन्हें आरक्षण देकर आर्थिक स्वावलम्बन, समाजिक सम्मान और व्यवस्था में भागीदारी देने की कोशिश की गयी है, जो अभी पूरी नहीं हुई है। यद्यपि इससे समाज के अतिरिक्त कार्यालयों में भी भेदभाव की एक गौण संस्कृति पनपी है, फिर भी प्रतिष्ठा के पद मिलने से उनकी सामाजिक स्थिति में अपेक्षाकृत सुधार आया है।

## 6. स्त्रियों के लिए आरक्षण

एक प्रमुख सवाल स्त्रियों के आरक्षण को लेकर उठता है। उन्हें एक तिहाई आरक्षण देने की बात बार-बार उठायी जाती है। लेकिन यह सवाल राजनीतिक गलियारे से आता है और केवल जनप्रतिनिधित्व के मामले में आरक्षण की माँग करता है। अभी हाल ही में केन्द्र सकार ने राजनीतिक क्षेत्र में स्त्रियों के लिए 33% आरक्षण का अधिनियम पारित किया है, जो राष्ट्रीय जनगण ाना के बाद 2029 तक लागू होगा। बिहार के निकाय चुनावों में महिलाओं के लिए 50% आरक्षण लागू है। इस सम्बन्ध में मेरा मानना है कि 33% ही क्यों? आबादी के अनुपात में तो उन्हें 50% आरक्षण मिलना चाहिए और केवल राजनीति के क्षेत्र में ही नहीं, सेवा के सभी क्षेत्रों में भी। पर बात उतनी आसान नहीं है। इस मार्ग में अनेक बाधाएँ हैं, जो अनेक समाजशास्त्री एवं राजनेताओं की ओर से उठायी जाती हैं। मसलन-

1. स्त्रियाँ प्रत्येक जाति, धर्म, वर्ग, वर्ण एवं परिवार की अनिवार्य अंग हैं, जिन पर पारम्परिक आरक्षण के नियम पहले से लागू है। पुरुषों के आरक्षण नियम के अन्तर्गत वे भी आ जाती हैं।
2. स्त्रियाँ जाति नहीं, लिंग हैं और लिंग के आधार पर आरक्षण देने पर एक और उभयलिंगी वर्ग किन्नर (हिजड़ों) को भी आरक्षण दिया जाना चाहिए, जिनकी सामाजिक स्थिति अत्यन्त हीन और हास्यास्प है।
3. शिक्षा और साक्षरता की दर ऊँचे (अनारक्षित) वर्ग की महिलाओं में अधिक है। इससे आरक्षण का अधिकांश लाभ एक ही वर्ग की महिलाओं को मिल जायेगा। अत: महिला आरक्षण भी जातीय आधार पर आनुपातिक होना चाहिए। अर्थात जिस आरक्षित वर्ग को जितना कोटा है, उसी अनुपात में उसकी महिलाओं को भी आरक्षण मिलना चाहिए। इस प्रकार स्त्री एक स्वतन्त्र ईकाई नहीं रह जाती।

इस प्रकार स्त्रियों का आरक्षण एक पेंचीदा मामला है। फिर भी यह सच है कि भारतीय समाज में स्त्रियों की सामाजिक और सार्वजनिक भागीदारी बहुत कम है। परिवार और समाज में आज भी उन्हें दोयम दर्जे का समझा जाता है। उनके स्वतन्त्र व्यक्तित्व का विकास नहीं हो पाया है। अत: नीतियाँ चाहें जो भी हों, स्त्री-शिक्षा के साथ-साथ उन्हें उचित आरक्षण भी मिलना चाहिए। स्त्री सहित अनुसूचित जाति, जनजाति, विकलांग और अन्य आरक्षित समुदाय भी समाज के अभिवंचित वर्ग हैं। इसलिए आरक्षण उनके लिए वैशाखी नहीं, बल्कि संरक्षण है, उचित अधिकार और भागीदारी है।

## 7. निजी क्षेत्रों में आरक्षण

जहाँ तक निजी क्षेत्रों में आरक्षण का सवाल है, सरकार को चाहिए कि जिस प्रकार उसके प्रयास से वहाँ भी सेवाकर्मियों के लिए समुचित छुट्टियाँ, पेंशन और ग्रेच्युटी आदि की सुविधाएँ लागू हुई हैं, आरक्षण की नीति भी लागू हों। अन्यथा संविधान के लोक कल्याणकारी राज्य की अवधारणा धरी की धरी रह जायेगी और आर्थिक क्षेत्र के साथ-साथ सामाजिक, सांस्कृतिक, राजनीतिक और प्रशासनिक क्षेत्र भी निजी हाथों में चले जायेंगे। वैश्वीकरण, उदारीकरण और निजीकरण का एक बहुत बड़ा क्षेत्र स्थानीयता (लोकलाईजेशन) है, जहाँ वे स्थानीय संसाधन, जरूरत, भाषा और संस्कृति के अनुसार अपनी बाज़ार

नीति और उत्पादन निर्धारित करते हैं। भारत में स्थानीयता के बहुत सारे तत्त्व मौजूद हैं, जिनसे बाज़ार बनाने की शर्तों पर आरक्षण के नियमों का पालन करवाया जा सकता है।

## 8. आरक्षण नियमों के पालन और क्रियान्वयन

जब हम आरक्षण के नियमों के पालन और कार्यान्वयन की बात करते हैं, तो बड़ी निराशा होती है। आरक्षण के आरम्भिक दिनों से लेकर अब तक नियमों के अनुरूप आरक्षण नीति का पालन नहीं हुआ है, जिससे आरक्षित वर्ग के उम्मीदवारों को अपेक्षित लाभ नहीं मिला है। मसलन, आरक्षित वर्ग के सभी उम्मीदवारों को 50% या उनके लिए आरक्षित स्थानों के अन्तर्गत ही नियुक्त कर देना, जैसा कि पिछले दिनों इलाहाबाद हाईकोर्ट के निर्णय में हुआ था। समय-समय पर इसके अनेक उदाहरण मिले हैं, जिसके लिए सम्बन्धित राज्य सरकारों और पिछड़ा वर्ग, अनुसूचित जाति/जनजाति आयोगों को बार-बार हस्तक्षेप और दिशा-निर्देश करने पड़े हैं।

शिक्षण संस्थानों के नामांकन में तो अब भी धड़ल्ले से ऐसा होता है, जिसे देखने-सुननेवाला कोई नहीं है। वहाँ निर्धारित 50% सीटों के अन्तर्गत ही आरक्षित वर्ग के सारे उम्मीदवारों का नामांकन कर लिया जाता है। इस पर गौर से विचार करने की जरूरत है। यदि ऐसा हुआ (और प्रायः होता ही रहता है), तो 50% सीट उल्टे अनारक्षित वर्ग के उम्मीदवारों के लिए आरक्षित हो जायेगी, जिनकी संख्या देश की आबादी में सिर्फ 15% से 20% है और जिनमें केन्द्र या राज्य-सूची में भी केवल 5 से 8 जातियाँ ही आती हैं। (देखें मण्डल कमीशन की रिपोर्ट)। उधर शेष 50% में आरक्षित वर्ग की लगभग 5000 जातियाँ आती हैं, जिनकी संख्या देश की कुल आबादी की लगभग 80% हैं। इसलिए आरक्षित वर्ग के मेधावी और जीनियस उम्मीदवारों को 50% की सीमा में कैद कर देने से एक भयंकर विसंगति उत्पन्न हो जायेगी और आरक्षण का परिणाम प्रतिकूल होगा। इससे बेहतर स्थिति तो आरक्षण का न होना ही है। अब तक आरक्षित वर्ग के उम्मीदवारों को उचित लाभ न मिलने और मुख्यधारा में शामिल न होने का एक प्रमुख कारण यह भी है। दूसरा कारण फर्जी जाति प्रमाण-पत्रों के आधार पर अनारक्षित वर्ग के लोगों द्वारा आरक्षण का लाभ प्राप्त कर लेना है। यद्यपि ऐसे उदाहरण कम मिलते हैं, फिर भी यह जाँच का विषय है। ऐसे षड्यन्त्र में प्रायः ऊँची पैरवी और

पहुँचवाले लोग शामिल होते हैं, जो आसानी से पकड़ में नहीं आते। तीसरा कारण आरक्षित वर्गों में उच्च और तकनीकी शिक्षा का अभाव है। इन सारी परिस्थितियों पर विचार करते हुए आरक्षण के व्यापक सर्वेक्षण और समीक्षा की जरूरत है।

लोकतन्त्र के मान-मूल्यों की रक्षा और लोक-कल्याणकारी राज्य के सिद्धान्तों के अनुरूप यदि सरकार को आरक्षण के नीति और नियमों का ठीक से अनुपालन करना और उसका लाभ सम्बन्धित वर्गों तक पहुँचाना है, तो उसे फिर से एक नया आयोग बनाकर आरक्षण की त्रुटियों को दूर करना होगा। बेहतर तो यही होगा कि देश में जातीय जनगणना करा दी जाये और सार्वजनिक सेवाओं में आबादी के अनुपात में शत-प्रतिशत आरक्षण सुनिश्चित कर दिया जाये, जिसमें अनारक्षित वर्ग के उम्मीदवारों को भी उनकी जाति की संख्या के अनुपात में समुचित प्रतिनिधित्व मिल जाये। इससे आरक्षित-अनारक्षित का विवाद ही खत्म हो जायेगा और किसी को कोई असन्तोष नहीं होगा। किसी वर्ग-विशेष के लिए आरक्षित सीटों पर यदि योग्य उम्मीदवार नही मिलते, तो उसे एक निश्चित अवधि के बाद खुली प्रतियोगिता द्वारा भर दिया जाना चाहिए। इस प्रकार आरक्षण के विवाद और उसकी असंगति-विसंगति से बचा जा सकता है।

# ठाकुर का कुआँ : साहित्य और सियासत

'ठाकुर का कुआँ' प्रेमचन्द की कालजयी कहानी है और ओमप्रकाश वाल्मीकि की चर्चित कविता भी। प्रेमचन्द ने यह कहानी अगस्त 1932 में लिखी थी और वाल्मीकि ने यह कविता 1981 में। यह मराठी 'दलित पैन्थर' के माध्यम से हिन्दी दलित साहित्य के उत्कर्ष और उत्थान का समय था। वाल्मीकि ने केवल यह बताया है कि सब कुछ तो ठाकुरों का ही है, दलितों का क्या है? इसमें अभाव जनित पीड़ा और आक्रोश का भाव है।

लेकिन इसके 50 वर्ष पूर्व प्रेमचन्द ने जो कहानी लिखी थी, उसमें उत्कट दलित चेतना और छुआछूत का मारक दंश है। गांगी अपने बीमार पति जोखू के लिए ठाकुर के कुएँ से ताजा पानी नहीं भर पाती और जोखू को मजबूरन वही सड़ा हुआ पानी पीना पड़ता है। इस कहानी में भारतीय समाज में व्याप्त छुआछूत की अमानवीय प्रथा का मारक चित्रण है। अछूतों का कुआँ दूर है। साहू और ब्राह्मणों का कुआँ भी अपेक्षाकृत दूर है। वहाँ से भी अछूत पानी नहीं भर सकते। नजदीक है तो ठाकुर का कुआँ, जिसमें गांगी रात के अँधेरे में चोरी से पानी भरने जाती है। पर असफल होकर लौट आती है और अपने प्यासे पति को वही सड़ा हुआ पानी पीता हुआ देखती है। यह कहानी अम्बेडकर और गांधी के अछूतोद्धार आन्दोलन, साइमन कमीशन, गोलमेज सम्मेलन और पूना पैक्ट के आसपास लिखी गयी थी। इनका इस पर जबर्दस्त प्रभाव है। इसी के आसपास प्रेमचन्द ने 1931 में 'सद्‌गति' कहानी भी लिखी थी, जिसमें ब्राह्मण समाज पर करारा प्रहार था। ब्राह्मणों ने 'सद्‌गति' कहानी के खिलाफ प्रेमचन्द पर मुकदमे तक किये, उनके विरोध में अनेक लेख लिखे गये। स्मरण रहे तब तक डॉ. अम्बेडकर के 'पानी भरो' (1927) और 'मन्दिर प्रवेश' (1930) आन्दोलन हो चुके थे।

किन्तु न तो प्रेमचन्द की कहानी 'ठाकुर का कुआँ' और न ओमप्रकाश वाल्मीकि की कविता का आज तक किसी ने कोई विरोध नहीं किया। 'सद्‌गति' या 'ठाकुर का कुआँ' में चित्रित यथार्थ समाज की नंगी सच्चाई है। इस कटु यथार्थ को आज सभी वर्ग स्वीकार करते हैं और तदनुरूप समाज सुधार का प्रयास भी। राज्यसभा सांसद मनोज झा ने 'महिला आरक्षण विधेयक' पर बोलते हुए ओमप्रकाश वाल्मीकि की कविता 'ठाकुर का कुआँ' के कथ्य को स्त्री और दलितों की हीन दशा के सन्दर्भ में उद्धृत किया है, जो किसी भी तरह गलत नहीं है:-

*"चूल्हा मिट्टी का*
*मिट्टी तालाब की*
*तालाब ठाकुर का।*
*भूख रोटी की*
*रोटी बाजरे की*
*बाजरा खेत का*
*खेत ठाकुर का।*
*बैल ठाकुर का*
*हल ठाकुर का*
*हल की मूठ पर हथेली अपनी*
*फसल ठाकुर की।*
*कुआँ ठाकुर का*
*पानी ठाकुर का*
*खेत-खलिहान ठाकुर के*
*गली-मुहल्ले ठाकुर के*
*फिर अपना क्या?*
*गाँव?*
*शहर?*
*देश?"*

(ओमप्रकाश वाल्मीकि, नवम्बर, 1981)

इसे राजनीति में अनावश्यक तूल नहीं दिया जाना चाहिए। 'ठाकुर' यहाँ कोई जाति नहीं, वर्ग है-सामन्त वर्ग। मनोज झा ने भी कविता पढ़ने से पहले

इसे स्पष्ट किया था और सबसे पहले अपने अन्दर बैठे ठाकुर को मारने की बात की थी। उन्होंने कहा था कि सबके अन्दर एक ठाकुर बैठा हुआ है, जो आज तक दलित-पिछड़े और स्त्रियों का शोषण कर रहा है।

ठाकुर शब्द भारतीय समाज, संस्कृति, साहित्य और इतिहास में अधिक पुराना नहीं है। किसी भी संस्कृत, पालि या जैन-बौद्धों की प्राचीन भाषा और साहित्य में यह शब्द नहीं है। यह शब्द तुर्क-अफगान शासन के दौरान भारत में ईरानी-तुर्की भाषा से आया। हवेली और तक्वुर (ठक्कुर) दोनों शब्दों का प्रचलन एक ही साथ शुरू हुआ। भारतीय भाषा हिन्दवी या हिन्दी में यह शब्द ठाकुर के रूप में प्रचलित हो गया, जिसका अर्थ होता है मालिक, स्वामी, नेता आदि। मुगलकाल में यह शब्द इतना महत्त्वपूर्ण बन गया कि इसका इस्तेमाल ईश्वर के अर्थ में किया जाने लगा। 'अष्टछाप' के तमाम कवियों ने अपने इष्ट कृष्ण को ठाकुर कहा और ठाकुर को लेकर ब्रजभाषा में अनेक कविताएँ लिखी गयीं। रामकाव्य भी इससे अछूता नहीं रहा। तुलसीदास ने 'विनय पत्रिका' में 'तू दयालु दिन हौं, तू दानी हौं भिखारी' वाले पद में आगे लिखा-'ब्रह्म तू हौं, जीव तू हौं, ठाकुर हौं चेरौ।' बंगाल और बिहार में राम और कृष्ण मन्दिर-मठों को 'ठाकुरबाड़ी' कहा जाने लगा।

'भक्ति साहित्य' से 'भारतेन्दु युग' तक कविताओं में प्रायः ईश्वर के अर्थ में ठाकुर शब्द का प्रयोग मिलता है। आर्यसमाज के जमाने में जब दयानन्द सरस्वती ने सभी जातियों को ब्राह्मण और क्षत्रियों के वंशज बताया और उनमें स्वाभिमान की चेतना जगायी, तो बंगाल सहित उत्तर भारत के अधिकांश जातियों ने अपने नाम के आगे ठाकुर लगाना शुरू कर दिया। बंगाल के ब्राह्मणों ने अपने नाम के आगे ठाकुर पदवी लगायी। फिर बिहार के मैथिली ब्राह्मण, भूमिहार आदि उच्च जाति के लोगों ने भी अपने नाम के आगे ठाकुर पदवी जोड़ी। गुजरात, राजस्थान आदि प्रान्तों में कुछ लोग ठाकौर, ठक्कुरा, ठक्कर आदि नाम धारण करने लगे। ये सभी नाम सम्मान सूचक थे। लेकिन आश्चर्यजनक बात यह हुई कि शूद्र और नीच कही जानेवाली जातियों ने भी अपने नाम के आगे ठाकुर पदवी जोड़ ली। ऐसा आर्यसमाज के प्रभाव के कारण हुआ। चूँकि ठाकुर शब्द का अर्थ नायक भी होता है, समाज को आगे बढ़ानेवाला, इसीलिए नाई, लोहार, बढ़ई आदि जाति के लोग भी अपने नाम के आगे 'ठाकुर' पदवी लगाने लगे। बाद में उत्तरप्रदेश के सामन्तों, खासकर राजपूतों ने अपने को ठाकुर कहना शुरू किया। बिहार में राजपूतों ने अपने नाम के आगे ठाकुर पदवी नहीं लगायी। उन्होंने प्रताप और सिंह कहना ही अधिक उचित समझा।

कुल मिलाकर ठाकुर मुख्य रूप से उत्तरप्रदेश के बाबूलोग, राजपूत, सामन्तो और राजाओं के लिए रूढ़ हो गया। ठाकुरों के शौर्य और वीरता से इनकार नहीं किया जा सकता। भारतीय इतिहास के निर्माण में उनके अभूतपूर्व योगदान है। सभी राजवंशों का योगदान है, लेकिन अनेक कमियाँ भी हैं।

इस सम्बन्ध में आलोचक वीरेन्द्र यादव जी का फेसबुक पोस्ट उल्लेखनीय है। "इन दिनों जब ओमप्रकाश वाल्मीकि की कविता 'ठाकुर का कुआँ' के बहाने जाति दम्भ की दमनकारी अस्मिता आक्रामक मुद्रा में है, तब डॉ. नामवर सिंह के निम्न अभिमत को याद किया जाना चाहिए। 'प्रेमचन्द की कहानी 'सद्‌गति' और 'ठाकुर का कुआँ' दोनों को मैं साथ-साथ मिलकर पढ़ने की राय दूँगा। 'सद्‌गति' एक पुरोहित के अत्याचार की कहानी है और 'ठाकुर का कुआँ' एक राजपूत ज़मींदार के अत्याचार की कहानी कहती है। यह दोनों पूरक हैं, शताब्दियों तक इस देश में धर्म-अध्यक्ष ब्राह्मण और राज्य करनेवाले क्षत्रियों ने मिलकर बाकी वर्गों को लूटने की कोशिश की। प्रेमचन्द की इन दोनों कहानियों को साथ रख कर देखने में यह परिदृश्य हमारे सामने आता है। आपलोगों को याद होगा 'ठाकुर का कुआँ' में जैसे ही दरवाजा खुलता है, गंगी के हाथ से वह कलश या पानी का घड़ा छूटता है, कुएँ में गिरता है। प्रेमचन्द लिखते हैं कि 'दरवाजा खुलता है तो ऐसा लगता है शेर का मुँह भी इतना भयानक न होगा।' कहानी की विडम्बना यह है कि शुरू होती है कि गंगी का पति जोखू सड़ा हुआ गन्दा पानी पी रहा है गंगी ने उसको रोक दिया कि मत पियो, नहीं बीमार तो तुम हो ही, ठीक नहीं होंगे। मैं तुम्हारे लिए अच्छा पानी लाऊँगी।' कहानी खत्म होती है और जब गंगी घर लौटती है तो वही सड़ा हुआ पानी का लोटा उसके मुँह से लगा है।'-डॉ. नामवर सिंह।" (फेसबुक, 30 सितम्बर, 2023, वीरेन्द्र यादव)

पर आज न कोई राजा है, न सामन्त है। सभी देश के सम्मानित नागरिक हैं। इसीलिए पुराने जमाने के इतिहास, संस्कृति और साहित्य को हम उदारता और सहिष्णुता पूर्वक स्वीकार करें और जिन लोगों ने सदियों तक अमानवीय पीड़ा सही है, उनके दर्द और आक्रोश को भी समझें।

# साँप, सँपेरा और खानाबदोश समाज

प्राचीन काल से आज तक साँप पर न जाने कितनी कथा-कहानियाँ, कविताएँ और गल्प लिखे गये हैं। रामायण, महाभारत और पुराणों से लेकर पंचतन्त्र, लोकभाषाओं की लोककथाएँ इससे भरे पड़े है। नाग-नागिन और नागराज की कहानियाँ प्रसिद्ध हैं। लेकिन सबमें चमत्कार और जादुई आख्यान ही हैं। आधुनिक काल में साँप के मिथक और प्रतीकों के सहारे साँप पर अनेक कहानियाँ और कविताएँ आयीं, जिनमें 'आस्तीन का साँप' जैसे मुहावरे के रूपक गढ़े गये। अज्ञेय की कहानी 'साँप' शानी की 'साँप और सीढ़ी' आदि प्रसिद्ध हैं। साँप के साथ संपेरों का जीवन भी अछूता नहीं रहा। जहाँ साँप है, वहाँ सँपेरा भी है। खानाबदोशों के जीवन पर भी अनेक रचनाएँ मिलती हैं। रांगेय राघव का उपन्यास 'कब तक पुकारूँ' और मैत्रेयी पुष्पा के 'अल्मा कबूतरी' कुछ ऐसी ही रचनाएँ हैं। 'साँप' वर्ष 2022 में प्रकाशित रत्नकुमार साम्भरिया का नया उपन्यास है।

पर साम्भरिया जी का उपन्यास 'साँप' न तो कोई जादू की कहानी है और न कोई मिथक-प्रतीक और न बंजारों के जीवन का चित्रण। यह सँपेरों के साथ-साथ मदारी, बंजारे आदि कुछ चुने हुए खानाबदोश समाज के विकट सामाजिक-आर्थिक जीवन की यथार्थवादी कहानी है। यह सँपेरों के साथ-साथ साँपों के जीवन की भी गहन पड़ताल करती है। यद्यपि लेखक का यह पहला ही उपन्यास है, किन्तु इस वृहदकाय उपन्यास में खानाबदोश समाज के चित्रण में लेखक को अपार सफलता मिली है। इस उपन्यास की कहानी 'वन्य जीव संरक्षण अधिनियम 1972' के पहले के दो वर्ष 1970-72 के अन्तराल को समेटती है। कथा के एक छोर पर सेठ-सेठानी, पुलिस-दारोगा, मन्त्री, विधायक हैं, तो दूसरे छोर पर अकेला खानाबदोश

समाज, लुटता-पिटता और अभावों में जीता। एक ओर पूरा अभिजन समाज है, तो दूसरी ओर हाशिये के सबसे निचले पादान पर खड़ा दुत्कारा-फटकारा शोषित समाज। किन्तु उन्हीं अभिजनों में एक सेठानी मिलन देवी और एस.पी. साहिबा भी हैं, जो खानाबदोशों के शुभचिन्तक हैं। वस्तुतः यह कहानी मिलन देवी और लखीनाथ सँपेरे के साहस और जज्बे की ही कहानी है। राजस्थान और बुन्देलखण्ड में 'लाखा बंजारे' की लोककथा प्रचलित है। लखीनाथ का चरित्र कुछ वैसा ही है।

कहानी शुरू होती है सेठ मुकुन्ददास के बननेवाले नये मकान के भूमिपूजन के समय मकान की नींव के गड्ढे से एक विषैले साँप के निकलने और युवा सँपेरा लखीनाथ द्वारा जान पर खेलकर उस विषैले साँप को पकड़ने से। सेठ जी खुश होकर उसे पर्याप्त पारिश्रमिक देते हैं। लेकिन सेठजी की युवा पत्नी मिलन देवी उसे अपनी ओर से एक चाँदी का सिक्का देती है। मिलन देवी की शादी हुए सालों गुजर चुके हैं, किन्तु अभी तक उसे कोई बाल-बच्चा नहीं है। छोटी सेठानी की इस दानशीलता पर उसकी जेठानी जल-भुन जाती है और उसे ताने देती है-'अब सँपेरे से ही अंश-वंश चलेगा।' मिलन देवी उस रात चैन से नहीं सोती। वह माथे में साँप घुसने की बीमारी का बहाना बनाकर किसी तरह सँपेरे के सम्पर्क में आती है।

मिलन देवी अपने एन.जी.ओ. 'जन-मन समिति' की ओर से सँपेरे और बंजारे की बस्ती का सर्वेक्षण करती है और उनकी गरीबी और फटेहाली देखकर दुखी हो जाती है। वह लखीनाथ की पत्नी रमतीबाई को कीमती उपहार देती है। किन्तु स्वाभिमानी लखीनाथ अपने साथी मदारी भलीराम और उसकी पत्नी के साथ काम पर जाते वक्त उसे हवेली में लौटाने के लिए चल देता है। सभी लोग थाने के पास एक पेड़ की छाया में बैठकर सुस्ताने लगते हैं। इतने में थाने का दारोगा उन्हें झूठे आरोप में पकड़ लेता है। लखीनाथ को अन्याय बर्दास्त नहीं होता है और वह भी दारोगा को पीट देता है। प्रतिक्रिया में पुलिस द्वारा चलायी गयी गोली से वह बुरी तरह घायल हो जाता है। खबर सुनकर मिलन देवी बंजारा बस्ती के सारे घुमन्तुओं के साथ थाने में पहुँच जाती है। जानवरों के साथ बंजारों की इस टोली को देखकर पुलिस-दारोगा डर जाते हैं। मिलनदेवी महिला एस.पी. को फोन करके सबको छुड़ा लेती है। एस.पी. मिलनदेवी को लखीनाथ के घाव का इलाज करवाने की जबावदेही देती है। मिलनदेवी वैसा ही करती है।

मिलनदेवी मन्त्री और हाकिमों के यहाँ दौड़-धूप कर बंजारों की बस्ती की सरकारी जमीन को बंजारों के नाम करवाने में सफल होती है। उपन्यास 'साँप' की कहानी यही है। पर इस कहानी के बीच में इतनी आवान्तर कथाएँ हैं कि पाठक का मन ऊबता नहीं है। अभावों के बीच भी बंजारा जीवन के राग-रंग, मनोरंजन, वैध-अवैध सम्बन्ध, नशा-पानी, आपसी कलह और मारपीट, प्रेम-सौहार्द्ध और मेलजोल, उनके जानवरों का जीवन और दिनचर्या, साँप, नेवले, बन्दर-भालू, रीछ, भेड़-बकरी, बाज-बटेर और कुत्तों का जीवन और उनके स्वभाव का उपन्यास में विस्तार से चित्रण हुआ है।

जहाँ खानाबदोशों के प्रति अभिजन समाज के उपेक्षा भाव दिखाये गये हैं, वहीं मानवीय संवेदना और स्नेह-सम्बन्धों की भी कमी नहीं है। सबसे बड़ा स्नेह-सूत्र मिलनदेवी और लखीनाथ सँपेरा का है। सन्तान-सुख से वंचित मिलन का वीरान मन लखीनाथ के संवेदनशील और वीरोचित गुणों पर रीझा हुआ है। लखीनाथ तन से विपन्न, किन्तु मन से सम्पन्न है। मिलनदेवी उससे प्रणय निवेदन कर बैठती है कि 'तुम्हारे अंश से मुझे वंश चाहिए'। लखीनाथ सोच में पड़ जाता है और अन्ततः निर्णय लेता है कि मिलन का वंश चलेगा। वह कहता है-'मालकिन मैं अपना अंश और वंश दोनों आपको दूँगा। अभी-अभी मेरा एक दूसरा बेटा हुआ है। उसी को गोद ले लीजिए। काम सिद्ध हो जायेगा।' मजबूर मिलन ऐसा ही करती है। लेखक ने यहाँ सामाजिक मर्यादा का निर्वाह किया है, अन्यथा आज के समाज में देह की भूख वर्गीय मर्यादाओं का ख्याल नहीं करती। मिलन के मन की भूख तो मिट जाती है, पर तन से वह अतृप्त ही रहती है। वह अपनी इच्छा का त्याग कर देती है। किन्तु उसका यह त्याग लखीनाथ के त्याग से बहुत छोटा हो जाता है, जब लखीनाथ अपने कलेजे के टुकड़े को, पैदा की हुई सन्तान को उसे सौंपता है। इस प्रकार उपन्यास का अन्त एक उदात्त मानवीय त्याग से होता है, जो कहानी कला, कथ्य और शिल्प को धारदार बना देता है।

उपन्यास की भाषा नितान्त बोलचाल की भाषा है। इसमें छोटे-छोटे वाक्यों में राजस्थानी हिन्दी की चलती-फिरती भाषा और बोली कुलाँचें भर रही हैं, जो आम हिन्दी भाषियों की समझ के लिए भी सहज है। किन्तु कहीं-कहीं बोलचाल की विशुद्ध स्थानीय भाषा खटकती है। जैसे-'सटक

जैसी सरोटन की एक महिला थी। वो तो निरो गुठो टेक है। ना जाने सरवो।' आदि। लेखक को पात्रों के चरित्र चित्रण और वातावरण निर्माण में अपार सफलता मिली है। समाजशास्त्रीय और कलात्मक दोनों ही दृष्टियों से उपन्यास उल्लेखनीय है। हाशिये के समाज पर पहली बार इतना वृहद् उपन्यास आया है। यह आम पाठकों के लिए पठनीय और शोधार्थियों के लिए उपयोगी उपन्यास है।

# इन्सानी अस्मिता की तलाश में : 'मुसलमान'

ग्लोब के इस कोने से उसको होने तक, धरती से आकाश और सात समुन्दर पार तक, आज मनुष्य का ही राज है। वैश्वीकरण, उदारीकरण और न जाने किन-किन ग्लोबल तारों से हम दुनिया की दूरियों को पाटने का दावा तो करते हैं, पर मन की दूरियाँ बढ़ती ही जा रही हैं। निश्चय ही देह का भूगोल बढ़ा है, किन्तु मन की सीमाएँ आज भी नहीं टूटी हैं। आज भी हम वर्ग, वर्ण, सम्प्रदाय, लिंग, जाति और नस्लों की संकीर्ण सीमाओं में कैद हैं। मनुष्य की पहचान मनुष्य के रूप में नहीं, उनकी जातीय, नस्लीय सीमाओं में ही होती हैं। हम स्त्री हैं या पुरुष हैं, काले हैं या गोरे हैं, हिन्दू हैं या मुस्लिम हैं, दलित हैं या सवर्ण हैं। इन पहचानों से फायदा चाहे जिस किसी को हुआ हो, नुकसान हमेशा इन्सान को हुआ है। फक्र चाहे जो करें, जलील केवल इन्सानियत हुई है, जाति और सम्प्रदायों के नाम पर व्यक्ति चाहे जैसी तरक्की कर ले, कौम हमेशा बदनाम हुआ है, बदहाल और बर्बाद भी हुआ है। मुसलमान एक ऐसा ही कौम है, जो भारत से पाकिस्तान तक और अमेरिका से ईरान तक दुनिया-भर में बदहाली और बदनामी का ठप्पा लिये जी रहा है। मुशर्रफ आलम जौकी का उपन्यास 'मुसलमान' कुछ ऐसी ही कथा कहता है।

भारतीय मुसलमानों के इर्द-गिर्द बुनी गयी उपन्यास की कथा दुनिया-भर के मुसलमानों की जमीनी हकीकत का बयान कर देती है। भारत में तो वह दोयम दर्जे का नागरिक है ही; अमेरिका और यूरोप में भी उसकी स्थिति अच्छी नहीं है। लेखक ने इसके लिए दोषी अमेरिका को ठहराया है, अमेरिकी अवाम को नहीं। वैश्विक स्तर पर अमेरिकी हुकूमत को द्वितीय विश्वयुद्ध के बाद और भारत में आज़ादी के बँटवारे के बाद की परिस्थितियों का सांकेतिक लेखा-जोखा प्रस्तुत करती उपन्यास की कथा भारत में 'बाबरी-मस्जिद' काण्ड और विश्व में अमेरिकी ट्रेड सेन्टर 'पेन्टागन' पर हुए हमले के बाद

की परिस्थितियों पर केन्द्रित है। भारत में आज़ादी के इतने वर्षों बाद भी मुसलमानों को शक की दृष्टि से देखा जाता है। 25 करोड़ की आबादी वाले इस कौम को आज भी 'अल्पसंख्यक' का दर्जा प्राप्त है। उसे दूसरा बड़ा 'बहुसंख्यक' नहीं कहा जाता। मुसलमानों को सीधे इस्लाम से जोड़ा जाता है और इस्लाम को आतंकवाद से। यह कैसी विडम्बना है कि स्वयं की नजर में मुसलमान असुरक्षित है, डरा हुआ है, पर दूसरों की नजर में वह अल्पसंख्यक और आतंकवादी है। इन विरोधाभासी परिस्थितियों ने मुसलमानों का बहुत नुकसान किया है, और इस देश और दुनिया का भी। वह अपने विश्वास, अपनी जहनियत और इन्सानी छवि का भरोसा कैसे दिलाये? किसे दिलाये? और क्यों दिलाये? औरों को इसकी जरूरत क्यों नहीं पड़ती? बचपन में गैर-मुस्लिम साथियों के बीच 'मियाँ' कहलाने की जिल्लत से लेकर बड़े होकर मुसलमान कहलाने के खौफ तक-एक मुसलमान किन-किन मनो-सामाजिक परिस्थितियों से गुजरता है, उपन्यास में अनेक कोणों से इसे देखा गया है। वह दहशतजदा है, आतंकवादी है, बदनाम है। इक्के-दुक्के लोगों के कारण जब पूरा कौम बदनाम हो जाता है, तो उस कौम की त्रासदी सचमुच शोचनीय है। किन्तु इसके लिए दोषी कौन है? जाहिर है, दोषी अकेले कोई गैर-मुस्लिम नहीं, खुद मुस्लिम कट्टरपन्थी भी इसके लिए दोषी हैं। भारत में बँटवारे की कीमत अकेले मुसलमानों को ही चुकानी पड़ती है, तो दुनिया में आतंकवाद की भी। मुसलमान कहलाने पर जहाँ एक मुसलमान को फक्र होना चाहिए, वहीं वह आतंकित हो जाता है। इसीलिए कई बार उसे नाम छुपाकर भी जीना पड़ता है।

उपन्यास की नायिका अफ़रोज़ भी नाम छुपा कर जी रही है। मुसलमान के नाम पर सरकारी महकमों में भले ही उसे कोई नौकरी मिल जाये, किसी प्राइवेट संस्थान में नौकरी मुश्किल है। 'मुसलमान' उपन्यास के छोटे-से कथा-फलक पर यह तमाम बड़ी बातें शिद्दत के साथ शुमार हुई हैं। उपन्यास की कथा एक मुस्लिम नायिका के इर्द-गिर्द घूमती है। उपन्यासकार ने जानबूझकर कथा का भूगोल एक 'बाईजी का कोठा' रखा है और वहीं से सारी दुनिया की खबर ले रहा है। वेश्या जीवन प्रायः मुस्लिम औरतों से जुड़ा है। इसके लिए मुस्लिम समाज बदनाम है। किन्तु इस स्थिति को पैदा करनेवाला कौन है? जाहिर है कि इसके लिए जवाबदेह न मुसलमानों की नवाबी है, न हिन्दुओं की सामन्तशाही। इसके लिए जबावदेह है-पुरुषों की ऐय्याशी।

शेख साहब की अच्छी-भली जवान बेटी अजीजुन्निसा देश की आज़ादी और बँटवारे के दंगे का शिकार होकर एक हिन्दू गुण्डे द्वारा कोठे पर बेच दी जाती है। उस गुण्डे की तीन महीने की हमल लेकर आयी अजिजुन एक नन्ही जान को जन्म देकर मर जाती है। वही नन्ही जान बड़ी होकर गौहरबाई बनती है। मगर गौहर नवाब अल्ताफ हुसैन से जन्मी अपनी बच्ची 'अफ़रोज़' को तवायफ़ नहीं बनाना चाहती। इसीलिए उसे तालीम देती है। कोठे का कोई धर्म नहीं होता। वहाँ हिन्दू भी आते हैं, मुसलमान भी, सिक्ख और ईसाई भी। किन्तु आज़ादी के बाद से पनपी दंगा संस्कृति ने कोठे को भी नहीं छोड़ा है। इस दंगे का शिकार है 'मिद्दी मामा', जो बांग्लादेश से भाग कर गौहरबाई के कोठे पर नौकरी करता है। और इसी दंगे की शिकार होती है गौहरबाई। गौहर तो अपनी आबरू बचाकर कोठे की आग के साथ जल मरती है, पर अफ़रोज़? वह कोठे की नयी उपज बनकर सियासत के दोहरे चेहरे, चरित्र और उस ढोंग का पर्दाफाश करती है, जो एक औरत को वेश्या और एक इन्सान को दंगापरस्त हिन्दू या मुसलमान बनने को मजबूर करता है। वह जान बचाकर अपने चोरी के बाप नवाब अल्ताफ हुसैन की हवेली में शरण तो लेती है, पर वह वहाँ रहना नहीं चाहती। मुस्लिम बादशाहियत की तरह अब इतिहास बन चुकी नवाबी की मजबूरियों को भी वह समझती है। हुसैन की हवेली अब वही खण्डहर है। जागीरें बिक चुकी हैं। उनकी बीबी और नयी पीढ़ी के सपने भी दफन हो चुके हैं। वह अपने पैरों पर खड़ा होना चाहती है। इसलिए हुसैन साहब की मदद से दिल्ली में उनके एक मित्र के यहाँ रहकर जीवन से संघर्ष करने लगती है। लेखक ने अन्तिम साँस गिनती सामन्ती पीढ़ी के द्वन्द्व को बड़ी शिद्दत और कौशल से चित्रित किया है।

अपने दूसरे और अन्तिम चरण में उपन्यास की कथा दिल्ली पहुँचती है, जहाँ नयी पीढ़ी के सपने हैं। मगर हिन्दू, मुसलमानों की पहचानें यहाँ भी है। 1986 से 1990 तक के कथा-फलक पर फैली दिल्ली में केवल दिल्ली ही नहीं, पूरा देश है, पूरी दुनिया है। इन्सान की तमाम कमजोरी और खूबियाँ भी हैं। शिक्षा, रोजगार, सम्पत्ति और सम्मान से वंचित आम मुसलमानों की नयी पहचान अब आतंक और दहशतगर्दी में होने लगी है। मुसलमान बनकर नौकरी पाना मुश्किल काम है, मुसलमान लड़की के लिए तो और भी मुश्किल। इसीलिए 'अफ़रोज़' को 'अंजू' बनना पड़ता है।

उपन्यास में अफ़रोज़ के आजू-बाजू दो और चरित्र हैं-विनय और शूएब; एक हिन्दू, दूसरा मुसलमान। दंगा संस्कृति के कचरे के ढेर से उत्पन्न कीड़े ने इस देश को इतना खोखला और बलहीन बना दिया है कि जब ये कीड़े कुलबुलाते हैं, तो क्या हिन्दू, क्या मुसलमान-सबकी आँखों में दहशत उतर आती है, विश्वास की धरती डोल जाती है और शक के बादल मँडराने लगते हैं। फिर एक ही छत के नीचे शरण पाये विनय और शूएब जैसे दोस्तों की दोस्ती भी दरकने लगती है। वे इन्सानपरस्त दोस्त से फिरकापरस्त हिन्दू और मुसलमान बन जाते हैं। इसी और ऐसी ही पृष्ठभूमि में उपन्यास की कथा एक ऐसे मोड़ पर खड़ी है, जहाँ से आगे कोई राह दिखायी नहीं पड़ती। विनय और शूएब एक ही छत के नीचे रहते हैं। वे एक साथ रहना तो चाहते हैं, मगर मौजूदा हालात ने दोनों को डरा दिया है, वे एक-दूसरे से इस कदर डर गये हैं कि एक की नींद लगी, तो दूसरा छूरा भोंक देगा। और इसी शक में एक रात शुएब विनय की हत्या कर डालता है। किन्तु इन और ऐसी हत्याओं के लिए जवाबदेह कौन है? निश्चय ही दंगे और औरत की सियासत करनेवाले जगीरा जैसे लोग इसके लिए दोषी हैं। इसीलिए तो अफ़रोज़ जगीरा के पीछे पड़ी है। जैसे-तैसे चुनाव जीत कर सांसद और फिर मन्त्री बन जानेवाला जागीरा वही शख्स है, जो कोठे पर लड़कियाँ पहुँचाता था, जो रानी मण्डी का दलाल था, जो अफ़रोज़ को भी तवायफ़ बनाना चाहता था और ऐसा नहीं होने पर उसने दंगे की आड़ में उसकी माँ और मामा को जलाकर मार डाला। अफ़रोज़ अपनी पत्रकारिता की कलम से सबका पर्दाफाश कर डालती है। वह पत्रकारों की भरी अदालत में अंजू के अपने झूठे लवादे को उतार फेंकती है और फिर से अफ़रोज़ बनकर हकीकत का हालिया बयान कर देती है। यहीं पर उपन्यास की कथा का अन्त होता है। मगर इस जोरदार कथ्य के आगे शिल्प की जो कारीगरी है, वह मुशर्रफ आलम जौकी का ही फन हो सकता है, किसी दूसरे का नहीं। इस प्रकार समाजशास्त्रीय और कलात्मक दोनों ही दृष्टियों से 'मुसलमान' एक सार्थक उपन्यास है।

# क्या साहित्य समाज का दर्पण है?

कला या रचना पहले पैदा होती है, समीक्षा और सौन्दर्यशास्त्र बाद में। साहित्य स्वयं किसी सिद्धान्तिकी की ओर दौड़ नहीं लगाता, बल्कि सिद्धान्तिकी को ही साहित्य की ओर दौड़नी पड़ती है। किन्तु आज के समीक्षा-प्रधान साहित्यिक युग में, जहाँ रचना से अधिक महत्त्वपूर्ण समीक्षा, विमर्श और सूचना-संचार हो गये हैं, रचनाएँ ही सिद्धान्तिकी की ओर दौड़ रही हैं। मीडिया की माँग है, भूमण्डलीय साहित्य और संस्कृति की माँग है, बाज़ार की माँग है और इसी माँग पर साहित्य-सृजन हो रहे हैं। पूँजी के बढ़ते प्रभाव और बाज़ार की प्रभुता का मायाजाल भारतीय साहित्य और संस्कृति पर भी हावी है। ऐसे में साहित्य में नया विमर्श स्वाभाविक है।

पश्चिमी वाद-विवादों से आक्रान्त आधुनिक और समकालीन भारतीय साहित्य वैसे तो सदा से विवादास्पद रहा है, पर आज के इस 'मल्टी-मीडिया' युग में यह विवाद कुछ ज्यादा ही बढ़ गया है। सांस्कृतिक राष्ट्रवाद और उत्तर आधुनिकतावाद के वाद-विवाद में आज साहित्य और संस्कृति के नये विमर्श मुखर हो उठे हैं। उत्तर-आधुनिकतावाद अपने जन्म-काल से ही विवादास्पद है। अपने आप में अस्थिर, चंचल और विखण्डनशील यह वाद अपने को आधुनिकता के बाद की साहित्यिक-सांस्कृतिक स्थिति मानता है। अब तक इसकी कोई मान्य परिभाषा नहीं बन सकी है। जब तक यह साहित्यिक-सांस्कृतिक अवधारणाओं का सम्मान प्राप्त नहीं कर लेता, तब तक आँख मूँदकर तो इसकी मान्यताओं को स्वीकारा नहीं जा सकता, पर चर्चाएँ और विमर्श तो हो ही सकते हैं।

उत्तर आधुनिकता की आलोचना दृष्टि और अतीत की वर्तमानता में विश्वास रखती है। किन्तु वह अतीतरागी नहीं है। उसकी यह प्रवृत्ति न तो अतीत की पुनरावृत्ति है और न पुनरुत्पादन। यहाँ अतीत न आदर्श है, न

व्यर्थ। यह अतीत की वर्तमानता और वर्तमान की अतीतता की परीक्षा करती है। यही इसका इतिहास-बोध है। यह वर्चस्व विरोधी है। अतः यह अतीत के वर्चस्ववादी विमर्शों पर प्रश्न-चिह्न लगाकर उसे व्यर्थ सिद्ध करती है। 'साहित्य समाज का दर्पण है'-यह अतीत का एक ऐसा ही वर्चस्ववादी विमर्श है, जिसे उत्तर-आधुनिकतावाद खण्डित करता है। साहित्य की शास्त्रीय सोच ने कभी इसे समाज का 'दर्पण' माना है, तो कभी 'दीपक'। किन्तु उत्तर-आधुनिक विमर्श में आज न यह दीपक है, न दर्पण। हिन्दी में उत्तर आधुनिकता के गीत गाने वाले सुधीश पचौरी लिखते हैं-'साहित्य समाज का दर्पण नहीं है (दर्पण था भी नहीं) इस दर्पणवाद ने हिन्दी साहित्य की चार आधुनिक पीढ़ियों को शुद्ध चुतिया बनाया है। ब्रह्म सत्य है, जगत मिथ्या है। भाषा के प्रभाव से यह संसार काँच में प्रतिबिम्ब की तरह है। यह झूठा है।' (उत्तर आधुनिक साहित्यिक विमर्श, पृष्ठ-205)

इतिहास के अन्त की घोषणा करने वाले उत्तर-आधुनिकतावाद की विडम्बना यह है कि उसी अन्त से यह अनन्त की तलाश भी करता है और उसे गाली भी देता है। इसकी दूसरी प्रवृत्ति है प्रचलित मान्यताओं का विखण्डन। साहित्य का यह विखण्डन केवल विखण्डन है, तब तो कोई बड़ी बात नहीं बनती है। किन्तु जब विखण्डन के बाद मण्डन होता है, तब बात बनती है। उत्तर आधुनिकता कहती है-साहित्य समाज का दर्पण नहीं, चिह्न है। सुधीश पचौरी कहते हैं-'सूचना' है। प्रसिद्ध मार्क्सवादी विद्वान 'एजाज अहमद' भी अपनी पुस्तक में 'इनथियरी' में साहित्य को समाज का चिह्न ठहराते हैं। दर्पण में बिम्ब का सम्पूर्ण प्रतिबिम्ब उभरता है, साहित्य में आभासी प्रतिबिम्ब। यथार्थ का पूर्ण चित्रण नहीं होता। साहित्य का प्रतिबिम्ब सदा समाज नहीं है। यदि है भी, तो पूर्ण नहीं है। इस प्रकार साहित्य में समय या समाज की आंशिक परख और पहचान होने से वह समाज का चिह्न है, दर्पण नहीं।

उत्तर आधुनिकतावादियों का यह तर्क साहित्य की पारम्परिक अवधारणा ही बदल देता है और साहित्य को पुनः पारिभाषित करने को मजबूर करता है। पश्चिमी विचारक ल्योतार, फ्रेडरिक जेनेशन, मिशेल फूको और जाक देरिदा आदि के विचारों से टुकड़ों-टुकड़ों में बनी उत्तर-आधुनिकता कभी आधुनिकता का विस्तार नजर आती है, तो कभी वृद्ध पूँजीवाद का सांस्कृतिक तर्क। यह विचारों का बाज़ार है, तो बाज़ारों का विचार भी। यह साम्राज्यवाद का निषेध कर बहुलतावाद को बढ़ावा देती है। साहित्य रूप में यह टुकड़ों और कतरनों

में आती है। यह 'पैरोडी' और 'पेष्टिच' बनाती है। यह मल्टीनैशनल्स और मल्टी मीडिया संस्कृति का विज्ञापन है। दर्पणवाद के विरोध की जड़ में इसका विखण्डनवाद है, जो साहित्य की नयी परिभाषा करता है। यहाँ साहित्य और गैर-साहित्य की सीमाएँ टूटती नजर आती है। इतिहास, जीवनी, कविता, कहानी-सभी यहाँ इकट्ठे दिखायी पड़ते हैं। साहित्य के शुद्ध रूप टूटते हैं और सूचना के साहित्य बनते हैं। साहित्य यहाँ सबका और सबमें है, न केवल लिखित, बल्कि वाचिक, प्रसारित या विज्ञापित भी। यहाँ विमर्श की प्रधानता है। यहाँ महिला विमर्श, दलित विमर्श, पिछड़े और अल्पसंख्यक विमर्श-सभी को समान दर्जा और स्थान प्राप्त है। यहाँ पवित्र और महत्त्वपूर्ण कुछ भी नहीं है। यहाँ साहित्य के मूल्य और मूल्यों के साहित्य जैसे शब्द नहीं है। यह सब को पाठ (टेक्स्ट) मानती है। उत्तर-आधुनिकता का साहित्यशास्त्र एक समस्याशास्त्र है।

साहित्य यहाँ कहीं से भी मौलिक और महान नहीं है। अखबार, सूचना, इलेक्ट्रॉनिक मीडिया, विज्ञापन और अन्य तमाम विमर्शों को साहित्य के करीब मानकर और साहित्य को भाषा का खेल बताकर उत्तर-आधुनिकता तथाकथित शास्त्रीय साहित्य के मिथक को तोड़ देती है। यहाँ महान और सस्ते साहित्य एकाकार दिखायी पड़ते हैं। यहाँ कोई भी मौलिक, मूल्यवान नहीं है-नकल, 'पैरोडी', 'पेष्टिच' या कतरन है। साहित्य एक 'मास कल्चर' है। पूज्य और पवित्र, महान और माननीय का निषेध करने वाली इस कल्चरवादी क्रान्ति और क्रान्तिवादी कल्चर से साहित्य एक भौतिक वस्तु से अधिक कुछ भी नहीं है, जो सहज और सुलभ उत्पाद है। यहाँ 'कोई कवि बन जाए सहज सम्भाव्य है' न तो यहाँ 'काव्यानन्द ब्रह्मानन्द सहोदर है' और न 'अपारे काव्य संसारे कविरेव प्रजापति' ही।

इस प्रकार साहित्य समाज का दर्पण नहीं, सूचना-मात्र है। आज के हाईटेक मीडिया और सूचना संजाल की माया यह है कि सूचना और साहित्य, साहित्य और विज्ञापन-सभी गडमगड है। जो साहित्य समाज का दर्पण था, वह सूचना और विज्ञापन बनकर समाज में झाँक रहा है। पहले सुरेन्द्र वर्मा की नयी किताब की सूचना आती है। फिर 'मुझे चाँद चाहिए' की चाह बढ़ती है। पहले अरुन्धति राय, सलमान रुश्दी, गैब्रियल गार्सिया, मार्क्स या एजेल्स कार्टर का विज्ञापन होता है, फिर किताबें आती हैं, फिर किताबों पर विवाद और विवादों पर बिक्री। विवाद नहीं होते, तो इतनी किताबें नहीं बिकती। आज

साहित्य की मार्केटिंग मीडिया मार्केट का आवश्यक अंग है। मीडिया मार्केट में कहाँ से विज्ञापन शुरू होता है और कहाँ से साहित्य-कहना मुश्किल है। साहित्य में भी कितना साहित्य है और कितना विज्ञापन-अन्दाजा नहीं लगाया जा सकता। उत्तर-आधुनिक दृष्टि में सूचना, साहित्य और विज्ञापन सभी एक ही तरह के पाठ (टेक्स्ट) है। साहित्य से विज्ञापन की भ्रान्ति होती है और विज्ञापन से सूचना और साहित्य की। इस दृष्टि से समाज का दर्पण यहाँ दरकता नजर आता है। जाहिर है साहित्य की शाश्वतता यहाँ प्रश्नांकित है। हमारा शाश्वत साहित्यशास्त्र इस नये साहित्य के नये स्वरूप को समझने में हमारी कोई मदद नहीं करता।

उत्तर-आधुनिकता की बेमेल सिद्धान्तिकी (जो कि सिद्धान्तिकी है ही नहीं) एक तरफ गांधी के 'हिन्द स्वराज' को अपने करीब पाती है, तो दूसरी ओर मार्क्स के 'कम्युनिस्ट मेनिफेस्टो' से भी हाथ मिलाती है। इतिहास को वह अपना नया पाठ बनाती है। उसकी दृष्टि में अतीत का पुनरुत्पादन या पुनरावृति नहीं है। (आधुनिकता ने पुनरुत्पादन किया था) सूचना क्रान्ति द्वारा उत्पादित आज के साहित्य को अगर वह अपना नया पाठ बना रही है, तो भी यह विचारणीय है ही।

साहित्य की फिर से पड़ताल होनी चाहिए। साहित्य के पारम्परिक 'प्रयोजन' और 'हेतुओं' में केवल 'अर्थ' और 'यश' आज के साहित्य के सत्य सिद्ध हो रहे हैं। अर्थकामी, यशकामी लेखकों की भीड़ साहित्य को सहज कर्म बना रही है। (मैं नहीं कहता है यह सहज कर्म नहीं होना चाहिए) मीडिया की माया से लोग रातोंरात साहित्यकार बन रहे हैं। जो छप जाये, सो कवि। जो न छपे वह कवि नहीं। वाणी का सम्पूर्ण व्यापार अब साहित्य है (पहले भी था) जो मीडिया में बन्द है, सूचना-संजाल के भीतर है। गोष्ठियों में मीडिया को गाली देने वाले लोग भी मीडिया में जाकर ही साहित्यकार बन रहे हैं। यह बात अलग है कि पहले भी साहित्य और साहित्यकार मीडिया से पैदा हुए हैं। उसका रूप चाहे जो हो, इसलिए सुधीश पचौरी साहित्य को सूचना मानते हैं। सुधीश साहब कहते हैं-'प्राचीन साहित्य भी साहित्य बना, जब प्रेस ने उसका जीर्णोद्धार कर दिया, वरना कहीं दफन ही रहता। मीडिया और सूचना-संजाल का इतिहास देखें, तो पायेंगे कि मीडिया के बिना साहित्य समाज में संचरण कर ही नहीं सकता। हम यह भी कह सकते हैं कि कोई भी व्यक्त साहित्य मीडिया के बिना साहित्य नहीं बनता, नहीं बन सकता

(उत्तर आधुनिक साहित्य विमर्श) मेरी दृष्टि में साहित्य को सूचना कहने का प्रतीकार्थ यहाँ समकालीन साहित्य की भंगुरता और क्षणिकता भी है। सूचना दैनन्दिन घटनाएँ होती हैं, घटती हैं, छपती हैं, प्रसारित होती हैं और भुला दी जाती हैं। साहित्य भी सूचित होते हैं, प्रकाशित होते हैं, फिल्म और सीरियलों में आते हैं और सूचना बनकर विस्मृत हो जाते हैं। विचार चीखते हैं, चिल्लाते हैं और पुराने पड़ जाते हैं। इस प्रकार साहित्य और सूचना समाज की एक घटना, एक स्थिति बनकर रह जाते हैं। अतः साहित्य समाज का चिह्न है, दर्पण नहीं। यह सूचना है।

'दर्पण बनाम चिह्न' या सूचना की सिद्धान्तिकी का दूसरा पक्ष देखें, तो इस अर्थ में साहित्य कर्म निहायत सस्ता और सुगम कर्म लगता है। (क्या यह सुगम है?) किन्तु आज यह रस, छन्द, अलंकारों से अलग माया का चालू खेल है, जो आये दिन मीडिया, विज्ञापनों और विमर्शों के माध्यम से आ रहा है (क्या यह साहित्य नहीं है?) तब साहित्य के स्वरूप का यह अन्तर-पाठ उत्तर-आधुनिकता का पाठ बनता है। यहाँ एक विमर्श जन्म लेता है और उत्पन्न परिस्थितियों को (जो नयी नहीं है) नये नजरिये से देखता है। उत्तर-आधुनिकता हर पाठ को नया पाठ बना देती है। यह न केवल 'कुरु-कुरु स्वाहा', 'हरिया हरक्यूलिस की हैरानी', 'डूब', 'मुझे चाँद चाहिए' और 'चाक' जैसे उपन्यासों तथा अशोक वाजपेयी, गिरधर राठी, मंगलेश डबराल, कृष्ण गोपाल वर्मा आदि की कविताओं में ही अपना पाठ ढूँढती है, बल्कि प्रेमचन्द और मार्क्स में भी नये पाठ की तलाश करती है। उसकी नजर में साहित्य समाज का दर्पण है का जमाना जा चुका है, 'साहित्य सूचना है' का जमाना आया है। जिस पर विमर्श होना चाहिए।

❑❑